商务门下

武汉大学经济与管理学院校友回忆录（第二辑）

武汉大学经济与管理学院 编

武汉大学出版社
WUHAN UNIVERSITY PRESS

图书在版编目(CIP)数据

商务门下:武汉大学经济与管理学院校友回忆录.第二辑/武汉大学经济与管理学院编.—武汉:武汉大学出版社,2024.4
ISBN 978-7-307-24336-1

Ⅰ.商… Ⅱ.武… Ⅲ. 武汉大学经济与管理学院—校友—回忆录
Ⅳ.G649.286.31

中国国家版本馆 CIP 数据核字(2024)第 061318 号

责任编辑:范绪泉   责任校对:汪欣怡   版式设计:马 佳

出版发行:武汉大学出版社 (430072 武昌 珞珈山)
  (电子邮箱:cbs22@whu.edu.cn 网址:www.wdp.com.cn)
印刷:湖北金海印务有限公司
开本:787×1092 1/16 印张:25.25 字数:463 千字 插页:2
版次:2024 年 4 月第 1 版   2024 年 4 月第 1 次印刷
ISBN 978-7-307-24336-1   定价:75.00 元

商务门下

武汉大学经济与管理学院校友回忆录（第二辑）

编 委 会

目　录

回首珞珈话当年

饮流怀源谱新篇

武汉大学商科教育的发端与
经济学科的发展

严清华

摘　要：追溯历史，武汉大学的商科教育发端于130年前自强学堂商务门的开办，经济学科在其后的发展演进中不断得以建立、健全与增强。大体而言，自强学堂商务门首开其端，国立武昌商科大学强势奠基，国立武汉大学时期实力空前增强，张培刚任经济学系主任期间发展至新中国成立前的巅峰阶段。新中国成立后，特别是改革开放以来，学科规模不断扩大，体系不断健全，实力不断增强。理论经济学保持传统优势特色与显著地位，居于全国著名高校一流学科建设水平，其中发展经济学学科更是成为最具特色优势的学科，武汉大学经济发展研究中心成为中国发展经济学的重要研究基地和大本营；应用经济学虽然兴起时间相对较晚，但却发展迅速、势头强劲，整体水平已进入全国同类学科的先进行列，其中金融学科相对较强，居于全国同类学科的前列地位。放眼世界，武汉大学的经济学科离世界高水平的一流学科还存在不小的差距，亟须继续加强建设。

关键词：商科教育；经济学科；理论经济学；应用经济学

武汉大学自张之洞创办的自强学堂商务门算起，其商科教育已开办130周年；经济学科在此期间得以逐渐建立和发展，经历了一个不断发展壮大和日益增强的过程。回顾和总结武汉大学商科教育发端与经济学科发展的这段历史，无论对于武汉大学经济学科建设而言，还是对于中国高等教育发展来说，都是一件颇有意义的事情。

一、 商科教育的首开其端与经济学科的强势奠基

武汉大学的商科教育发端于自强学堂商务门。1893 年，时任湖广总督张之洞在武昌创设自强学堂。适应当时中国由传统农业社会向近代工业社会转型对人才培养的需要，自强学堂开设了"商务门"。这是中国近代史上第一个由中国人自己开设的商学专门教育机构，标志着中国首个摒弃传统旧式科举应试教育、实行近代新式分科教育的商科专业的诞生。由于它在中国商科教育史上首开其端，因而被称为中国商务学科的"发祥地"①。

商务门不仅居有首开中国近代商科教育之功，而且还催生了商科教育者在经济学科创建方面做出的某些开创性尝试。其中最为突出的是自强学堂的首任提调（相当于常务副校长）钱恂。他在商科教育史上做了一件对于财政学和货币学的学科创建而言具有拓荒性的工作，即编著出版了《财政四纲》②（1902 年）一书。钱恂曾旅居日本东京 3 年，自 1898 年起出任湖北留日学生总监，该书即为他在整理留日学生的听课笔记和讲义的基础上编撰而成的学术著作，分为租税、货币、银行、国债四卷。其中租税卷"是迄今已知国人出版的最早对西方税收知识作专门介绍的著作。"③ 该书不仅包括财政学方面的内容，而且还包括货币银行学方面的内容，因而它既被称为中国第一部财政学著作，也被称为中国第一部货币学著作。此外，他还依据中国海关图册编辑整理了中外通商方面的相关资料，编为《中外交涉类要表》和《光绪通商综核表》（1894 年）；另将自己 1907—1909 年出使荷兰和意大利期间所上奏折编为《二二五五疏》④（1919 年），其中介绍了意大利财政收支、预决算和国债发行的相关情况以及中国裁厘增税讨论在国外的反响等。钱恂可以说是为中国的财政、货币乃至外贸等经济方面的相关学科，尤其是为财政学科的创建做出开创性尝

---

① 2005 年 10 月 20 日，商务部部长曾率队到武汉大学经济与管理学院"寻根"并与师生座谈，武汉大学因此而被称为中国商务学科的"发祥地"。

② 该书于 1902 年首先以"自刻本"形式问世（参见：佚名.绍介新著：财政四纲（归安钱恂辑著，自刻本）.新民丛报，1902（06）：112-113）；次年，该书以"财政四纲叙"为题，由上海官书局刊于《皇朝蓄艾文编》中铅印出版。

③ 邹进文.民国财政思想史研究.武汉：武汉大学出版社，2008：28.

④ 钱恂两年出使两国，上奏折 55 片，汇集成册，故称"二二五五疏"。书中主要编入他在两国两年间的奏折并辅以其他文献。

试的首位学者①；同时，他也为武汉大学经济学科尔后的正式创建奠定了初步的基础。

真正为武汉大学经济学科创建奠定较为强势基础的是国立武昌商科大学。国立武昌商科大学成立时名叫国立武昌商业专门学校，起初是专科学校，成立于1916年；1923年更名为国立武昌商科大学，升级为本科大学。学校自成立之日起，就大力整合各方优质资源与力量，逐渐组建起成建制的商科教师队伍与学术团队，成为当时中国商学领域中师资力量最为集中和雄厚的学校。

首先是学校领导，包括学校的校长和教务长，他们大多是科班出身的相关专家、学者，而且大都有海外留学的经历，属于专家型领导。

学校历任校长共4位，分别为汪济舟、卢蔚乾、屈佩兰、郭泰祺。除屈佩兰作为湖北省议会长曾兼任过3年校长，属于政府官员之外，其他3位均属于学者型校长，而且都有过出国留学的经历。其中汪济舟曾赴日本早稻田大学学习政治经济学；卢蔚乾留学日本明治大学法科；郭泰祺则留学美国并获宾夕法尼亚大学哲学博士学位。他们3人还曾分别担任过北京财政讲习所教务长、山西大学和国立北京法政专门学校教员、湖北外国语专门学校校长。

学校历任教务长共5位，分别为葛宗楚、阮钧、耿丹、王世杰、周佛海。其中，葛宗楚和阮钧曾留学日本；耿丹留学英国并获伦敦大学经济学博士学位；后来担任国立武汉大学首任校长的王世杰曾留学英、法，先后获得英国伦敦大学政治经济学学士学位和法国巴黎大学法学研究所法学博士学位；曾为中共一大代表和中共一大代理书记，后叛国投敌的周佛海早年留学日本，毕业于京都帝国大学。他们大多有过高等教育工作的经历，阮钧曾在辽宁沈阳和山西公立商业专门学校教过书；耿丹曾在北京大学任教；王世杰当时为北京大学教授；葛宗楚则担任过教育部编修。

其次是学校教师队伍，具备极强的实力，多属学科翘楚。汪济舟任校长时，聘请孙家声、陈光恒、罗兆鸿、鲁济恒、雷宝杏、孟吾祺、何润珩等为教员，这些人为清一色的"海归"，都具有国外留学背景，孙家声、陈光恒留学英国，其余均留学日本。耿丹任教务长后，把时任武昌师范大学教授李汉俊（中共一大代表）请来任社会学教授，新聘毕业于日本庆应大学的南爕为银行簿记学教

---

① 至少晚于他3年之后，才有中国留日学者胡子清在日本编撰出版《财政学》（胡子清. 财政学. 东京：井木活版所，1905.）。参见：许康，高开颜. 百年前中国最早的《财政学》及其引进者——湖南法政学堂主持人胡子清. 财经理论与实践，2005（06）：123-127.

授，聘夏维海为商业广告学教授，于宅城为租税学教授，胡忠民为世界近代史教授。这些人也大都学有专长，有些人为相关专业领域的知名专家。郭泰祺任校长后，聘请先后留学美国哥伦比亚大学、英国伦敦大学、法国巴黎大学、德国柏林大学的周炳琳和留学美国的吴之椿等任教授。王世杰任教务长时，曾邀请北京大学教授胡适、马寅初、周鲠生（1946 年任武汉大学校长）等来校演讲，受到师生热烈欢迎。从规模上看，1922 年全校共有教职员 48 名；查看当时的课表，安排开设与商学有关课程的教师共 11 位①，除教务长阮钧外，另 10 位分别为张鸿冀、董维键、万和怿、柳荣春、高莘、何膺恒、何羽道、黄嗣文、袁蔚、王式金。其中，董维键曾赴美留学 7 年，获哥伦比亚大学经济学博士学位；何羽道留学日本，主攻货币银行学，是中国货币银行理论界第一代学者。由于国立武昌商科大学是当时中国仅有的两所商科大学之一②，因而所聘教师多为商学领域的杰出才俊与顶级学者。从学科分布上看，周佛海、董维键、何羽道主讲经济学原理；阮钧、张鸿冀、董维键等主讲货币银行学理论与实务方面的课程；柳荣春主讲保险学和关税；何羽道主讲财政学；张鸿冀、万和怿、袁蔚等主讲商业学理论与实务方面的课程；黄嗣文、董维键主讲中外商业史；阮钧、张鸿冀主讲会计学、统计学方面的课程。这些课程主要侧重于商业经济学方面的内容，但已涉及经济学原理、财政学和货币银行学等方面的经济学基础课程，表明已有一批这方面学科的专业师资。由于这些师资大多是当时中国较为前沿和顶级的学者，因而为尔后经济学科的创建奠定了坚实的基础。

二、经济学系的设置与经济学科实力的增强

1926 年，武汉国民政府将武昌当时的 7 所大学合并③，组建成国立武昌中山大学，1928 年更名为国立武汉大学。其中，对于经济学科而言最具决定性意义的是国立武昌商科大学的并入。

国立武昌商科大学并入后，新组建的国立武昌中山大学在机构设置上焕然一新，本科层次首次单设"商科"并将之与文科、法科、理科、医科、预科并

---

① 武汉大学经济与管理学院．武汉大学经济与管理学院院史（1893—2023）．武汉：武汉大学出版社，2014：23.

② 另一所是成立于 1921 年的国立上海商科大学（上海财经大学前身）。

③ 当时的 7 所大学分别为：由原自强学堂演变而来的国立武昌大学，以及国立武昌商科大学、省立文科大学、省立法科大学、省立医科大学、私立文华大学、私立中华大学。

列为6科；其中商科下再设经济学系和商业学系。这样，经济学科从理论到应用均在机构设置层面得以建立，形成了相对较为完整的学科体系与体制保障。因而，国立武昌商科大学的并入，不仅带来了成建制的商科师资力量与部分经济学学术团队，成为武汉大学经济学科的实体来源；而且直接导致经济学科创生与发展体制保障的形成，标志着武汉大学经济学作一个整体学科而言的正式创建。

1928年，国立武昌中山大学改组为国立武汉大学后，学校选址珞珈山，自1930年3月开始建筑新校舍，至1932年春基本落成，宏伟壮丽、典雅庄重、中西合璧、美轮美奂的武汉大学建筑群依山傍水、拔地而起，使学校的办学条件一跃而备受世人瞩目与青睐。与此同时，在机构设置上，学校借鉴现代西方教育模式，实行美国式校-院-系三级体系，预设文、法、理、工、农、医6个学院；经济学系设在法学院下，起初还并设有商学系，后于1932年商学系在学校学科调整中予以撤销。在教师任用上，学校采用现代聘任制，通过签订合约选聘上岗，充分吸引优秀师资。

随着办学条件的改善与体制机制的完善，学校的影响力、吸引力骤然大增。一时间，国内一批知名经济学者纷至沓来，先后加盟珞珈山。在先后来到珞珈山的一批经济学者中，最为著名的是杨端六和刘秉麟。

杨端六曾赴日本英语学校和高等学校求学；后留学英国，在伦敦大学政治经济学院攻读货币银行专业。他的主攻方向是货币金融学和商业会计学，被誉为中国现代货币金融学奠基人之一和中国商业会计学奠基人。他从事学术活动时间较早，1912年即受留日同学宋教仁之托，与周鲠生、皮宗石等一起在汉口法租界创办《民国日报》；1913—1920年，又受章士钊之邀任《甲寅》杂志编委会成员并在其上发表文章；同时还在张东荪的《中华杂志》和谷种秀、杨永泰的《中华新报》上陆续发文；1917年，更是以李剑农为国内联络人并联络其他留英同学一起在上海创办了自己的刊物《太平洋杂志》。后在商务印书馆任会计主任，大胆改革商务会计制度并取得成功，被誉为商务印书馆的"金柜子"。1920年10月，英国著名思想家伯特兰·罗素（Bertrand Russell）来华讲学，他陪同翻译，并自己演讲了"社会与社会主义""同业组织问题"和"介绍罗素其人——与罗素一夕谈"3个专题，产生了较大影响。到国立武汉大学任教后更是潜心教学与科研，取得丰硕成果，声誉愈益显赫。曾被推荐为蒋介石讲授经济学，并被蒋介石任命为军事委员会审计厅厅长，因其坚持"不离学校、不离讲台、不穿军装"的"三不"原则，仅利用假期到南京"兼职"而被誉为不穿军装的"上将"。曾先后任国立武汉大学法学院院长、教务长、经济学系主任、文科研究所经济学部主任等。

刘秉麟毕业于北京大学经济学系；后出国留学，先后毕业于英国伦敦大学经济学院研究生班、德国柏林大学经济学系研究生班。他从事学术研究起步也较早，在北京大学任图书馆馆员的 1918 年，即发表《马克思传略》《劳动问题是什么》等文章；1919 年又相继发表《经济学上之新学说》《分配问题》等论文，还出版了自己的第一本经济学著作——《经济学原理》（1919 年）。1920 年出国后，翻译出版了美国财政学家亨利·卡特·亚当斯（Henry Carter Adams）的《财政学大纲》（1921 年），并补撰概述中国财税制度历史的《中国租税史略》附于书后。1925 年回国，出版了《李士特经济学说与传记》（1925 年）、《亚当·斯密》（1926 年）、《理嘉图》（1930 年）等书。他编著的经济学教科书，包括《经济学原理》及其后出版的几种版本的《经济学》，因内容丰富，系统全面，通俗易懂，在当时颇为流行，曾多次再版①，在学术界产生较大影响。他于 1926 年中国经济学社上海分会成立大会上被推举为临时主席，并 3 次当选中国经济学社理事；1928 年以专家身份应邀出席国民政府财政会议；1929 年成为国民政府工商部工商法规委员会委员，参与制定民国工商法；1932 年到武汉大学，先后任经济学系主任、法学院院长，并多次代理校长。

特别值得指出的是，杨端六和刘秉麟均为当时中华民国教育部的部聘教授。当时中国尚未实行院士制度和学部委员制度，教育部部聘教授在当时中国教育界享有至高荣誉，时有"教授中的教授"之称。中华民国教育部共选聘过两批部聘教授，第一批在 1942 年 8 月，选聘条件非常严苛，每个学科只选聘 1 名，数学、物理、化学、经济等 30 个学科共 30 人入选，杨端六是第一批入选的，他也是此批经济学科的唯一入选者，武汉大学同批入选的还有法学家周鲠生；第二批在 1943 年 12 月，共 15 人入选，刘秉麟是第二批入选的。武汉大学前后入选的也只有这 3 人。当时全国前后两批共选聘 45 人，武汉大学 3 人，在数量上仅次于中央大学、西南联合大学和国立浙江大学，位居第四②。武汉大学两批入选的 3 人中，有 2 人即在经济学科；全国两批共选聘的 45 人中，经济学科的仅 3 人，武汉大学即独占其二，足见其实力之强。杨端六和刘秉麟在当时中国经济

① 据查阅资料并初步统计，他编著的《经济学原理》（1919 年）《公民经济》（1925 年）《经济学》（"新学制高级中学教科书"，1928 年）《经济学》（"职业学校教科书"，1939 年），从 1919 年首次发行算起直至 1947 年，前后 28 年总共累计发行 26 版次。

② 45 人中，中央大学 13 人；西南联合大学 9 人；国立浙江大学 5 人；国立武汉大学 3 人；其余上榜的学校或机构，除国立西北大学 2 人外，都只有 1 人。

学界属于顶尖级学者,堪称民国时期经济学界的珞珈"部聘双杰"。

除"部聘双杰"外,此间任教于武汉大学经济学系的其他一些教授也大都卓尔不凡,形成民国时期优秀卓越的学科团队。其中经济学科较为有名的有任凯南、皮宗石、陶因、李剑农和彭迪先。这5位教授均为留学归国人员,且在国外所学的大多是经济学和商学方面的专业,其中前4位均有先到日本留学再到英国或德国深造的经历,任凯南、陶因还获得经济学博士学位,属于当时经济学界的"海归"精英人才。在武汉大学执教期间,他们大都兼任过校、院、系三级管理机构的领导职务。其中,在"系"一级层面上,皮宗石、任凯南、陶因先后担任过经济学系主任;在"院"一级层面上,皮宗石曾任社会科学院院长、法学院院长,任凯南曾任经济学部主任;在"校"一级层面上,任凯南曾任武汉大学筹备委员会委员,皮宗石、陶因曾任武汉大学教务长,皮宗石曾兼任武汉大学图书馆馆长,他们均属武汉大学行政服务和业务管理的中坚力量。在教学与科研方面,他们更是经济学系的教学主力与学术骨干。他们学有专长、术有专攻,任凯南是西方经济史专家;皮宗石是经济学、财政学专家;陶因是经济学、经济政策研究专家;李剑农是中国经济史专家;彭迪先是经济思想史专家。他们在学术界的影响与声誉很不一般,任凯南在伦敦大学时已赫赫有名,至武汉大学执教时,在经济学界已与马寅初齐名,时有"南任北马"之说,足见其名声之大;皮宗石是当时知名教授,离开武汉大学后不仅担任湖南大学校长,还曾被选为第三届国民参政会参政员,担任过国民政府教育部教育研究委员会委员,新中国成立后还由毛泽东亲自签署委任状,命其为中南军政委员会财政经济委员会委员,影响较大;陶因在经济学界也负有盛名,曾被大公报评为当时中国十大著名教授之一;李剑农在中国古代经济史和中国近代政治史研究方面取得巨大成就,所著《中国古代经济史》① 至今仍是不可多得的学术巨著,《中国近百年政治史》(1942 年)被译成英文,为国内外学者广泛引用和参考,美国出版的《近代国际大史学家》(1991 年)一书中收录了 1800 年以来各国大史学家 664 位,其中 14 名中国人,李剑农位列其中,他因此而被国内学者誉为"世界级大史学家"②,他还是 1956 年中国首批评选的一级教授③;彭迪先

① 该书最初以讲义形式印制,1957—1959 年由三联书店分 3 册出版,1990 年武汉大学出版社以《中国古代经济史稿》为书名予以重版。

② 萧致治,李剑农. 世界级大史学家——纪念李剑农逝世 40 周年. 武汉大学学报(人文科学版),2003(01):46-53.

③ 全国首批评选出的一级教授共 163 名,武汉大学 3 人,除李剑农外,还有李国平、高尚荫。

是日本著名马克思主义经济学家河上肇的门生，是中国著名的老一辈马克思主义经济学家，有"红色教授"之誉①。

除上述著名教授外，此时经济学系还留校和引进了一些师资力量。先后留校的有张克明、夏道平；先后引进的有潘源来、朱祖晦、韦从序、伍启元、陈家芷、温嗣芳等。这些人也均具有不俗的实力。这8人中，除张克明和夏道平为本校毕业留校者外，其余6人均为留学归国人员。其中，从留学国别看，有1人（陈家芷）具有留日经历，4人（潘源来、韦从序、伍启元、温嗣芳）具有留英经历，1人（朱祖晦）具有留美经历；从所学专业看，基本上都是经济学、商学专业；从所获学位看，至少有2人（潘源来、朱祖晦）获硕士学位，1人（伍启元）获博士学位。这些人在学术上均有一定的造诣并有一定的影响。如夏道平，他到台湾地区后潜心研究奥地利经济学派，发表了大量相关学术成果，成为台湾地区著名经济学家。再如伍启元，他是20世纪三四十年代中国相当活跃的学者之一，尤其在抗日战争期间，他联名自己所在的西南联大的多名教授发表反对国民政府恶性通货膨胀的系列文章，在学术界和社会上引起极大反响，赢得很高声望。

此时还有一位才华出众的青年经济史学者吴其昌，曾就读于清华大学国学研究院，师从王国维和梁启超治学，1932年受聘为武汉大学历史系教授。抗战期间随校西迁四川乐山，旋兼历史系主任，可惜年仅40岁便英年早逝。他在中国经济史，尤其是中国田制史的研究上取得突出成就，在当时颇有影响。

至民国后期，张培刚的学成归国给武汉大学经济学科带来了更大发展契机。张培刚是1946年10月应武汉大学时任校长周鲠生之邀，与同在哈佛留学、后被称为"哈佛三剑客"的韩德培、吴于廑一起回到母校任教的。张培刚一回到武汉大学即出任经济学系主任，一直到他于1952年底调离武汉大学。其间于1948年1月至1949年2月离任一年，应聘担任联合国亚洲及远东经济委员会顾问及研究员，在武汉大学前后任教5年。

张培刚大学本科即毕业于武汉大学经济学系，毕业后被选送到由陶孟和主持的前中央研究院社会科学研究所从事农业经济研究工作；1941年考取清华庚款公费赴美留学生，1945年冬获哈佛大学经济学博士学位。他在经济学领域取得的最大成就是他在哈佛大学完成的博士学位论文《农业与工业化》。该论文被

---

① 参见：刘诗白.《彭迪先全集》序//彭迪先.彭迪先全集.成都：西南财经大学出版社，2014：1.

哈佛大学授予 1946—1947 年度经济学科最佳论文奖和"大卫·威尔士奖金"。大卫·威尔士奖为哈佛大学经济学科最高荣誉奖，是诺贝尔经济学奖设立前国际经济学界影响最大的经济学奖，张培刚是中国第一个，也是迄今唯一获得该奖的学者①。在他之后曾获该奖的保罗·萨缪尔森（Paul A. Samuelson），1970年获得了第二届诺贝尔经济学奖。张培刚的这篇论文于 1949 年被收入"哈佛经济丛书"第 85 卷，由哈佛大学出版社予以出版；1951 年又被译成西班牙文在墨西哥出版；1969 年英文版在美国再版。该书被世界很多著名大学的经济学专业列为指定参考书，林毅夫说他在芝加哥大学读书时，其导师西奥多·舒尔茨（Theodore W. Schultz）向他推荐的必读参考书中，"就有一本是由中国人写的著作，那就是张培刚老师所写的《农业与工业化》这本巨著。"② 该书不仅在国际经济学界流传广泛，而且影响巨大、深远，正如 2009 年哈佛大学出版社总编辑迈克尔·费希尔（Michael Fisher）在该书出版 60 周年之际给时任华中科技大学校长李培根的贺函中所说："哈佛大学出版社很荣幸于 1949 年在《哈佛经济研究》系列丛书中出版了此著作。张教授的著作是该系列丛书中最具影响力的巨著之一，此书被誉为发展经济学的奠基之作。哈佛大学出版社发表如此具有深远与持久影响力著作的机会屈指可数。"③ 由于该书被誉为发展经济学的奠基之作，因而张培刚被国际经济学界公认为是发展经济学的奠基者或创始人之一。1982 年，前世界银行副行长兼高级经济学家、著名发展经济学家霍利斯·钱纳里（Hollis B. Chenery）在上海讲学时说："发展经济学的创始人，是你们中国人——培刚·张。"④

除张培刚本人外，他主持武汉大学经济学系期间还从美国引进了一大批经济学知名学者，如吴纪先、李崇淮、刘涤源、谭崇台、周新民、黄仲熊、朱景

① 著名经济学家陈岱孙曾有过与威尔士奖擦肩而过的经历。他在哈佛读书时，其博士学位论文曾被选送参评 1928—1929 年度哈佛大卫·威尔士经济论文奖，但最终委员会把该奖颁给了他的同班同学、垄断竞争理论的创立者张伯伦（E. H. Chamberlin）。18 年后，当他得知张培刚获得此奖后，"觉得十分高兴。高兴的是终于看到了有一个中国留学生跻身于哈佛大学经济系论文最高荣誉奖获得者的行列。"（转引自：谭慧编. 学海扁舟——张培刚学术生涯及其经济思想. 长沙：湖南科学技术出版社，1995：258.）

② 林毅夫在首届"张培刚发展经济学研究优秀成果奖"颁奖仪式上的发言. 林毅夫. 首届获奖者林毅夫教授获奖感言［EB/OL］. 张培刚发展经济学研究基金会，http：//pkcjjh. hust. edu. cn/info/1018/1796. htm，2009-02-13/2022-11-28.

③ 张培刚发展经济学研究基金会. 发展经济学与中国经济发展——第一、第二届张培刚奖颁奖典礼暨学术论坛文集. 武汉：华中科技大学出版社，2009：55.

④ 张培刚，口述. 谭慧，整理.《农业与工业化》的来龙去脉//张培刚. 农业与工业化（上卷）：农业国工业化问题初探. 武汉：华中科技大学出版社，2002：2.

尧、黄永轼等。这些"清一色"的留美归国学者中，吴纪先所获学位最高，不仅获得威斯康星大学经济学硕士学位，还获得哈佛大学经济学博士学位；其他人大都获得经济学硕士学位，包括李崇淮获耶鲁大学经济学硕士学位，谭崇台获哈佛大学经济学硕士学位，周新民获哥伦比亚大学硕士学位并取得博士候选人资格，朱景尧获威斯康星大学硕士学位，黄永轼获明尼苏达大学硕士学位。还有 2 位学者为刘涤源和黄仲熊，他们分别留学哈佛大学文理研究生院和美国威斯康星大学研究生院。上述 8 位学者中，刘涤源、谭崇台、黄仲熊、朱景尧和黄永轼大学本科均毕业于武汉大学经济学系；其中，刘涤源、黄仲熊还在武汉大学获得经济学硕士学位。

这些人都是各自学科领域的著名学者。吴纪先留美归国后，先在南京中央大学任教；后到联合国亚洲远东经济委员会秘书处任经济研究专员。1950 年 9 月受聘为武汉大学经济学系教授，主攻美国经济，在国内享有很高声誉，是武汉大学世界经济学科的著名学者与学术带头人。李崇淮回国后先到交通银行汉口分行任襄理，1947 年起应张培刚之邀兼任武汉大学经济学系特约讲师，1949 年 4 月正式调入武汉大学经济学系，主攻货币银行学，是武汉大学金融学学科的著名学者与学术带头人。刘涤源在哈佛大学研习的是西方经济理论与经济周期学说，1947 年底回国后受聘为武汉大学经济学系教授，主攻西方经济学，尤其侧重凯恩斯主义经济学说的研究，是国内著名的凯恩斯主义研究专家，他和谭崇台同为武汉大学西方经济学学科的著名学者与学术带头人。谭崇台是 1948 年初受时任校长周鲠生之邀回到武汉大学经济学系任教的，后成为被誉为"中国发展经济学第一人"的著名经济学家。朱景尧回国后于 1950 年受聘为武汉大学经济学系副教授，后升为教授，主讲统计学、经济统计，是武汉大学统计学，尤其是世界经济统计的权威学者；黄永轼于 1950 年回国后受聘为武汉大学经济学系副教授，后曾调出武汉大学，1979 年重回武汉大学经济学系，长期从事农业经济研究，是武汉大学农业经济学科的骨干教师与学术中坚。

在此前后留校或返校任教的还有甘士杰、王治柱和曾启贤等。其中最为突出的是曾启贤，他大学本科毕业于武汉大学经济学系，并成为武汉大学经济研究所研究生，1948 年获硕士学位并留校任教；1951—1953 年到中国人民大学经济系研究生班学习；回校后一直在武汉大学经济学系任教，是武汉大学政治经济学学科的著名学者与学术带头人。其他 2 位学者甘士杰和王治柱，大学本科均毕业于武汉大学经济学系，甘士杰还获得武汉大学经济学硕士学位，他主攻金融学，对货币理论与实务有所研究；王治柱曾在南开大学攻读硕士学位，1947

商务门下 武汉大学经济与管理学院校友回忆录（第二辑）

年毕业后回到武汉大学经济学系任教，主攻西方经济学说，对西方数理学派及其学说研究尤深，颇有建树。

以上这些学者大部分为国外留学人员，而且大多出自欧美名校，是优秀的"海归"精英，在学术上他们学有专长、业有专精，形成一支特色鲜明、队伍整齐、实力雄厚的经济学科团队。大批优秀"海归"精英的加盟，加上原本较强的大批知名师资，使武汉大学经济学科更上一个大的台阶，一跃成为全国同行所瞩目的最好经济学科点之一。师资力量的增强使在读学生大受其益，此间培养出了董辅礽、何炼成、刘再兴、席克正、郭吴新等一批著名经济学家和许多在各自行业贡献突出的优秀人才。

三、理论经济学的特色优势与显著地位

1983 年，国家教育部颁布了高等学校学科专业目录，1997 年又对学科专业目录做了调整。调整后的理论经济学下设政治经济学、经济思想史、经济史、西方经济学、世界经济，以及人口、资源与环境经济学共 6 个二级学科。

武汉大学的这 6 个二级学科中，世界经济、经济思想史和政治经济学是传统优势学科；西方经济学和人口、资源与环境经济学是新组建兴起的学科；经济史学科较为特别，它既分属于经济学科，也分属于历史学科，它在武汉大学也是传统优势学科。

1. 传统优势学科的特色与优势

（1）世界经济

武汉大学的世界经济学科点，始于 1964 年在经济学系内设立的世界经济教研室，时任教研室主任为吴纪先教授；此前吴纪先教授已于 1962 年开始招收世界经济专业硕士研究生。1981 年世界经济成为改革开放后全国第一批同时获得硕士、博士学位授予权的学科点，吴纪先被遴选为第一批世界经济专业博士生导师[①]。1987 年该学科点又被评为全国第一批国家重点学科，是世界经济学科领域的三个重点学科点之一；1996 年成为国家"211 工程"重点建设学科之一；同时是教育部 100 所人文社会科学重点研究基地——武汉大学经济发展研究中心

---

① 1981 年全国第一批遴选的经济学博士生导师共 24 人，其中世界经济学科 5 人。除吴纪先外，其他 4 位分别为南开大学的滕维藻、中国人民大学的吴大琨、北京师范大学的陶大镛、华东师范大学的陈彪如。

的重要组成部分。

该学科点上的"武汉大学美国加拿大经济研究所"是全国高校首批成立的外国问题研究机构之一，其前身是武汉大学北美经济研究室。1964年底，毛泽东主席做出"加强外国问题研究"的指示，次年初，由周恩来总理亲自在京召集会议加以组织落实，决定在当时有条件的高校成立相应研究机构并对机构的研究对象做了分工，由此武汉大学北美经济研究室成立，负责美国加拿大经济问题研究。1980年，经教育部批准扩建为武汉大学美国加拿大经济研究所，首任所长是老一辈哈佛大学博士、著名经济学家吴纪先教授，此后郭吴新、朱景尧、王治柱以及高玉芳、周茂荣、陈继勇等几代经济学家均曾躬耕于此，历经半个多世纪的学脉传承，在人才培养、科学研究、咨政谏言方面不断取得新的成果。中国美国经济学会自成立至今其总部一直设在武汉大学美加经济研究所。现任所长为余振。

还有一个科研机构叫"武汉大学欧洲问题研究中心"，它由校内跨院系力量所组成，曾多次参与和承担中国和欧盟之间的合作研究项目。现任中心主任为齐绍洲，研究主力为世界经济系教师和博士研究生，研究重点为欧盟经济尤其是欧盟的能源、气候与绿色转型问题。随着国家对区域国别问题研究的重视，经教育部批准，"美加经济研究所"和"武汉大学欧洲问题研究中心"同时被授予区域国别备案研究中心，成为国内区域国别研究的重要研究平台。

该学科点最早的学科带头人是吴纪先，他曾任武汉大学美国加拿大经济研究所所长、全国美国经济学会会长，国务院学位委员会学科评审组经济学组成员。此外，还有周新民、朱景尧、郭吴新等一批知名教授。周新民曾任武汉大学经济学系主任；朱景尧曾任湖北省统计学会副会长；郭吴新曾任全国美国经济学会会长、中国世界经济学会副会长。他们在新中国的世界经济研究领域做出了重要贡献，奠定了武汉大学世界经济学科在全国领先地位的坚实基础。

改革开放后，该学科又逐渐涌现出一批新生代学者①，如高玉芳、周茂荣、陈继勇、张彬、齐绍洲等。高玉芳为该学科点1966届硕士毕业生，曾任武汉大学美国加拿大经济研究所副所长；周茂荣曾任世界经济系主任、武汉大学原商学院院长，兼任中国世界经济学会副会长、湖北省世界经济学会会长；陈继勇曾任武汉大学经济与管理学院院长，兼任中国美国经济学会会长、中国世界经

---

① 改革开放后武汉大学经济学科涌现的新生代学者涉及人数甚多，难以一一罗列介绍。本文以下所涉及介绍的新生代学者，仅以国务院政府特殊津贴专家和二级教授为限；其他学者，则姑置不论。

济学会副会长；张彬曾任世界经济系主任，现任中国美国经济学会会长，主讲的《世界经济概论》获国家级精品课程；齐绍洲现任武汉大学欧洲问题研究中心主任、武汉大学气候变化与能源经济研究中心主任，兼任中国欧洲学会经济分会副会长、中国世界经济学会副会长和湖北省世界经济学会会长，近年来他对全球能源、环境和低碳经济问题的研究颇有建树，已成为该领域国内同行中的知名专家之一，2015 年开始至今被聘为武汉市政府参事。

世界经济学科一直是武汉大学的优势学科，在全国颇有影响。

（2）经济思想史

武汉大学经济思想史①学科点也是 1981 年全国第一批获得硕士学位授权点之一，当时获批专业名称为外国经济思想史；1986 年此专业获批博士学位授予权；1990 年马克思主义经济思想史专业也获批硕士学位授予权，并于 1991年获批博士学位授予权；1997 年学科专业目录调整后，外国经济思想史、马克思主义经济思想史和中国经济思想史 3 个专业同时具备了硕士和博士学位授予权。

该学科的缘起可以追溯到民国时期，当时经济思想史是为学生开设的必修课，伍启元、彭迪先曾任主讲老师。新中国成立后，经济思想史学科队伍不断壮大，李守庸、汤在新、傅殷才、唐岳驹、王治柱、黄仲熊等先后成为该学科专业的任课教师。其中有 3 位为出国留学人员，包括傅殷才和唐岳驹留学苏联，黄仲熊留美；汤在新和王治柱则是中国人民大学研究生班毕业的。"文化大革命"结束后，刘涤源和谭崇台回到该学科点，师资力量更是大为增强。当时，刘涤源、谭崇台、傅殷才、唐岳驹、王治柱、黄仲熊的研究方向是外国经济思想史；汤在新的研究方向是马克思主义经济思想史，李守庸的研究方向是中国经济思想史。这几位学者中，刘涤源成名较早，他于 1942 年完成的硕士学位论文《货币相对数量说》曾获当时国内荣誉较高的"杨铨学术奖"②，在中国货币理论史和中国经济思想史上产生过重要影响。汤在新对马克思主义经济思想史研究造诣较深，曾任中国马克思主义经济思想史学会副会长。傅殷才成果颇丰，也较有影响，曾任湖北省外国经济学说研究会会长；王治柱对数理经济学派颇

① 1997 年教育部学科专业目录调整前，没有单独的"经济思想史"学科专业之称。当时，外国经济思想史、马克思主义经济思想史和中国经济思想史分别为 3 个独立的学科专业，1997 年将三者合一，才统称为"经济思想史"。为便于叙述，这里不加区分，一并以"经济思想史"相称。

② 该奖以曾任前中央研究院总干事杨铨命名，是当时国内最高的社会科学奖。

有研究，1965年即出版相关专著；黄仲熊在"文化大革命"前曾在《经济研究》等刊物上发表多篇经济思想史方面的论文，可惜受冲击自尽了。

20世纪90年代开始，又崛起一批新生力量，如王元璋、颜鹏飞、乔洪武等，一度还有顾海良于2002—2010年在武汉大学先后任党委书记和校长并加盟该学科点。此间，该学科点一度出现过3个研究方向5位教授博导同时挂牌招收博士研究生，并在3个相应学科的全国性学会担任会长（2人）和副会长（1人）职务，这样一种在全国高校此学科中迄今唯一仅见的繁盛局面。当时，顾海良任全国马克思主义经济学说史学会会长；颜鹏飞任中华外国经济学说研究会副会长，并兼任中南、西北、西南三大区外国经济学说研究会会长；严清华在此间先任中国经济思想史学会副会长，后任会长。

顾海良是中国著名经济学家和马克思主义理论家，学术成就与影响较大；王元璋成果丰硕，曾获中宣部"五个一工程奖"；颜鹏飞较早向中国学术界介绍和系统阐述激进政治经济学，是中央马克思主义理论研究和建设工程首席专家，现为武汉大学人文社会科学研究院驻院研究员；乔洪武长期潜心研究西方经济伦理思想，是教育部重大招标项目首席专家，曾获孙冶方经济科学奖，现为武汉大学人文社会科学研究院驻院研究员；严清华在中国经济思想史研究中也取得一些学术成就。

（3）政治经济学

和经济思想史学科一样，武汉大学政治经济学也是1981年全国第一批获得硕士学位授予权的学科专业；1986年获批博士学位授予权。该学科点实际上在1961年就招收了首届研究生，是新中国成立后武汉大学经济学科最早招收研究生的学科专业。该学科点中，老一辈的学者为曾启贤、刘光杰、李裕宜、吴佩钧、熊懿求等。他们均毕业于武汉大学经济学系，均曾于20世纪50年代或60年代初到中国人民大学经济系研究生班学习，专业方向均为社会主义政治经济学。其中，曾启贤曾任湖北省哲学社会科学联合会副主席，于1984年获首届孙冶方经济科学奖；刘光杰曾任湖北省社会科学院副院长、党组成员，湖北省经济学会副会长、常务副会长等；李裕宜曾任武汉大学经济学院院长；熊懿求曾任经济学系主任。20世纪70年代或80年代初，依据教育部文科教材编写计划，南方16所大学协作编写了具有统编性质的《政治经济学》教材，分为资本主义部分和社会主义部分，武汉大学经济学系的肖骥和熊懿求分别参加了编写。

改革开放后继起的学者为经济学系的伍新木、陈恕祥、曾国安等。伍新木在改革开放初期相当活跃，被誉为当时著名的中青年经济理论工作者之一而编入李连第主编的《中国经济学希望之光》①；陈恕祥曾任武汉大学经济学院院长、国务院学位委员会理论经济学学科评议组成员；曾国安曾任经济与管理学院副院长，现任武汉大学发展研究院院长，国家新世纪百千万人才工程入选者。

除经济学系的学者外，武汉大学经济研究所的简新华以及经济思想史学科点的颜鹏飞等对政治经济学也有较多研究，他们被有作者誉为"当代中国马克思主义经济学家"②。《中国政治经济学学术影响力评价报告：2021》评选了中国政治经济学最具学术影响力的100篇论文（2011—2020），其中入选简新华的论文2篇，颜鹏飞的1篇；此外还有顾海良的3篇③。2017年，中国社会科学院马克思主义研究学部等评选"近年最具影响力的30位马克思主义学者"④，其中评选出在马克思主义政治经济学研究领域做出突出学术贡献的著名学者，顾海良、颜鹏飞名列其中。

（4）经济史

武汉大学的经济史学科，尤其是中国经济史学科底蕴深厚，源于民国时期，知名学者为被誉为一代经济史名师的李剑农，以及曾师从王国维和梁启超治学的吴其昌。

1953年全国院系调整后，武汉大学经济史学科的学者分属于经济学系和历史学系，在机构编制上形成两个分支。经济学系分支的学者有主攻中国古代经济史的尹景湖和主攻中国近代经济史的代鲁；历史学系分支的学者为著名财政经济史专家彭雨新。改革开放后，两个分支在学科专业点的设置上各不相同，经济学系分支的经济史专业于1993年获批硕士授予权，1998年成为博士学位授权点；历史学系分支的经济史则挂靠在"专门史"学科下，专门史专业于1997年成为博士学位授权点，2003年中国经济史专业增列为博士学位授权点。

在经济学系分支，颜鹏飞对中国保险史做了开拓性的研究，在国内外保险史学界颇具影响力；另一学者乜小红是国家社会科学基金重大招标项目首席专家，对中国古代畜牧经济、契约发展及敦煌吐鲁番文书深有研究，可惜英年早逝。

---

① 李连第. 中国经济学希望之光. 北京：经济日报出版社，1991：134-143.

② 刘思华. 当代中国马克思主义经济学家：批判与创新. 广州：世界图书出版广东有限公司，2012：479-484，496-504.

③ 王立胜，程恩富. 中国政治经济学学术影响力评价报告：2021. 济南：济南出版有限责任公司，2022.

④ "近年最具影响力的30位马克思主义学者"评选工作揭晓. 世界社会主义研究，2017，2（01）：114，129.

比较起来，改革开放后发展得更快、更为活跃的是历史学系分支，涌现出了一批颇有成就和影响的知名学者，如彭雨新的弟子陈锋、张建民，唐长孺的弟子冻国栋等。

2. 新组建学科的特色优势

（1）西方经济学

在理论经济学中，西方经济学是一个后组建兴起的学科，直到20世纪90年代，它才从外国经济思想史学科中分离出来成为一个独立的学科专业点。1996年武汉大学的西方经济学获批博士学位授予权，是国内最早获批此专业博士学位授予权的学科专业之一；武汉大学此博士点授予权的获批，也就标志着武汉大学西方经济学作为一个独立的学科专业点而得以建立。该学科专业点虽然建立较晚，但却发展迅猛，在谭崇台、刘涤源等老一辈学者的带领下，该学科点很快就成为武汉大学的优势学科，尤其是发展经济学，更是成为中国发展经济学的重要研究基地和大本营。

谭崇台是该学科点影响最大的著名学者。他曾任武汉大学校长办公室主任，武汉大学学术委员会顾问；经济与管理学院院长，经济学院名誉院长、学术委员会主席，经济与管理学院教授委员会主席；教育部人文社会科学重点研究基地武汉大学经济发展研究中心名誉主任、学术委员会主任；先后兼任中美经济学交流委员会中方委员，中华外国经济学说研究会副会长、名誉会长，中华外国经济学说研究会发展经济学分会名誉会长，全国高校社会主义经济理论和实践研讨会领导小组成员，湖北省外国经济学说研究会会长、顾问等。他是武汉大学首批人文社会科学资深教授。谭崇台教授在中国发展经济学领域成就斐然，被公认为继"国际发展经济学的奠基人"张培刚之后的"中国发展经济学第一人"，曾入选"影响新中国60年经济建设的100位经济学家"、湖北省首批"荆楚社科名家"，在学术界享有极高的声誉。他去世后，党和国家领导人包括习近平总书记和国务院时任总理李克强，以及中共中央政治局原常委们，纷纷表示哀悼或敬献花圈。

除谭崇台、刘涤源外，该学科点从20世纪90年代开始，逐渐涌现出郭熙保、邹薇、马颖、庄子银、叶初升等一批杰出学者。郭熙保曾任武汉大学发展经济学研究所执行所长、经济发展研究中心主任、中华外国经济学说研究会发展经济学分会会长，入选第二批教育部新世纪优秀人才计划，现为武汉大学人文社会科学研究院驻院研究员；邹薇为武汉大学高级研究所负责人，武汉大学珞珈学者特聘教授，国家新世纪百千万人才工程入选者；马颖是国家级精品课程和双语教学示范课程《西方经济学》主持人；庄子银于2007年入选教育部新世纪优秀人才计划；叶初升现任武汉大学经济发展研究中心联席主任，《经济评论》主编，兼任中华外国经济学说研究会发展经济学学会副会长兼秘书长。此外，自2013年以来先后受聘为武汉大学经济与管理学院的3位院长谢丹阳、宋敏、聂军，他们的研究方向虽各有不同，但大体上都从事的是西方经济学前沿理论的研究工作，因而他们的加盟无疑为武汉大学西方经济学学科点增添了有生力量。颜鹏飞对西方经济学也颇有研究，他与中国人民大学吴易风作为首席专家主持编写了中共中央马克思主义理论研究和建设工程重点教材《西方经济学》（2011年），为该学科点增色不少。

（2）人口、资源与环境经济学

武汉大学的该学科点于1990年获批硕士学位授予权①，1998年获批博士学位授予权。该学科点源于1979年创立的武汉大学经济学系人口研究室，谭崇台为创始人；1984年升格为武汉大学人口研究所，刘光杰、辜胜阻先后任所长；1995年改建为社会经济与人口研究所，辜胜阻任所长；2004年组建为武汉大学人口资源环境经济研究中心，简新华、刘传江先后任主任，该中心现为湖北省高校人文社会科学重点研究基地。

辜胜阻曾任武汉市副市长，湖北省副省长，全国工商联副主席，民建中央常务副主席，全国人大常委会委员及全国人大内务司法委员会副主任委员和全国人大财政经济委员会副主任委员，第八届全国政协委员，第九届全国政协常委，第十届全国政协委员，第十三届全国政协副主席；作为学者型官员，培养近百位硕士和博士研究生；向高层报送一批基于深厚调查研究的决策咨询报告，受到决策部门重视和采纳，数十项研究成果获得党和国家领导人重要批示，不少被政府决策部门所采纳；其学术成就受到学术界广泛关注与社会各界的好评，曾获孙冶方经济科学奖、中宣部"五个一工程奖"等，入选国家"百千万人才工程"和国家教委"跨世纪人才工程"。简新华曾任武汉大学经济学院副院长、经济研究所执行所长、湖北省产业经济学会会长、国家社科基金学科评审组成员、国家社会科学基金重大招标项目首席专家，曾获中宣部"五个一工程奖"，现为武汉大学人文社会科学研究院驻院研究员；刘传江兼任武汉大学经济研究

---

① 1990年获批硕士学位授权点时，此专业名称为"人口经济学"；1997年国务院学位委员会调整学科专业目录后改为今名。

所所长、中国地理学会人口地理专业委员会副主任、中华发展经济学研究会理事、全国生态经济教育委员会副秘书长，2004 年入选教育部首届新世纪优秀人才支持计划。

3. 理论经济学居于中国著名高校一流学科水平

总体而论，武汉大学的理论经济学学科具备极为明显的特色优势，在中国著名高校乃至中国经济学界，长期居于较为显著的学科地位。

武汉大学理论经济学的学科地位，缘自其商科起步的先发优势与民国学者的领先地位。由于商科教育起步较早，商务门首开其端，国立武昌商科大学优先聚集全国优秀商科师资力量，从而形成当时中国商科教育领域实力最强的商科专业。国立武汉大学成立后，一批经济学领域的知名教授汇集珞珈山，致使武汉大学经济学科的地位大为提升。张培刚任经济学系主任后，更是引进了一大批留美学者，形成可与当时学术界公认的中国经济学实力最强的南开大学相媲美的最好学科点之一。

改革开放后，适应中国经济改革与发展事业的快速向前推进，当代西方经济学说大量传入中国并成为经济学中的热门话题，武汉大学在张培刚任系主任期间引进的一批"海归"学者恰逢其时，大显身手，成为中国经济学界一支甚为活跃的生力军，西方经济学也就迅速成为武汉大学经济学科中的新兴优势学科。在这一过程中，发展经济学更是强势兴起，不仅成为武汉大学经济学科中最具特色和优势的学科，而且成为中国发展经济学领域最有影响力的学科。谭崇台作为该学科的领军人物，与张培刚被合称为中国发展经济学界的"双子星"[1]。谭崇台领衔建立的武汉大学经济发展研究中心成为教育部 100 所人文社会科学重点研究基地中唯一以"经济发展研究中心"命名的国家级重点基地。其他学科，如前述的世界经济、经济思想史、政治经济学和经济史，仍然是武汉大学理论经济学中的传统优势学科。人口、资源与环境经济学是教育部学科专业目录调整后中国第一批同时获批硕士学位和博士学位授予权的 4 家单位之一，在首次博士点申报的通讯评议中，得分名列全国同专业第 1 名；2003 年在教育部学科评估机构的评估中，名列全国第 3 名。该专业现为湖北省优势学科。

2007 年，武汉大学理论经济学被评为国家重点学科；这也意味着按规定武

---

① "双子星"之称，出自谭崇台去世后，巴曙松代表张培刚发展经济学研究基金会所发唁电。

汉大学理论经济学中的上述 6 个二级学科全都成了国家重点学科。2017 年，教育部开启"双一流"建设，武汉大学的理论经济学与北京大学和中国人民大学的理论经济学一起获批为 3 个国家"双一流"重点建设学科的"一流学科"①，表明武汉大学理论经济学达到了中国著名高校一流学科建设的水平，居于全国同类学科的领先地位之列。

四、应用经济学的快速兴起与特色优势

1997 年国家教育部调整学科目录后的应用经济学一级学科下设 10 个二级学科，分别为国民经济学、区域经济学、财政学（含税收学）、金融学（含保险学）、产业经济学、国际贸易学、劳动经济学、统计学、数量经济学、国防经济学。

武汉大学成建制的应用经济学学科专业点建设起步相对较晚，改革开放前只在经济学系下设有一个部门经济教研室；现在的金融学学科专业点是在 20 世纪 80 年代才逐渐建立起来的，财政学、产业经济学、区域经济学等学科专业点大都是在 20 世纪 90 年代末获批建立的。

1. 金融学（含保险学）

该学科点是武汉大学应用经济学中最为突出的学科。其前身可追溯到 1945 年武汉大学创办的银行学专业，杨端六为该学科专业的奠基人。改革开放后，武汉大学是全国最早恢复金融学科的综合性重点大学之一。1984 年创设保险学专业，是全国最早开设此专业的 4 所院校之一，该专业于 1987 年获批硕士学位授予权；1988 年又获批货币银行学和国际金融 2 个专业的硕士学位授予权。此时，武汉大学金融学学科的学术带头人是知名货币银行学家李崇淮；保险学学科的学术带头人是张旭初。张旭初是武汉大学金融保险学系的第一任系主任，是武汉大学保险学科的开创者，1989 年去世，时年仅 54 岁。2002 年，武汉大学设立金融工程专业，是全国最早开设此专业的 5 所院校之一。目前，武汉大学金融学（含保险学）设有金融学、金融工程、保险学 3 个博士点，金融学、金融工程、保险学、金融学硕士专业学位和保险学硕士专业学位 5 个硕士点。2007 年，武汉大学金融学被评为国家重点学科；2009 年被评为湖北省优势学科，金

---

① 2022 年第二轮"双一流"重点建设学科名单中新增了南京大学。

融工程被评为湖北省创新学科。

该学科点现拥有一批颇有成就和影响的学者，形成武汉大学实力雄厚、别具特色的金融学学科群体，主要代表有黄宪、文显武、江春、叶永刚、潘敏等；保险学学科继张旭初之后的学术带头人、2021年去世的魏华林也是该学科群体中的重要成员。

黄宪曾任武汉大学原商学院副院长，现为武汉大学金融发展与政策研究中心负责人，中国金融学会学术委员会委员和常务理事、中国国际金融学会学术委员会委员和常务理事；文显武曾任武汉大学国际金融（经济管理）学系主任、中国国际金融学会理事及湖北省金融学会常务理事；江春是武汉大学珞珈学者特聘教授，曾任武汉大学金融学系主任，现任武汉大学金融研究中心负责人，国家教育部首届新世纪优秀人才支持计划入选者；叶永刚曾任武汉大学金融学系主任、经济与管理学院副院长，是武汉大学金融工程与风险管理研究中心负责人、中国金融学会理事、中国金融学会金融工程研究会常务理事；潘敏曾任武汉大学经济与管理学院副院长、常务副院长，是教育部新世纪优秀人才支持计划入选者；魏华林曾任武汉大学金融保险学系主任、中国金融学会常务理事暨学术委员会委员、中国保险学会副会长，曾获国家级有突出贡献的中青年专家称号。

2. 财政学（含税收学）

武汉大学财政学学科最早的学者是民国时期的刘秉麟。1998年武汉大学财政学（含税收学）专业获批硕士学位授予权；2003年获批博士学位授予权，吴俊培和卢洪友是该学科专业点的学科中坚与学术带头人。吴俊培为武汉大学财政金融研究中心主任，中国国际税收研究会顾问，中国财政学会常务理事，湖北省财政学会副会长，现为武汉大学人文社会科学研究院驻院研究员；卢洪友曾任武汉大学经济与管理学院财政与税收系主任，教育部教学指导委员会委员、中国财政学会理事、中国国际税收研究会理事。此外，还有该学科点新生代学者刘穷志，他现任武汉大学经济与管理学院财政与税收系副主任，为武汉大学珞珈学者特聘教授，教育部高校财政学类教学指导委员会委员，国家社会科学基金重大招标项目首席专家。

3. 产业经济学

该学科点于1998年获批硕士学位授予权；2005年成为博士学位授权点。当时，该学科点挂靠在社会经济与人口研究所，所长为辜胜阻；2001 年，社会经济与人口研究所整合为经济研究所，设有产业经济学研究室，主要学者为辜胜阻、简新华、刘传江等。除该所学者外，其他经济学科的学者也对产业经济问题有所研究，如政治经济学学科的刘光杰、李裕宜、伍新木、曾国安；金融学科的叶永刚、潘敏；财政学科的吴俊培、卢洪友等，形成武汉大学产业经济学的相关学科群体。

4. 区域经济学

武汉大学的区域经济学学科于 1998 年获批硕士学位授予权；2009 年成为博士学位授权点。该学科点起步于 1993 年成立的县域政治经济文化研究中心，伍新木任主任；2005 年改而成立区域经济研究中心，伍新木为负责人。

伍新木在改革开放初期开始研究县域经济，提出要有中国自己的《国富论》《县富论》，他运用现代经济学原理研究县经济，首次提出"县经济学"概念，探讨富县的理论与方法、途径与策略，在当时产生较大反响；他还广泛深入县市调研和应邀做发展规划，在为武汉市汉南区探索农业产业化道路过程中，提出了当时曾在学术界和社会上引起广泛关注的"汉南模式"；后又在流域经济研究领域做了许多理论研究与应用探讨，受到社会和政府有关部门的赞许与重视。

除伍新木外，其他相关学科的学者们也对区域经济问题有所研究，其中包括著名学者李崇淮、刘光杰，以及辜胜阻、简新华、曾国安、刘传江等，形成武汉大学区域经济学的相关学科群体。

5. 其余学科

首先是数量经济学。该学科点于 1998 年获批硕士学位授予权；2006 年成为博士学位授权点。早在 20 世纪 60 年代，王治柱即出版《数理学派和数理经济学》（1965 年）一书，是国内最早出版的相关专著。改革开放后，该学科点最早开展数量经济学研究的是冯文权，他曾任中国数量经济学会副理事长、学术委员会委员，湖北省数量经济学会理事长；他编著的《经济预测与经济决策技术》（1983 年）再版 6 次，在国内较有影响。继他之后对数量经济学有较多研究的是童光荣，其研究方向为宏观经济分析和数量经济学，曾任中国数量经济学会常务理事、学术委员会委员，湖北省数量经济学会常务副理事长。此外，还有讲授统计学的游士兵也加入了数量经济学学科点的教学与科研工作。除上述 4 位学者外，在其他学科，尤其是西方经济学学科中，也有不少运用数理模型和计量模型进行学术研究的学者，如邹薇、庄子银等。

其次是国际贸易学。武汉大学国际贸易学于 1999 年获批硕士学位授予权；2002 年成为博士学位授权点。该学科专业点在机构上隶属于武汉大学世界经济系，从事学术研究的也基本上为世界经济专业的学者们，如周茂荣、陈继勇、张彬等均有较多研究。

再次是国民经济学。武汉大学国民经济学于 1983 年获批硕士学位授予权，获批时名称叫国民经济计划与管理，后改为今名。从事该学科领域研究的大多是管理学科的学者，经济学系的游士兵曾在该学科点招收过硕士研究生。

还有统计学。民国时期的朱祖晦为武汉大学经济学系的统计学教授；改革开放前武汉大学经济学科中最著名的统计学教授是朱景尧。统计学作为学科专业点具有跨学科的特点，武汉大学的统计学专业学位点分属于数学学科和经济学科，其研究生分别授予理学硕士或博士学位、经济学硕士或博士学位。经济学科的统计学严格说来是经济统计学，获批学位授予权的时间是 2011 年。武汉大学经济学科中专门从事该学科领域研究的学者很少，仅游士兵担任该课程的教学工作并指导硕士和博士研究生。

最后是劳动经济学。武汉大学有此学科专业的硕士和博士学位授予权，但从未招收研究生，学院设有相关的科研机构劳动经济学与经济增长研究中心，邹薇为负责人。

此外，应用经济学中还有国防经济学，该学科专业点武汉大学阙如。

6. 应用经济学已具备较强的竞争实力

相对于理论经济学而言，武汉大学应用经济学兴起的时间基本上在改革开放以后。其中，学科专业点获批硕士学位授予权最早的是依托于管理学科的国民经济学，其次是金融学的相关专业，其他学科专业基本上都是 1997 年教育部对学科专业目录进行调整之后，才先后获批的；获批博士学位授予权的时间则相应更晚一些。

武汉大学的应用经济学各专业虽然兴起时间相对较晚，但却发展迅速、势头强劲。其中最突出的是金融学，该学科点在制度金融理论、银行管理理论、风险管理、保险学及金融工程等方面的研究与成就处于全国前列。武汉大学财政学虽然是迈入 21 世纪之后才兴起的学科，但却由于有国内知名财政学专家吴俊培的加盟和领衔，因而很快就在中国财政学前沿领域占有一席之地；产业经济学则因有辜胜阻、简新华等珞珈知名学者担纲而实力强大。这两个学科现均为湖北省重点学科。区域经济学在区域规划咨询等方面颇具特色，尤其在为地方经济服务方面产生了较大影响。总体而论，武汉大学的这些学科已具备较强实力和竞争优势。其余学科虽然实力不够强大，但也各有所长、各具特色。

从学科地位上看，在 2007 年评选出的国家重点学科中，应用经济学一级学科入选的学校共 4 所，分别为中国人民大学、中央财经大学、南开大学和厦门大学，武汉大学的应用经济学一级学科未能进入国家重点学科之列；但在应用经济学下设的金融学二级学科中，武汉大学则名列其中，该二级学科共有 6 所学校入选，武汉大学排名第三。这表明武汉大学应用经济学的整体实力虽然并不那么突出，但其金融学却已达到全国同类学科的先进水平，居于前列地位。经过这些年的发展，武汉大学应用经济学的整体水平已进入全国同类学科的先进行列。

时至今日，武汉大学经济学科虽然创造了辉煌的历史，而且已经拥有较为显著的学科地位，但平心而论，离世界高水平的一流学科确实还存在不小的差距。正如习近平总书记所指出的那样，目前"我国哲学社会科学还处于有数量缺质量，有专家缺大师的状况"。武汉大学经济学科目前的状况也是缺少原创性高质量成果和德高望重的学术大师。也诚如习近平总书记所指出："当代中国正经历着我国历史上最为广泛而深刻的社会变革，也正在进行着人类历史上最为宏大而独特的实践创新。这种前无古人的伟大实践，必将给理论创造、学术繁荣提供强大动力和广阔空间。"① 中国经济发展的伟大变革与实践创新，为中国经济学的理论创新与经济学科的繁荣发展提供了肥沃的土壤与不竭的源泉。相信在珞珈经济学者们共同不懈的努力下，武汉大学经济学科一定能够赓续珞珈先贤的优良传统与学术文脉，早日建成世界高水平的一流学科！

◎ **参考文献**

1. 《西方经济学》编写组 . 西方经济学 . 高等教育出版社，北京：人民出版社，2011.

2. 冯文权 . 经济预测与经济决策技术 . 武汉：武汉大学出版社，1983.

3. 李剑农 . 中国古代经济史稿（全 3 卷）. 武汉：武汉大学出版社，1990.

4. 李剑农 . 中国近百年政治史 . 北京：国立师范学院史地学会，1942.

5. 刘秉麟 . 公民经济（新撰初级中学教科书）. 上海：商务印书馆，1925.

① 习近平 . 在哲学社会科学工作座谈会上的讲话 . 北京：人民出版社，2016：7，8.

6. 刘秉麟. 经济学（新学制高级中学教科书）. 上海：商务印书馆，1928.

7. 刘秉麟. 经济学（职业学校教科书）. 上海：商务印书馆，1939.

8. 刘秉麟. 经济学原理. 上海：商务印书馆，1919.

9. ［美］Adams H G. 亚当士财政学大纲：附中国租税史略. 刘秉麟，译. 上海：商务印书馆，1921.

10. 刘秉麟. 李士特经济学说与传记. 上海：商务印书馆，1925.

11. 刘秉麟. 理嘉图. 上海：商务印书馆，1930.

12. 刘秉麟. 亚丹斯密. 上海：商务印书馆，1926.

13. ［罗马尼亚］吕希安·波亚. 近代国际大史学家. 纽约：格林伍德公司，1991.

14. 钱恂. 二二五五疏（2卷）. 上海：聚珍仿宋印书局，1919.

15. 钱恂. 中外交涉类要表·光绪通商综核表. 上海：醉六堂书坊，1894.

16. 王治柱. 数理学派和数理经济学. 北京：商务印书馆，1965.

17. 张培刚. 农业与工业化. 武汉：武汉大学出版社，2013.

◎ 作者简介

严清华，男，1951 年 2 月生，1973 年毕业于武汉大学经济学系政治经济学专业并留校任教，1996 年获经济学博士学位。武汉大学经济与管理学院教授。曾任武汉大学研究生院培养教育处处长、经济学系主任。

筚路蓝缕，砥砺前行

——武汉大学商学发展历程的再研究

谭力文　李承烨

摘　要：2023 年 11 月 29 日是武汉大学建校 130 周年华诞，也是自强学堂商务门创立 130 周年的纪念日。在进一步努力挖掘、整理历史资料的同时，通过管理学理论、管理思想史的视角，对商学的发展、自强学堂商务门、后续商务学堂乃至武汉大学商学办学的经历进行了梳理和回顾。在此基础上得出了相关的研究结论：自强学堂商务门的学科本质是商学，即与当今有着千丝万缕联系的管理学；自强学堂商务门办学的理念、思想和模式对中国商学的创立，后续的发展起到了持续、重要的影响；1981 年武汉大学恢复管理学学科，组建经济管理系，但与 1893 年创办的自强学堂商务门，乃至虽经延续，在 1932 年停办的国立武汉大学商学已少有学科的直接联系与学术的紧密传承。

关键词：商学；自强学堂；商务门；张之洞；武汉大学

中图分类号：F129　　**文献标识码：**A

一、引言

2022 年 12 月 12 日，武汉大学发展规划与学科建设办公室以武汉大学的名义，在武汉大学网站上发布了教育部 2022 年 11 月 25 日批复的《武汉大学章程修正案》，在新的《武汉大学章程修正案》中进一步明确："武汉大学溯源于 1893 年创办的自强学堂"，并在 2022 年 11 月 29 日（武汉大学校庆日）公布了《武汉大学 130 周年校庆公告》。①

---

① 武汉大学网站：https：//www.whu.edu.cn。通讯作者：李承烨，E-mail：2022101050064@whu.edu.cn

由此上溯，2023 年 11 月 29 日是武汉大学建校 130 周年的日子，也是中国商学发端——武汉大学商务门创立 130 周年的纪念日。关于这段历史，上海财经大学陈启杰教授在教育部《新世纪高等教育教学改革工程》重点项目"工商管理类学科专业教育教学改革与发展战略研究"（之二）研究报告中有过明确的结论："1893 年，洋务教育的主要倡导者张之洞在湖北武昌创立湖北自强学堂……湖北自强学堂与同时期兴办的洋务学堂，是中国近代第一批新式专科学校，因而自强学堂所设的商务门堪称我国最早设立的近代商学专业。"①。陈启杰教授研究的结论不仅确定了中国近代商学兴办的起始点，也明确了武汉大学在中国近代商学兴办中的历史地位。

商学（commerce）是管理学（management）②，特别又是工商管理（business management）学科建立初期或之前的学科称呼。从管理学发展的历史看，商学与管理学两者有着千丝万缕的前后联系，它们都是以商业活动为研究的主要内容，培养各类组织需要的商业经营管理人才，只是随着时代的演进、商业活动主体和形式的变化，知识的传授与研究的内容有所不同；加上各国文化和发展阶段的差异、商业活动形式的改变，学科的名称也受其影响有所变化。

堪称我国最早设立的近代商学专业——自强学堂商务门在其办学过程中有何特点？与武汉大学商学、管理学，乃至中国的商学、管理学的发展有何联系？对中国管理学的发展又有什么启迪？在武汉大学的学科发展历史中地位如何？在自强学堂商务门创建 130 周年之际，我们认为，这些依然应该是中国管理学界，特别是武汉大学管理学科的师生们需要持续关注和继续探讨的问题。

二、商学发展的基本脉络

管理学的教育在新中国的教育史上是恢复、重建、发展较晚的学科，甚至可以认定为是中国改革开放伟大事业的产物。如时至 1981 年武汉大学才成立经

---

① 陈启杰. 中国工商管理类专业教育教学改革与发展战略研究之二. 北京：高等教育出版社，2002：9.

② "'管理'（management）这个词是极难理解的。首先，它是美国人特有的一个单词，很难翻译成其他语言，甚至很难准确地翻译成英国的英语。它表明一种职能，但同时又指执行这一职能的人。它表明一种社会地位和层级，但同时也指一门学科和一个研究领域。"（彼得·德鲁克. 管理使命、责任、实务（使命篇）. 王永贵，译. 北京：机械工业出版社，2006：5.）在亨利·法约尔的著作《工业管理与一般管理》中，法约尔用"administration"表示管理，但在美国的该书译本中译为了"management"。

济管理系，并开始招收第一届经济管理专业的本科生；1998 年，我国教育主管部门才将管理学确立为一个学科门类，开始授予管理学学位，就可见一斑。

人类的管理活动是伴随着人类诞生而逐渐出现的一类社会活动，在人类社会的发展过程中起到了十分重要的作用。出现的原因、重要的作用可以在大至国家、军队、宗教，小至郡县、氏族、家庭等各类组织的活动和发展过程中得以发现。这些活动与过程，特别是人们对上述各类组织管理活动的科学探索与经验总结也很容易在历史文献、经典书籍中见到，但管理学界一致、统一的看法是，研究人类管理活动的管理思想、理论、方法上升至科学的层面是 20 世纪初的事情，更为确切的时间是美国人弗雷德里克·温斯洛·泰罗（Frederick Winslow Taylor）的著作《科学管理原理》（The Principles of Scientific Management）出版发行的 1911 年。"关于管理的思想虽然由来已久，但在西方成为系统的管理理论，则公认是在 19 世纪末到 20 世纪初。"[①] "诚然，管理到 20 世纪才步入成熟期，但如果要说 20 世纪之前不存在管理，未免太过于愚蠢。自从文明的曙光降临，人类就在实践管理。只不过，在过去的 100 年里，它得到了认识、分析、监控和传授，逐渐定下型来。20 世纪，是管理的世纪。"[②]

人类管理实践活动的始端与人类管理科学理论的出现有如此之大的时间跨度是什么原因形成的呢？

研究管理思想史的美国学者丹尼尔·雷恩（Daniel A. Wren）曾为管理思想，特别是为管理思想知识体系的演变过程提出过自己的见解："纵观历史，在不同文化价值观念和制度的框架下，有关人、管理和组织的观点不断变化。在由文化的经济、社会、政治及科技层面构成的框架下，关于如何管理的知识体系也在变化。管理思想既是文化环境中的一种过程，也是文化环境中一种产物，对它的回顾必须在这种文化框架内进行。"[③] 依据自己构建的文化框架，结合对人类组织管理发展过程的审视，雷恩提出了十分重要的观点："在早期管理思想中，占据统治地位的是反商业、反成就和很大程度上反人性的文化价值观。当人们被生活地位和社会身份束缚，当君主通过中央命令实施统治，当人们被要求不考虑个人在现世的成就而要等待来世的更好命运之前，工业化是不可能出

① 马洪. 国外经济管理名著丛书：前言//弗雷德里克·温斯洛·泰罗. 科学管理原理. 胡隆昶，冼子恩，曹丽顺，译. 北京：中国社会科学出版社，1984：2.

② 斯图尔特·克雷纳. 管理百年. 闾佳，译. 北京：中国人民大学出版社，2021：7-8.

③ 丹尼尔·雷恩，阿瑟·贝德安. 管理思想史. 孙健敏，黄小勇，李原，译. 北京：中国人民大学出版社，2012：116，9.

现的。在工业革命之前，经济和社会基本是停滞不前的，……虽然出现了一些早期的管理理念，但它们在很大程度上是局域性的。组织可以依靠君权神授、教义对忠诚信徒的号召以及军队的严格纪律来进行管理。在这些非工业化的情境下，没有或几乎没有必要创造一种正式的管理思想体系。"① 雷恩这里提到的"工业化"就是伴随着欧洲文艺复兴出现的产业革命，以及由其总结体现在新教伦理、自由伦理和市场伦理三个方面的文化变革。所以他认为："这种文化重生为工业化以及后来对于理性的、正式的、系统的管理知识系统的需要创造了前提条件。"②

对资本主义生产方式有着极其细致观察和本质剖析的马克思在雷恩之前也发现了几乎同样的问题，并进行了更为深刻的分析与诠释。他在《资本论》（第一卷）中讨论产业革命出现的新型组织形式——工厂的劳动协作方式时指出："在工场手工业和手工业中，是工人利用工具，在工厂中，是工人服侍机器。在前一种场合，劳动资料的运动从工人出发，在后一种场合，则是工人跟随劳动资料的运动。在工场手工业中，工人是一个活机构的肢体。在工厂中，死机构独立于工人而存在，工人被当作活的附属物并入死机构。"③ "工人在技术上服从劳动资料的划一运动以及由各种年龄的男女个体组成的劳动体的特殊构成，创造了一种兵营式的纪律。"④ "随着许多雇佣工人的协作，资本的指挥发展成为劳动过程本身的进行所必要的条件，成为实际的生产条件。现在，在生产场所不能缺少资本家的命令，就像在战场上不能缺少将军的命令一样。"⑤ 马克思发现了伴随着机器的运用，生产方式的变革，工厂规模的扩大，雇佣工人的增多，生产过程的复杂，管理作为一种特殊的职能活动逐渐从生产经营活动中分离和独立出来的现象，但他也发现了大生产条件下，出现在工厂这类新型组织中行使管理职能的协作工作，与之前一直存在的组织协作活动有着重大，甚至本质性的差异："在古代世界，中世纪和现代的殖民地偶然采用的大规模协作，以直接的统治关系和奴役关系为基础，大多数以奴隶制为基础。相反，资本主

① 丹尼尔·雷恩，阿瑟·贝德安. 管理思想史. 孙健敏，黄小勇，李原，译. 北京：中国人民大学出版社，2012：41-42.

② 丹尼尔·雷恩，阿瑟·贝德安. 管理思想史. 孙健敏，黄小勇，李原，译. 北京：中国人民大学出版社，2012：116，42.

③ 马克思. 资本论（第一卷）. 北京：人民出版社，2004：486.

④ 马克思. 资本论（第一卷）. 北京：人民出版社，2004：488.

⑤ 马克思. 资本论（第一卷）. 北京：人民出版社，2004：384.

义的协作形式一开始就以出卖自己的劳动力给资本的自由雇佣工人为前提。"①
"自由雇佣工人"的出现,"当人们被生活地位和社会身份束缚"被解除,既给工人为寻找更好工作的流动性带来了可能,也给了工人劳动价值市场定价的机会,劳动力管理基础条件的变化也必然对维持产业革命后人类新型组织——工厂中需要的"兵营式的纪律"和实施"资本家的命令"的管理活动提出了更新和更高的要求。马克思发现和总结了工场手工业与工厂机器生产方式的不同,过去数千年人类生产活动中传统经验管理与大生产协作中现代科学管理的内在本质差异与原因。更为重要的是,马克思为人类管理行为、思想、理论的发展过程进行了重要的历史阶段划分,为管理思想史的研究,特别是为中国管理学界在现实问题探讨与未来发展研究工作中提供了如何继承、批判、扬弃、升华中国数千年积累下来的丰富管理经验、知识与思想的基本理论逻辑和可循路径。

"新兴的工厂体制提出了不同以往的管理问题。教会能够组织和管理其财产,是因为教义以及忠诚信徒的虔诚;军队能够通过一种严格的等级纪律和权威来控制大量人员;政府官僚机构能够在无须面对竞争或获取利润的情况下运转。但是,新工厂体制下的管理者无法使用上述任何一种办法来确保各种资源的合理使用和配置。"② 这是雷恩对一些西方国家早期工厂中管理问题分析后总结的一段话,这清楚和全面地说明了,产业革命后人类对新型组织——工厂管理理论与实践的强大需求,文艺复兴后提倡科学思想与手段运用的浪潮,为"正式的管理思想体系"的建立、完善奠定了基础,创造了条件。

从管理思想史的角度看,1916 年法国人亨利·法约尔(Henri Fayol)在其著作《工业管理与一般管理》中首次明确地提出:"实际上,管理理论可以也应该像技术能力一样首先在学校里,然后在车间里得到。"③ 并建议,管理知识的学习可以系统地通过小学到大学的教育实现。人类组织的管理活动提升到了科学的认知、理论体系的层面,并提倡管理知识体系的教育传授,也就完成了人类管理知识从经验到科学的飞跃,使之真正成为人类社会进步与发展十分重要的科学知识体系,成为一门独立的学科。这正如人们说到的:"管理从一种不可言传的、非正式的偶发活动,变成了一种可以从方方面面详细分析和评论的事

---

① 马克思. 资本论(第一卷). 北京:人民出版社,2004:388.

② 丹尼尔·雷恩,阿瑟·贝德安. 管理思想史. 孙健敏,黄小勇,李原,译. 北京:中国人民大学出版社,2012:50.

③ 亨利·法约尔. 工业管理与一般管理. 周华安,林宗锦,展学仲,张钰琪,译. 孔令济,校. 北京:中国社会科学出版社,1982:18.

业。管理从黑暗中浮现出来，成了经济和个人生活的重要推动力量。它的触角更是不断蔓延。如今，没有哪一家组织、哪一种活动跳得出管理的范畴，逃得过管理的掌控。"① 回顾管理教育在大学教育中的发展历程，商学大学教育最早起源于 19 世纪中期的美国，历经了商学到管理学、技能（skill）教育到学科体系完善、教育体系形成的演进过程。

虽然商学在世界发展时正逢中国逐渐衰落，但中国的商学起步不晚，它与起始于 19 世纪 60 年代的洋务运动有着密切的联系。

三、 自强学堂商务门的创建与特色

与起始于 18 世纪中期，蓬勃发展于 19 世纪的欧洲产业革命和一批国家的兴起相比，历史上有过强大实力的中国却因多种原因开始逐渐远离世界的发展，走向衰落，并逐渐沦落为半殖民地半封建国家。中国社会这一时期巨大而深刻的变化正如胡寄窗先生所指出的："中国在鸦片战争以前不止一次地被胜利者和征服者所击败乃至征服，但中国人民不曾有一次被胜利者或征服者所卑视，也不曾有一次丧失其民族自尊心和自信心。只有鸦片战争的失败才使民族的自豪感也同时被侵略者的炮舰所摧毁，民族的自信心也开始动摇了。人们对传统的思想意识及社会价值产生的怀疑日渐增长。先进的人们决心从他们侵略者的武库里寻找物质的和精神的武器，开始了一个无先例的'向西方学习'的运动。"② 在这被称为"向西方学习的运动"就是兴起于 19 世纪 60 年代的洋务运动，而武汉大学溯源的自强学堂就是伴随着洋务运动出现的新型学校。

1. 自强学堂的创建

从洋务运动史的角度看，洋务运动"是一场近代化运动"，③ 洋务运动在"洋为中用""中学为体，西学为用"和"师夷长技以制夷"等思想的引导下，经历了从开始的购买外国军火，到建厂自制军火；依靠引进外国人才，再到自己办学培养人才的过程。从办学的类型看，有起始于 1862 年培养翻译人才的外语学校"同文馆"类，开办于 1874 年培养兵器制造与运用人才的军事学校"水

---

① 斯图尔特·克雷纳. 管理百年. 闫佳，译. 北京：中国人民大学出版社，2021：7.
② 胡寄窗. 中国近代经济思想史大纲. 北京：中国社会科学出版社，1984：4.
③ 夏冬元. 洋务运动史. 上海：华东师范大学出版社，2010.

师（武备、鱼雷等）"类，创立于 1867 年培养技术人才的"技术"类学校。其中，创建于 1893 年的自强学堂属于培养技术人才类的学校。①

自强学堂由洋务运动后期的领袖人物张之洞创办。据史学家考证，"武汉大学校史发端于清光绪十九年（公元 1893 年）创办之湖北自强学堂"，② 这也就自然产生了自强学堂商务门与武汉大学商学，乃至中国商学演变的历史关联和深入探究之必要。张之洞顺应了 19 世纪 70 年代中期之后清政府"由举办和发展军用工业以求强为主转变为举办和发展民间工业以致富为主"③"欲自强，必先欲饷；欲濬饷源，莫如振兴商务"④ 的潮流，遵循自我的认知，中国不贫于财而贫于人才，不弱于兵而弱于志气，开始大力兴办聚集财富的实业与人才培养的学校。1884 年继任两广总督后，他在广东省筹办近代工业，以新式装备和操法练兵，开设水师学堂。1889 年就任湖广总督后，随即在 1890 年、1892 年开始修建在中国现代工业发展史中具有标志性的企业——汉阳铁厂、湖北枪炮厂（后改名为汉阳兵工厂）。顺应洋务运动的发展、洋务文化教育的需求，特别是结合自我管辖地商务活动和新办工厂的需要，基于"治术以培植人才为本，经济以通达时务为先。……湖北地处上游，南北冲要，汉口、宜昌均为通商口岸，洋务日繁，动关大局，造就人才，似不可缓"的认识，面对"中国商学素未研究，商智锢塞，商才消乏"的窘境，配合逐渐兴起的国内外商务活动，应对外国列强灼灼逼人的经济侵略。⑤ 在《张之洞全集》（第二册）中可以查到，光绪十九年十月二十二日（即 1893 年 11 月 29 日），张之洞在向光绪皇帝呈上的《设立自强学堂片》中详细地陈述了他创建自强学堂的目的、规划和要求："亟应及时创设学堂，先选两湖人事肄业其中，讲求实务，融贯中西，研精器数，以期教育成材，上备国家任使。臣前奏建立两湖书院，曾有续设方言、商务学堂之议。兹于湖北省城内铁政局之旁，购地鸠工，造成学堂一所，名曰自强学堂，分格言、格致、算学、商务四门，每门学生先以二十人为率，湖北、湖南两省人士方准予考。方言，学习泰西语言文字，为驭外之要领；格致，兼通化学、重学、电学、光学等事，为众学之入门；算学，乃制造之根源；商务，关富强之大计。

① 夏冬元. 洋务运动史. 上海：华东师范大学出版社，2010：277-278.
② 冯天瑜. 张之洞与武汉大学. 武汉大学学报（人文社科版），2012（1）：7.
③ 夏冬元. 洋务运动史. 上海：华东师范大学出版社，2010：122.
④ 夏冬元. 洋务运动史. 上海：华东师范大学出版社，2010：124.
⑤ 冯天瑜. 张之洞与武汉大学. 武汉大学学报（人文社科版），2012（1）：6.

每门延教习一人，分斋教授，令其由浅入深，循序渐进，不尚空谈，务求实用。"① 在该堂片中我们可以清楚地了解张之洞创建自强学堂，开设四个门类的目的，还可以感受到，作为当时肩负着自强兴邦重任的一代重臣们对教育，特别是商务教育重要性的认识："洋武日繁，动关大局，造就人才，似不可缓"，"商务，关富强之大计"；对教学内容的要求："不尚空谈，务求实用"；以及对学堂人才培养的期望："以期教育成材，上备国家任使"。"一所近代新式学堂——湖北自强学堂，终于在荆楚大地的武昌三佛阁大朝街口建立起来了。"②

2. 自强学堂商务门的学科归属与办学特色

由于年代久远，能全面展现自强学堂商务门特色的课程体系已不易找到，但在张之洞对商务门课程开设建议和具体要求的公牍、奏议中可以知道张之洞对商学认知、商务人才培养目标和对学习内容安排的基本情况。在光绪十七年五月十三日的《札江汉关道另设学堂讲习方言商务、酌量分拨商籍》中提出："应即于两湖书院外，另设学堂，设立方言学、商务学，专习各国方言文字，及讲求商务应如何浚利源、塞漏卮，畅销土货，阜民利用之术。"③；在光绪二十一年十二月十八日的《创设储才学堂折》中要求："商务之学分子目四：曰各国好尚，曰中国土货，曰钱币轻重，曰各国货物衰旺"④；在光绪二十四年八月初八日的《汉口试办商务局酌议办法折》中认为："商学，系考求制货理法，销货道路，综核新式护商律例以及中外盈绌、银币涨落、各国嗜好、各业衰旺各情形。"⑤ 从这些表述中可以看出，张之洞对商学所要讲授内容的认识随时间的推移有所深化和细化，也渐具微观层面的特色。有人据此认为，商务门的兴办主要是培养偏向宏观、涉及国家国际贸易、国内商务活动方面的人才，对商学的认识"局限于'贸易之学'范围内"⑥，也就有了自强学堂商务门是武汉大学经

---

① 苑书义，孙华峰，李秉新，等．张之洞全集（第二册）．石家庄：河北人民出版社，1998：898.

② 谢红星．武汉大学校史新编（1893—2013）．武汉：武汉大学出版社，2013：10.

③ 苑书义，孙华峰，李秉新，等．张之洞全集（第四册）．石家庄：河北人民出版社，1998：2814-2815.

④ 苑书义，孙华峰，李秉新，等．张之洞全集（第二册）．石家庄：河北人民出版社，1998：1082.

⑤ 苑书义，孙华峰，李秉新，等．张之洞全集（第二册）．石家庄：河北人民出版社，1998：1327.

⑥ 武汉大学经济与管理学院．武汉大学经济与管理学院史．武汉：武汉大学出版社，2014：10.

济学科"最早源头"的说法。① 但我们发现，在《札江汉关道另设学堂讲习方言商务、酌量分拨商籍》中可以查到，张之洞"设立方言学、商务学"的原因却是："近来茶事，每为孖占所困，而南茶商人，向来不悉洋务，较他省尤为吃苦。""卑职愚见，不若即以所定商额，改为通商西学，即延请华人之能西学者，以训诲之，俾专习各国语言文字，二三年学成之后，南北茶商皆可以自专，而孖占之挟制可除，即茶市之利源益广。"②③ "据此，查两湖书院，设有算学、经济学两门，讲求实务，本已包括其中。兹据称拟请于所定商额，改为通商西学，专习各国语言文字等语，系为振兴茶叶商务起见，正与本部堂维持茶务本意，适相符合，所以尚属可行。"④ 由此可见，在张之洞心中，知道经济学与商学存在差异，另设商务门希望培养的人才与他在所管辖之地发现的两湖茶商经商的困境有关。更为具体地讲就是，通过学堂商务人才的培养能在两湖当时的重要商品茶叶的买卖中不受"孖占"的中介盘剥，疏通渠道，自主经营，获取利润，振兴茶业。从这里可以明确地得知，虽然作为国家的大臣，心中所系的是商务人才"关富强之大计"的培养，课程的内容也已紧密地结合实务所需（如已具体到了茶商经营人才的培养），也就是将商务人才的培养目标定在了当时伴随着洋务运动发展，在中国萌芽、出现的"资本主义发生"与"资本主义企业"⑤的微观层面，特别又是对与中国开展贸易活动的西方列强商人交往商业人才的培养。所以在结合当时国情和世界发展基本格局，对张之洞亲自拟定的公牍、奏议的细读、研究与分析后，我们认为，自强学堂商务门，在人才培养的目标上已经体现了时代的特色，虽不能简单地否定自强学堂商务门对武汉大学经济学科兴起和发展的影响，但从张之洞开设商务门的企图，培养人才的目标，相关知识的要求，文牍、奏议中反复提到的问题看，我们认为将商务门的学科属性划为商学，并将其定位于中国商学的起源是恰当和合适的。陈启杰教授在研究工作中将自强学堂商务门认定为"我国最早设立的近代商学专业"的结论也是十分有力的旁证。

---

① 武汉大学经济学科的另一源头——国立武昌商科大学. 武汉大学新闻网.

② 苑书义，孙华峰，李秉新，等. 张之洞全集（第四册）. 石家庄：河北人民出版社，1998：2815.

③ 孖占，也为"孖毡"（ma zhan），广东对与外国通商贸易经纪人的旧称，英文单词"merchant"音译.

④ 苑书义，孙华峰，李秉新等. 张之洞全集（第四册）. 石家庄：河北人民出版社，1998：2814-2815.

⑤ 夏冬元. 洋务运动史. 上海：华东师范大学出版社，2010：9.

根据史料，张之洞在办学之初认识到商务门的教育由于师资的匮乏，并有"惟中国设立商学，华人能任教习者断无其人"，"工艺、商务之教习，宜求诸英国"① 之断言性的结论，也就形成了自强学堂商务门初期办学的又一重要特色。倚重外国人，特别是英国人，后期依靠留学回国人员办学的举措为自强学堂，以及之后各类学校商学的发展方向、办学特色、课程设置，乃至国立武汉大学商学的发展带来影响，埋下了问题产生可能的伏笔。这是因为，从商学的发展史看，英国虽然是产业革命出现最早的国家，也曾是商业活动最为发达的国家，但其商学的发展却不是最早的国家。其原因有人分析到："虽然英国是产业革命的先导者，并且在两百年间是主要的工业国，但社会对工业的态度一直不如许多其他工业先进的国家。英国还有偏爱业余传统的习俗，在工业和商业领域的管理人员往往更多地强调实用，而不是正规培训。"② 如在被誉为英国五所古典大学之一的阿伯丁大学（University of Aberdeen）访学的武汉大学经济与管理学院吴欢伟副教授，在查阅阿伯丁大学的有关档案中发现，直到 20 世纪 10 年代阿伯丁大学才逐渐将商学课程从大文科课程中分离出来，在 1917 年才决定建立商学系，1918 年 1 月才完成了第一套商学课程体系的设置，这比自强学堂商务门的开设足足晚了 20 余年，就是一个很好的例证。

但张之洞为什么在自强学堂开办商务门时会强调"求诸英国"呢？就其原因还是与当时的国情和张之洞本人有着密切的关系。英国是当时世界上最为强大的工业国家，更是挑起两次鸦片战争，率众国侵略我国，强迫我国割地、赔款、通商的主要国家，并因此成为与我国开展不平等商贸活动最多的国家。如北洋舰队从国外购买的军舰中就有 10 多艘军舰（如巡洋舰致远、靖远，蚊炮船镇东、镇西，鱼雷艇左一等）在英国订制；自强学堂兴办期间，1894 年中国对外贸易总额的 83% 为与英国的贸易，海关收入 81% 与英国的贸易有关，1895 年中国对外贸易总额为 5300 万英镑，与英商的贸易就占去了 3500 万英镑；1896 年英国商人在中国进口的总值中占有 68.6% 的份额。商务活动的现实与国情对适应洋务运动需要而发展起来的教育产生了巨大的影响，如在同文馆的洋教习中，英国的教习曾占比高达为 57.5%③，大大地超过了诸如美、德、俄、日等国

---

① 苑书义，孙华峰，李秉新，等．张之洞全集（第二册）．石家庄：河北人民出版社，1998：1327，1082.

② Byrt W. Management Education：An International Survey. Worcester, Great Britain：Billing & Sons Ltd，1989：56.

③ 夏冬元．洋务运动史．上海：华东师范大学出版社，2010：114-115.

教习的人数。更需要注意的是与张之洞个人所接触、信赖的外国人士有关，其中最为重要的人物就是英国传教士李提摩太（Timothy Richard）。张之洞在任山西巡抚期间曾对李提摩太给前任曾国荃的《富晋新规》中提出的"开矿业，兴实业，通贸易，办学堂"①富晋举措十分感兴趣，并会见过李提摩太，要求他"对太原周围的地形进行一番勘测，为预防将来的洪水泛滥提出建议""帮他考察适合开采矿山的机械""放弃传教工作，参与中国政务"，②但李提摩太因热衷于传教而拒绝了张之洞的从政邀请。在张之洞改任湖广总督后，"他（指张之洞——作者注）还没有忘记在山西时我（指李提摩太——作者注）给他提的建议。他建立了一座钢铁厂，开始修筑铁路，开办各种工业和现代学校""他又一次邀请我参与他的幕府"③。虽然李提摩太再一次拒绝了张之洞的邀请，但他认为："在当时的官员中，他大概是唯一头脑清醒、办事认真的人，其他的各级官员都在酣睡，盲目自负，对民众的苦难漠不关心。"④从后人的评价，特别是李提摩太自我的回忆中都可以感受到张之洞对李提摩太的信任，以及这位英国传教士对张之洞兴办实业和教育的影响。

遗憾的是，由于师资、生源和教学用书缺失，甲午战争战败、国家危亡等问题使张之洞的注意力发生了转移，引进的西方商学与当时中国的国情不够吻合，培养的学生也未实现"上备国家任使"的教育目标，所以自强学堂的商务门在办学三年后就陷入窘境停办了。自强学堂商务门短短的办学经历虽像夜空中一颗璀璨的流星一划而过，但在中国商学发展史中却留下不可磨灭的印记，因为这不仅显现了中国人自强不息、实业兴国、教育兴邦的愿望，也反映了在追赶世界发展的征途中对教育的重视、知识的向往，更是中国商学发展历程中必须浓墨重彩记下的一笔，但这仅仅三年的办学过程也给自强学堂商务门与后续武汉大学商学、管理学之间的联系留下了朦胧的色彩、不易说明的联系，甚至可以随意遐想的空间。

---

① 唐浩明．张之洞（上册）．广州：广东人民出版社，2016：370.

② 李提摩太．亲历晚清四十五年：李提摩太在华回忆录．李宪堂，侯林莉，译．南京：江苏人民出版社，2018：136.

③ 李提摩太．亲历晚清四十五年：李提摩太在华回忆录．李宪堂，侯林莉，译．南京：江苏人民出版社，2018：137.

④ 李提摩太．亲历晚清四十五年：李提摩太在华回忆录．李宪堂，侯林莉，译．南京：江苏人民出版社，2018：137.

四、自强学堂之后武汉大学商学的发展

从现有的研究成果看，武汉大学溯源于自强学堂已少有争议，也得到了教育主管部门的认定；自强学堂商务门是我国最早设立的近代商学专业也得到了中国管理学界的广泛认同。但是，由于自强学堂商务门仅维持了三年的办学就因时运不济而夭折于襁褓之中，加上朝代更迭，时局动荡，办学体制变化使得新兴的中国商学发展也处在曲折起伏之中。如何梳理，特别是厘清自强学堂商务门在武汉大学商学发展中的地位，以及对之后中国商学发展，乃至对武汉大学商学、管理学影响的脉络与关系，解决朦胧色彩和不易说明联系的问题，是本文希望重点讨论的问题。

武汉大学校史、武汉大学经济与管理学院院史，特别是学者们对武汉大学以及商学的发展历程都有一些较为仔细的研究，目前存在的问题是都散见在各自的研究成果中，特别又具有研究者所在学科的研究视角或偏好色彩，缺乏从管理学和管理思想史的视角探讨自强学堂商务门与武汉大学，特别是与中国商学、管理学之间关系的详细分析与明确结论。

"严格意义上讲，当代中国各种类型和层次的教育都不是古代教育的直系后代，而是晚清以来移植西方教育的产物。……高等商业教育并不是从中国传统教育的母体中自然萌生和发展出来的一种现代教育门类，而是晚清国门被列强强行打开以后，随着西方资本主义经济的不断侵蚀，小农经济和传统商业经济的不断破产，在西学东渐的大背景下，中国教育界移植和模仿西方高等商业教育的产物。正因如此，它的产生与发展历程，与西方发达国家的高等商业教育发展历程明显不同，具有鲜明的中国特色。"① 这一分析不仅从教育史的角度解释了自强学堂商务门延续跌宕的重要原因，也给后续商学发展艰辛问题给出了初步的答案。

在武汉大学网站"百年校史"栏目中可以十分清晰地看到从自强学堂到武汉大学历史的演进过程：《自强学堂》（1893 年）——【搬至武昌东厂口，改名】《方言学堂》（1902—1911 年）——【在方言学堂原校址成立】《国立武昌高等师范学校》（1913—1923 年）——【改名】《国立武昌师范大学》（1923—

---

① 田谧．中国近代高等商业教育发展史研究（1840—1937）．保定：河北大学博士学位论文，2017．https：//kns.cnki.net/KCMS/detail/detail.aspx？dbname = CDFDLAST2017&filename = 1017971837.nh.

1924 年）——【改名】《国立武昌大学》（1924—1926 年）——【国立武昌大学、国立武昌商科大学、省立医科大学、省立法科大学、省立文科大学以及私立文华大学等合并成立】《国立武昌中山大学》（1926—1928 年）——【改组、组建，1932 年迁址珞珈山，1938 年西迁乐山，1946 年回到珞珈山】《国立武汉大学》（1928—1949 年）——【改名】《武汉大学》（1949 年迄今）。

相比较而言，武汉大学的商学演进及其影响要更复杂一些，甚至由于受多个源头，多次商学教育停办、中断的影响，以致脉络不够清晰，梳理起来需要用更多的笔墨，需作进一步的考证与阐释。

简明地看，1893 年自强学堂商务门建立，3 年之后商务门停止办学，在后续的方言学堂、武昌高等师范学校、国立武昌师范大学、国立武昌大学中均未看到商学的影子；而 1916 年"另行成立"的国立武昌商业专门学校（后改名国立武昌商科大学）办学 10 年后，才在 1926 年与国立武昌大学等 6 所学校合并成立国立武昌中山大学，设立商业学系，商学也才重新在武汉大学的学科谱系中得以出现。也因此，在武汉大学经济与管理学院网站上绘制的院"历史沿革"框图上①，如今经济学、管理学的源头分别来自几乎并列、独立的自强学堂和武昌商业专门学校，在国立武昌中山大学才归于一统。算起来，从自强学堂商务门的停办到国立武昌中山大学商业学系的设立足足有 30 年的空白时间，就很难，至少是不易说清和说明在武汉大学的历史进程中如何界定商学的发展，更难说清和说明现时的武汉大学管理学科究竟与自强学堂商务门有何继承的联系和沿袭的关系。

但在我们参阅资料，特别是通过史料仔细地挖掘、整理和分析的工作中，则发现了一些很有意义的事件，对上述问题的回答有所帮助，也给出了十分清晰的答案。

在《武汉大学起源新议》一文中，作者李少军教授在"近日翻检相关中、日文史料的基础上"得出了"1916 年开办、成为武汉大学另一源头的武昌商业专门学校，则是由两湖师范学堂人士等为树立武汉大学基础而成立。武汉大学实为清末张之洞在湖北所办新式学堂在民国时期进一步发展而结出的一大硕果"② 的结论。文中详细地介绍了作者在翻检中、日文史料，对武昌高等师范学校设立基础的再认识与详尽分析后认为："总之，武昌在 1912 年被北洋政府教

---

① 见武汉大学经济与管理学院网站（ems. whu. edu. cn.）首页学院概况栏目：历史沿革。

② 李少军. 武汉大学起源新议. 武汉大学学报（人文社科版），2013（6）：12.

育部规定为设立部属高等师范学校之地，该校能够顺利地设置各分部、较快建立教育部规定的课程体系而展开教学，领先于同侪，都直接得益于清末张之洞在武昌长期办学打下的基础；而将较为集中地体现这种基础的两湖师范视为武昌高等师范学校的先驱，大概不算牵强。"① 又在对原两湖师范学堂人士在民国初率先筹办武汉大学，后因湖北财政困难择次改建国立武昌商业专门学校仔细分析基础上得出结论："1916 年开办的国立武昌商业专门学校，则是由两湖师范学堂人士等为树立武汉大学的基础历尽艰辛而成立，且利用了清末存古学堂校址和从自强学堂开办以来积累的商学教育资源。"② 该文的分析与结论清楚地说明了张之洞在武昌殚精竭虑办学打下的商学基础，积累的商学教育资源在民国初期的高等教育中依然发挥着重要的作用，也就厘清了自强学堂商务门、两湖师范学堂、存古学堂与国立武昌商业专门学校之间难以分割，甚至就是商学人才、知识体系继承、沿袭的关系。

依据李少军考证的结果，我们重点查阅了自强学堂商务门停办之后张之洞在湖北办学的经历与相关措施。我们发现，在自强学堂商务门停办之后，深知商务人才培养在国家发展中之重要作用的张之洞在光绪二十三年三月初八颁布的《招考自强学堂学生示并章程》中十分详尽地介绍了商务门停办的主要原因和采用的补救措施："其格致、商务两门，中国既少专书，津、沪诸局西人学馆译出诸编不过略举大概，教学者无从深求。现将格致、商务两门停课，先行同课方言，以为一切西学之阶梯，将来格致、商务即可自行诵绎探讨"③，即"在外语学习中仍需要继续探讨商学。"④ 而于光绪三十三年由张之洞"以学堂这一新形式保存国粹的尝试"为目的，在湖北武昌创办的存古学堂中，经学门、史学门和词章门的三科均开设了诸如外国史、博物、理化、外国政治法律理财、外国警察监狱、农林渔牧各实业、工商各实业等西学的"通习课"⑤，并要求在学习过程中每年逐一开出。⑥ 在拟定的《咨学部录送湖北存古学堂课程章程》

① 李少军. 武汉大学起源新议. 武汉大学学报（人文社科版），2013（6）：14.

② 李少军. 武汉大学起源新议. 武汉大学学报（人文社科版），2013（6）：18.

③ 苑书义，孙华峰，李秉新，等. 张之洞全集（第六册）. 石家庄：河北人民出版社，1998：4897.

④ 武汉大学经济与管理学院. 武汉大学经济与管理学院史（1893—2013）. 武汉：武汉大学出版社，2014：14.

⑤ 郭书愚. 四川存古学堂的兴办过程. 近代史研究，2008（2）：96.

⑥ 苑书义，孙华峰，李秉新，等. 张之洞全集（第六册）. 石家庄：河北人民出版社，1998：4386-4389.

的教法中还对"通习课"各课讲授的要点提出了明确的要求，如"农、林、渔、牧各实业"课程讲授的要点是：

"讲其大意，使略知治生之法，于寒士谋生及作吏治民，皆有裨益。薛文清所谓'为学必先治生'，孟子所谓'不饥不寒，王道之始。'此其实际也。林、渔、牧，皆与农相类，而各有极大功用，故特分标其目。"①

"工商各实业"课程讲授的要点是：

"讲工商实业大意，使知凡系国民，人人宜各尽自食其力之才，以为共保利权之计。其用意与前农、林、渔、牧条略同，惟工业之制造，商业之贩运，今日多与外国有交涉处，故较农业尤为精细广博。按各实业本系专门，非一年数月能熟悉，但能知其大要已，不致流于腐陋偏执，空谈误事。"②

从以上张之洞亲手起草的课程讲授要点中可以看出，虽办学的时间、地点、学校的名称，甚至目的有变，但张之洞对"商务，关富强之大计"重要性的认知，"不尚空谈，务求实用"的办学要求却一直未变，坚持着培养"治生之法"的微观知识路径。更为清楚的是，在张之洞的办学过程中，有关于中国发展，有助于洋务运动推进的商务课程的开设，具有商务知识人才的培养一直未有中断。自强学堂设立的商务门停办后商学知识的补救措施，特别是在后续学堂中开设的通习课程涉及的内容已经具体到了微观的"治生之法"、行业的内在特点，特别关注到工业、商业活动特点，工业、商业与传统行业（农、林、渔、牧业）的差异，并围绕"与多国有交涉""尤为精细广博"的要求进行讲授，这与商学的内容，甚至与后续的工商管理类专业研究的主要对象和讲授内容都有一定的吻合和相似性。

湖北武昌十多年兴办商学和开设商学类课程的积累，不仅在湖北省推动了各类商业学堂的开办，如在清朝末期，湖北省的各类商业学堂达到了 16 所，在校学生人数有 1325 人，③ 也为全国各省新式学堂办学树立了学校办学的基本模式，其中商务门的开设及课程内容的安排更具影响，成为各省创办学堂的学习、照搬、模仿的样板："1893 年，张之洞在武昌创办的自强学堂商务门是近代第一所商业学校教育机构。受自强学堂影响，近代真正意义上的商学教育从此迈开了步伐。如湖南一些有识之士创办东山精舍，即'仿湖北自强学堂成

---

① 苑书义，孙华峰，李秉新，等. 张之洞全集（第六册）. 石家庄：河北人民出版社，1998：4395.

② 同上。

③ 常国良. 商人与近代商业教育. 哈尔滨：黑龙江大学出版社，2018：98.

法，分科造士，为算学、格致、方言、商务四斋'。更直接地模仿商务门之创立的是 1896 年张之洞在南京创办的储才学堂。……此后，商业学校于各地陆续出现，到 1904 年《癸卯学制》颁布，商业教育制度最终得以确立。"[1] 这进一步说明自强学堂商务门虽仅仅创办了三年，但作为中国商学教育开创者，以及后期虽受各种因素和问题的困扰，甚至停办、更名，但在办学过程中对商学理念、知识体系传授的坚持，特别是在办学的模式、人才培养和教育资源等方面的传承和积累，不仅为国立武昌商业专门学校、国立中山大学和国立武汉大学商学后续的继承、沿袭、发展打下了基础，也为当时的中国商学的整体建立、发展创造了条件，建立了模式，培养了师资，塑造了理念。

1932 年，国立武汉大学因商学的课程体系与经济学过于接近，办学规模较小，商学系被停办，[2]，可能的原因就是"求诸英国"导致商学课程体系设置不够科学、缺乏特色所致。

我们在资料的查阅中还发现，在 1947 年 11 月 23 日吴宓先生的日记中曾有"又论商学院事"的记载[3]，这段记载中的"又论"二字说明在商学系停办后，国立武汉大学有过不止一次讨论商学恢复的议题，且已经将商学的恢复提高到了北美管理学人才培养大学机构——商学院的层面，这既是与国际商学办学组织形态接轨的标志，也是对武汉大学商学恢复重建工作认识深化的象征。程子菊总经理参与"又论"，展现了湖北地区商业人士对商学人才的渴望，体现了商学与企业联系紧密不可分割的鲜明特色。

1981 年武汉大学再次组建经济管理系，并在同年招收了第一届经济管理专业的本科生，重建管理学科和启动管理人才的培养，距 1932 年商学系停办又过去了整整 49 年。武汉大学恢复重建的管理学科体系应该是根据当时改革开放时代的国情特色与人才市场需求，并带有综合性大学由经济系衍生开办管理学专业浓厚政治经济学色彩印记的全新设置。此时的武汉大学经济管理专业与 1893 年创办的自强学堂商务门，乃至虽经延续，但在 1932 年停办的国立武汉大学商

① 常国良．商人与近代商业教育．哈尔滨：黑龙江大学出版社，2018：92-93．
② 武汉大学经济与管理学院．武汉大学经济与管理学院史（1893—2013）．武汉：武汉大学出版社，2014：39．
③ 吴宓，吴学昭．吴宓日记（1946—1948）．北京，生活·读书新知三联书店，1999：280．"旋回文学院开会……又论商学院事。"
程子菊，湖北红安人，武昌第一纱厂总经理。在武汉大学档案馆《国立武汉大学大记事》查到，1946 年 11 月 23 日国立武汉大学在文学院会议厅召开过以"私立东湖中学复校"为主议题的会议，程子菊作为常务委员参会——论文作者注。

学已少有了学科的直接联系与学术的紧密传承。

五、结语

时光荏苒，白驹过隙，130 年如同弹指一挥间，但结合以上的分析和讨论，我国商学后续发展的历程，可以得出以下的结论：

1. 自强学堂商务门的学科特色与本质是商学，也就是后续衍生、发展，与商学有着千丝万缕联系的管理学，因此自强学堂商务门是武汉大学，乃至中国商学、管理学学科发展的源头。以此看来，与世界各国商学教育的起步时间相比，中国的商学教育发端不晚。在其建立的初期就带有舶来品的色彩，与自强不息、带有工业革命色彩的"洋务运动"有着密切的联系。

2. 由于受中国近现代国情的影响、时代的变迁、办学体制的变更、人们认识的偏差等多种因素的制约，中国商学的发展步履艰难，起伏很大，甚至时有中断。从全国的情况看，1949 年之前商学，特别是工商管理学科曾有过持续发展的阶段，引进了西方培养管理人才的知识体系，在全国部分高校形成了一定规模的商学、工商管理专业和教师队伍，为当时中国经济的发展和商务人才的培养做出了贡献。1949 年至 1978 年，由于经济工作采用了计划经济管理模式，加上对管理工作的重要性认识不足，在院系调整的工作中，涉及商学、工商管理的各专业受到抑制，规模逐渐缩小，商学、工商管理学科旗下的专业基本停办。伴随 1978 年改革开放伟业的开启，中国管理学学科得到了快速的恢复、重建和发展，成为我国各类组织管理人才培养的重要学科。

3. 由于自强学堂商务门在武汉大学历史，乃至中国商学、管理学中的特殊地位，依据前述的分析，可以且必须在尊重历史变迁、学科发展规律的基础上，对武汉大学商学发展的历史脉络进行进一步的梳理。梳理的方式不仅可以校址的变与不变、仅改名作为"有形"梳理的依据；还应该根据办学理念、师资、人才、资源积累与传承等作为"无形"梳理的参考，这样的梳理方式在朝代更迭、时代变迁、办学体制变化的背景下尤为重要。如在武汉大学历史演进的描述中，我们看到的主要是根据校址和学校名称演变的"有形"梳理，准确地刻画出了武汉大学 130 年的发展之路，但也很容易发现，由于这样的梳理是根据学校的整体，特别是对"有形"的特征进行描述，也就很容易忽视某一学科和学科自身最为重要的无形资源传承、延续在办学过程中的重要作用。若以本文关注的商学为观察点进行分析，我们可以看出，武汉大学商学在自强学堂至国立

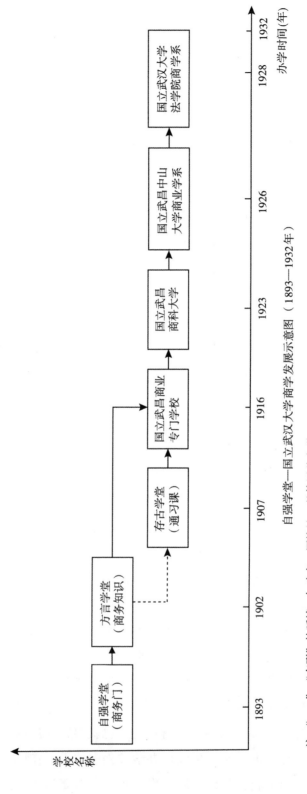

自强学堂—国立武汉大学商学发展示意图（1893—1932年）

注："——"："有形"的延续，如改名，原校址，整体迁移办学。

"----"："无形"的延续，SS如办学理念，师资，资源积累。

武汉大学的学科发展谱系中脉络十分清晰，其发展历程可以归纳为一个，这就是张之洞等前辈在兴办实业过程中顺应国家政治、经济大势的变化，知晓培养洋务运动需要新型商务人才的重要性，对商务门、商务课程的开设与在各类学校的坚持，特别是宗旨未变的一脉相承，以及后继者在此基础上的认知、秉承和发扬。从办学的性质，特别是以"有形"校址迁徙为主线，武汉大学的商学似乎有两个源头，一个是自强学堂—方言学堂，这里有校址变化、商务门与商务课程的前后关系；另一个是存古学堂—国立武昌商业专门学校，这里有校址不变、通习课到正规商业学校的过渡联系。但若结合"无形"的理念推演，注重办学理念、资源积累、传承与延续，那自强学堂商务门就是武汉大学，乃至中国商学最早和最为重要的发源地，虽几经时代变迁、办学体制变化，商学呈现跌宕起伏、时隐时现的特点，但张之洞等前辈兴办商学最初的思想、要求、特点、模式，特别是坚持与坚守，一直在延续、在发展，并伴随着时代的发展展现出逐渐深化、规范的办学特点，在此基础上可以依据时代的递延画出国立武汉大学商学发展示意图。

4. 武汉大学商学发展 130 年的历程反复证实了"管理思想既是文化环境中的一种过程，也是文化环境中的一种产物"这一结论，也深深地告诫我们，过去的商学、现在的管理学，特别是工商管理学与市场经济的发展，与市场经济的运行主体——企业的发展有着密切联系。这不仅要求从事管理学教育的老师需要培养自己"不尚空谈，务求实用"的教学科研能力，也要求管理学学科必需紧密地结合市场、企业和各类组织的需求以寻得自我发展的健康之路。

◎ **参考文献**

1. 常国良. 商人与近代商业教育. 哈尔滨：黑龙江大学出版社，2018.

2. 陈启杰. 中国工商管理类专业教育教学改革与发展战略研究之二. 北京：高等教育出版社，2002.

3. 丹尼尔·雷恩，阿瑟·贝德安. 管理思想史. 孙健敏，黄小勇，李原，译. 北京：中国人民大学出版社，2012.

4. 冯天瑜. 张之洞与武汉大学. 武汉大学学报（人文社科版），2012（1）.

5. 郭书愚. 四川存古学堂的兴办过程. 近代史研究，2008（2）.

6. 胡寄窗. 中国近代经济思想史大纲. 北京：中国社会科学出版社，1984.

7. 李少军. 武汉大学起源新议. 武汉大学学报（人文社科版），2013（6）.

8. 李提摩太. 亲历晚清四十五年：李提摩太在华回忆录. 李宪堂，侯林莉，译. 南京：江苏人民出版社，2018.

9. 马洪．前言//弗雷德里克·温斯洛·泰罗．科学管理原理．胡隆昶，冼子恩，曹丽顺，译．北京：中国社会科学出版社，1984.

10. 马克思．资本论（第一卷）．北京：人民出版社，2004.

11. 斯图尔特·克雷纳．管理百年．闾佳，译．北京：中国人民大学出版社，2021.

12. 唐浩明．张之洞．广州：广东人民出版社，2016.

13. 田谧．中国近代高等商业教育发展史研究（1840—1937）．保定：河北大学博士学位论文，2017. https：//kns. cnki. net/KCMS/detail/detail. aspx？dbname＝CDFDLAST2017&filename＝1017971837. nh.

14. Byrt W. Management Education：An International Survey. Worcester, Great Britain, Billing & Sons Ltd, 1989.

15. 武汉大学经济与管理学院．武汉大学经济与管理学院史（1893—2013）．武汉：武汉大学出版社，2014.

16. 夏冬元．洋务运动史．上海：华东师范大学出版社，2010.

17. 苑书义、孙华峰、李秉新，等．张之洞全集（第二册）．石家庄：河北人民出版社，1998.

18. 苑书义、孙华峰、李秉新，等．张之洞全集（第六册）．石家庄：河北人民出版社，1998.

19. 苑书义、孙华峰、李秉新，等．张之洞全集（第四册）．石家庄：河北人民出版社，1998.

◎ 作者简介

谭力文，男，1948年10月生，1997年毕业于武汉大学经济学院西方经济思想史（西方经济学方向）专业，获得经济学博士学位。武汉大学经济与管理学院教授。曾任武汉大学管理学院、商学院副院长。

李承烨，男，1998年8月生，武汉大学经济与管理学院2022级企业管理专业博士研究生在读。

关于商学大楼兴建的追忆

周茂荣

一、兴建商学大楼已成当务之急

在 1999 年 4 月至 2005 年 5 月我担任商学院院长 6 年间，我校的经济与管理学科先后经历了两次大的合并。

第一次合并发生于 1999 年 4 月，这是经过 1998 年全校教育思想大讨论，在广泛征求意见、深入调查研究的基础上，为优化办学资源配置，促进学科专业建设和发展，学校决定将当时全校的 16 个学院 3 个直属系组建成 9 大学院。其中，商学院系由当时全校办学规模分居第一、第二大的经济学院和管理学院以及旅游管理学院合并组建而成。

第二次是在 2000 年 8 月四校合并之后。当时在学院内部曾就经管两大学科到底是继续合在一起还是重新分开有过一番激烈的争论。了解我校经济、管理两大学科发展史的人都知道，早在 1928 年国立武汉大学就设立了经济学系，所以我校的经济学科办学时间长，学术积淀深厚，师资队伍水平和理论研究能力都很强；而我校的工商管理学科则起步较晚，1981 年才设立经济管理系，最先的一批师资来源于原经济学系的"部门经济教研室"，经济管理系的首任系主任是当时经济系主任吴纪先先生兼任。随着改革开放对经济管理人才需求的激增，经济管理学科发展更为迅速，经过短短几年经济管理系便发展成为全校第二大的管理学院，尤其在 MBA、EMBA 教育兴起后，管理学科的创收能力大为增强。但就经济理论的研究基础和能力而言，则明显逊于经济学科，要想把管理学科进一步做大做强，仍继续需要经济学科的理论研究和师资力量的支撑；管理学科的创收能力又有助于经济学科的继续发展、教师收入提高和师资队伍的稳定。

如果将两大学科重新分开，分设为两个学院必然会造成力量分散、互相牵扯的状况。正是出于这种"合则两利，分则俱伤"的考虑，在广泛听取教职工意见和深入调查研究的基础上，学校最终决定不仅不分，还将原武汉水利电力大学规模最大的经管学院以及原武汉测绘科技大学人文学院的市场营销专业合并入原武大商学院。2001年1月2日下午，四校合并后新组建的商学院领导班子①正式成立。当时分管学校人事的吴俊培副校长宣布，原武汉大学商学院画上句号，新商学院开始诞生。

合校后新组建的商学院涵盖了理论经济学、应用经济学、工商管理和技术经济与管理四个一级学科，下设11个系和2个实体研究所，包含原3个校区5个学院的教师240多人，加上党、政、学工和教辅人员50多人，共有教职员工近300人；2001年注册在读的硕士、博士研究生、本科生及成教生共9870多人（2004年全院各类在册学生为10232人，2005年为11947人）。面对规模如此庞大的学院，我们学院党政领导班子成员无不深感责任重大。

为了实现经济和管理两大学科优势互补，相互促进，共同发展，经学院党政联席会议（以下简称"院务会"）反复讨论，确立了"经济与管理两大学科并重，理论研究与实际应用并举"的办院方针，力争使现有的每个学科都能得到发展，让广大教职工均有"用武之地"，对学院具有"归属感"，使学院成为一个"值得为之奋斗的学院"。为了优化资源配置，避免原来的学科重叠、力量分散状况，我们从学科与师资配备上进行了适当调整，例如将原来经济学院办的审计专业与管理学院办的会计学、财务管理专业合并组成一个会计系；在财务管理方面则将原来经、管两院及后来武汉水利电力大学经管院的财务实行并账，将原来分散在三处的图书资料全部搬到一起，加上学生管理的统一，这样就从学科、人事、财务、科研、外事、图书资料及学生管理各方面都实现了实质性融合。为便于集中管理，经院务会讨论决定将学院党务与各行政管理办公室，以及各系所均集中于原经济学院办公楼。

原经济学院办公楼建于20世纪80年代上半期，上下两层建筑面积共2800

---

① 第一次合并后商学院的领导班子成员为：党委书记贺发和，院长周茂荣，党委副书记董有明、张琦；副院长张秀生、黄宪、赵锡斌（后调任校研究生院副院长）、童光荣（赵调任后增补），办公室主任黄宜新。四校合并后商学院领导班子成员为：党委书记贺发和，院长周茂荣，副书记董有明、张琦、尤传明（2003年2月贺发和书记因身体原因主动要求辞职后由尤传明担任院党委书记）；副院长谭力文（常务）、张秀生、黄宪、童光荣、黄本笑、袁泽沛、黄宜新（2004年到龄退休）、李继龙（黄宜新退休后增补）。

平方米，基本可满足当时经济学院所设四系两所发展的需要，但面对合并后组建的商学院，它就远远不够了。我们记忆犹新，当时书记、院长共有一间20来平方米的办公室，四位副院长挤在一间办公室办公，各系、所也只能分配到一间会议室，老师们平时到学院办事或指导研究生，甚至找不到合适的地方，学院如果要召开教职工大会必须事先去借教室方能发通知。最令我们感到为难的是以下两件事：其一，教育部当时决定在全国高校设100个人文社科重点研究基地，合院后我们举全院之力才申报获批了两个重点研究基地。按教育部规定，重点研究基地必须具备足够的办公用房和专门资料室，并要为此进行实地考察和评估。其二，教育部对高校的MBA教育有明确的硬件要求，比如须有专门的多媒体教室和"案例讨论室"等，为此MBA教指委还组织专家组到校进行评估。在当时学院办公用房极其紧缺的情况下，我们唯恐因此而影响评估结果。客观条件表明，办公用房的紧缺已成为学院各项事业发展的严重制约因素，建一栋足以容纳商学院的大楼已刻不容缓。也正因此，从商学院组建伊始，我们院党政领导班子便将兴建商学大楼作为自己的一项历史责任。值得欣慰和庆幸的是，学校领导对商学院的发展一直寄予厚望，早在1999年11月便启动了包括商学大楼、法学大楼在内的文科区建设的单体立项和选址。

二、"三易其地"的商学大楼选址

众所周知，武汉大学中心区的早期建筑一直是学校的标志性建筑，数十年来为学校的建设和发展做出了不朽的贡献，其在建筑学上的艺术价值在国内外享有盛誉，现已列为历史保护建筑。但随着社会的进步和科学的发展，学科不断交叉融合，这些建筑的使用功能却在逐步减退。早在20世纪80年代初，当武大还是以文理学科为主的重点高校之时，校内的部分专家学者便产生了将校园分为理科区和文科区的想法，以将校园建设得更加科学、更加合理。1985年，学校委托湖南大学建筑规划设计院做武汉大学校园建设总体规划，1985年总体规划编制完成。按照该总体规划，早期建筑区为学校的中心区，中心区的西边即现在的生科大楼、化学大楼一带是理科区，东边即现人文馆（逸夫楼）及其以东的地区为文科区。

按照学校文科区建设逐步到位的思路，文科区首先应从建设法学大楼和商学大楼入手。至于这两栋大楼的选址，据说有法学院著名老专家最初主张在原武大"修缮组"原址建楼。但因此处地势低洼易潮，面积狭窄（经实地丈量）

不足以容下法学和商学两栋大楼，如将两楼建得更高又势必会影响到学校中心区的视线与景观，另一重要原因是此地正处于武汉市政规划划定的珞珈山800亩山林保留区内，轻易不能破土动工兴建，有鉴于此，这一选址很快便被放弃。

1999年11月10日，当时分管基建的副校长率领基建处负责人来商学院正式通报了学校准备主要依靠贷款，新建包含商学大楼、法学大楼在内的社科楼群的决定，并要求我们学院首先细化商学大楼的功能要求，共同努力将此项工作往前推进。按照这一要求，我们于第二天便专门召开院务会就学院大楼的功能要求等事项进行了讨论。一周以后，基建处又召开了法学、商学两栋大楼设计理念的报告会，参会的武汉设计院、中南设计院以及武大、华中理工大（现华科大）和武汉理工大的专家学者纷纷就这两栋大楼的设计理念、原则及风格定位发表了自己的意见。

2000年1月21日下午，学校分管副校长主持召开商学大楼建设会议。会上，基建处同志介绍，学校已准备在人文馆后面山坡下部的东北角（即现在外语学院大楼所在地）建一栋面积2.4万~2.5万平方米的商学大楼。这一选址符合1985年学校总体规划，此处西高东低，新大楼可依山就势，待学校环路修好后交通也会很便利。会上还介绍了中南设计院所设计的初步方案。

为解决建楼资金，丝宝集团董事长、校友梁亮胜先生决定为兴建商学大楼捐资2000万元。2000年4月24日下午于学校行政大楼第一会议室举行了捐资签字仪式。双方代表签字以后，侯杰昌校长和本人均发言对梁先生的善举予以衷心感谢。为了感谢梁亮胜先生捐资对兴建商学大楼的贡献，经学校同意特意将此楼命名为"亮胜楼"，并在大楼门厅墙上勒石刊碑以资纪念。

当年六七月间，学院领导与学校分管副校长及基建处就大楼建设过程中的相关事宜有过多次意见交换。后来我们才知道，按照国家的现行规定，要在珞珈山下开工兴建商学大楼并非易事，涉及方方面面，仅规划方案的确定就需到各相关部门盖34个章，施工方案的审批又得盖34枚图章，其中最关键的是武汉市政府调整规划方案同意在选定的位置建楼。

为此，我和院党委书记在学校基建部长带领下于2001年1月21日专程拜会武汉市规划局，汇报商学大楼建设的必要性与选址事宜，该局设计院代理院长接待了我们。2001年4月17日下午我们又请一位副市长带领市土地规划局相关负责人在学校人文馆北厅举行了"武汉大学基建规划现场办公会"。会上，校基建部主要汇报了包括商学大楼在内的文科区建设的必要性、急迫性及亟待解决的选址问题。听取汇报后，市土地规划局负责人希望学校就此给武汉市人民政府写报告要求调整规划方案，然后才能由市政府批复发文。他希望武大所提出的要求总体上要符合总体规划，文科区的风格要协调。此次现场办公会无疑对推进文科区建设起了很好的作用。

当年10月底的一天下午，在学校举行会议后，侯校长让我留下，对我说：学校考虑到商学大楼在文科区的体量最大，占地宽，因此决定在原化工厂也就是现在的"九一二展览馆"一带建商学大楼。11月5日晚，时任分管副校长也在电话中向我通报了学校的这一决定，并告知为了加快文科区建设进程，学校决定成立由他牵头的"文科区建设指挥部"，专门负责协调处理文科区建设中的重大问题。后来我们才了解到，在此地建设商学大楼有一系列难题需要处理：首先，当年的化工厂曾是1958年9月12日伟大领袖亲临视察过的，在化工厂的原址上所建的"九一二展览馆"能否拆除？其次，除化工厂外那一带还有另外一些当年的校办工厂，虽因污水直排东湖造成污染后来被停办，但原来那些厂房及设施还在并仍属于理科的一些院系，他们是否愿意交出？其三，有的厂房旧址的地层已被严重污染需挖除运走并检测是否具有放射性，否则会危害人体健康。此外，该处还有一户扬言"谁来都不怕"，谁都不敢惹的"钉子户"。正是在"文科区建设指挥部"的协调与具体操作下所有这些问题都一一得到化解，那蛮横的"钉子户"也在街道派出所出面后搬了出去。

经过三易其地，我们商学大楼的选址问题才圆满解决。

三、颇费周折的商学大楼设计方案

早在2001年底顾海良书记来武大任职不久，便向我们转达了教育部领导希望武大将文科区建成"新的标志性建筑"的指示，实现这一目标的首要关键环节无疑是做好设计方案。

2001年12月31日晚，由原武大、武水、武测三校相关学科专业组建的武大城市设计学院邀请我们院务会成员在工学部第一教学楼8楼原武水经管院会议室向我们介绍他们对商学大楼设计的构想。2002年3月，该院给我们送来了他就这两栋大楼设计的效果图板。按其设计，法学大楼与商学大楼门对门分处南北两头，两楼中间有连廊，连廊上面覆盖着两端微微翘起的顶盖，两栋楼房的屋顶各有一根圆形柱子，柱顶呈斜坡状。

2002年4月17日，时任分管后勤与基建的副校长在行政大楼第一会议室召开文科区基建工作会议，基建部及法、商两院负责人出席。当天上午我本来有三节本科生课，上完两节后，我向同学们说明因学校正在召开商学大楼建设会议，事关重大，只好告假一节，容后再补。离开教室后本人匆匆赶到第一会议室，先坐下听与会者发言，所听到的几乎都是对武大城市设计学院院长所设计方案的一些修修补补的小意见。但本人提出："国家规定 200 万元以上的工程便需招投标，现在主张搞市场经济，应该按市场规律办事，采取公开招投标，不一定非得让校内单位来设计。"

2002 年 5 月 13 日下午，顾书记来我院调研时，明确告诉我们，学校常委会已经定了，商学大楼设计肯定公开招投标，并要请甲级设计院设计。

2002 年 6 月 18 日，学校在滨湖大厦（武昌东湖路省博物馆对面）就文科区设计方案举行开标会，上午最先开标的便是商学大楼设计方案。参与投标的有：华南理工大学、香港新日月建筑设计有限公司、武汉大学城市建筑学院、武汉市建筑设计院。会上各投标单位分别介绍和展示了各自的设计方案图并做了较为详细的说明。作为大楼用户单位，商学院由我和贺发和书记参加会议，会议并给予商学院一个投票权，投票完毕我俩即离会，会议继续就其他大楼开标。经过与会专家对各投标方案的评议和无记名投票，最后选定了华南理工大学建筑设计院的设计方案。这一方案由该院院长何镜堂院士主持设计，采用中国传统式园林庭院建筑的风格，既延续了武汉大学早期建筑的历史文脉，又具有鲜明的时代特色；商学大楼与法学、外语三栋建筑相互独立，又融为一体；体现了高校建筑宁静典雅的氛围，又充分考虑到与山体和东湖的自然景观协调一致。后来我们得知，由于考虑到华南理工大学远在广州，不便施工过程中的随时联系，施工设计方案交由武汉市建筑设计院完成。

6 月 25 日上午，学校就文科区建设举行通报会，会议通报了文科区开标会上专家组对各投标方案的评审意见，其中特别强调文科区建设要与周围环境相协调。6 月 27 日上午，顾书记带领基建部及法学院、商学院负责人冒着倾盆大雨雇船在东湖湖面用手机指挥留在文科区人员牵线放气球，目的是察看文科区的建筑到底能建多高才不致影响东湖南岸的视线和景观，从而避免工学部第一教学楼那样严重破坏珞珈山及东湖南岸景观的建筑重现。

经过以上所述曲折过程，在继续就华南理工大学团队中标方案的加工后，2002 年 9 月 10 日上午，我与贺发和书记一道，终于在学校基建部会议室见到了经修改完善后的商学大楼设计方案，经与贺书记商量，本人欣然提笔签下："同意按此方案扩初设计。商学院周茂荣 2002.9.10"。现在回想，本人任院长 6 年期间，签名无数，应属这次的签名最具历史价值。

四、堪称"标志性建筑"的商学大楼终于竣工并交付使用

经过前期的曲折以及此后的精心准备，文科区工程终于在 2002 年 11 月 5 日举行奠基仪式，法学大楼于奠基当日动工；因需避开雨季挖坑建设地下车库，商学大楼则在 2003 年 4 月正式开工。通过招投标，商学大楼由浙江中天建筑集团承建，武汉华胜建设监理公司监理，二者均具甲级资质，均是武汉市的一流建筑和监理企业。

2003 年 12 月 18 日，商学大楼主体土建工程举行封顶仪式。在征得刘经南校长和现场工程技术人员同意后，本人将一大把硬币放入最后一车混凝土，其中有人民币硬币以及我历次出国（境）而带回的美元、加元、日元、德国马克、法国法郎、欧元与港元硬币，经搅和后吊装浇灌于屋顶，寓意是期待此后的商学院兴旺发达，多多创收。封顶仪式的举行标志着大楼土建主体工程的完成。由于各方严格管理，注重质量，法、商、外三栋大楼的框架结构工程都被评为"省优质结构工程"。

从 2004 年初开始，学院大楼进入墙体装修、室内装饰和设备安装阶段。对于一栋框架结构的建筑来说，墙体装修不仅直接关系到建筑的视觉效果，也会影响到整栋大楼的使用。相较于墙体装修，室内装饰则更为复杂，它涉及消防、空调、电梯及煤气管道、给水、排水、地下停车场等方方面面，其质量好坏直接影响交付后能否正常使用。为了更好配合校基建部开展工作，学院成立了由院长、书记和常务副院长等人组成的"办公大楼建筑后期领导小组"，设立了主要由实验中心和院图书分馆等人员组成的办公室。为了取得最佳效果，基建部在反复听取学院意见和要求的基础上，对外墙砖的排版、窗型分割、木门油漆、吊顶等在施工前便与设计单位一起反复比较，反复研究，选择最佳方案，施工时严格要求，从而使整栋大楼的外立面取得了满意的效果。进入室内装修装饰阶段后，基建部几乎对每一项工程都采取了招投标，力求选择最好的装修方案、最好的施工材料、最好的施工队伍，方案确定后还需经我们用户单位签字同意方才动工。室内装修工程完成后，整体效果显得简洁、实用而大气。经过开工以后近两年的努力，至 2004 年底包括室外室内装修以及室外工程在内的文科区建设工程终于全面完成。经过 2005 年初开始的调试、测试阶段，当年 4 月 5 日，

经现场查验，包括商学、法学和外语三座大楼在内文科区建筑群终于通过了竣工验收，同年 6 月交付使用。为了做好入驻的准备，我们早在 2004 年 12 月就组织各系所教师代表对拟招标的家具进行打分并在此基础上做好了办公家具的采购。

据 2004 年 11 月 15 日院务会上时任行政副院长的通报，商学大楼建筑总面积为 30582m²，净使用面积（不包括车库和报告厅）为 12045m²，共有各类房间 306 间，其中一楼 76 间，共 3200m²；二楼 77 间，3528m²；三楼 77 间，共 2022m²；四楼 56 间，共 1770m²；五楼 20 间，共 570m²。就建筑面积而言，商学大楼超过外语学院大楼的 2.14 万 m² 和法学大楼的 2.5 万 m²。商学大楼的总投资 9079 万元，加上当时文科区的室外工程（道路、绿化等）总投资 3112 万元，这样算下来，商学大楼所用人民币应超过一个亿。令我们感到高兴的是，我们院务会在大楼兴建设过程中就其设施与功能多次讨论而形成的"六大要素"基本都得到了满足。这六大要素即：一个气派的门厅；一个足以容纳四五百人的报告厅；电梯；中央空调；每个教师都有自己的办公室（教授一人一间、副教授两人一间、讲师三人一间）；一个足可停放 140 多辆车的地下车库，虽然当时教职工所拥有的私家车还不多，但我们已超前预见到，随着汽车的普及说不定以后学生都会开车来上课。此外大楼还有可供研究生上课用的教室和供 MBA、EMBA 用的案例讨论室，专供其上课用的还有些是阶梯式多媒体教室。

最终建成的商学大楼包含 7 个建筑单元和 3 个内庭，建筑单元之间有宽敞的连廊，楼高 2~5 层，错落有致，绿檐白墙深灰瓦，外观赏心悦目，楼内通透明亮，设施较为齐全，显现出中国传统式园林庭院建筑的风格。大楼既传承了武汉大学早期建筑的历史文脉，又具有鲜明的时代特色；充分体现了高校建筑宁静典雅的氛围，又充分考虑到了与山体和东湖的自然景观协调一致，足以堪称武大新时期的"标志性建筑"！

五、结束语

2005 年 5 月，即商学大楼临交付前一个月，我已辞去院长职务。学院搬迁入驻新大楼工作由继任者主持完成。随着此后商学院的更名，当初的商学大楼也已被更名为现在的经济与管理学院大楼，名虽改，但楼还是那栋我们当年为之奋斗了五六年才建成的楼！

◎ 作者简介

　　周茂荣，男，1945 年 5 月生，1969 年毕业于武汉大学经济学系政治经济学专业本科并留校任教，1991 年获得经济学博士学位。武汉大学经济与管理学院教授。1999 年 4 月—2005 年 5 月，任武汉大学商学院（现经济与管理学院）院长。

梦圆商学楼

赵锡斌

每当走进武汉大学经济与管理学院大楼，一种莫名的激情油然而生！庭院式风格设计的大楼，依山傍水而建，宁静典雅。登楼眺望——东可看东湖日出，西可见珞珈晚霞，南可观枫叶红遍，北可赏荷塘月色，美不胜收，使人心旷神怡，亦梦亦幻！3 万多平方米的大楼内，现代教育的系统设施一应俱全。40 多万册藏书的图书馆、500 座的报告大厅和教工活动中心、规模不等的会议室和接待室、多种实验室和大小多媒体教室、独立的教师办公室、中央空调和地下停车场……这些条件建设，为高质量地满足教学科研及师生员工的学习、工作和生活提供了坚实的保障。这不是梦，而是历经几十年的艰苦奋斗，终于圆了的一个梦！

45 年前，经济学系决定恢复部门经济教研室，并由该教研室具体负责着手筹建经济管理学专业。1978 年，大约在冬季，部门经济教研室成立后的第一次会议在理学院的地下室（当时经济学系的临时过渡办公处）召开。由于对如何办经济管理学专业缺乏理论准备和实践经验，教师力量又严重不足（教研室成立时只有五位教师），会议商定了三件事：一是分头到有关高校调研；二是制订课程设置方案；三是按一人两门课、两人一门课选调老师。此后一段时期，教研室的每次会议，基本都是利用晚上的时间，找理学院地下室或没有上课的教室开。一是因为白天开会人难到齐；二是晚上相对好找开会的地方。有老师自嘲："策划于暗室，行走于江湖！"当时，多么想有哪怕只是一小间办公用房！

1980 年，经过近两年的工作，从"教师归队"、校外调进、毕业生留校等三种渠道，部门经济教研室的教师增至 17 人。这时，经济学系已搬到校行政大楼的西南楼，部门经济教研室也在二楼分了一间约 15 平方米的办公室，虽然人均还不足一平米，但总算有了立锥之地。当时也说是临时过渡，待经济管理学系成立后学校另有安排。

1981 年，部门经济教研室整体从经济学系分离出来，学校又从数学系、计算机系抽调了 7 位老师加入，成立了经济管理学系，并招收了首届经济管理专业学生。这时，全系共有教职工 30 人，作为一个学校的二级培养单位，"肝胆俱全"，资料室、办公室、会议室等是基本必须。但由于学校用房紧张，安排了一个过渡性用房：校工会俱乐部（现校医院处）。这是一幢 30 年代修建的两层木板楼房，占地面积虽不小，实际使用面积却只约 160 平方米，除资料室、办公室勉强挤进外，再难有空余之地作为他用，开会需提前向校方预约有空的教室。问题还不仅如此，由于此房基本属于老旧危房，不久学校便决定拆除新建医院。于是，经管系成了拆迁户！1984 年，学校又安排了过渡性用房，搬到了对面刚建成的综合楼（现东中区九栋）的一楼商用房中（其中一半为经管系使用，另一半为国营珞珈山商店），使用面积不足 200 平方米，但此时的经管系已非彼时的经管系了。

从 1981 年到 1985 年，适应市场及社会各方的需要，经管系的发展规模迅速扩张。特别是：中国银行资助 160 万元（含 10 万美元外汇额度），创办国际金融管理专业；国家工商行政管理局资助 384 万元，创办工商行政管理专业；国家计委资助 80 万元，新建计划干部培训楼（原湖滨九舍），为全国计划系统培训干部；教育部资助 20 万元，开办高校财务管理专业专科班，为高校系统培养财务管理人才；武汉市政府委托举办经济管理专业专科班（也称厂长班），为武汉各行各业培养管理人才，等等。因此，培养专业、层次、类型和学员规模迅速增多，各类在读学员从 1981 年的 200 多人猛增到 1985 年的 1000 多人。教职工也从 30 人增加到 102 人。因此，对外交流频繁，校内外（包括系内师生）来系办事的人员流量越来越大，使狭小的办公用房，成天像繁华的集市，甚至常常连站人的地方也没有，只好在外面"排队"等候！即使系里开几个人的小会，也得在外面找地方。此情此景，隔壁商店的领导和职工倒是看着很眼馋！如何争取有一栋办公楼，满足发展之急需，是当时全系师生员工一个共同的梦。

1986 年，经国家教委批准，成立了管理学院。原经管系按招生专业分成为四系：经济管理学系、国际经济管理学系、工商行政管理学系、财务管理系。这时，学院当务之急是要办公用房。当时有两种意见：一是参照经济学院利用中国人民保险公司和审计署资助 400 余万元，创办保险学和审计学专业的部分资金，建了一栋 2800 多平方米的经济学院楼，要求学校也利用管理学院吸收的600 多万元资助资金，建一栋管理学院楼。二是为了解决燃眉之急，接受学校的

"过渡性"安排，搬到刚建成的武汉大学出版大楼（现本科生院楼）中的部分楼层（约2000平方米），与出版社、图书情报学院共用一栋楼。经反复请示、争取，终于前者梦碎、后者执行。虽然与以往相比，用房有了很大的改善，除院办公室外，有200平方米的资料室、100平方米的计算机实验室、60平方米的会议室、14平方米的接待室等。四个系也各有一间14平方米的办公室。即便如此，也并未解决教学、科研、办公等方面的用房紧缺问题。特别是随着学院发展规模的进一步扩大，MBA教育的迅速发展及其对教学条件的特殊要求（如多媒体教室、案例分析室等）等，用房严重不足的矛盾愈益突出。例如，到了1996年，全院已有五系（1993年增设投资经济管理学系）、二所、三个研究中心和一个管理咨询公司，教职工130余人，各类在读学员突破3000人（居全校各院系之首）。于是，又产生了有的内设机构无办公用房的情况。而且，200平方米的图书资料室，无法容纳已有的6万多册图书和1万5千多册的中外文期刊，被迫将部分图书资料堆放在走廊或楼梯下，不能发挥作用。在60平方米的会议室召开全院大会时，相当一部分教职工只能在走廊"旁听"。14平方米的接待室无法适应日益广泛的社会联系，常借用出版社或图书情报学院的接待室以"撑门面"。更不可能腾出房子建多媒体教室和案例分析室。在MBA的课程教学中，也只能在全校的各教室中"见缝插针"，打"游击战""运动战"，甚至打"闪电战"！

如此严峻的局面，极大地制约了学院的进一步发展，严重地影响了教职工和学员的正常工作、学习与生活。

1996年夏，学院提交了《关于自筹资金兴建管理学院大楼的请示》，虽然学校将管理学院大楼建设列入了"九·五"发展计划，但由于当时学校资金短缺，建管理学院大楼的资金难以落实，故迟迟没有正式立项。多少回，拿出学校原规划设计的"法·商大楼"草图"欣赏"，恰似看饼充饥、望梅止渴！

1998年秋，丝宝集团拟请几个专家在1999年十周年庆典活动中，开一个"座谈会"。经反复磋商，决定走一条校企合作的新路，并拟捐资1000万元建管理学院大楼。1999年4月，由丝宝集团资助，成立了武汉大学丝宝现代管理研究中心，后由中心联系与组织召开一个全国性的高层研讨会。1999年10月12日，中国工业经济研究与开发促进会（现中国工业经济学会）与武汉大学联合举办的现代企业管理理论与实践暨丝宝集团十年发展学术研讨会，在武汉大学珞珈山庄举行。湖北省副省长王少阶、武汉市副市长辜胜阻、武汉大学副校长张清明、丝宝集团董事长梁亮胜应邀出席了会议。来自中国社会科学院、北京企业管理研究所、清华大学、北京大学、中国人民大学、中山大学、南京大学、武汉大学、华中理工大学（现华中科技大学）、中南财经大学（现中南财经政法大学）、武汉汽车工业大学（现武汉理工大学）等高校和研究机构的 20 多位知名教授、专家学者，就丝宝集团十年快速发展的理论与实践经验，在会上做了发言，提交了论文，并由马洪题写书名，校长侯杰昌题词，中国社科院工经所所长吕政作序，汇编出版了《现代企业管理创新初探——丝宝集团十年超常发展实证分析》一书。来自北京和湖北的众多媒体 30 多名记者在会下进行了采访并作了大量报道。

此后，学院与丝宝集团更进一步地建立起了紧密的校企合作关系。在咨询研究、人才培养等方面，进行了多项成功的合作。

梁亮胜先生既是知名的企业家，也是知名的慈善家。商学院成立之后，为支持发展教育事业，改善办学条件，梁先生又进一步表示，在原有捐资 1000 万元建管理学院大楼意向的基础上，再追加 1000 万元，兴建商学院大楼。

2000 年春，丝宝集团与学校签订了捐资 2000 万元兴建商学院大楼协议书。这是武汉大学当时在历史上获得的单笔捐资额之最。同年，教育部《关于武汉大学商学大楼工程可行性研究报告的批复》（教发展〔2000〕47 号）同意"新建商学大楼"。商学大楼（亮胜楼）于 2002 年奠基，2005 年建成交付使用。从此，别了，"过渡性用房"！大楼梦，圆了。

快马加鞭人未歇，而今迈步从头越。

◎ 作者简介

赵锡斌，男，1948 年 12 月生，1975 年毕业于武汉大学经济学系政治经济学专业并留校任教。武汉大学经济与管理学院教授。曾任武汉大学商学院副院长、武汉大学研究生院常务副院长。

新院名　新机制　新气象

尤传明

一、"商学院"更名为"经济与管理学院"

1999 年 4 月，原武汉大学经济学院、管理学院与旅游学院合并组建武汉大学商学院。2001 年 1 月，在"四校合并"的大背景下，原武汉大学商学院与武汉水利电力大学经济管理学院、武汉测绘科技大学人文工商学院经济管理、市场营销教研室合并组建新的武汉大学商学院。首任院长周茂荣教授，党委书记贺发和同志。

2005 年 4 月，由于年龄原因，周茂荣教授卸任商学院院长，武汉大学商学院美国加拿大经济研究所所长、湖北省社会科学院院长陈继勇教授回校任商学院第二任院长。

我于 2003 年 3 月至 2011 年 7 月任学院党委书记，先后与周茂荣院长、陈继勇院长两任院长搭档 8 年，向两位院长、前辈、师长学习了 8 年，收获颇丰，感受良多。

随着 2005 年学院新大楼落成竣工、新一届班子组建完成，学院更名便提上了议事日程。

1. 对学院命名"商学院"历来存在争议。从"四校合并"进入院班子，我就从学校、学院、教职工中听到了对学院命名为"商学院"一直褒贬不一的意见。赞扬的认为学院命名为"商学院"符合世界学科发展潮流、紧跟经济社会发展需求、有利于学院人才培养与品牌形成，认为国际上有著名的哈佛商学院、斯坦福大学商学院、伦敦商学院等成功典范，国内有南开大学商学院、长江商学院、中欧国际工商学院等顶级商学院，值得我们学习、借鉴。存疑的认为，

"商学院"主要是一所大学为培养商务人才而专门设置的教育机构，学科主要涵盖学院现有四个一级学科中的工商管理学科、应用经济学科，与理论经济学、管理科学与工程存在明显差异，因此无论是从培养目标、发展定位还是学科构成、历史传承都与学校学院的实际情况不完全相符。

2. 首先提出更名倡议的是时任武汉大学党委书记、经济学家、教育家顾海良教授。2005 年 5 月 13 日晚，顾海良书记从北京出差回来，专门约见陈继勇院长和我，正式向我们提出了学院更名的倡议。顾海良教授认为商学院和经济学院是世界著名大学中比较常见的两个学院，商学院主要研究商务管理、营销、金融等商业领域，注重商业实践和应用；经济学院则研究整个经济系统，从微观和宏观两个维度分析经济现象，具有较强的理论性。世界著名研究型大学一般都设有经济学院，建成研究型的武汉大学需要有经济学院的组成与支撑。

3. 学院更名得到了著名经济学家、武汉大学人文社科资深教授谭崇台先生的支持。听取了顾书记学院更名建议后，陈继勇院长和我就学院更名专门登门请教了谭先生，谭先生也觉得更新的院名更加符合学院的学科构成、培养目标、研究领域、社会影响及国际化需要，非常赞同学院更名为"经济与管理学院"。

4. 学院召开了更名论证会。2005 年 6 月底，学院召开了党政班子成员、系所负责人及教师代表参加的论证会。大家普遍认为，武汉大学"商学院"历经 7 年建设发展，虽已形成较好的社会影响与品牌效应，但新的院名更加符合武汉大学提出的"建设研究型大学"发展目标，更加切合学院"两大学科并存"的学科构成实情，也更加尊重武大学科发展的历史与现状，一致同意报告学校请示更名。

2005 年 8 月 22 日，经武汉大学党委常委会讨论决定，武汉大学商学院更名为武汉大学经济与管理学院。

二、校院两级管理极大促进了经济与管理学院全面发展

1. 学院全成本核算运行的动议

在 2005 年 8 月 22 日党委常委会讨论学院更名的同时，常委会提议，为了进一步激发学院办学活力，有力促进学校整体发展，学校将推进实行校院两级管理改革。鉴于经济与管理学院学科紧贴市场、应用性强、学院办学规模较大、推行两级管理基础较好，可提出在全成本核算基础上实施校院两级管理的模式

与方案，报学校党委常委会讨论通过后进行改革试点。

在学院进行全成本核算、运行方案制定、论证过程中，2005 年年底，学校加快了改革步伐，停止了经济与管理学院改革先行试点动议，决定在全校全面推行以校院两级财务管理体制改革为核心的校院两级管理改革。学校随即成立了改革领导小组和工作小组，我作为工作小组中两个学院书记代表之一（其中另一位是时任动机学院党委书记、后任经济与管理学院党委书记、现任华中科技大学党委副书记兼纪委书记的徐业勤同志）全程参与了改革方案的论证与制定，见证了保证学院快速发展新机制出台的全过程。

2. 校院两级管理改革的核心是校院两级财务管理体制改革

在改革领导小组与工作小组近半年对国内外知名大学管理运行调研和广泛征求意见基础上，经学校研究决定，武汉大学全面实施以校院两级管理改革为核心的校院两级管理改革。

2006 年，学校制定并公布了《武汉大学校院（部、系）两级财务管理体制改革实施办法（试行）》，建立"统一领导、二级管理、集中核算"的财务管理体制，推动校院两级综合管理体制改革，建立依职能、成本和绩效的二级财务管理体系以及与之相适应的会计核算模式，构建适应学校建设和发展要求的职权清晰、自我控制、目标管理的新的管理体制和运行机制。学校将 70%财权下放学院，极大激发了学院办学的积极性、主动性与创造性。

为配合实施《武汉大学校院（部、系）两级财务管理体制改革实施办法（试行）》，2006 年 7 月前后，学校先后制定出台了《武汉大学本科教学管理责任制实施细则（试行）》《武汉大学研究生教育管理实施细则（试行）》《武汉大学院（系）人事管理实施细则（试行）》等涉及教学、人事、资产、学生 8 个配套文件，正式拉开了校院两级管理综合改革的大幕。

3. 校院两级管理改革给学院带来的三点显著变化

学校主要领导多次在不同场合指出，经济与管理学院是实行两级管理运行与发展最成功的学院之一。两级管理给学院带来了蒸蒸日上、与时俱进的显著变化。

一是学院主人翁意识明显增强。随着校院两级管理改革管理重心下移，学院院长"当家人"意识明显增强。为主动适应两级管理改革大势，2007 年学院制定年度工作要点时，陈继勇院长指出，学院要主动"深化各项改革，为学院的可持续发展增添生机和活力""逐步建立与校院两级管理相适应的学院管理体制和运行机制",主动谋划"组织实施并逐步推进人事制度改革,建立以目标责任为中心的绩效评优体系""进一步理顺与学科建设的关系""推进学院资产管理改革……促进学院资源的合理配置和有效使用"。为主动盘活存量、做大增量,学院提出加强预算管理、资金配置,"精打细算过日子",学院班子及教职工主动适应改革、办好学院的"主人翁"意识显著增强。

二是学院办学自主权明显加大。校院两级管理体制改革使学院真正成为了办学主体,最大限度增强了学院的办学自主权。在学校宏观调控和政策导向下,学院对建设发展重大事项拥有极大的自主权。2007 年作为全面推进校院两级管理体制改革的开篇之年,学院提出在全力做好各项常规工作的同时,抢抓机遇重点做好十件大事,如:初步完成"两保两争三申报"的重点学科建设目标、力争获批国家级实验教学示范中心、力求管理学科精品课程实现零的突破、推进"六个一"工程的研究生培养机制改革、设立师资队伍建设基金引进国内外高水平博士(后)20 人左右、成立 EDP 中心及 EMBA 教育中心项目发展部、推进机构调整完善制度建设等。两级管理赋予学院的办学自主权,尤其是在自主设定发展目标、统筹谋划建设步骤、加大对外合作办学力度等方面学院自主权都取得了新的更大的突破,学院办学自主性与办学活力不断加大。

三是学院财力"钱袋子"明显增长。校长刘经南院士在接受中新网采访时说道,"武大将权力下移作为改革的大方向。既然要放就要放得彻底,就要从根上放财权。"实行校院两级财务管理体制改革,通过预算制管理,"学校直接分钱到院",学院财力涨幅明显,教职工的"钱袋子"也明显鼓了起来。在实行校院两级管理改革之前,学院年度总收入基本维持在 3000 万元左右,2005 年达到最高值 3901 万元,院级财力由学校每季度下拨 70 万元左右,教职工年终绩效也维持在一个与一流经管院相比较相对较低水平。两级管理改革之后,从 2008 年开始,学院年度总收入正式突破亿元大关,院级财力超过 6000 万元,教职工年终绩效也很快实现了翻番的目标。

三、学院显现出跨越式发展的新气象

从"四校合并"到 2011 年离开经济与管理学院,我在学院工作了 12 个年头,历经了学院合并—稳定—建设—改革—发展全过程,尤其是校院两级管理改革之后,学院办学规模、结构、质量、效益不断提升优化,学院显现出跨越

式发展的新气象。

1. 新大楼

2005 年 4 月竣工的商学大楼是武汉大学新世纪"标志性建筑"之一，凝聚了首任院长周茂荣教授、党委书记贺发和同志的智慧与心血。大楼三易其址，方案两易其稿，最终新大楼建筑面积超过 30000m^2，总投资逾亿元，既传承了武大传统早期建筑的文化传统，又充分体现了简洁好用、功能齐全的现代特色。新大楼投入使用既保证了超大规模学院的正常运行，也为学院人才培养、办公办学、对外交流提供了坚实保证，更成为了学院办学跨越式发展的一张亮丽名片。

2. 新理念

新时期学院十分注重办院理念凝练与学院文化建设。从 2005 年底开始直到 2010 年，学院逐步凝练提出了"二十四字"办院方略，即"教学主院、科学强院、民主办院、改革兴院、制度治院、开放活院"；丰富发展了前任班子"两个并重"为"四个并重"的办院方针，即：坚持"管理学科与经济学科并重、应用研究与理论研究并重、教学与科研并重、质量与效益并重"；初步确定了学院的愿景、使命、价值观，即"大经大管，为道为器，博习会通，融贯中西"的愿景，"创造思想，传授知识，培育精英，服务社会"的使命，以及"和合通变，至善至美"的价值观；统一并坚持了"以学科建设为龙头，以人才培养为中心，以国际化为平台，育一流人才、出一流成果和创一流效益，建设国内一流、国际知名、高水平、和谐学院"的办学思路。一系列办学理念成为了全院师生的共识，学院跨越式发展具有了更加明晰的理念与方向。

3. 新班子

2005 年 5 月前后，学校对学院党政班子进行了大幅度调整，原党政班子成员 11 人实行了 8 进 8 出，其中党委副书记董有明同志担任信息管理学院党委书记。新班子除陈继勇院长年龄超过 50 岁，其他的全部都在 50 岁以下，其中 80%以上年龄在 40 岁左右，更加年富力强；新班子注重健全会议制度集中决策，更加讲政治讲规矩；新班子注重责权清晰各尽其责，更加注重担当作为履职尽责；尤其是"双肩挑"的院长副院长们基本上都自觉地把 80%以上的时间和精力投入学院管理和分管事务上，管理更加精细到位，班子更加坚强有力，整体功能不断提升，为学院跨越式发展提供了坚强的组织保证。

4. 新机制

为进一步适应校院两级管理和学科发展竞争态势，学院实行了"一二三四五"学院管理新机制。"一"就是一整套完整清晰的办学理念与目标方向。"二"就是两个"两级管理"，尤其是在院内推进院系（所）两级管理，赋予系（所）相应人、财、物权，充分调动系（所）办学的积极性及主动性。"三"就是三驾马车并驾齐驱，党政联席会、党委会、教授委员会各负其责、相互支持，形成合力。"四"就是努力推进四项改革，不断改革调整优化内部组织结构；探索深化全员聘任、绩效考核、晋升聘用等人事制度改革；深化严格预算管理实行成本核算建设节约型学院的院级财务管理改革；积极推进研究生培养机制改革，实施研究生教育"创新计划"。"五"就是学院运行"五化"目标，即学院运行基本实现日常工作制度化、常规工作程序化、专项工作项目化、学院管理信息化、学院发展和谐化。新机制有效促进了学院跨越式发展。随着凝聚了几任班子心血新大楼的落成，灵活创新新机制的形成，时不我待只争朝夕新气象的呈现，经济与管理学院迎来了突飞猛进、蓬勃发展的战略机遇期，逐步建成学校办学规模最大、学科实力雄厚、育人效果显著、社会影响最大的学院之一。

◎ **作者简介**

尤传明，男，1969年2月生，武汉大学图书馆党委书记。2003年2月—2005年8月，任武汉大学商学院党委书记；2005年9月—2011年6月，任武汉大学经济与管理学院党委书记。

创办武汉大学保险和审计专业的回忆

田　源

保险专业的由来

在 20 世纪 80 年代，武汉大学经济学教育集中在经济学系，或者说政治经济学系。我是 1975 年作为工农兵学员来到武汉大学学习，最初两年是在位于襄樊市隆中的武汉大学襄阳分校度过的。当时由于战备的原因，哲学系和经济学系被疏散到这里，在山沟里办起了大学，从 1970 年到 1977 年，当时的大学生都毕业于这个分校。1977 年，"文化大革命"结束之后，武汉大学决定将原本疏散到外地的经济学和哲学两系搬回珞珈山总校，记得我们听到这个消息时，都激动得夜不能寐。我们终于回到心中理想的大学校园，住进了老斋舍，也就是今天的樱花城堡。在这里，我参加了 1978 年"文革"后的首届硕士研究生考试，经过 1965—1975 年入学的 10 届大学生同台竞争考试，如愿考入武汉大学经济学系研究生班。

1981 年，经过 3 年研究生学习，我顺利通过学习和毕业论文答辩取得经济学硕士学位，之后被学校挑选留校成为经济学系的一名大学教师。当时，我一方面担任教学工作，一方面作为系主任的助理从事一些辅助性管理工作。1983 年，我被借调到国务院价格研究中心工作，8 月间，我参加了全国计划工作会议，在会议上，我碰巧坐在中国人民银行教育司司长的旁边，会议中相互认识之后，互相聊起天来。我介绍自己是武汉大学教师，正在北京工作。这位司长知道我是武汉大学教师之后，向我提到一件事，他说人民银行最近把保险公司分离出去，成立了中国人民保险公司，目前干部奇缺，准备在全国挑选大学创办两年制的干部专修科。我听到后马上问道，有没有资金投入，他告诉我会投入几百万元。我一听，这是一个好机会，我开始向他介绍武汉大学是国家教育部的重点院校，校园风景很美，师资力量强大，希望可以承办培养保险人才的干部专修科。这位司长听我介绍之后，马上产生了兴趣，要我尽快回去请示并提供办学计划上报人民银行教育司，他告诉我，目前正在遴选学校，要尽快把材料报来，争取这个机会。我参加完全国计划会议之后，立即返回学校，向当时担任系主任的汤在新老师做了汇报。汤老师是一个非常有经验的领导，他为此专门召开了一次有系领导和多位教授参加的会议，我在会议上报告了我在北京遇到人民银行教育司领导，并且大胆代表武汉大学经济学系希望参加筹办保险干部专修科的情况。听完我的汇报之后，大家展开了激烈的讨论。令我万万没有想到的是，到会的几位老教授对于办保险干部专修科持不赞成的态度，其中一位老教授说："经济学系是研究理论经济学的，保险是部门经济，不应该办在经济学系。"当时，我听了之后很不理解，随口反驳了一句："人家给钱也不要吗？"这位老教授听了我的话之后，很生气地教导我："不能什么钱都要！"我当时气坏了，会后我找到汤在新老师，希望他能支持办这件事。汤老师非常支持我的建议，要我赶快拟定办学计划和教学大纲，尽快去北京争取这个项目。得到领导的支持后不久，我带着自己编写的办学计划和教学大纲赶回北京，找到人民银行教育司，把材料交上去。不久，人民银行教育司通知我去北京见面，告诉我经过内部研究和评比，选中了武汉大学和南开大学作为首批开办保险专业的大学，其中在武汉大学办保险学专业，在南开大学办精算专业。听到这个好消息，我简直高兴坏了。随后，司领导告诉我，具体办学工作及经费预算直接与中国人民保险公司教育处联系。

按照教育司领导的意见，我来到位于天安门广场旁边的中国人民保险公司，见到了负责教育的欧阳天娜处长和一位助手。在这里，我与他们讨论了教学计划和办学经费问题。他们告诉我，已经批准了450万元经费用于创办武汉大学保险干部专修科，也就是后来的保险学系。我在与他们讨论工作中提出要求，我们大学没有保险学教材，需要派教师出国培训和考察，因此，我们不仅需要人民币，还需要美元。当时他们问我需要多少美元，我狮子大张口，开口要30万美元。欧阳处长笑着对我说："我们全国保险公司每年的外汇额度才有50万美元，不可能给你那么多，这样吧，给你们10万美元"。听到她给这么多外汇，我心里乐开了花，心想这下好了，可以派很多教师出国学习。

再办审计专业

1983 年我被借调北京工作，使我自己都不知道的商业才能得到施展。在成功地从中国人民保险公司融到 450 万元人民币之后，我开始关注这种争取多种资源办学的机会。不久，我从一位老乡朋友处听说审计署也需要兴办审计干部专修科，更加重要的是，也是给经费支持的。我在工作之余，通过多种渠道联系上审计署教育司，由于具备了申办保险专业的经验，我很快说服了审计署教育司领导，并且陪同领导到武汉大学参观，给他们留下了良好的印象。这次速战速决，不到半年时间，就获得了审计署的同意，在武汉大学兴办审计干部专修科，为此，审计署拨款给武汉大学 300 多万元经费，支持武汉大学办起了审计专业。

后来的故事

20 世纪 80 年代初是一个蓬勃发展的时代，我接连为武汉大学从北京找到 700 多万元人民币经费，为创办保险和审计专业打下坚实的基础。在那个资源贫乏的时代，学校利用这笔巨额资金，不仅创办了两个新的专业，还大大扩充了经济学系的实力，为升级为经济学院创造了条件。创办这两个专业奠定了武汉大学在我国保险和审计领域的重要历史地位，培养了大批教学、研究和管理人才，在全国各地，很多这两个行业的领导，都是武汉大学的毕业生。更加令人欣慰的是，这笔资金还被用于建设了当时极为短缺的教工宿舍楼和经济学院办公楼，使经济学院的办公条件和教师们的居住条件得到了全面改善。知情人每每遇到我，都会讲起这段武大学子回报母校的佳话。

◎ 作者简介

田源，男，1954 年 8 月生，1992 年毕业于武汉大学经济学系，获得经济学博士学位。亚布力中国企业家论坛创始人、主席，迈胜医疗集团董事长，元明资本创始合伙人。2003 年被评为武汉大学第三届杰出校友。

桃李春风忆师恩

建校办学的功臣——皮宗石

买晴雨　范卓慧

东湖之滨，珞珈山上，曾有这样一个人，他勤勤恳恳地为武汉大学的创建竭尽所能；他不图名利，心向教育，面对高官厚禄毫不动心；他参赞办学，制定严苛选拔方式；他热爱祖国，为国造才，拒当汉奸；他关心学生，尽力为学生提供好的生活和教学质量。在武大的几载春秋，记录了他鞠躬尽瘁、严谨奉献、爱国爱家、尽职尽责的优秀人格。他就是皮宗石先生。

皮宗石（后左）与李四光（后右）等在英国

作为武汉大学创立者之一，他鞠躬尽瘁筹款建校，建章立制以成方圆；作为武汉大学教授，他在武大的几年间悉心教学，润育桃李，同时严格选拔学生，杜绝营私舞弊走后门；作为家庭成员，危难中对糟糠幼子相濡以沫细心呵护；作为一个正直的中国人，他严守底线，争国权反帝制，拒交权贵，淡泊奉献。皮宗石先生光明磊落的胸怀，高尚的品德，兼容并蓄的教育思想，严谨、务实、不屈不挠的办学治学精神，永远值得我们学习和怀念，他对高等教育的贡献和影响永不磨灭。

不图挂名，以严治校

1928 年 5 月南京国民政府大学院（后改为教育部）决定以国立武昌中山大学为基础建立国立武汉大学。皮宗石先生应时任大学院长蔡元培殷切邀请最先从南京前来武汉大学参与筹建工作。临行前皮先生极力请求把自己从筹委名单中删除，他说："武汉大学我一定去，但不要把我列为筹委，如把我列为筹委，我去了，其他筹委不去（因当时王世杰任中央法制局局长，王星拱、周鲠生都分别在中央大学任系主任），我一人去怎能办好武汉大学？"几番坚持终于没有被列入筹委。

叶雅各　查谦（啸仙）皮宗石（皓白）孙洪芬　周鲠生　陈源

皮宗石和武汉大学同事合照

在皮先生来到武汉之后，王世杰、王星拱等人也先后来到了武汉，皮宗石与他们曾一起留学于英国，又曾经在北大共同工作过数年，都受到了蔡元培先生"思想自由""兼容并包"的教学理念的影响，因此志同道合，合作十分愉快。

良好的学风对优秀的大学而言极其重要，良好学风的建设是一流大学建设的基础。为响应蔡元培先生在武汉建立一流学府的号召，同时也为了中国教育事业的振兴，皮宗石等人决心把武汉大学建设成为一流大学，因此在办学上极其严苛。包括皮宗石先生在内的几位先生共同制定了严格的考试制度：试卷全部密封、只承认分数、不搞裙带关系……正因他们严厉的考试制度，国立武汉大学涌现出一批又一批优秀的、有真才实学的学生。后来，由于选拔制度过于严苛，甚至出现了一个系只录取了一个人的情况，不过尽管如此，他们也丝毫没有放松考试制度。皮先生的亲侄子、亲侄女都因为严厉的考试制度而与武汉大学无缘，他也因此得罪了许多亲朋好友。

除了严进，还有严管和严出，三分之一学分不及格者，留级；二分之一学分不及格者，除名……学校严格的教学制度成就了一批批优秀的学生，为祖国、社会培养出了大量来自各个领域的人才。

建设武大，扎根武大

一所优秀大学，既需要有"硬实力"，也需要"软实力"。皮宗石对武汉大学各方面的建设可谓鞠躬尽瘁，为珞珈山的"拓荒"做出了卓越的贡献。在"硬实力"建设上，尽管时运不济，皮先生等湘籍教授仍通过与当时湖南省政府多次交涉，为武汉大学的早期建设争取到了宝贵的 12 万元的捐款。新校区建设一度因为周边村民的反对和湖北省政府的动摇而面临迁址徐家棚的波折，皮宗石受校长王世杰委托，代表学校赴南京当面陈词，争取支持，保住了"物外桃源"。此外，他还联合其他一些同事，积极联系中华文化基金会，争取到了中华文化基金会捐赠的理、工学院的部分仪器设备。在"软实力"建设上，他在教学和教务管理方面尽心尽力，建章立制以成方圆，极大地推动了武汉大学的发展，培养了一批优秀的学生，很快把武大办成全国著名的高等学府。

皮宗石先生"不汲汲于富贵"，他在武汉大学工作期间，时任国民政府主席谭延闿曾邀他去南京国民政府工作，但他不愿从政，不愿离开学校，更希望为武大的发展、为中国教育的发展做贡献，所以面对着高官厚禄的吸引，始终婉言谢绝。

作为校务委员会委员的他，一直无私无怨地为武大的建设发展出谋划策。先后协助王世杰、王星拱两任校长把武大办成全国著名学府，与北大、清华、中央大学（南京大学的前身）、浙江大学齐名，成为中部地区高等教育事业发展的支点。武大所取得的成就，是与皮宗石、王世杰、王星拱、周鲠生等一批教育家所做的贡献息息相关的。北京大学教授胡适应邀于 1932 年 11 月来武大讲学，皮先生等陪同胡适在校园参观、演讲。胡适在日记中写道："……雪艇诸人在几年之中造成这样一个大学，校址之佳，计划之大，风景之胜，均可谓全国学校所无。人说他们是'平地起楼台'；其实是披荆榛，拓荒野，化荒郊为学府，其毅力真可佩服"。"看这种建设，使我们精神一振，使我们感觉中国事尚可为。"

投身革命，捍卫国权

皮宗石早在 1905 年 8 月同盟会成立大会在东京召开时即正式加入该组织。1912 年底，皮先生从日本留学回国，被黄兴点名与任凯南、周鲠生、李剑农等共同筹办了汉口《民国日报》，揭露袁世凯倒行逆施复辟帝制、大行独裁统治、残酷捕杀革命党人的罪行，公开声援"二次革命"，起草了讨袁檄文。《民国日报》不仅成为讨袁的重要舆论阵地，也是革命党人在汉口的联络地点。由于计划武装反击袁世凯的机密被泄露，报社被查封，杨端六、周鲠生等人被捕入狱，而皮宗石因前往九江去领取武装革命党人需要的炸药，得以幸免。

后来，时年 26 岁上了袁世凯通缉名单的皮宗石和其他报人在黄兴的资助下从上海转道英国留学。巴黎和会在中国问题上偏袒日本引起了中国人民的愤慨，五四运动因此爆发。皮宗石与王世杰、李四光、周鲠生、杨端六等志同道合的朋友，以高昂的爱国激情投入捍卫国权的洪流中。他们从英国渡海到达巴黎，与众多留学生和华工一起包围了出席巴黎和会的北洋政府代表公寓，使他们不能出门签字。正如胡华主编的《中国新民主主义革命史参考资料》所说："……当日之拒绝签字者并非陆氏，实为旅欧之学生、工人也"。

20 世纪 20 年代，皮宗石在北京大学工作了 5 年，在此期间，他与李石曾、王世杰、周鲠生、李大钊、黄侃等发起组织"民权运动大同盟"，进行广泛的争取民权运动。

身正爱家，诚意待友

武汉大学珞珈山十八栋有着皮宗石一家居住过的几栋旧楼，这几栋旧楼珍藏着皮宗石一家的故事，或心酸或甜蜜。与那个时代的很多家庭一样，皮宗石和夫人杨淑君，是通过包办婚姻而结合的。面对一个大自己四岁的"小脚"女人、一个旧中国的文盲，皮宗石并没有嫌弃，而是每次出席各种社交活动，都会带上她，即便外事场合也一样。皮宗石留学回国后，杨淑君一直跟随丈夫，履行了一个贤惠家庭妇女应有的职责，过着甜蜜的夫唱妇随的日子。

1944年，皮宗石在湘西担任湖南大学校长的时候，日本人大举侵华，一家人不得不开始了逃难的生活。他们最初想去桂林，但是因为裹过小脚的妻子根本没办法挤火车，年幼的儿子又需要人照顾，于是皮宗石先上火车把钱给那个车上的工作人员，然后从餐车的窗子把妻子弄到火车上去。当时人山人海，自己逃命已是一件十分困难的事情，而皮先生却还要带着小脚的妻子和幼子在人海中逃亡。不过令人感动的是，皮先生没有抛下妻儿，而是一直坚持和他们一起。

可是在路过零陵时，皮宗石实在是带不动妻子了，于是就在湖南零陵把妻子交给他一个可靠的学生照顾，自己带着儿子继续前行。父子二人顺利到达桂林之后，不想没过多久，局势又紧张了起来，于是皮宗石立刻买了飞机票，想带着儿子从桂林乘飞机去重庆。可是，当时买飞机票得经过审查和批准，皮先生因为是国民参政会参政员被批准了，但他的儿子却没有被批准。在这紧要关头，皮先生做出了令人震惊的决定，他选择了留下儿子，自己先走。这其中的原因非常复杂：因为皮宗石先生曾去过日本留学，懂日文，并且跟汪精卫私交很好。可是当时汪精卫已当了汉奸，并已经在南京成立国民政府。汪精卫极力想把皮宗石和周鲠生拉到他的阵营，在事关民族大义、大是大非的问题上，皮先生行得正走得端，非常决绝。万不得已的情况下，皮先生痛苦地选择了先行离开，把18岁的儿子留在桂林。他临走前对儿子说了一句话，他说，"我没办法，我不得不跑啊，日本人来得太快了，我不得不把你丢下来一个人跑，因为如果日本人把我抓到了，给汪精卫知道，那不把我搞到南京当汉奸去了，那搞不得的。"抗战胜利后，他看透国民党的假民主，拒绝竞选国大代表、立法委员。解放战争中，他拒绝老友相邀外逃，表示哪里也不去。

在皮先生的儿子皮公亮的回忆里，父亲对待朋友总是尽心尽力、诚心诚意、赤心相待。在朋友困难时毫不犹豫伸出援手，是皮宗石先生对待朋友的真实写照。武大工作的9年时间里，皮宗石的家常常成为同事朋友中转落脚、度过困厄的暖心之所。皮公亮对这些轶事随手拈来："我们家在当时文华中学（现湖北中医学院）内租了教会的一栋房子居住。陈源携新婚妻子凌叔华从北大来武大，一时找不到房子，在我们家住了一段时期。他们住我家的时候，我4岁，每到吃饭时间，我会请他们出来吃饭。有时大人也会带着我们小孩在草坪上玩或者照相。周鲠生只身从南京中央大学来武大（当时他的眷属在上海），也在我家住了近一年。"

爱护学生，尊重教师

作为办学者，爱护学生、尊重教师，是基本的原则，皮宗石先生终身守之。

1934 年春天，鲜花开遍了整个珞珈校园，学生军训正如火如荼地进行着。国民政府训练总监部国民军训处处长潘佑强来校检阅学生军训，学生们热情高涨，教官们也非常激动。在接受检阅时，负责军训的熊教官就因为紧张慌乱喊错了口令，致使队形散乱。熊教官遭到潘处长的严厉训斥，平日里与教官关系密切的同学们因一时情绪激动欲冲上台与潘处长理论。面对这种尴尬场面，潘处长有些措手不及，一时下不来台意图发作。此时，负责接待的时任教务长皮宗石走到他身后，拍拍他的肩膀说："潘处长，同学们年轻，难免容易激动，你不要介意，你也够辛苦了。好吧，随我到办公室去休息吧！"潘处长这才找到"台阶"，跟在教务长后面安全撤退。皮先生的随机应变能力和对学生的细心呵护，由此可见一斑。

皮宗石先生主持湖南大学时，对进步学生尽力保护。1937 年夏，国民党为了对学生进行"效忠党国""忠于元首"的教育，曾规定学生必须离开学校参加一段时间的集中军事训练，否则就要取消学籍。但是进步学生反对这种奴化教育，引起了一场驱逐大队长的风潮，湖南省教育厅从中调解，换了一个大队长事件方平息，但却将土木系一名叫徐震寰的学生开除了学籍。皮先生不以为然，风头过后，便让这个学生回校注册上学了。当时教育部长陈立夫及有关部门经常给学校发来密电通知：某某学生左倾分子，某某学生共党嫌疑，要严加注意等等。对这类电报皮宗石从不交办，锁在自己办公室抽屉内。有时则把学生叫过来，把电报给他们看，嘱其注意。有一次，辰溪警备司令要求皮宗石注意某些学生，并暗示必要时要进行逮捕。他严正拒绝："我的学生，由我负责，你们不能抓。"

尊师重教，除了不断改善教师的教学条件和生活待遇，还有尊重思想、尊重知识。皮宗石在国立湖南大学完全执行蔡元培的"思想自由""兼容并包"的办学方针，容纳各种学术和思想流派，让其互相争鸣，自由发展，只要"持之有故""言之成理"的，就让他们并存，使学生有自由选择的余地。他是学经济的，就让经济学各流派理论，都同时给学生讲授。古典经济学由任凯南讲授，奥地利学派经济学由周德伟讲授，马克思经济学由樊弘讲授，当时国立大学能为马克思主义提供合法讲坛，是要冒风险的，也是罕见的。

作品和思想

皮宗石先生攻读政治经济学，学识丰富。他早年的作品主要散见于《太平洋》《现代评论》等杂志。《经济上万国联盟观》（刊载于《太平洋》杂志第 2 卷第 2 期）一文，从积极和消极两个方面分析了当时成立的"国联"对于中国经济的作用，带有理想化色彩。但若联系到现代 WTO 的概念和演化，又得承认皮先生在理论上有相当的超前意识。《剑桥大学图书馆》（刊载于《太平洋》杂志第 1 卷第 7 期）是皮宗石与李寅恭等人合写的通讯，他们考察了该馆的汉学典籍，发现有不少珍贵的宋版善本，经由一位英国老汉学家（馆员）发掘到一本中国古代的《异域图志》，将其译成英文，还打算印行"写真版"（即影印本）。这件事表明了皮宗石对保护文化古迹、促进国际文化交流的责任感。

皮宗石先生作为《现代评论》编者之一，主要发表一些时事短评，几乎期期见刊，表达他对国际政治经济的真知灼见，对那个时代的国际国内风云变幻反应迅速，立场鲜明，文笔犀利，发人深省。这里随意撷取几例，比如第 1 卷各期有：《意国政局不安，英威逼埃及，英德通商东约》；《意国政局的新趋势》；《巴黎的各国财长会议》；《愚弄人民的废督令》（编者按：揭露帝国主义在殖民地玩花招），《日俄条约》；《鸦片军械》；《矛盾的日本政治》；《美国对外政策的新趋势》；《苏俄公认资本制度》（编者按：指"新经济政策"的制定），《日本纱厂工潮也算是外交问题吗？》（编者按：唤醒维护中国主权的意识），《意大利的宪法修改》；《法政府的新预算案》。第 5 卷各期有：《租界的命运》；《南满铁路举行二十周年纪念了》（编者按：提醒国人重视日本的掠夺），《印度》；《否决了》；《日本内阁的更迭》；《日本各政党和临时国会》；《英俄关系》；《慎重宁案交涉》，等等。

从这些字里行间，皮宗石先生通过基于专业角度的分析，表露出深刻的忧国忧民的思想，表达了对北洋军阀政府的强烈不满。他在《庚子俄款的用途》中写道："总而言之，维持信用是政府责任，是整理公债基金的义务，不是庚子俄款的义务。政府不能使教育事业发展，反而抢夺已经指为教育事业的国有财源，这究竟是什么用意？"在《日本的对外贸易》一文中他疾呼："日本的产业居然发展到这样的高度，日本国民的这种奋斗精神，除掉使我们羡慕而外，我们还希望我们残民以逞的军阀，争夺权利的政客以及愚弄青年的学阀，对于国家的产业，能有丝毫的贡献吗?"

皮宗石先生在武汉大学工作长达 9 年，任教政治经济学和财政学等课程，其间以皮宗石、皮皓白、皓白等署名发表了多篇学术论文，例如 1930 年在《国立武汉大学社会科学季刊》第 1 卷第 3 号中发表的论文《金的移动与国际清算银行》，结合战后各国实际情况及新本位制的采用，从供求关系的角度对几个主要国家国内、国外货币状况进行分析，说明金移动的现象及原因，进而引出国际清算银行并介绍其作用；1931 年在《新时代》半月刊第 1 卷第 1 期发表的论文《中日关税互惠期满时应采的手段》，结合历史与现实分析了我国关税制定的现状，单独说明日本对于民国关税自主制定的阻挠及为了实现关税主权对日本的让步，并结合国情及时局提出互惠期满时采取断然处置的建议。这些论文反映了他对当时国际国内政治经济热点问题的敏感和洞察，具有一定的前瞻性和很高的政策参考价值。

◎ 参考文献

1. 黄晶，克敏. 皮宗石与武汉大学. 长江日报，2007-01-29.

2. 刘我风. 武大"十八栋"的小伙伴们. 楚天都市报，2013-12-02.

3. 皮公亮. 我的父亲皮宗石. 中华皮氏网.

4. 宋骥弘，皮公亮：珞珈山的第一代孩子. 武汉大学校友总会官方网站，"珞珈情深"栏目.

5. 武汉大学特色资源数据库之武汉大学名师库.

6. 许康，蓝甲云，莫再树，苏衡彦. 湖南大学校长评传：1897—1949. 海口：海南出版社，2006.

7. 长沙市地方志编纂委员会. 长沙市志（第十六卷）. 长沙：湖南人民出版社，2002.

8. 中国近代报纸全文数据库.

◎ 作者简介

买晴雨，女，1998 年 1 月生，2021 年毕业于武汉大学经济与管理学院，获得经济学学士学位。现北京大学硕士研究生在读。

范卓慧，女，2000 年 2 月生，2022 年毕业于武汉大学经济与管理学院，获得经济学学士学位。现新加坡国立大学硕士研究生在读。

刘秉麟——孜孜不倦的经济学家和民主领袖

孙智君　何　阁

学贯中西，著作等身

刘秉麟8岁入私塾读书，深得老师章士钊的喜爱。1909年进入上海中国公学中学部，后转入大学预科。1913年入北京大学经济系，开始学习经济学。这段时间的经济学学习为刘秉麟以后经济研究工作打下了很好的基础。1917年毕业后，刘秉麟回湖南高等商业学校任教。1918年担任北京大学图书馆馆员，1919年担任上海中国公学大学部教务长。

自1920年出国留学，刘秉麟先后于英国伦敦大学经济学院研究生班、德国柏林大学经济系研究员班毕业。留学期间，刘秉麟系统学习了西方经济学知识，对于西方经济学代表人物的经济思想以及各国的经济发展状况进行了详细研究。此外，刘秉麟有意识地涉猎了各国社会主义运动史。

刘秉麟一生致力于经济学的研究工作，成果显著，著书10余部、发表近50篇学术论文、翻译外国著作3本、编书10多部，内容涉及经济学原理、财政、税收、人口、金融、民生等众多领域，在国内产生了很大影响，受到当时社会各界的尊重。

刘秉麟还完善了近代中国举借外债的史料，揭露了当时中国政府腐败、国力落后的被动局面，可谓"近代中国外债研究的集大成者"。在对经济学理论的研究中，刘秉麟系统详细地介绍了西方经典经济学理论体系，并结合中国发展实际，阐明了适用于中国当前发展的经济学理论知识，是民国时期中国经济学发展的推动者。刘秉麟所翻译的英国马沙所著《分配论》和苏联《俄罗斯经济状况》等书籍，为宣传马克思主义的唯物史观、阶级斗争、剩余价值理论和国际无产阶级运动史，做出了巨大贡献。

战乱中的民主教授

1932 年，上海"一二八"事变后，刘秉麟来到武汉大学担任经济学系教授，后陆续担任经济系主任、法学院院长，并多次代理校长。解放战争中，刘秉麟积极参与反饥饿、反内战、反迫害斗争，坚决站在学生爱国民主运动一边，为保护学生安全和学校利益，同国民党反动派进行了坚决斗争。

1947 年 5 月，由于内战升级，物价飞升，各地学生运动随之而起，对国民政府统治秩序构成强烈冲击。为震慑学生即将在 6 月 2 日进行的罢课抗议，国民党决定在 6 月 1 日发动一次全国范围的大逮捕，将各校学生领袖一网打尽。1947 年 6 月 1 日凌晨，武汉警备司令部稽查处长胡孝扬指挥两千多军警来捕人，结果遭到学生英勇抵抗。突然，一颗信号弹升起，遍布宿舍周围的军警一起用轻重机枪、步枪、手榴弹和迫击炮等武器，向手无寸铁的学生开始血腥屠杀，制造了震惊全国的"六一惨案"。惨案发生后，代校长刘秉麟主持入殓典礼并简短致辞后，便赶到当天正在召开湖北省参议会会场，强烈要求会议长何成濬、湖北省主席万耀煌等严惩作案者，为惨死学生主持公道、伸张正义。

在艰难的战争时期，刘秉麟一方面坚决抗争、拥护民主，也从未停止学术上的探究。在授课传教之余，刘秉麟撰写《经济学》一书，理论与实际并重，阐述了自己的经济观点。

学科奠基，桃李天下

刘秉麟在武汉大学经济系执教期间，教授经济学、财政史等科目。20 世纪 50 年代，著名学者周鲠生教授为时任校长，刘秉麟、张培刚、杨端六、李剑农、李崇淮、刘绪贻等名师鼎立携手，为武汉大学经济学的发展打下了良好的基础，造就了武汉大学经济学的辉煌。

在繁重的研究任务下，刘秉麟仍勤勉于教学工作，诲人不倦。刘秉麟在武汉大学执教 24 年期间，培养了众多国内知名的经济学家，如张培刚、谭崇台、董辅礽、刘诗白等。

董辅礽在回忆录中这样写道：还依稀记得 1946 年 10 月 31 日代校长刘秉麟在开学典礼上所说的一席话："我们都要时常计划着求进步，有了种种设备之后，一个学术机构，最重要者为教授……今后我们更应懔于本身使命至日益繁重，……希望各位教授领导学生，并希望各位同学明了自己在社会上的地位与文化上所负的责任，向学术方面与光明方面，共同努力，埋头苦干"。刘秉麟以"求进步""责任"教导学生，要求学生牢记"使命"，这对于学生，不仅是学术上的指引，更是人生前进的航向。

1956 年 6 月，刘秉麟在武汉大学逝世，终年 65 岁。刘秉麟将自己的大半生奉献给了经济学研究，在珞珈山留下的，不仅是学术瑰宝，更是焚膏继晷的研学品质和拥护民主、正义的不朽精神。

◎ 参考文献

胡耀. 一九四七年武汉大学"六一惨案"若干史实考辨. 党史研究与教学，2017（2）.

◎ 作者简介

孙智君，女，1969 年 11 月生，2006 年毕业于武汉大学经济与管理学院，获得经济学博士学位。武汉大学经济与管理学院副教授。

何阁，女，1998 年 8 月生，2023 年毕业于武汉大学经济与管理学院，获得经济学硕士学位。

武汉大学日本经济研究第一人

——彭尘舜先生的生平与学术贡献

胡　方　许博远

彭尘舜先生之生平

彭尘舜（1907—1990 年），男，汉族，祖籍湖南醴陵，一直在武汉大学工作，是武汉大学经济与管理学院教授。

彭尘舜 1907 年 10 月 7 日出生，小学阶段在教会学校就读。中学在湖南师范大学毕业以后，进入南京国立政治大学学习。从国立政治大学毕业后，彭尘舜进入江苏省财政厅从事文员工作，在厅长赵棣华的指示下参与对地方贪腐人员的查处行动。

"生于斯，长于斯"，彭尘舜先生与珞珈山结下不解之缘是在 1935 年的 9 月。作为武汉大学经济学系的一名本科新生，他背井离乡来到湖北武汉求学，在报到入学的第一天，就对这片珞珈山水产生了难以名状的归属感。1935 年到 1942 年，彭尘舜在武汉大学完成了本科生和研究生的课程，为他日后对经济学深入研究和贡献打下了坚实的理论基础。

1944 年 10 月到 1946 年 12 月，彭尘舜远渡重洋，在美国哈佛大学文理研究生院进行学习深造，1947 年 1 月到 1947 年 10 月，在美国华盛顿，国民党政府经济部驻美商务参谋部任助理商务参事。当时正值解放战争时期，中国国内社会动乱，百废待兴，彭尘舜一腔爱国之心，为国运民难感到忧虑，于是他放弃高薪，拒绝挽留，毅然动身回国，立志为战乱中的祖国经济建设尽一己之力。

1948 年 12 月 15 日，彭尘舜先生通过审核，成为武汉大学经济学系的一位教授、研究生导师，在珞珈山重新开启了他教书育人的生涯，先后培养了陈华善、袁首仁、邱林等优秀门生。也正是得天独厚的珞珈山水，为彭尘舜先生提供了静心深造、研究学问的环境。彭尘舜先生虽然成长在中国较为封闭保守的时代，却极具世界格局和眼界，他通过自学，精通了英语、日语、德语、俄语四门外语。在武汉大学经济系，他主要讲授的课程为"外国经济史"与"日本经济"。彭尘舜的学生评价彭老师的课程："深入浅出，妙语连珠，既能生动诠释前辈学者的理论思想，又不乏对时事格局的针砭时弊。"

新中国成立后，时任台湾地区台湾大学法学院院长的萨孟武亲自动员其移驾台湾，彭尘舜坚决拒绝，留在广州中山大学参加革命工作。1951年，广东及其周边地区的高校调整合并，中山大学与华南联大、岭南大学等合并，彭尘舜举家迁往岭南。1952年11月到1953年1月，在武昌中原大学政治班学习。1953年，全国学习苏联进行院系调整，广东省的经济系向北迁移，时任武汉大学经济系主任的刘涤源先生亲自南下选拔人才，彭尘舜与谭明亮、彭雨欣等人同批被吸纳进武汉大学经济系。1955年在武汉大学加入民主同盟。1988年12月15日通过审核成为教授，精通英语、日语、德语、俄语，专业为"外国经济史"与"日本经济"。1956年1月到1950年7月在广州南方大学政治班学习。1965年3月到1965年8月，在湖北政治学校第16期参与学习。比较熟习"外国经济史"与"日本经济"。译作有：德国卢森堡著《资本积累论》（人民出版社出版）；卢森堡著《国民经济学入门》。论文有：1983年3月在《世界经济》月刊发表的《战后日本出口战略的几个问题》，1985年发表的《八十年代日本经济发展趋势及其问题》《日本科技革命与世界经济发展趋势》（经济科学出版社出版）。1990年，彭尘舜先生病故，其学生杨勇平当时正在北京，惊悉此消息不胜悲痛："先生教书育人，磊落一生，治学不畏艰辛之精神永存。"

彭尘舜先生主要学术贡献

除了对学生的培养，彭尘舜先生也在不断地提高自己的理论素养，所谓"盖技者进乎技矣"，时代不停更新换代，经济学研究也必须与时俱进。彭尘舜深谙此理：只有不断学习新知识、新思想，经济学研究才能是"有源之水、有本之木"，他严谨治学，科研成果颇为丰厚。

适逢日本20世纪80年代的经济危机，《广场协议》签署，导致美元持续大幅度贬值，为应对因日元升值导致出口受阻所带来的"高日元萧条"，日本政府采取了"扩张性财政政策"，采取"超宽松的货币政策"，连续调低利率，从而造成国内过剩资金急剧增加。在宽松的货币政策支撑下，过剩的资金纷纷流向了股市和房地产等领域，泡沫经济逐步形成。彭尘舜先生透过这些"表面美丽"的泡沫式繁荣，看到了日本经济中潜在的暗潮涌动。其背后的诱因、对摆脱危机出路的探索，成为彭尘舜先生感兴趣的研究课题。1983 年 3 月，彭尘舜在国内最早的世界经济类刊物之一、中国世界经济学会和中国社会科学院世界经济与政治研究所共同主办的专业性学术月刊《世界经济》上发表论文《战后日本出口战略的几个问题》；1985 年发表《八十年代日本经济发展趋势及其问题》，并在经济科学出版社出版《日本科技革命与世界经济发展趋势》，极具创造性和前瞻性地评论了日本经济在当时的发展状况，为后人研究日本经济史提供了重要资料。

除了对经济学本身的创造性探索研究之外，他还充分发挥自己留洋经历和精通四门外语的优势，有多本译作，曾翻译德国卢森堡所著的《资本积累论》（人民出版社出版），将弗兰茨·梅林所言的"自马克思死后无可匹敌的真正了不起的、令人销魂的成就"翻译成中文，将资本主义社会扩大化再生产根本的原理、剩余价值增加的消费者正是资本家本身，而扩大生产本身就是意味着减少、节约剩余价值部分的消费的悖论等经济学问题介绍给国人；1962 年，译作卢森堡所著的《国民经济学入门》由生活·读书·新知三联书店出版，为了译文的严谨性和流畅性，彭尘舜在翻译的过程中更是参考了德国、苏联、日本出版的三个版本，对照三种语言完成《国民经济学入门》的翻译工作，直到现在还是经济学科的学生打开经济学学习这个瑰丽世界大门的必读教材之一。

彭尘舜先生认为经济学研究不能埋首故纸堆、只是闭门造车。他积极参加与其他经济学领域的探讨、交流。他在长春参加日本经济学会，是中国日本经济研究会顾问，在武昌参加湖北世界经济学会并担任顾问，为武汉大学在日本经济研究、世界经济研究，以及经济学的理论研究等方面做出了重要贡献。

◎ 作者简介

胡方，男，1960 年 11 月生，1997 年毕业于武汉大学经济学系，获得经济学博士学位。武汉大学经济与管理学院教授。

许博远，男，1999 年 2 月生，2021 年毕业于武汉大学经济与管理学院，获得经济学学士学位。现中国科学院硕士研究生在读。

怀念恩师刘涤源先生

圯上老人

我的老师刘涤源先生去世已经整整 9 年了。9 年来，先生的音容笑貌时常浮现在我眼前，给我勇气、力量、激励和鞭策。我总想写点东西纪念一下先生，我想这也算是对先生一个不太正式的纪念吧。

坎坷人生

和中国许多高水平的知识分子一样，先生的社会知名度只算一般，与其学术成就极不相称。但是，在我国经济学家圈子内，先生则是公认的货币理论和凯恩斯研究权威，是国内能够贯通马克思主义政治经济学和西方经济学的少数几位经济学大家之一。

先生 1912 年 12 月出生于湖南湘乡。1935 年考入武汉大学经济系，开始其长达 60 多年的学术生涯。1939 年本科毕业后入法学研究部，在著名经济学家杨端六教授指导下研究货币理论，1942 年研究生毕业。其硕士论文《货币相对数量说》25 万字，将凯恩斯的"半通货膨胀论"同传统的"货币数量说"结合，摒弃充分就业假定，以就业不足、经济萧条为假定前提，提出了"货币相对数量说"。该论文获得当时国内最高荣誉的"杨铨学术奖"（杨铨即杨杏佛，曾任中央研究院总干事，即民国时期的中国科学院院长）。1942—1944 年任重庆大学银行保险系讲师。1944—1946 年留学哈佛大学文理研究生院，研究经济周期理论，1947 年底学成回国，担任母校武汉大学经济系教授。

1949 年之后，先生开始研读《资本论》，实行学术思想的自我革命，但 1957 年还是被划为右派。1957—1961 年在湖北蕲春八里湖校办农场参加强制劳动，染血吸虫病，几次差点丧命。1961 年 1 月至 1966 年 6 月一度解除"劳动"，调经济系任"编外资料员"。先生利用这个难得的机会写出几部经济学专著札记：《资产阶级利润学说选集》《资产阶级关于"物质刺激"的资料》《阿·马歇尔经济学提要》《马克思〈资本论〉中的科学抽象方法》《"人民资本主义"批判》等，共 60 余万字（后来陆续整理出版）。1970 年监管加严，先生又被下放至武大沙洋分校农场劳动。1978 年秋，错案改正，先生重回经济系工作。

1978—1996 年，先生出版经济学专著 9 部、论文 90 余篇。1983 年与谭崇台教授合作，主编《当代西方经济学说》，全书 49 万字，是国内第一本系统介绍当代西方经济学说及其流派的教科书，获国家教委优秀教材二等奖；1989 年出版《凯恩斯就业一般理论评议》，全书 38 万字，1995 年获国家教委优秀著作二等奖；1992 年主编《反通货膨胀论：通货膨胀的理论与实践》，30 万字，1993年获中国图书评论学会第七届"中国图书奖"，书中的许多观点在后来的《中国人民银行法》中得到体现；1995 年与人合著《垄断价格机理研究：垄断机构的理论探索和实证分析》，把马克思劳动价值论推向一个新阶段；1996 年，负责主编国家教委重点科研项目——《凯恩斯主义研究》14 卷大型丛书。

1997 年 12 月 1 日，先生因病去世。

丰 硕 成 果

1949 年之后，先生真正安定下来从事学术研究大约 20 年，如果历史能够假设的话，先生的学术成就将不可限量。在我看来，先生实际的学术成就主要有三个方面：

一是关于货币理论的研究。除了硕士论文《货币相对数量说》，先生还有与学生陈端洁教授合著的《弗里德曼及现代货币主义》、主编的《反通货膨胀论》等关于货币理论的专著，而且关于凯恩斯《通论》的《评议》也包含大量货币理论问题。这是先生最主要的学术成就。其中，我尤其推崇先生的"货币相对数量说"。事实上，复旦大学叶世昌教授编著的包括管子在内的《中国货币理论史》一书中，写进中国货币理论史而当时还在世的只有三个人：刘涤源、滕茂桐和薛暮桥，先生被列进去的原因就是"货币相对数量说"。

二是关于凯恩斯主义经济学的研究。1989 年出版的《凯恩斯就业一般理论评议》，是先生集数十年心血而成的高水平学术著作，全书 38 万字，被学术界认为是迄今为止对凯恩斯就业一般理论最系统、最全面、最深入细致的研究，不仅为研究凯恩斯，也为研究西方经济学提供了典范，"是一部研究西方经济学有开创性的著作""没有刘教授本人思想、成熟的观点和对国内外新出现资料的基本把握，是难以完成的"。先生主编的"凯恩斯研究大型系列丛书"，至今仍然是国内关于凯恩斯主义最权威、最全面、最深入的研究。

三是关于垄断价格机理的研究。先生与人合著的《垄断价格机理研究：垄断机构的理论探索和实证分析》是先生最后的学术创新成果。学术界普遍认为，先生提出的垄断价格理论，发展了马克思的劳动价值论，上海财经大学程恩富教授把这一成果收入了其主编的《马克思主义经济思想史》。中国人民大学吴易风教授认为该书"作出了系统而科学的肯定回答，从而在坚持和发展马克思劳动价值论的学术研究上作出了十分可喜的新贡献""是刘涤源教授在学术上执着追求、锲而不舍的集中反映"。其实，关于垄断价格的理论是先生几十年研究《资本论》的结果，在本书出版之前，曾经和我进行过多次交流。我认为这个理论成果还只是初步的，可以用对策论进行更严格的说明，那样的话，学术意义将是革命性的。

高 尚 人 格

我原本是学数学的，虽然早闻先生大名，但真正和先生近距离接触是读博士的时候，那时我 26 岁，先生差不多 80 岁。先生给我的印象总是那么慈祥善良，那么和蔼可亲，那么坦然正直，那么虚怀若谷。在我心目中，先生永远是一位笑眯眯的、可爱的老头，是我可以依靠的大山，是对我无所不容的大海。

武汉大学曾经是国内西方经济学教学和研究的重镇，集中了一大批 1949 年之前留学回国的"老海归"：从哈佛回来的张培刚先生（虽然早已调入华中科技大学，但仍然常到武大讲学，在我辈看来仍然是武大人）、吴纪先先生、刘涤源先生、谭崇台先生，从耶鲁回来的李崇淮先生、周新民先生，从威斯康星回来的朱景尧先生，还有我忘了从哪个学校回来的王治柱先生。张培刚先生和谭崇台先生主要讲发展经济学，刘涤源先生主要讲凯恩斯主义研究和货币理论，吴纪先先生和周新民先生主要讲世界经济，朱景尧先生主要讲国民收入核算和国际经济比较，王治柱先生主要讲数理经济学和计量经济学，李崇淮先生主要讲国际金融。如此整齐而超豪华的阵容，国内除了北京大学经济系，没有一所学校能够相比。可以说，这些老先生个个都是人品高尚、学识渊博的长者，能在这样的学府学习，是人生的一大幸运。所有老师都对我学业的长进提供了有益的指导和帮助，但对我影响和帮助最大的还是刘涤源先生。我时常为自己能够在刘涤源先生这样博学厚道的老师门下学习而感到十分幸福。

刘先生是个追求真理的人，始终坚持自己的学术见解，绝对忠于自己的学术良心。谭崇台先生曾经跟我们说，刘涤源老师反通货膨胀坚持了一辈子，做学问就要像刘老师那样不受政治气候影响，始终坚持自己的学术见解。先生是个"真"人，毛泽东时代被认为有点"右"，改革开放时期被认为有点"左"。我算个直人，比先生还差一撇一捺。尽管我非常尊重刘先生，但我还是经常和先生争论一些学术问题。先生经常鼓励我和他讨论甚至争论问题，而且总是笑眯眯地听我在他面前"大放厥词"。也许正是这样，我们教学相长的效果非常好，感情也因此不断加深。先生总是把我的好问及争论当作好学的表现，所以先生认为我是个很谦虚好学的人，鼓励我还要狂一点，要有向任何学术权威挑战的信心和勇气。我和先生争论的多数问题最后基本取得了一致，我也因争论弄懂了很多东西，包括《资本论》。我以前对《资本论》不是十分懂因此也就对它不太感冒。在和先生争论的过程中，我发现以前的政治经济学老师本身也没弄懂《资本论》，他们没有搞清楚资本主义商品生产和非资本主义商品生产的区别，没有讲清楚价值是怎么转型为生产价格的。我是听先生讲垄断价格理论的时候，悟通"转型问题"的，而且我比先生还超出了一步，用简化的对策论模型严格证明了马克思剩余价值理论、刘涤源垄断价格理论的正确性。我觉得马克思《资本论》第三卷讲的生产价格理论其实就是西方经济学的均衡价格理论，在这里，我们也找到了马克思经济学和西方经济学相通的地方。但是，马克思进一步指出了从全社会宏观上讲，生产价格总和等于价值总和，把古典经济学的劳动价值论推广到资本主义，并发现了资本主义生产方式的秘密——剩余价值的生产。可以说，我是跟刘先生学西方经济学的时候学通马克思经济学的。开始我还觉得有点得意，后来转而一想，其实这是再应该不过的了，马克思主义本来就是产生于西方社会而不是延安窑洞的文明成果。前几年，我参加中央调查组开展"新时期怎么理解劳动价值论问题"调研的时候，几乎所有学习政治经济学和研究《资本论》出身的人，为了论证"三个代表"说法的正确性，异口同声地说，马克思的劳动价值论已经过时了。我进一步确信，刘先生和我才是马克思经济学的真正传人。

我和先生在两个问题上的分歧，一直到先生去世的时候也没有取得一致。一个是关于先生本人学术成就的看法，先生不认为"货币相对数量说"是最重要学术成就或最重要成就，而我对它评价甚高。我一直怀疑先生是因为历史原因而心有余悸，不敢承认自己纯西方学术范式研究成果的价值。另一个是对于理性预期学派特别是卢卡斯学术地位的评价，先生是比较看低他们的，而我是比较看高他们的。到 1995 年卢卡斯得到诺贝尔经济学奖的时候，先生笑着对我说：卢卡斯的东西真有那么高水平吗？政策结论明显不对呀！我想，要理解卢卡斯的理论模型和政策结论大概已经远远超出了先生的数学水平，要强求先生理解或说服先生是很难的，我只有搁置争议。但当我告诉先生我可以用简化的对策论模型证明马克思剩余价值理论和先生本人的垄断价格理论时，先生的眼里顿时放出光芒，说数学还真有用。

我属于不喜欢掩饰因而很容易遭到嫉妒的那种人。以我的经验看，当我 20 多岁的时候，多数 60 岁以下甚至部分 60 多岁的人会把我当作竞争对手而嫉妒，因为在 80 岁的老先生看来，我和他们都是老先生的学生，属于师兄弟关系。刘先生经常不加掩饰地流露出对我的喜欢和赞赏，我经常会莫名其妙地得罪人而不自知。

在我离开武汉大学去清华大学工作的时候，先生拿出他留学回国时买的两套回国后一直没有机会穿的燕尾服，一套送给我做纪念，一套留给他儿子。在先生去世之前一个月，先生把他的成名作，中华书局 1947 年再版的《货币相对数量说》寄给了我，还附了几张照片。我当时一点也没有意识到先生那么快就会走了。我后来想，也许先生对自己不久于人世早有预感，也许先生其实也很看重那本书，认为它才是传世之作，只是不便明说罢了。按佛家传统说法，这本书实际上就是先生的衣钵。

往事悠悠，感激不尽；思念无限，不能尽说。

先生之风，山高水长。

我说这些的时候，仿佛看到先生在天国对我微笑，安静而慈祥，饱含深情和希望。

（摘自武汉大学新闻网，2015 年 5 月 20 日）

桃李春风忆师恩

德高学博　经世济民

——"发展经济学之父"张培刚

肖利平　曲双政

　　他是中国经济学一代宗师，自创理论翘楚同行；他是心系家国的中华儿女，发奋求知只为经世济民；他是慧眼识才的教育家，惜才爱徒桃李满天下。他就是德高学博、经世济民的"发展经济学之父"——张培刚先生。

发奋图强，求知若渴

　　1913 年 7 月 10 日，张培刚先生出生于湖北省黄安县（今红安县）的一户普通农家。从四五岁开始，他便和家人一起去农田劳作，力气稍大点，还能用独轮车运送自家肥料。幼年的劳动体验，让小培刚深深体会到了农民生活的困苦、农业劳动的艰辛。农民生活的心酸画面，不仅定格在张培刚先生的记忆里，还成了他一辈子思索的问题，立志"要为改善农民生活、改进农业耕作而努力"。童年时代，张培刚先生先是在兄长张卓群开办的"启仁小学"学习，11 岁时到武汉读中学。他天资聪颖，成绩优异，大量诵读《大学》《中庸》《论语》等著作，十分用功，过目不忘，深得老师喜爱，为今后的学术发展打下了良好的旧学基础。

　　1929 年，因为成绩优异，只读了一年半高中的张培刚先生成为当年武汉大学唯一录取的文科预科生。入学之后，农村的破败与贫困始终萦绕在张培刚的心头，听了王世杰校长的演讲，他清楚地认识到了自己的理想目标。1930 年，在文科预科学习一年半后，他毅然选择进入武汉大学经济学系，希望通过自己的努力，找到破解中国农村经济发展滞后的途径，实现"实业救国"的理想。此时恰逢武汉大学迁址珞珈山，校风开放，朝气蓬勃，师资力量极其强大，汇集了周鲠生、杨端六等大批知名教授，课程设置合理，老师们的教学各具特色。

国文课上写作《论文学之创作与模仿》时，张培刚先生完成了几千字的白话长文，还大胆表示不赞成国文大家胡适之先生"不模仿古人"的观点。他指出，"今人有好的，我们固然应该学习和模仿；但古人有好的，我们也应该学习和模仿"。国文老师公开表扬了他的作文，并给了他全班最高分。英语课老师对学生要求极其严格，十分强调作文和修辞，要求学生们每两周写一篇作文。受英语老师的影响，张培刚先生特意将弗朗西斯·培根的名句翻译成"多读使人广博，多写使人准确"，并将其作为自己的求学座右铭。这种严格训练在十年后张培刚先生参加清华庚子赔款留美公费考试时派上了大用场，英文考试只考一篇作文，这令张培刚先生对英文老师的远见由衷佩服。

除了英语，武汉大学也要求学生选修一门第二外语。张培刚先生不仅选修了法语为第二外语，还另外选修了德语作为第三外语。充分的外语学习训练，不仅帮助张培刚先生脱颖而出获得公费留学的机会，而且也为后续的工作、求学打下了坚实的外语基础。在前中央社会科学研究所从事研究工作时，他不仅大量阅读了相关法文书刊，还在《社会科学杂志》上发表了几篇法文书评。后来，在撰写哈佛大学博士论文时，他也大量参考了法文、德文文献。

作为文科预科生，张培刚先生的数学天赋也并不逊色。虽然跳级一年半被文科预科班录取，但他不到一年便完全跟上了课程进度。这种扎实的数学基础，也促进他后来轻松、顺利地完成了哈佛学业。此外，按照武汉大学当时的课程安排，他选择生物作为理科选修课程。虽然是给外系学生开的基础选修课，武汉大学当时却都是派最好的老师讲授，因此张培刚先生在这门课上也是受益匪浅。他后来在哈佛求学时，就发现熊彼特教授曾经使用生物学的"突变"（mutation）一词来解释资本主义的形成和特征。

张培刚先生求知若渴，学习勤奋，毕业时成绩全院第一。5年半的武汉大学学习经历，为其日后获得公费留学机会、从哈佛大学顺利完成学业且写出开创性的博士论文打下了坚实的外语基础和经济学基础。

1941年9月中旬，作为三年一次庚款留美考试的全国第一，该次考试录取的仅有的两名文科类考生之一，武汉大学考上清华庚款留学的第一人，张培刚先生进入哈佛大学工商管理学院学习。在工商管理学院学习了三个学期，"案例教学"令张培刚先生印象深刻。工商管理更多关注个人致富，但他心系的是中国这样的经济落后农业国家如何实现工业化，于是1942年秋他转到了文理学院经济系。当时的哈佛经济系熊彼特、汉森等经济学大师云集，张培刚先生系统

第五届清华公款留美学生合影，张培刚（第三排右二）

深入地学习了当时最前沿的经济学理论。

1943 年冬，张培刚先生获哈佛硕士学位并获得继续攻读博士学位的资格。在博士论文选题时，为了实现一直以来的人生理想，张培刚先生选择了一块难啃的硬骨头，决定以《农业与工业化》为题，要"立足中国，面向世界，从发展历史上和经济学理论上，系统地探讨贫穷落后的农业国如何走上工业化道路"。选题确定后，张培刚先生特意申请到图书馆里不足 6 平方米的空间，花费了近一年半的时间，废寝忘食，查阅资料，研读了大量德文、法文、英文等历史文献、统计资料和相关书籍。之后，又用 9 个月的时间，于 1945 年 10 月完成了 20 多万字的发展经济学开山之作：《农业与工业化》，随后 12 月仅用 1 个小时就顺利通过博士论文答辩。从进入经济系到此时，前后仅 3 年多的时间，张培刚先生就获得了博士学位，这是一般人难以企及的速度。1947 年，《农业与工业化》获得哈佛大学最高奖"大卫·威尔士奖"。

胸怀祖国，心系母校

在哈佛大学，张培刚先生虽然远离了国内的抗日硝烟，但是，每当想到祖国正在经受的苦难，他就觉得自己作为国人中的佼佼者肩负着复兴中国的历史重任。他时不时地告诫自己，现在自己来到哈佛学习，不只是为自己而学，更是为中国遭受苦难的亿万民众而学。张培刚先生始终牢记自己小时的理想，博士毕业之后，他迫切希望能在自己的祖国实践和检验自己提出的农业国实现工业化和现代化的理论。

1946 年 2 月，张培刚先生受聘为国民政府资源委员会的专门委员。同年，应武汉大学校长周鲠生之邀，张培刚先生从美国回到母校武汉大学执教，担任经济系主任，他还先后邀请了另外两位哈佛留学的韩德培、吴于廑回武大任教，他们三人当时被誉为武大"哈佛三剑客"。为了更多地搜集农业国家的经济情况及资料，研究农业国的工业化问题，在征得周鲠生校长同意下，张培刚先生担任了联合国亚洲及远东经济委员会顾问兼研究员。在任职的一年中，他考察了多个东南亚农业国，参加了多次国际会议，撰写了农业生产、土地利用等方面的论文报告。此时，张培刚先生已在委员会中位居第四，月薪达 600 美元。结束工作后，他却辞去联合国的高级官员职务，并再次婉拒了导师布莱克和厄谢尔希望他留哈佛任教的邀请，怀着一腔报国之心，1949 年 2 月再度回国，回到武汉大学，任经济系教授及系主任，新中国成立后升任武汉大学校务委员会常委、总务长、代理法学院院长等职。后来，张培刚先生回忆自己当时回国的心情时说："我那时心里不快活，国家这个样子，将来怎么样，前途茫茫，我以为那个时候正当受苦，中国穷，国家有难，我回来是共赴国难的。"

张培刚先生一腔热血献祖国，对母校充满了无限的热爱。1993 年，张培刚先生曾经写过一篇"感恩母校，怀念师长"的文章，发表在武大校报上。在这篇文章中，他深情地表达了对母校老师的感激之情："他们的音容笑貌、举止风度，却永远留在我的脑海里；他们言传身教、诲人不倦的精神，却永远活在我的心里"。武汉大学如今百年的历史传承离不开张培刚先生等一代老教授的悉心保护。新中国成立前夕，为了不将武大师资落入共产党手中，国民党决定让武大进行迁校，否则进行破坏。张培刚先生和周鲠生校长领导师生提出"团结应变、保校护产、反搬迁、反破坏、反迫害"的口号和任务，张培刚先生在内的"新教协"教授们顶着国民党对其生命进行威胁的巨大压力，毅然将武汉大学完整地保存了下来。

张培刚先生不仅视校如家，更是视徒如子。张培刚先生的研究生万典武是一位武汉大学的流亡学生，毫无经济来源，全靠自己兼教小学、中学赚取微薄的收入来维持学业和生活。了解到他的情况之后，张培刚先生主动帮助他在系里找事干，并让其任自己的编撰助理，出资为其提供生活费。新中国成立前夕，国民党武汉司令部准备在逃走之前大开杀戒，制订了武汉大学党员和进步群众

张培刚（右四）与其研究生在武汉大学的合影

300 多人的黑名单。张培刚先生得知这一情况之后，毫不迟疑地将名单上的学生安顿在家中秘密住宿，为他们准备地铺和洗漱用品，保护了多位学生党员和进步学生。张培刚先生以真心对待自己的学生，不仅能将知识传授给学生，更在德行方面深深地影响了学生。正如同是哈佛回国的发展经济学大师谭崇台先生所言："他的知名度很高很高……培刚这个人我很了解他，学术上是第一流的，外语是第一流的，最重要的是人品是第一流的。"

短短几年学术研究后，正当张培刚先生准备大显身手实践理论的时候，历史无情地和他开了个玩笑。1952 年全国高校院系重大调整，武汉大学经济系等文科专业停止招生，张培刚先生被调至华中工学院（今华中科技大学）任校规划办公室主任兼基建办公室主任，远离武大，远离讲台，远离学术同伴，远离学生，阔别经济学界近 30 年。后来，他申请回武大却多次被拒后，最终放弃了回母校的打算，辛苦组建华工经济学院，申请经济学博士点，在 85 岁那年终于成为博士生导师，渐渐开始了自己学术生命的第二个春天，直至 2011 年 11 月与世长辞。

学界领袖，成果丰硕

张培刚先生作为我国 20 世纪为数不多的经济学界领袖之一，对发展经济学的形成和西方经济学在我国的传播产生了深刻的影响。著名经济学家、世界银行副行长钱纳里来中国讲学时，曾说："发展经济学的创始人是你们中国人张培刚先生，这是中国的骄傲"。

《农业与工业化》最早提出了系统的农业国工业化理论，建立了发展中国家的经济发展模式，在理论上和方法上奠定了发展经济学的基础，惊动了当时的经济学界。张培刚先生也凭借这篇论文获得哈佛大学最高奖项大卫·威尔士奖。至今，张培刚先生仍是获得此奖的唯一一位中国人。

在国外，张培刚先生一直被许多经济学界人士所推崇。1949年，《农业与工业化》由哈佛大学出版社出版，被作为许多大学经济学专业基础教材和指定参考书，流行于欧美各国。1951年该书被翻译成西班牙文在墨西哥出版，也对南美各国产生了很大影响。1956年，两位智利大学教授来到北京，一下飞机就说要找 Pei-kang Chang，我国外事人员听成了"背钢枪"，于是四处打听一个背着钢枪的人。后来从北京大学教授那才知道，他们要找的是正在原华中工学院工地上干活的张培刚先生。时至今日，哈佛大学的一些教授依然认为，张培刚先生的《农业与工业化》是发展经济学的开山之作，刘易斯、舒尔茨的理论比张培刚先生晚好些年，张培刚先生对静态假设条件下农业与工业相互依存关系的论述比库兹尼茨关于农业贡献的论述也要早10多年。1984年，《农业与工业化》中文版出版，震惊中国经济学界。

张培刚先生也曾拯救发展经济学于危难之间。1986年的第二十五届发展经济学年会上，美国经济学界发表《发展经济学：下一步迈向何处？》，认为发展经济学已经由高潮转为低潮，抑或是濒于灭亡。面对西方发展经济学这样的剧变，作为发展经济学奠基人的张培刚先生感到惊讶和困惑："何其兴衰剧烈短促乃尔?!"在反复思考之后，张培刚先生于1988年10月13日华东地区外国经济学研究会第五届年会上，作了《发展经济学往何处去——建立新型发展经济学刍议》的报告，细致地论述了新发展经济学的创立与发展，指明了发展经济学的发展方向。该文力挽狂澜，不仅为发展经济学正名，而且扩大了发展经济学的研究范围。此后，先生主编的《新发展经济学》（1992年）、《发展经济学教程》（2001年）、《发展经济学》（2009年）相继出版。

张培刚先生不仅在发展经济学领域颇有造诣，而且农村实践经验丰富，精通微宏观经济学、工商管理，对西方经济学在中国的传播发挥了重要作用。1934年从武汉大学毕业后即在中央研究院社会科学研究所任助理研究员，此后6年间，他深入农村实地考察，撰写了《清苑的农家经济》《广西食粮问题》《浙江省食粮之运销》《中国粮食经济》四部著作，并就农村经济、粮食产销、货币金融、经济理论和政策等方面的问题，发表了40余篇论文，成为当时圈内知名的中青年经济学者，这6年的研究生涯对其后来撰写博士论文及其整个学术生涯大有裨益。1971年，在"五七农场"实践时，总结出"牛肚子理论"。1978年5月，被借调到中国社科院经济所期间，担任中国第一部《政治经济学辞典》的主编。随后，他又成为第一批给国家领导主讲"外国经济学"的专家，并与厉以宁合著《宏观经济学和微观经济学》，最早把西方经济学介绍到中国。他是中华外国经济学说研究会的创立者之一，对我国引入西方经济学，做出了不可磨灭的贡献。2010年，张培刚先生荣获首届湖北省"荆楚社科名家"称号，次年荣获华中科技大学"终身成就奖"。

◎ 参考文献

1. 胡坚. 张培刚传. 上海：生活·读书·新知三联书店，2013.

2. 黄涛. 张培刚：赤子情怀与学术梦想. 管理学季刊，2018.

3. 黄涛. 张培刚：世界发展经济学的奠基人. 新浪博客，2009.

4. 王玉霞. 我所知道的张五常. 北京：中信出版社，2010.

5. 武汉地方志办公室. 张培刚传. 武汉：华中科技大学出版社，2013.

6. 张五常. 经济发展的真谛——再为大哥序. 新浪博客，2011.

7. 张鑫. 张培刚教授与发展经济学. 武汉大学报，2011（13）.

（摘自武大社科动态微信公众号，2020年5月27日）

◎ 作者简介

肖利平，女，1977年5月生，2007年毕业于武汉大学经济与管理学院，获得经济学博士学位。武汉大学经济与管理学院副教授。

曲双政，男，2000年5月生，2021年毕业于武汉大学经济与管理学院，获得经济学学士学位。2023年毕业于北京大学软件与微电子学院，获得电子信息硕士学位。

师 者 仁 心

——忆吴纪先教授

张 彬

发奋学习志存高远

吴纪先 1914 年 8 月 6 日生于江苏省松江县。他从小聪明好学，1925 年毕业于家乡的公立第二小学，1931 年毕业于上海民立中学，1934 年毕业于旧海关在北平设立的税务专门学校。从该校毕业后，曾在上海、汉口、重庆海关工作，至 1941 年从重庆海关借调到政府外汇"平准基金委员会"工作。在实际工作中，他迫切感到急需掌握专业知识，决心赴美留学。1945 年获威斯康星大学经济学硕士学位，1947 年获哈佛大学经济学博士学位。1948 年吴纪先被聘为联合国设立在上海"亚洲远东经济委员会"秘书处经济研究专员，参加编写 1947 年、1948 年度亚洲远东经济情况报告。然而吴纪先并没有满足现状，1949 年夏他毅然辞去联合国职务，赴英国牛津、伦敦考察和调研。在英国得知新中国成立的消息，吴纪先欢欣鼓舞，决定立即回国。但这个计划却遭到英国政府的阻挠。吴纪先同一批留学生一道在英国《泰晤士报》上发表声明，坚决要求回新中国。1950 年 5 月他得偿所愿离开英国回到祖国怀抱。此时正值武汉大学周鲠生校长广揽人才，聘请有真才实学的专家学者到武汉大学任教，吴纪先是周校长亲聘的青年才俊之一。从此，吴纪先在武汉大学施展其才华与抱负，将自己的一生奉献给祖国的教育事业。

开拓进取的武大世界经济学科引路人

吴纪先教授是我国研究世界经济问题的著名专家，尤其在对美国经济研究方面建树颇丰。新中国成立后，吴纪先教授凭借他多年对东南亚经济的实地考察和工作经历，撰写并出版了《东南亚经济概观》一书（中华书局，1951年）。这是新中国成立后第一部我国学者对东南亚经济发展进行综合分析的论著。1963年底，为了应对国际政治经济斗争的需要，毛泽东主席发出关于"加强外国研究"的指示，国务院随即按照这项指示要求在全国有条件的高校和社会科学研究院所设立研究外国问题的专门机构。按照国务院统筹安排，1964年春由吴纪先教授牵头正式组建了国内高校中最早的北美经济研究机构——武汉大学北美经济研究室，主要研究第二次世界大战后美国和加拿大经济，吴纪先教授任室主任。研究室创立之初，一切都要从零开始。吴纪先教授亲自带领研究室成员收集资料，当听说北大有美国研究资料时，他当天连夜乘坐火车去北京查找落实。经过一段时间不辞辛劳的努力，研究室的工作逐步走上正轨，当年编辑出版了资料性刊物——《北美经济资料》并报送国务院。之后研究室不定期出版北美经济资料。尽管"文革"年代，外国问题研究遭受严重干扰，出版研究资料的工作仍然坚持下来，截止到1984年共出刊68期。自1985年起，该刊易名《美加经济研究》，每年出4期。在此基础上，这一时期北美研究室建立起在国内收藏美国总统经济报告、美国统计摘要等政府出版物最全的资料库，每年吸引国内研究美国经济的学者到武汉大学查阅资料。此外，在吴纪先教授的统筹与协调下，1982年全国唯一的加拿大政府出版物收藏中心"加拿大资料中心"落户于武汉大学美国加拿大经济研究所，每年接受加方赠送的大量政府出版物，这对我国研究加拿大问题学者提供了非常宝贵的一手资料。

20世纪六七十年代吴纪先教授的研究成果主要是围绕美国经济周期与经济危机问题展开，究其原因这个问题不仅对研究美国经济重要，还关系到对世界经济全局发展趋势的把握。其成果主要包括：《从战后帝国主义对外扩张和政治斗争中看国家垄断资本主义》（论文）、《战后美国固定资产投资与经济增长》（论文）、《关于战后资本主义经济危机和周期的几个问题》（论文）、《无论是扩张或紧缩政策都医治不了西方经济的痼疾》（论文）、《中国对外贸易事业发展与中美贸易前景》（论文）、《战后美国经济危机》（著作）、《战后美国第六次经济危机》（著作）、《战后美国加拿大经济周期与危机》（著作）等。这些研究成果奠定了武汉大学在我国研究美国经济问题的领先地位。在吴纪先教授带领下，学校1962年开始招收世界经济专业研究生，是国内最早招收本专业研究生的单位。1981年世界经济学科点获得硕士、博士学位授予权，是国内首批获学位授权点之一。正是有吴纪先教授打下的基础和他带领的学术团队在世界经济研究领域做出的贡献得到同行专家的认可，武汉大学世界经济学科在日后有了进一步的发展并取得骄人的成绩。1987 年世界经济学科点被确定为国家级重点学科并保持到现在。1996 年该学科成为国家"211 工程"重点建设学科之一。1998年该学科成为国家"985 工程"重点建设学科之一。2017 年，以世界经济学科作为重要支撑的武汉大学理论经济学入选国家"双一流"建设学科之列。

吴纪先教授 1978 年受聘为博士生导师，是我国改革开放后受聘的第一批博士生导师。早在 1977 年 11 月，北美经济研究室与国家计委经济研究所、对外经济贸易部研究所、复旦大学世界经济研究所等五家单位发起并在北京举行了粉碎"四人帮"后全国第一次世界经济形势研讨会，吴纪先教授作为会议的主要召集人主持了会议。1978 年又参与发起成立了全国美国经济学会，学会总部和秘书处设在该所（1981 年北美经济研究室升格为美国加拿大经济研究所），吴纪先教授曾任该学会会长。自此，武汉大学美国加拿大经济研究所成为我国学界公认的国内美国经济研究的重要基地。

筚路蓝缕，以启山林。吴纪先教授等老一辈学者不断地开拓进取为教育事业与学科建设做出了杰出贡献，是武汉大学世界经济学科发展的引路人。

学风严谨的忠厚长者

自 1950 年回国到武汉大学任教以来，吴纪先教授严于律己，平等待人，是同事和学生眼里可爱的长者。

吴纪先教授的学风严谨，工作一丝不苟。在撰写文章的过程中，吴纪先教授通常会在翻阅大量文献资料后，才开始动笔。他常说：磨刀不误砍柴工，只有平时积累和储存大量资料，到写时才有思路。一次，新华社就"80 年代美国经济及发展趋势"论题向吴教授约稿，而且稿子要得急，字数要求 2 万多字。正是有前期的积累加之通宵达旦地伏案写作，不到一周时间就圆满完成任务。在同事眼里，吴纪先教授是一位谦虚和蔼的长者。他喜欢听取别人的意见，从来不傲慢，不居高临下，不教训人，不嘲笑人，待人平等。吴纪先教授对待学生严格要求，尤其对毕业论文写作更是不容马虎。吴教授经常对学生说：搞科研写论文不能性急，要稳扎稳打，欲速则不达。从论文选题到提纲敲定，再到论文写作都需要认真收集整理资料，尤其要重视统计资料和相关理论的运用，二者缺一不可。没有统计数据作为写作的基础，可能论文的最终结论与现实差距会很大。先生的理念与教导一直深刻影响着他的弟子们并受益终身。

改革开放后出国求学成为热潮，认识或不认识的学生、学者都来找吴纪先教授，请他写出国推荐信。吴教授有时放下手头工作，有时牺牲休息时间，不厌其烦、热情、耐心接待来访者。武汉大学经济系 1977 级学生邹恒甫就是吴先生帮助过的学生之一，他没有辜负老师们对他的殷切希望，不但顺利取得哈佛大学经济学博士学位，而且学成后为祖国的教育事业做出突出贡献。

吴纪先教授就是这样一个人，他淡泊名利、行事低调、兢兢业业、学风严谨，是永远值得尊敬的长者。

◎ 参考文献

1. 北梅. 吴纪先教授. 武汉大学学报（社会科学版），1986（4）.

2. 韩天雨，刘全福. 当代中国经济大辞库（经济名录卷）. 北京：中国经济出版社，1993.

3. 刘晓东. 中国当代经济科学学者辞典. 上海：上海社会科学院出版社，1992.

4. 武汉大学经济学院. 继往开来的武汉大学经济学院. 武汉：武汉大学出版社，1996.

5. 武汉大学经济与管理学院. 纪念吴纪先教授诞辰 100 周年专辑. 武汉大学经济与管理学院院网站，2014-8-6.

6. 武汉大学社会科学研究处. 武汉大学社会科学研究概览. 武汉：武汉大学出版社，1993.

◎ 作者简介

张彬，女，1955 年 1 月生，1980 年毕业于武汉大学经济学系政治经济学专业本科并留校任教，1996 年获得经济学博士学位。武汉大学经济与管理学院教授。曾任武汉大学经济学院副院长。

武汉大学建校 130 周年缅怀恩师李崇淮先生

曹远征

    李老师虽离我们远去多年，但他的音容笑貌仍在我们眼前浮现。他实事求是、精益求精的治学精神仍令我们刻骨铭心，他严于律己、诲人不倦的育人态度仍使我们钦佩不已。

    我是李老师的第一个硕士生，屈指算来，至今已有 45 年。入学之年，还是中国改革开放开启之际的 1978 年。那是一个百废待兴的岁月，刚刚经过"文化大革命"十年浩劫，中国的一切都重新起步。武汉大学刚从隆中迁回本部，校园一片荒芜，野草长得半人高，入学的第一件事就是拔草。教室破烂不堪，电灯不亮，入学的第一课竟然借助蜡烛照明。生活仍然困苦，不仅菜金微薄，粮票也捉襟见肘，满校园找食堂，入学第一个手工作品是用白毛巾缝制的饭碗袋。但那也是一个激动人心的年代，"把失去的时间抢回来，为振兴中华而读书"是我们那一代新生的共同心愿。武汉大学的图书馆座无虚席，席地而坐比比皆是；武汉大学的教室昼夜开课，挑灯夜战到凌晨；武汉大学的学生宿舍，蚊虫肆虐，闷热难耐，但学生们都纹丝不动，刻苦攻读。李老师，就是在这样一个年月走进我的人生。

    李老师是耶鲁大学的高才生，又曾就职于金融一线，更是长期从事经济金融教学与研究工作，学富五车，丰富的金融经验，对我们这些初出茅庐的年轻学生来讲是高山仰止。然而，在那样一个年代，初生牛犊是不怕虎的。我们时常以幼稚的问题与老师对辩，李老师从来是含笑作答，从不因我们无知而藐视，相反，却因我们的求知欲而赞赏。记得，我误打误撞选了硕士论题——通货膨胀的国际传递。至今看来，也还是一个高难度选题。但李老师却欣赏我的无畏。在我百思不得解时，他悉心答疑；在我打退堂鼓的时候，他鼓励我坚持；在访问美国期间，他自费复印了书籍资料借我参考。他不辞辛劳，亲笔写信，介绍我去北京、上海拜访名家大师，求教于他的同窗好友——陈岱孙、陈观烈、吴大琨、陶大镛、厉以宁等一批前辈。就是在李老师推荐下，指导过我的吴大琨老师而后又成为我的博士生导师。当我的硕士论文在获得答辩委员会高度认可后，李老师又建议我到海外深造，使我难以忘怀的是：毕业那年正是中国加入世界银行的年份，世界银行第一笔对华援助是教育贷款。为此，世界银行组织了代表团考察中国的高校，董辅礽老师随团顾问，其中之一是武汉大学。得知此信，在酷暑7月，李老师带着我去拜见代表团，大汗淋漓却言辞恳切，口干舌燥却竭力推荐，此情此景，至今令人动容。

李老师是武汉大学金融学的奠基者，他所创建的金融专业，为改革开放后新组建的中国银行业培养了第一批专业人才，其中不少目前已进入中国大金融机构的核心管理层。李老师同时也是业内享有极高声誉的金融学家。他不唯老师是从、不唯多数是从、不唯名人是从，在国内最早提出黄金非货币学说，成为信用本位的理论基石，至今仍指导着金融实践。与此同时，李老师还是民建中央的副主席，身居高位却心系改革开放的实践，不忘建言之责。在20世纪80年代初，他在武汉提出"两通起飞"的经济体制改革战略构想，引领武汉改革开放风气之先，今日武汉在中国中部崛起的构想正变为现实。在李老师担任全国人大代表和人大常委期间，每次到北京，都要召集在京的武汉大学学子座谈，征询对中国经济改革和发展的看法与建议。每次见面，他都会兴奋地提到有哪些看法和建议已整理成议案提交审议、效果如何。记得我在国家经济体制改革委员会国外司工作期间，需要了解亚洲四小龙之一的我国台湾省经济发展的经验。而李老师的亲戚，也是武汉大学的校友——赵耀东先生，又恰曾任台湾省"经济部长"和"经济建设委员会"主任委员，便托李老师邀请他来北京参加交流活动。李老师不负托付，果然帮助请到赵耀东先生到体改委介绍经验，而中国的外汇体制改革也正是在借鉴我国台湾省经验的基础上进行的。李老师的拳拳爱国之心，深切关注之情，至今仍历历在目。

"大学者，大师也。"正是有像李崇淮老师这样一批忘我治学、为人师表教授们的努力，才成就武汉大学的百年基业，成为名垂海内外的著名学府。我在武汉大学经济系受此熏陶三年，不仅奠定了学术起点，也奠定了人生信念的起点。离开武汉大学，我辗转多地多个岗位，从边远的青海省到繁华的北京城，从地方政府到中南海，从研究到务实，从贸易到金融，从国内到海外，成长为一名小有成就的经济学家，皆因为始终牢记武汉大学的校训"自强、弘毅、求是、拓新"，始终不忘李老师的教诲——"经济，经济，经世济用"，始终铭记我们那一代武汉大学学子的初心："振兴中华"。每每想起这些，都感念武汉大学！

此时此刻，我想起立意要将武汉大学办成"一所有崇高理想的大学"创始校长王世杰先生，他也曾任台湾省"中研院"院长，临终将所有字画捐献给武汉大学，要求其墓碑上只刻写"前国立武汉大学校长王雪艇之墓"。数年前，我应台湾省"中研院"邀请，讲解人民币国际化的缘起与发展，曾寻访过这位老校长故居，但无果，悻悻而归。黯然回首，"中研院"的中堂上一幅牌匾映入眼帘，上面赫然撰写张载的名句："为天地立心，为生民立命，为往圣继绝学，为万世开太平。"

我想，这也是对李崇淮老师一生的写照。正是有像李老师这样的中国知识分子的情怀，才有了我们文化的传承，正是有像李老师这样的中国知识分子的风骨，才有了武汉大学的辉煌。作为即将离开历史舞台的这一代武大学子，我衷心地希望，更准确地说是渴望在座的新一代武大学子，不忘中国知识分子的初心，把"传承"传承下去，为中华民族的伟大复兴前赴后继，这是对李老师百年最好的纪念！

◎ 作者简介

曹远征，男，1954 年 8 月生，1981 年毕业于武汉大学经济学系，获得经济学硕士（国际金融方向）学位，1986 年获得中国人民大学经济学博士学位。曾任国家经济体制与管理研究所常务副所长、中国银行首席经济学家等。

怀念朱景尧先生

徐业勤

5月1日凌晨，朱景尧先生在睡梦中安然辞世，享年97岁，准确说是96岁又9个多月。《论语》里有"父母之年，不可不知也，一则以喜，一则以惧"之说，朱先生可能是武汉大学经济学系建系以来除张培刚先生外最高寿者，他的离去虽说是意料之中的事，但我确实没想到老先生会走得这么快，珞珈山又少了一位睿智平和的长者。

除一些年长者和经济与管理学院部分教职工外，学校可能已很少有人知道朱先生了。1937年，朱先生考入国立武汉大学经济学系，本科毕业后留校任教。1947年赴美国威斯康星大学经济学系学习并获硕士学位，1949年转艾奥瓦州立大学统计学系学习。1950年初回国后，任武汉大学经济学系副教授，后晋升为教授，主要讲授《统计学》《经济统计学》《经济数学》等课程。1965年开始在北美经济研究室（后改为美国加拿大经济研究所）研究美国经济、世界经济统计、经济预测等，直到1986年退休。

相比一个多甲子波澜壮阔的社会变迁，朱先生的经历似乎平淡无奇，但每个认识他的人无不对他的人品赞叹不已。朱先生一辈子为人正直平和，从来不愿麻烦他人，对自己要求严格乃至苛刻。早在留学期间朱夫人就因病去世，留下一女一子，儿子当年也就一岁多。此后朱先生终生未娶，独自拉扯大两个孩子，其中的艰辛是我们所难以体会的，但在子女求学就业等方面，他从未向学校提过任何要求。20世纪80年代初，朱先生曾在美国访学半年，回国后将节衣缩食省下的经费如数上交学校。

朱先生对青年学子永远是满腔热忱。据周茂荣教授回忆，20世纪70年代他留校工作后要从俄语改学英语，前后近两年时间，朱先生从ABC发音开始，一点一滴地将一本英语语法书完整地给周老师讲授完毕。每次谈起往事，周老师对朱先生感恩不尽的同时，更对他严谨认真的治学态度和诲人不倦的育人精神记忆犹新，感佩不已。朱先生的严谨我也多次见识过，前年 2 月他将自己所藏 90 余册珍贵外文书籍悉数赠予学院图书馆，而且专门致函馆长姜文说明，内中有三本书是已故刘涤源、吴纪先两位先生的，只是由他代捐。朱先生也不是没有脾气，据说 20 世纪 80 年代初，有一位著名美籍华人学者从海外归来访问武大，希望能与朱先生等故旧叙谈，但朱先生一口回绝，原来朱先生一直对那位先生新中国成立初期拒绝回国耿耿于怀。

我生也晚，到经济与管理学院工作的时间也不长，对朱先生的一生了解也不多，但非常荣幸能在他生命最后两年里与他有所接触。朱先生的家，在我们看来，不是一般的寒酸，但他从没有过任何不满意，每次和我谈的就是学院、学术。记得去年教师节前的一个午后，我去朱先生家，当时他听力不好，已经开始有些间歇性失忆，但还记得我。谈话中朱先生断断续续反复说到的是两件事，一是学院出版的一本 AMBA 认证专刊的杂志里有几处翻译有误，他认为经济与管理学院作为一个大院，工作人员应该有严谨的工作作风和责任心，出这样的错误是不应该的。记得他的儿子在旁大声提醒说："您不要管这些事了，大家都很忙。"然后很歉意地对我说："他一辈子就是这么认真。"老先生始终谦和地笑着，继续说着自己的想法。

第二件事是他几年前写了一篇论文，投给了《美加经济研究》杂志，后来杂志停办，论文也就没有下文。老先生对我说："我一生一无所成、一无所名，论文是否发表没关系，能否让教研室的某位老师帮忙整理一下，或许对其他人有帮助。"印象最深的是，当我告别先生走到房门时，坐在藤椅上的老先生突然大声说："我今年 96 岁又 3 个月了，老而不死，实在惭愧！"一时之间，我不知如何回答，只是返身连连拱手退出。那一刻我看不清背对窗户的老先生的表情，但午后的阳光照在先生散乱的白发上的景象，令我记忆深刻。

回到学院后，我找到世界经济系齐绍洲教授，据他介绍，朱先生说的文章是他 2005 年写的《评近期关于美国消费价格指数的争论》一文，老先生一辈子浸淫于此，文章的主要学术思想很不错，如果统计数据能更新，是有发表价值的。在齐老师的帮助下，学院将老先生手写的近 2 万字的论文整理打印装订成了薄薄的一册，并分发给了相关老师。听老先生家阿姨讲，老先生看到文章的那段时间非常高兴。

最后一次见到朱先生是今年春节前。他虽然躺在床上，但精神很好，依然是满脸平和的微笑。他说："我今年已经 96 岁又 7 个月了，我一生没有什么能力，也没有什么成就，孔子说'老而不死是为贼'。"我安慰他不能这么说，或许老人听进去了，似乎有些羞涩地说："虽然我没有什么成就，但我还是一个老党员，一辈子做到了遵守纪律。"坐在床边，我一直握着他的手，感到他的手是如此温暖柔软。

朱先生应该走得很从容。据他儿子讲，他走的前两天主动要求洗了一次澡，走的前一天夜里，与儿子聊到很晚，讲到学校学院很多人都很关心他，要感谢他们。朱先生临走也没给人添麻烦，而对别人为他做得很不够的一点却心怀感激，实在让我们惭愧。朱先生去世后，我在老先生的一张照片后，偶然发现有他的四句题词：胸怀中外古今，可悲一事无成！羞愧无颜面世，更耻老而不死！落款是 2012 年。或许朱老先生是带着许多不舍与遗憾离开的，而我心中更多的是对先生诚挚的敬意。

最近学校在开展武大精神大讨论，我想任何人用几个词或者几句话来概括百年武大的精神都是很困难的，而这精神又是实实在在存在的，它就体现在像朱景尧这样的老先生们身上。对学术的执着追求，对自己的严格要求，对名利的朴素淡泊，对国家、学校和学生的真诚热爱，这些不正是朱景尧等前辈所身体力行并传承的武大精神吗？

这几天，朱先生温暖和煦的笑容常常浮现在我脑海，谨以此不像样的小文作为一支心香怀念朱先生。

◎ 作者简介

徐业勤，男，1970 年 9 月生，华中科技大学党委副书记、纪委书记、国家监委驻华中科技大学监察专员。曾任武汉大学动力与机械学院党委书记，经济与管理学院党委书记（2011 年 7 月— 2017 年 9 月），党委宣传部部长兼新闻中心主任、党委常委、副校长。

静水流深，沧笙踏歌

——记著名经济学家谭崇台

王今朝　唐晶星

东湖碧波梦，何年到汉荆

1920 年，"五四"风云时犹未远，"德先生"和"赛先生"为挣扎在濒临沦亡边缘的中华民族带来一线生机。旧的神祇逐渐解体，新的观念尚未建立，西方的文明与科技在古老的东方大陆卷起阵阵旋风。这注定是一个大师辈出的时代。一批批血气方刚的青年，背负着救亡图存的使命，站在中与西交锋、新与旧冲突的前沿，尽管此后时局动荡、战火频仍，他们依旧创造了中国教育史上的奇迹。

1920 年 6 月，谭崇台出生于四川成都一个家境殷实的家庭。他的启蒙教育，是在传统私塾中完成的。少年时期的他并不是一个太出众的学生，此后在数理科学上的惊人天赋也没有显露出来。没有人指望这个有些内向的男孩将来会在中国学术发展史上留下印迹。直到 1935 年，他考取成都中学，好像突然间开了窍一样。此时，东三省的半壁江山已被日寇侵占，国共交战的烽烟从东南燃烧至西北，却独独放过了西南腹地的天府之国。成都在胶着的内战中得享片刻安宁。作为成都府三大名校之一的成都中学，在那个时代，名师济济，执教甚严，采用的教材多取自国外大学，数学、物理、化学的教科书甚至是外文原版。置身于这样浓厚的学习氛围，谭崇台对严苛的教学要求并未感到难以适应，如饥似渴地吸取着一切陌生的知识，各科成绩均名列前茅，课余时间依然手不释卷，捧着萨本栋《物理学》读得津津有味。要知道，这本书在当时对于一个大学生都有着相当的难度。在 1937 年的会考中，谭崇台以四川省第三名的优异成绩获得免试进入任何一所大学的保送资格。一心向往电气工程、土木工程等工科专业的他填报了西南联大工学院工程专业。然而，招生选拔严格的西南联大不容许未参加统考的学生入学，拒绝录取教育部的保送学生。错过了统考的谭崇台最终被调配到西北工学院。可是，入学仅仅一个月，学校因战乱停课使他又一次失去了学习机会。

1939 年，再次参加高考的谭崇台考取了国立武汉大学经济系。时值抗日战争正酣，武汉沦陷，武大被迫西迁至离成都不远的四川乐山。刚进武大时，谭崇台只觉这个学校很"土气"：西南联大的同学都穿制服，而武大最常见的是蓝布大褂。等真正融入武大之后，他才体会到那不是"土气"，而是有内涵而不外露的朴实。这种不工于外在雕琢的武大精神也深深镕凝进谭崇台的品性之中，经过岁月的酝酿，愈发醇久芬芳。

其实，当时的乐山远非宁静。1939 年 8 月 19 日，日寇出动多架飞机对乐山进行轰炸；1943 年，日寇再次轰炸乐山，乐山城内死伤甚众。武大校园内的生活条件也十分艰苦，物质资源相当匮乏：宿舍是黑暗潮湿的当铺库房，一日三餐全靠掺有杂粮、沙子的"八宝饭"来维持。然而，物质的贫瘠却无法阻挡精神的丰腴给谭崇台带来的喜悦。20 世纪 40 年代的武汉大学名师云集，很多年后谭先生回忆起来仍是满脸兴奋与敬佩：教授外语的教务长朱光潜先生学贯中西，精通英语、美学，他的英诗朗诵感情特别投入，理解非常深刻。朱光潜当时是外语学院的老师，他的课有时不允许其他院系的学生旁听，好学的谭崇台就只好站在窗外听，尽管这样，他还是每次都会被先生的学识吸引并感动；国文教师叶圣陶先生是苏州人，一口苏州话不好懂，但非常谦谦君子，教学严谨认真。他每两周布置一篇作文，并用红笔仔细批改，每个学生的本子上都有他的笔迹。同学们都盼着作业快发下来，急切地知道老师的评语；化学教师曾云鹗治学严谨，如果问他问题，他一般都能马上答复，不能马上答复的，他甚至能精确地告诉你这个问题在哪本书的第几页出现过……虽然祖国大陆正战火纷飞，但在大学校园里，谭崇台却步入了一个安宁丰裕的精神世界。武大的四年里，谭崇台不仅博览群书，严谨治学的理念也在这种大师精神的潜移默化下逐步确立，大师的独特魅力和人文风流让他为之沉醉，师生情这种人世间难得的情感让他深深迷恋，立志成为老师的念想从此埋下。除了上课之外，武大每个月的某一天都会安排学者来为学生做讲座，内容包罗万象，当时谭崇台正是 18、19 岁的年纪，许多内容听不太懂，但也能深深地感受那种恢宏的学术气氛，随着年岁渐长而领悟那些讲座中传达的精义之后，他从中受益匪浅。课余时间，谭崇台便一头钻进浩瀚的书海之中广泛涉猎，当时的图书馆是供奉孔子的大成殿，地方很小，没有办法读书，他便在喧嚣的茶馆中点一壶茶手不释卷静静地坐一上午。回到狭小拥挤的宿舍里，高年级学长口中"葱茏叠翠珞珈山，碧透晶莹东湖水"的校园美景，以及甚至有暖气供应的樱园宿舍，都使谭崇台心中产生了对珞珈山的无限神往，这种强烈的情感泛滥在脑海中，倾泻到纸页上，化成国文作业中一首隽永的小诗："东湖碧波梦，珞珈翠微心。国破山河在，何年到汉荆？"国文老师叶圣陶先生在诗后批注："爱国爱校之心深也。"或许他们都未曾想到，这一诗一注便如此在冥冥之中划定了谭崇台往后数十年的人生轨迹，写下了他与武汉大学、与珞珈山的一世不解之缘。

多情查理河边月， 年年犹忆三人行

1944 年的中国，时局动乱，政治腐败，国土沦丧。这一年谭崇台从武汉大学毕业。在那个年代，一个没有任何后台，也拉不到任何关系的白衣书生，尽管成绩出类拔萃，想找一份像样的工作，也是难于登天。起初，学校把他们一批没有着落的学生统派到资源委员会。不久之后，他又被派到湖南一个矿厂当会计，随后又被介绍到重庆直接管辖的税局做职员。沉沦下僚，每日琐琐屑屑，谭崇台既不堪于营营汲汲，只能听凭指派，任宝贵的光阴从身边匆匆流走，无限苦闷，无比彷徨。但脑海里奔腾着的鸿鹄之志，血液里激荡着的求索精神，对现实的不满和对未来的渴望，终于使他决定不能如此再沉沦下去。于是，当他得悉教育部将举行 1944 年公开选拔留学生考试，选取 300 人官费留美，他当即下决心报名参加竞争。当时财经类的招生名额有 50 个，经过短暂的准备和从容不迫的应试，最终他以第五名的成绩题名上榜，向哈佛、耶鲁、斯坦福、哥伦比亚、威斯康星等六所名校递交了留学申请，均获得了录取通知，最终他选择了世界第一的高等学府哈佛大学攻读经济学。这一去，他不仅接受了当时世界上最先进的科学教育，还收获了终生的深厚友谊。当时位居榜首的陈观烈先生，毕业于中央大学经济系，第四名陈文蔚先生，则是谭崇台在武大经济系的同班同学。这二位都将成为他此后砥砺而行、共同奋斗的好战友、好伙伴。

少年时代就萌发的走出盆地、外出求学的愿望终于实现。然而赴美之路却是险象环生，步步惊心。1944 年底，第二次世界大战达到最高潮，中国的抗日战争也即将进入全面反击阶段，全民皆兵，四面都是战场，到处都有火线。为了避开战火，谭崇台一行人只能先从重庆飞抵昆明，傍晚乘美军运输机在夜色掩护下经"驼峰航线"到达印度。接着他们借道孟买乘军舰经澳大利亚、新西兰抵达美国西海岸，登陆洛杉矶，历时 42 天，辗转大半个地球。谈起那段旅程，谭先生至今心有余悸："那时候就是命悬一线。"他回忆道，仅仅 1942 年到 1945 年间，飞经"驼峰航线"的美军运输机撞山或被击落的就高达 514 架，他们乘坐的"本森将军"号军舰在返航途中也被日潜艇击沉。登陆之后，还被迫接受全裸检查、打手印等歧视性待遇。那一刻的屈辱深深地触动了谭崇台先生，如果说一路以来几次死里逃生的经历让他亲身感触到战争的残酷、生命的可贵，而那一刻，脆弱的生命却能迸发出为个人、为民族和为国家的前途和命运而抗争和奋斗的勇气和决心。积贫积弱的祖国，水深火热的人民，令他在迈出国门，登抵彼岸的一霎清楚地感知到肩膀上沉重的使命和希望，或许从那时起，爱国、报国和强国就成为他此生不渝的灵魂和信仰。

有几个小插曲值得一提。在洛杉矶登陆打出租车时，一位衣着朴素的先生过来礼貌地问谭崇台他们："能挤得下吗？"同行路上，这位先生一再对他们表示感谢。直到他下了车，出租车司机告诉谭崇台，刚才的那位先生是这里的"Big Shot（政界头面人物）"。这件事让谭崇台第一次切身感受到民主国家所倡导的"人人平等"的精神，而那位政要为人低调朴实的作风也深刻地留存于他记忆之中。从加州横穿美国大陆到达波士顿，一行人终于来到马萨诸塞州查理河畔的哈佛大学。哈佛的大门没有想象中那样高大气派，就是一个貌不惊人的小铁门，谭崇台不确定地问身边的行人，"Where is Harvard（哈佛大学在哪里）？"

"It's right here（就在这儿）."他得到了肯定而自豪的答复。在学术圣地哈佛大学的一段不平凡的求学生涯，就这样平凡地开始了。

当天晚上，背井离乡的一群人因为没有预订旅馆，正愁无处落脚。餐厅的侍者友善地对这一群东方面孔说，"Do you know Doctor Hu（你们认识胡博士吗）？"听侍者的语气，似乎认识这位胡博士，就有地方住了。谭崇台顾不得许多，连忙答认识。果然顺利地住了下来。后来谭崇台一行去拜访了那位胡先生。这位中国前辈风度翩翩，谈吐非凡，可谭崇台就是想不起他究竟是谁。过了许久，他才猛然醒悟过来，那不就是大名鼎鼎的胡适先生吗！"幸亏我当时没有问，先生，您尊姓大名啊？"多年之后，谭崇台想起这次与大师面对面的宝贵经历，还会为自己的冒失莽撞失笑不已。

除了这些小趣事，在美国的求学生活却并不轻松。哈佛大学对学生的考察制度之严远近闻名。学生之间的竞争十分激烈，时刻都面临着被淘汰的危险。

在校期间，学校要求每个学生至少要完成四个学年课程的学习，并且要求学生的三门基础课程和一门专业课的考试成绩必须保持在 B⁺（相当于 80 分）以上。每一个哈佛研究生都会面临三道关卡：第一关，基础和专业课的成绩必须保持在 B⁺以上，这道关卡往往会淘汰一批人。第二关"通考"，即综合考试，是最难通过的一关：四位世界知名教授轮番提问，学生必须在规定的时间内用英语做出回答。后来谭先生回忆道："那次'通考'历时两个多钟头，对于我来说是一个很大的挑战"。第三关，如果继续攻读博士学位还要参加论文答辩，虽然这是最后一关，但仍有一些学生在这一关遭到淘汰。因此，在哈佛大学读书并不是一件非常轻松的事情，时刻都面临着被淘汰的危险，一刻都不能放松。

尽管在哈佛的求学生活紧张而繁重，谭崇台仍觉得那是一段无比珍贵的经历。1947 年的哈佛经济系正处于鼎盛时期，可谓"巨星云集"：熊彼特、里昂惕夫、汉森一批对后世影响深远的经济学家在此齐聚一堂，传道授业。年轻的谭崇台在这所科学殿堂里接受了最严格的经济学训练，也接触到世界上经济学研究最前沿的领域，这不仅奠定了他一生良好的学术功底，更使他的眼界和思维方式发生了翻天覆地的变化。同时，这些世界一流学者严谨认真、开放自由、兼容并包和幽默风趣的治学、为人风格对年轻的谭崇台产生了深远的影响。许多年后，许多谭崇台教过的学生都反映谭先生讲课思路清晰、严谨认真、语言精练、生动有趣，深受学生欢迎，或许也正是那些经济学大家的风格在他身上的一种折射。

春荣冬雪，一年四季的变换在哈佛大学校园古典欧式建筑的映衬下演绎出中世纪的别样风情。然而，眼前美丽的校园却使得谭崇台愈发怀念万里之外的母校武大。当时，武汉大学已名扬海外，美国人也只了解中国的北大、清华、武大等少数几所名校。每当得知谭崇台来自武汉大学，询问者都会竖起大拇指。母校的荣耀让谭崇台更加怀念她的一草一木，国外求学的几年，他对武大的思念与日俱增。幸而还有一同从祖国远赴重洋求学的同胞好友。曾经在政府选拔官费留学考试中一同名列前茅的陈观烈、陈文蔚和谭崇台是当时哈佛大学里最年轻的中国学生，他们年龄相仿、专业相同、经历相似、性情相投，很快便成为挚交好友，同吃同住同行，形影不离。他们凭借自身的满腹经纶、谦逊好学和诚恳正直赢得新一代"哈佛三剑客"的美誉。一年后，陈文蔚转到芝加哥大学就读，毕业后留美任教，一直供职于俄亥俄州的 Marietta College；陈观烈于1946 年底回国，成为复旦大学经济学院的首任院长，终生执教直至 2000 年病逝。此后漫长的岁月里，三人天南地北，难得重聚，然而深厚的情谊却不因地理的悬隔而消弭，反如美酒佳酿，历久弥醇。即使过了 70 年，他们三人当年在查理河边芳草地上月夜漫步、一腔书生意气纵古论今畅谈天下的情景，还常常爬上谭老的心头，真真切切地浮现在他的眼前。20 世纪 80 年代，曾经意气风发的三剑客都已两鬓斑白，谭先生曾赋诗一首赠予陈观烈和陈文蔚两位先生，其中"多情查理河边月，年年犹忆三人行"一句，便是他对当年深挚友谊绵绵不尽的追忆。

江山信美非吾土，不如归国倾全力

1947 年初，在哈佛大学鼎盛期完成学业并取得硕士学位的谭崇台，来到了华盛顿"远东委员会"，参加了第二次世界大战后日本经济和赔偿问题的研究工作。项目的直接负责人顾应昌，是著名外交家顾维钧先生的侄子，他对谭崇台的研究工作给予了大力支持。在他的提携之下，短短一年的时间里，谭崇台先后撰写了《论日本赔偿问题》《"生产因素四分法"与革命》《凯恩斯在经济理论上的贡献》等分量十足的论文，后陆续发表在国内《观察》第四、五卷和《经济评论》第三卷上。在华盛顿这个研究机构，谭崇台得心应手，待遇优渥。然而，祖国的贫弱、种族的差异，还是令他在工作和生活中饱受歧视，思念故国家园之情与日俱增。"我一个月的工资 300 美元，很高的。去找房子，人家明明有空房出租，开门一看是黄种人，就把门关了，种族歧视很厉害。"多年之后，回忆起那段时日，谭先生仍不免愤愤不平，但他清楚地知道，这些歧视背后的根本缘由，还是国力的差距。"中国是穷国，人家根本瞧你不起。"饱含沧桑的一句话，从谭老的口中道出了当年无数海外学子的尴尬境遇。更何况，在对第二次世界大战后日本赔偿的问题上，由于立场差异以及美国政府与日本千丝万缕的联系，以谭崇台为代表的中国利益方始终难以与美方政府达成一致。失望之下，他内心真切地感受到"江山信美非吾土"，作为华夏子孙，不如归国倾全力。为此，年仅 27 岁的谭崇台婉拒了众多师友的挽留，回到了风雨飘摇的祖国，后受时任武汉大学校长周鲠生之邀，他终于来到了"从未谋面"的母校武汉大学，在珞珈山下开始了长达半个多世纪的执教生涯。

"我清楚地记得是在 1948 年 3 月 1 日回到母校，之后就担任起副教授的职务。""我当时就是想回来，也没有跟劝我留下的人说什么大道理。""回国自然而然，正像中小学生放学必须回家一样，作为异域求知学子回到祖国怀抱，天经地义。""我是中国人。我们那代人总想报效国家做点事情，尽管当时国家还有很多问题，但不能不爱她。"多年以后面对媒体的采访，这位白发苍苍的老先生平淡朴实的言辞中流露出的拳拳赤子心，依然让人动容不已。

终于回归故土，见到了曾经魂牵梦萦的珞珈山东湖水。然而，动乱的时势却让谭崇台的生活遭遇危机。经历了多年艰苦卓绝的战争，祖国满目疮痍，百废待兴。1948年的国统区正处于黎明前最黑暗的时期，物价飞涨，民生凋敝。谭先生月薪是9000多万元法币，但在市场上只能买到6瓶酱油，何其可笑。谭崇台夫妇带着两个铺盖卷落户武汉，除此之外，别无长物。甫一落地就陷入了经济困境。但就算在这样的情形下，他也不曾留恋过美国的高薪厚禄、优渥生活。这时候，儿子谭力文的呱呱坠地，让年轻的夫妇俩不由得又喜又忧——他们拮据得连孩子的抚养费也支付不起。万般无奈之下，初为人父的谭崇台拾起了典当家资的营生，干干净净的一个教书匠，到汉口花楼街去卖旧西服，从国外带回来的，一件20块银圆，没想到竟很管用。毕竟是经验不足，他第二次去的时候，商人们看出他的拮据，就不肯买账了，拼命往下压价。早上带一点衣服出门，谭夫人总会抱着孩子在门口等他。可他的旧衣服常常是原封不动地拿回来了，这不禁让他感到愧对妻儿家庭。幸而，昔日同窗好友、复旦大学陈观烈教授雪中送炭，他们才得以勉强渡过难关。

然而艰辛的生活并没有让他有过一丝怨言和后悔，他全心投入教学工作。当时的武汉大学几乎云集了国内最顶尖的学者，迎来了历史上最为辉煌的一段时光。仅在经济学领域，就有货币银行学专家杨端六先生、财政学专家刘炳麟先生、会计学专家戴铭巽先生等，校长周鲠生先生又网罗了一大批新晋学术精英，如张培刚先生、韩德培先生、吴于廑先生、吴纪先先生，等等。在这一批人的鼎力协行、精诚合作推动之下，学校的学术氛围和研究风气都特别浓厚。从此，他扎根珞珈山。正因为有这许多知名学者在武汉大学的辛勤耕耘，锐意进取，后来的武汉大学经济学得以在中国学界开宗立派，以"珞珈学派"闻名于世。当时的武大经济系，聚集起了如此一批年龄最轻、知识也最新，并且阵容强大、学科完备的师资队伍，学术水平也随之而跃居全国前列。经这批"少壮派"和其他中老年学者们共同的努力，国立武汉大学在复员武昌之后，才得以迅速回到正轨上来，继续书写20世纪30年代时所创造的跻身"民国四（五）大名校"之一的辉煌历史。

除了尽心教学与科研外，谭崇台也积极投身革命事业。武汉解放前夕，谭崇台参加了地下党领导的"新民主主义教育协会"。1952年他成为中国共产党党员，并先后担任了武汉大学校务委员会副秘书长、经济系副主任等职务。数十年间，他始终勤勉不辍，两袖清风，不负共产党员的身份和使命。

然而，不曾想风云突变，1957 年"反右"运动中，谭崇台被调离经济系，到外语系教英语。对于一个事业至上的人来说，没有比剥夺自己从事所爱事业的权利更痛苦的了。从 1957 年开始，他失去了经济学教学与发表科研成果的权利，从那以后，在长达 20 多年的时间里，他没能发表一篇论文！最可惜的是，他曾在 1957 年撰写了一部长达 20 多万字并且颇含新意的专著——《列宁论帝国主义》。北京一家出版社收稿后已发了清样，但后来却未能出版，以致几经沧桑，最终遗失一空。多年心血就此毁于一旦，让他欲哭无泪，心痛不已。尽管如此，谭崇台并没有因此灰心。怀揣着一颗教师的良知和责任，他又一心扑在英语上，把他全部的感情投注到教学中去，投注到学生中去。

所幸的是，少年时期便形成的内敛性格和天性中的超然物外，使得谭崇台在 10 年内乱中未受太大牵连。他后来惋惜地回忆："这是历史特定的产物，受此委屈的绝不止我一个，对过去没什么太多评论，只是痛心经济学的停滞和倒退。"谭先生淡泊名利、执着学术的精神，从中可见一斑。难能可贵的是，他 20 多年不忘自身专长，心系教学与研究，写作依旧不停，尽管不能发表，不少文稿在"文革"中散失，留下无法弥补的学术空当，但绝非空白。

千嶂沉云驱旧事， 呕心沥血赋新辞

1978 年，十一届三中全会的召开，给风雨如晦的中国大陆带来了微弱却终将照亮前程的光芒。这一年，无数知识分子的命运被改写，谭崇台正是其中之一。这年秋天，年近花甲的谭先生在历经了长达 20 年的学术"流放"岁月后，终于迎来了属于自己、属于中国、属于经济学的学术春天！虽然年岁已经随着时光的流逝渐渐老去，但那颗对经济学的执着与热爱之心却依然同年轻时一样苍劲有力地搏动着，在之后半甲子的岁月里于中国经济学领域中翻卷出气象万千！

1980 年至 1981 年，谭崇台先生再渡重洋，作为改革开放后的首批学者先后到美国加州大学、斯坦福大学、内华达大学讲学。回望 36 年前历经九死一生初次登上这片美洲大陆的情景，谭先生感慨万千。在内达华大学讲学期间，一位电台记者对着两鬓斑白的谭先生不解地发问："我了解你在中国革命胜利前夕离美返国，当时你下这一决心时感到困难吗？几十年后的今天你有何想法？"质朴的回答中隐隐透着当年力排众议一心回国的坚定："我对美国人民怀有美好的情感。但是，我是中国人，应该回去给中国做点事情。当年我就是这样下了决心的，现在我也毫不感到遗憾。"而他那颗笃定热忱的爱国、报国、强国之心也依旧如初。因此，当他在美国第一次接触到产生于 20 世纪 40 年代的发展经济学时，便以一个经济学家敏锐的学术洞察力，洞悉到这门学科对中国这个发展中大国经济建设的特别意义。于是，把发展经济学介绍给自己的祖国，成为他的一种强烈愿望；把发展经济学作为自己永恒的研究方向，成为他不懈的学术追求。在加州大学伯克利分校访问期间，谭先生收集、阅读和研究了大量的发展经济学文献。回国后，这些学术研究成果迅速在中国大陆面世：1981 年，谭崇台在《经济研究资料》发表了国内第一篇发展经济学研究论文。此后 30 年间，他一直致力于发展经济学的引进、教学、研究，并应用于国家经济建设，在这一领域内不断开拓耕耘，成为名副其实的中国发展经济学"第一人"。以至于北京大学中国经济研究中心的一位知名经济学家说，他们那一代人正是读着谭先生的教材和著作，来学习和了解发展经济学的。

谭崇台先生与外国学者亲切交流

回国后，谭崇台先生自此踏上一条笔耕不辍，硕果累累的学术研究之路。他在发展经济学领域第一个重大的学术贡献，是在国内最早阐述了增长与发展这两个概念的联系与区别。在 1982 年的一篇论文中，他明确指出：经济增长与经济发展这两个概念是有区别的。经济增长指社会财富或总产出的增长。衡量经济增长通用尺度是 GDP（国内生产总值）或 GNP（国民生产总值）的增长率。经济发展指随着经济增长而发生的社会经济多方面的变化，如投入产出结构的变化、一般生活水平和分配状况的变化、卫生健康状况的变化、文化教育状况的变化以及自然环境和生态的变化等。两相比较，经济增长内涵较狭，经济发展内涵较广。他说，经济增长是一个数量概念，而经济发展在一定范围内可以量化，但更偏于一个质量概念。但两者又是互相促进的：经济增长是经济发展的动力和手段，经济发展是经济增长的结果和目的。没有经济增长，不可能有发展。在后来的一些著作中，谭先生还更进一步地阐述了增长与发展的关系，认为发展应包括产业结构的变化、收入分配不平等的下降、贫困的减轻、人民生活水平的提高、教育和卫生条件的改善和生态环境保护等。现在看来，谭崇台先生的这一思想与当今科学发展观的基本内涵惊人的一致，不得不感叹他在经济学上的超凡智慧和深邃眼光。而他自己却笑着解释，当年确实提出要注意"科学地发展"，"不过没有上升到科学发展观的理论高度"。

美国之行也让谭崇台先生深切地感受到，20年的经济增长停滞导致中国社会与西方发达国家之间产生了巨大鸿沟。在改革开放的新形势下，如何促进经济快速增长和发展，早日结束中国贫穷落后的局面，不仅是新一代领导人面临的政策难题，也是摆在经济学者面前的重大课题。传统的高度集中的计划经济体制和相应的"苏联范式"在中国已不合时宜，培养出一批受过现代经济学系统训练的青年才俊投身中国的经济建设事业，是当时的经济学家义不容辞的重要使命。在这种背景下，谭先生与刘涤源先生1983年合作出版了国内第一部西方经济学教材——《当代西方经济学说》。这为当时处于苏联范式束缚之下的中国学子打开了一扇新的经济学之窗。质疑的提出、思维的碰撞、激烈的争论，使一场经济学领域的革命在中国大陆各大高校悄然拉开序幕，一个属于中国经济学的新时代就此开端。

1985年，是中国经济学界具有重大意义的一年。这一年中国经济学界迎来了谭崇台先生在发展经济学领域的开山之作《发展经济学》，这门诞生于20世纪40年代的年轻学科，就此被正式引入这个古老的国度。这本《发展经济学》，从构思到面世，整整耗时5年，字里行间都是谭先生多年苦心探索的智慧结晶，而力透纸背的是他作为经济学家的经世济民之心。书中的开创性贡献更成为中国发展经济学人的集体精神财富，即谭先生对发展经济学的两面观主张：由于发展经济学是西方经济学的一个分支，它曾经被看作"鼓励第三世界国家走资本主义道路的学说"，得到的不是学习、借鉴，而是抵制、否定。谭崇台先生认为这种认识过于片面。一方面，发展经济学是以发展中国家的特点和特殊的经济问题为分析出发点而形成的一种体系和方法论，总体上适应发展中国家的实际，有些理论对发展中国家有启发作用和借鉴意义。比如，结构主义思路重视发展中国家社会经济结构的特殊性，以动态的观点从相互联系的因果关系中去研究经济发展问题，提出结构改革的主张，指出发展过程具有失衡的特点，不能任其自流；新古典主义思路则对经济发展的各个侧面做出了细致的实证研究，得出了既具有一定理论价值又具有一定实际意义的结论，有助于发展中国家在经济发展过程中注重社会效益、开发人力资源、发挥市场机制的作用。另一方面，又要看到发展经济学还带有殖民经济学的痕迹，新古典主义的纯抽象发展模式和发展中国家的现实有很大距离，也不切合国际经济旧秩序的实际情况。尤其是，中国是一个还比较贫穷的发展中大国，发展经济学理论对于分析我国的经济发展问题具有其特有的贴切性。因此，谭先生主张应当对发展经济学坚持两面观：既不能全盘肯定而无所取舍地接受它，也不能全盘否定而对之不屑一顾。

1987年，年近古稀的谭崇台先生开启了他学术春天的又一个时代。这一年，他开始开坛讲学，广觅天下英才，成为中国第一位招收发展经济学方向的博士生导师。此后26年的岁月里，近70名青年才俊从珞珈山谭崇台先生门下走出，成为中国社会的擎天巨擘。1989年，在谭先生及其门下博士的共同努力下，中国发展经济学领域具有划时代意义的巨作问世——这本1989年版的《发展经济学》是谭崇台先生根据多年对西方发展经济学产生、发展、演变的研究成果，结合中国实际，正式确立了1985年初版中初步提出的独特发展经济学体系，包括发展经济学的对象和方法、学派和基本理论、经济发展因素分析、经济发展战略与政策、经济发展的机制、经济发展的外部条件及实证研究等。不仅如此，后人耳熟能详的许多发展经济学名词概念都出自此书，如发展中国家、二元经济、剩余劳动、人口流动、刘易斯拐点、托达罗模型、贫困陷阱、增长极、起飞、主导产业、前向联系与后向联系、库兹涅茨曲线、两缺口模型、进口替代、出口鼓励等。该书以其对西方发展经济学全面系统而深入的论述而经年不衰，成为发展经济学领域的经典著作。美国著名发展经济学家、哈佛大学国际发展研究所所长帕金斯称赞道："此书的广度和深度给我以深刻的印象，我相信它将成为中国使用的一本标准教科书。"

1989年，谭崇台先生应哈佛大学之邀三度访美，他的妻子也相伴随行。天有不测风云，这一年春夏之交，北京天安门发生政治风波。国际反华势力趁机煽风点火，美国修改移民政策：中国留学生和留外人员可无限期滞留。在此中国国内形势不明、国际局势紧张之际，一众朋友均想以高薪优待留住他，更有朋友直截了当地问："你曾经荒废了几十年时间，这时候回去不怕又和30年前一样？"相似的一幕得到的仍是相同的答案，谭先生谢绝了朋友的善意挽留，脸上的微笑一如42年前的坚定无悔。

早在20世纪80年代初，在打算系统地将西方经济学介绍到中国之前，谭崇台先生就考虑梳理西方经济学的发展史，以把握这一学科的发展规律和未来的动态发展方向。然而他在大量阅读后发现：目前流行的经济学说史一般以价值理论和分配理论为主线，这样做有其合理性，然而仅以批评为目的来写学说史会妨碍后人对前人经济思想的继承和扬弃；而以经济增长和发展为线索研究经济学说史更符合经济学的基本使命，也能更准确地把握不同时代经济学家们的思想脉搏，因为古典政治经济学家主要是关心国民财富的增长问题，增长和发展问题是斯密等古典政治经济学家研究的重点。为此，谭先生在1982年发表一篇题为"从资产阶级经济思想史看经济发展理论的源流"的论文，呼吁学界注重研究经济学家们涉及经济增长和经济发展的思想，"写出一部经济发展思想史"。在1984年的一次全国性外国经济学说研讨会上，与会者对他的这一观点产生了强烈反响和极大兴趣，认为这是个重大的理论创新。1993年，历经10载，由他主编的《西方经济发展思想史》正式出版，填补了这一理论空白。书中，谭先生尤为重视对古典经济学家的经济增长思想的研究，他悉心研究了重商主义、重农主义、重农学派、亚当·斯密、李嘉图等人的经济思想，得出了许多前所未有的重要结论。譬如，他认为，亚当·斯密对经济学的贡献不仅限于劳动价值论，他还是经济增长分析的第一人，他的巨著《国富论》自始至终是以经济增长为主线的，尤其是他主张劳动分工是提高劳动生产率、进而提高经济增长水平的源泉；主张从动态角度研究经济增长的状况和前景；主张开发人力资源，发展教育，提高人口素质；主张资本积累是经济增长的源泉；这些观点都与现代发展理论有着直接的渊源关系，并且对现代发展理论仍然具有重要影响。又如，他认为，李嘉图提出了比较成本学说和完整的自由贸易理论，确立了"贸易是增长的发动机"的重要思想，这不仅是现代贸易理论的基础，而且同斯密的看不见的手的主张一起，构成了发展经济学中新古典主义自由市场经济理论的基础。而关于西方学者提出的在1848—1945年经济发展思想从主流经济思想中消失，即所谓一百年的"静止的插曲"，谭先生也表达了他的不同观点。他认为，即使在这一百年间，也有许多经济学家形成了相当丰富的经济发展思想，比如马歇尔对规模经济和人力资本的研究，熊彼特对技术创新、企业家精神和经济周期的研究，李斯特对经济发展阶段的划分和对后进国家发展问题的研究，克拉克对经济增长条件和产业结构演进的研究等，对于现代经济发展理论都有显著影响，在某种程度上甚至可以说构成了现代人力资本研究和制度创新研究的雏形。不同于许多人认为凯恩斯的经济思想与发展经济学无关的看法，谭先生认为凯恩斯对于国民收入的总量均衡分析可以用来分析发展中国家的总供求平衡问题，凯恩斯对于政府进行宏观干预以实现经济发展目标的论述对于发展中国家经济计划、发展战略提供了工具和手段，这些对经济发展理论显然具有借鉴和启示意义。

进入20世纪90年代，年届八旬的谭崇台先生仍然保持着对西方发展经济学的高度敏感和密切追踪。他注意到，80年代之后，西方发展经济学有了很大的发展演变。尤其是20世纪60年代中期以来，新古典主义发展理论开始复兴并逐渐取代结构主义成为发展经济学的"显学"：新古典主义发展经济学家批评结构主义过分强调发展中国家经济的特殊性。他们认为，尽管发展中国家在发展基础、社会背景等方面与发达国家相比存在很大的差异，但是经济发展的道路本身应该是相同的，发达国家的今天即是发展中国家的明天。因此，他们主张以新古典主义的分析方法研究发展中国家的经济问题，并提出了一系列以充分发挥市场机制的作用、"矫正价格"为核心的发展理论及其政策主张，并以此修正结构主义发展理论：从片面强调工业转向重视农业，从片面强调物质资本的形成，转向重视人力资源开发；从片面强调计划转向重视市场；从片面强调封闭性的进口替代转向开放的出口鼓励。与此同时，在实践上，一些发展中国家在新古典主义发展经济学的影响下，改变经济发展战略，注重市场机制，使国民经济逐渐焕发活力，出现了持续、快速的增长。其中，东亚的几个国家和地区的经济绩效尤为突出，被称为"东亚奇迹"。因此，发展经济学的理论地位遭到种种诘难。更有偏激的经济学家认为发展经济学"在经历了兴起后一个显著的增长期之后，20世纪80年代在新古典主义经济学家和西方新马克思主义者的夹击下，转入了收益递减时期，难以出现新的思想，该领域再也不能充足地再生产其自身"，因而"已近衰亡"，从而"只有一种经济学，这就是包括国际经济政策在内的广义的新古典经济学"。为了正确评价和对待发展经济学，谭先生试图通过对80年代以后出现的新观点、新理论的研究，回答发展经济学这门学科的存亡问题。经过几年的潜心研究，又一重大成果——《发展经济学的新发展》在1999年面世。该书是国内第一本对发展经济学理论的演变和发展进行全面归纳整理的高层次学术著作。在书中，谭崇台先生在国内开创性地提出把80年代以来的经济发展理论的主流思想概括为新古典政治经济学，将这一阶段的发展经济学出现的新制度主义经济学、新增长理论和可持续发展研究这看似不相关的三个突出发展，以新古典政治经济学思潮为主线贯穿起来，对发展经济学的新发展进行了全面而又客观的评价与概括。许多学者指出，这一概括极其新颖而又中肯贴切。此外，谭先生对70年代出现的新古典主义思路复兴的评价也是精辟入里，极具说服力：在充分肯定了新古典主义观点与政策积极意义的同时，也客观地指出它的缺陷与政策失误。

谭崇台先生的以上三部重要著作《发展经济学》（1989年版）、《西方经济发展思想史》（1993年版）和《发展经济学的新发展》（1999年版）构成了他对西方发展经济学研究的完整体系，填补了国内在这方面的多项空白，大大推动了学术界对发展经济学进行更深入和仔细的研究，成为中国发展经济学"皇冠"上三颗耀眼的"明珠"。

随着改革开放日益深化，中国历史上遗留的短缺现象逐渐减轻，但直到20世纪90年代初还未完全消失，进入21世纪后，国民经济总体上迅速富足起来，丰裕终于代替了短缺。但是，中国在丰裕中也出现了新的贫困现象，许多国内外经济学家甚至发表了"中国经济将在2008年崩溃"的悲观言论。谭崇台先生并不赞成这两种观点。2002年，谭先生第一次指出并剖析这种发展中国家在经济发展到一定阶段后出现的"丰裕中贫困"问题。他根据我国国情，借用凯恩斯"丰裕中贫困"的说法，把现存的贫困现象分为四类：一是有效需求不足，主要是消费需求不足；二是相对贫困扩大和绝对贫困继续存在；三是失业总是难以解决；四是环境污染和生态破坏。而当前中国出现"丰裕中贫困"是暂时的，同凯恩斯所说的"丰裕中贫困"具有本质上差异。与这种经济快速增长带来的丰裕相伴的是有效需求不足、相对贫困和绝对贫困的存在、显性失业和隐性失业严重以及环境污染和生态破坏等贫困现象。只有重视并消除这些贫困现象，经济才可能达到真正的富裕。为此，谭先生提出了自己的观点和建议：中国扩大内需的途径，不仅是强调刺激消费需求，而且应当把目光转向投资需求；民间投资很重要，在民间投资受到种种限制的情况下，政府需要实行积极的财政政策来兴办公共工程和基础设施，但是必须同时依靠稳健的货币政策来防止出现通货膨胀等。他还中肯地评价道：我国的这些贫困现象与发达国家有明显的区别，它们只是在一个时期中出现而非永远存在，经济发展的最终目的还是实现共同富裕；我国的贫困具有发展中国家结构上的特点，不只是需求不足和公开失业，而且存在着庞大的剩余劳动力和相对贫困；许多贫困是历史的遗留问题，这些贫困是我国从生产力低下、供给不足的短缺经济转为丰裕的过程中不可避免出现的情况，政府应当出面采取必要的手段而不是听之任之。2003 年，谭先生发表《扩大需求 重在何处》一文进一步表达了他对中国经济内需不足的忧虑。对于消费需求不足的问题，他根据凯恩斯关于消费倾向是稳定的观点得出结论：消费的改变主要取决于收入的多寡，在大多数居民收入水平没有提高的条件下，呼吁提高消费率的想法，不过是一厢情愿。他非常重视投资需求对经济的贡献，认为投资在宏观经济中起双重作用：其一，投资的急剧变动将对总需求进而对产出和就业产生重大影响；其二，投资导致资本积累，通过建造房屋和设备，使社会的潜在产出得以增加，长期经济增长得到拉动。因此，投资发挥着影响产出和收入的双重作用。基于这些认识，他提出扩大需求，重在提高人们的收入。根本途径应当是：调整结构、发展生产、扩大投资和提高收入。

即使已过耄耋之年，谭崇台先生仍孜孜不倦地在发展经济学这块园地上辛勤耕耘。他将发展经济学理论的触角深入发达国家早期经济发展的历史进程，把研究目光焦距于对发达国家早期发展与当今发展中国家经济发展进行跨期比较研究，使"不同时点"的经济发展问题在统一的理论框架中得到逻辑一致的分析与阐释，从中找出经济发展的共同规律和不同的特点。这种基于"双重经验事实"的理论探索，不仅拓宽了发展经济学的研究领域，使其理论更严谨、更具解释力，也为当今发展中国家的经济发展实践提供了更具体的历史参照系、更丰富的经验借鉴和更有力的理论支撑。这在国内外都是一个全新的研究领域。2008 年，在谭先生及其门下弟子的共同努力下，又一部鸿篇巨制《发达国家发展初期与当今发展中国家经济发展比较研究》问世。该书主要分为三篇：第一篇是经济发展历程，分别对英国、法国、美国、德国、日本和当今发展中国家的经济发展进行了国别考察。第二篇为经济发展要素比较，从人口、资源、环境、资本形成、技术进步、对外贸易和国际资本等要素分别对发展初期的发达国家和当今发展中国家进行了比较。第三篇是经济发展模式比较，从工业化、农业现代化、城市化和人口流动、政府的作用等角度，详细考察了发展初期的发达国家和当今发展中国家的共同点和差别。这些比较从三个方面展开：一是从经济史角度比较两类国家的经济发展实践，二是从经济学说史角度阐述这些国家采取各种战略和政策的理论依据，三是把当代发展经济学理论与早期经济发展思想进行比较分析。该书独树一帜的理论框架打开了一个发展经济学研究的全新视角，大大扩宽了发展经济学的研究范围，受到学术界的高度评价。

谭崇台先生与诺贝尔经济学奖获得者、前世界银行副行长斯蒂格列茨交流

在其他花甲之年的老者享受退休后的悠闲时光，与老伴共享天伦之乐时，谭崇台先生却在 20 年的压抑和沉寂后奋起，传道、授业、著书立说，给中国经济学领域带来一部部惊世之作。在那些电脑尚未普及的年代，书中工工整整的一笔一画均是他殷切的心血凝就。或许，那动荡晦暗的漫长岁月里，特殊的政治环境下他不能发表任何作品，但他并没有白白浪费，他一定是在隐忍与蛰伏，在静心等待时机。果然，他等到了。他吟咏着"千嶂沉云驱旧事，老树逢春发青枝。登山莫问山高峻，呕心沥血赋新辞"迈入自己学术和生命中一个崭新的时代，在长长的 35 年里一砖一瓦亲手铸造了中国发展经济学这座宏伟的殿堂。

东湖碧波早非梦，六旬执教在汉荆

直至 2013 年，已经 93 岁高龄的谭崇台先生依然坚持奋斗在教学科研的第一线，亲自指导博士生，在他热爱的经济学岗位上培育英才。或许青年求学时遇到的诸多大师的严谨认真在他心里产生了难以磨灭的印象，以至于多年来他也一直以这样的严谨自律修身教学。时至当日，谭老还清楚地记得国文老师叶圣陶先生每次批改学生的作文都会一篇一篇仔细地阅读，每个学生上交的作文本都会留下他用红笔修改过的痕迹。"叶圣陶先生这种严肃认真的治学精神深深地打动了我，在我以后的从教生涯中时常会想起他在灯下为我们批改作文的情形，不断地激励我保持一种认真的治学态度",同时也让谭先生深深感到"一个好的老师可以影响你的一生,因此,当老师的一定要在学生面前树立榜样,不断地熏陶和影响他们"。而1989年重回哈佛大学访问的所闻所见更是令他感触尤深。在这所一流的学术圣地,世界知名教授在给学生授课时都是一丝不苟,认认真真地讲授每一节课。因此,谭先生招收的博士和硕士研究生都必须经过严格的考试,这样做并非有意为难,只是希望学生通过考试磨炼一下自己的意志。而他自己也身体力行,以身作则:多年来,无论刮风下雨,每次上课他都会提前5分钟到教室,而且从不拖堂;每次上课前,都会认认真真地撰写讲义,并经过仔细推敲,一直修改到满意为止。在他看来,知识总是在不断地更新,如果还是沿袭老一套的思想和观点去随便应付教学,不仅是对学生的不负责任,更于心有愧。1995年,75岁的谭先生为他的博士宋德勇一个人开了《就业利息与货币理论》课,每周3次课,每次3小时,开了整整1年。其实他本可以让宋德勇博士跟着下一级学生一起上这门课,但为了不打乱教学计划,谭老仍坚持给他一个人开课。多年以后谈到这件事,宋德勇博士仍感念不已:"师从谭先生的3年,真正是我人生收获最大的3年!"正是这种近乎"执拗"的严谨敬业精神,以及学贯中西的渊博学识,谭先生折服了所有上过他课的学生。"我讲课讲得不错,很受欢迎",谭先生的得意与满足之情溢于言表。

除了治学严谨外,少年时代就坚定的爱国报国心也在数十年的风雨历程中经久不变。年过九旬的谭先生依然精神矍铄、思维敏锐,时时关注着国家时政、社稷苍生。谈及中国十八大以后的中国经济,谭老高兴地说道:"我国新一任领导人去深圳访问,没有封路没有戒严,这样的做法体现了务实的精神,我对未来10年的发展抱有信心。"同时,他对中国经济快速发展中许多处于贫困、弱势境地的农民深表忧虑。他认为,长期以来,我国对于农业的主动作用和积极意义认识不够,加上重工轻农思想导致对农业剩余劳动力实行强制转移,工农产品剪刀差问题严重,对农业的行政干预过度,农民负担过重,凡此种种,都挫伤了农民对于农业劳动和农业经营的积极性。因此,要改变农民的贫困境地,必须稳定和完善家庭联产承包责任制,对农产品实行正确的价格政策,发挥市场力量的作用;同时必须大力发展农村教育和农业科技,通过人力资本的积累和技术进步促进农业的持续增长。而对于进城的农民工,进城以后应该得到平等公正的待遇。"我们的农民工到城市了,是用他原生的劳动力在劳动,辛辛苦苦好些年,老了,回到农村,又不能种地。这些年我们的生活很好,收入提高了,是农民的贡献。我感觉我们对不起农民,他们很贫困。"短短的一段话,包含了老先生无尽的忧国忧民之心。不仅如此，他还在实践教学中时时不忘培养学生的爱国报国心。一位博士回忆道：有一次谭先生上课时说到"新中国成立前四川仅有一家造币厂，无其他任何制造业，日常所用肥皂等物品均仰赖外国供给"时痛心不已，并语重心长地告诫他们，国家落后则会被动挨打，"要做一个爱国者"。让他们深深为谭先生的爱国情怀触动。谭先生还常常跟学生强调："赚钱是对的，但人生目的不仅仅是这样。我希望你们有成就，但如果是牺牲了社会利益换来成就，就不要来见我。"

即使已经离开了一线执教岗位，谭崇台先生对年轻一代大学生的关切之情却从未消退。在讲座上，与年轻一代的交流也展现了谭先生独特的人格魅力。"我 1939 年考入武大，1943 年毕业，虽然你们算是我的孙子辈，但我还是你们的师兄，你们是我的学弟学妹。你们是'80 后'，我是'20 后'"，幽默风趣的开场白迅速拉近了他与年轻一代的距离。他还现身说法，提醒他们大学生应当解决好两个关系：一是处理好"博"与"专"的关系，二是处理好做人与读书的关系，做到德艺双馨。他回忆道，朱光潜先生在当年出国选拔考试中给他们出的作文题"know something about everything and know everything about something（先博后专）"对他产生了深刻的影响，让他在以后的岁月里时时不忘广泛涉猎，博古通今。而在他看来，最好的"先博后专"的途径就是学历史、读文学。他主张年轻一代多从历史中借鉴有益经验，同时一再强调文学对于一个人人格发展的重要性："中国文学太丰富了，这是我们的无形财产，我们自己不知道，外国人却知道。"言辞间句句是对年轻一代的殷切期望和关怀。

谭先生即使年过九旬，依旧身体硬朗、步履稳健、耳聪目明，令人称羡。几年前，面对媒体的采访，谭老曾大方地分享了自己的养生经验："一是有一种健康的生活方式。我一辈子生活都很有规律，从来都不'开夜车'，每天都在 11 点以前休息。二是保持心态平稳，一辈子心淡如水，上升时不得意，失意时不沮丧。另外，还需要有一个和谐美满的家庭。"说到这里，他和老伴相视一笑。原来，谭先生和他的妻子两家是世交，不过他们的爱情却完全是在相处中自由产生的。"那个时候我在读高中，他在读大学。所以他每个寒暑假回来都帮我补课，英语、数学什么的都是他教我。"谭夫人回忆的时候一脸的幸福。"当时她很尊敬我的，说我是她的小老师，现在不行咯。"谭先生半开玩笑地说道，"当时说她是我的小妹妹，现在小妹妹都已经满了 81 岁了"，两人一言一语间满是惬意与温情。1943 年，23 岁的谭崇台先生与当年青梅竹马的"小妹妹"结为连理，第二年便踏上赴美求学的征程。而这一路上的九死一生和在美国的艰辛生活，谭先生未曾向年轻的妻子吐露半分，数十年后还时时招来谭夫人的埋怨："他都不告诉我，我要是知道的话就不会让他去了，我是很后来才知道的，现在想起来都很后怕。"然而谭夫人对自己作为经济学家的丈夫还是敬爱有加："他这个人认真，为人不浮夸。就是不注意身体。"可爱的谭夫人还分享了谭先生一些鲜为人知的小趣事。平日里做起学问来毫不含糊的谭先生在生活中却时常"犯糊涂"：一次谭先生去银行取钱，竟拿着银行卡就直接把密码报给银行里的人听；还有一次还拿着个 5 角的硬币问谭夫人是什么东西，令她啼笑皆非。"他自己是经济学家，但是对钱完全没概念，也不知道今天的肉是多少钱一斤。"不过，也许正是这点小糊涂背后的豁达与专注，让谭先生在将近一个世纪的人生历程中收获了丰硕的学术成果，和美满的婚姻家庭。

随着在经济学领域，尤其是发展经济学领域里多项辉煌成就的取得，谭先生声名远播，社会各界的赞誉也接踵而来，而他自己却时刻保持着冷静与清醒，对各种光环敬而远之。他不喜欢被人称为"大师"，也拒绝接受"泰斗"这顶桂冠。在他看来，大师要经过几代人的熏陶与心血浇铸；而自己更称不上是登泰山而小天下的"泰山"和北天极至高的"北斗"星。他清清楚楚地给自己的人生定位："我只是一个称职的教书匠"。在他眼中，学术和品德才是五岳之冠的"泰山"与令人敬畏的"北斗"。因此，他经常提醒学生和自己，要严谨治学，虚怀若谷。1997 年，一部汇集谭先生 1948 年回国后撰发的 39 篇重要论文，勾画了他几十年来的学术研究思想轨迹，浓缩了他在经济学，尤其是发展经济学领域中最杰出的学术成就——《谭崇台选集》付梓出版。其中一些早期作品中的学术思想不够成熟，有欠完善，但谭老仍原封不动地将他们放入选集，只字未改。他在后记中解释道："只要一篇文章还有正确的方面，错误的东西就让它保持原样，使读者可以看出我曾经何等浅薄而现在是何等需要不断探索，从而对我的一生有较全面的了解。"一介宗师严谨治学、表里如一、虚怀若谷、不断进取的形象跃然纸上。2008 年 11 月 26 日，为庆祝与感念谭先生在珞珈山执教 60 周年，武汉大学经济与管理学院举行"谭崇台教授执教 60 周年暨谭崇台学术思想研讨会"，省市政要、学苑名家以及众多杰出校友齐聚珞珈，共襄盛举。昔日作文中"东湖碧波梦，珞珈翠微心。国破山河在，何年到汉荆"的神往与梦想如今已变成"东湖碧波早非梦，珞珈翠微绿入心。国泰民安兴百废，六旬执教在汉荆"的真切与现实，珞珈山下 60 年的风雨岁月仿佛只是一瞬。而面对各界名流的敬仰赞誉，儒雅淡泊的老先生在最后致答谢辞中，再次拒绝了来自各方的"敬称"，并反复强调自己"绝不是泰山北斗，做得很不够"。2010 年 6

月，两位弟子在谭先生 90 寿诞之际送来一块朴实无华、分量十足的匾额，在他们看来，先生坎坷厚重的一生是对匾上"重世以德"四个大字最好的注解。这之后，谭先生最大的心愿，便是能在有生之年写出一本属于中国的发展经济学。

谭崇台教授执教 60 周年庆典

2017 年 12 月 9 日，谭崇台先生因病在武汉逝世，享年 98 岁。

他和他的祖国一起，从战乱走到和平，从贫穷走向富足。他更以自己的足迹丈量了东方与西方、developing 与 developed、理论与实践的距离，更以自己的心血探索从传统到现代、从贫穷到富强的发展路径。他学贯中西的渊博学识、深厚精湛的传统文化底蕴、经世济民胸怀天下的人文情怀、淡泊名利虚怀若谷的高尚品格、诲人不倦奖掖后进的大家风范，影响了众多学生与学者。他所致力于精研求索的发展经济学理念和思想激励着一代又一代中国经济学者不断探索、深入新时代背景下中国经济发展的现实，反思、建构和创新发展经济学理论，在发展经济学的新发展中注入中国的经验和理论元素，开创发展经济学的中国时代。

图片来源：武大名师库 http：//msk. lib. whu. edu. cn/personal. jsp.

◎ **参考文献**

1. 别朝霞. 谭崇台教授：中国著名的发展经济学家. 中国地质大学学报（社会科学版），2004，4（5）：1-8.

2. 呙中校，吴骁. 武大"哈佛三剑客"漫记. 武汉大学校友总会，2005-10-28.

3. 郭熙保. 谭崇台先生对中国发展经济学的贡献. 经济评论，2008（6）：5-8.

4. 韩晓玲，陈睿溪，徐思. 谭崇台：写一本中国的发展经济学. 湖北日报，2011-8-23.

5. 胡永华，孟威. 传道授业　桃李天下——记著名经济学家谭崇台教授. 今日湖北，1999（7）：22-25.

6. 怀俊. 厚德博知　仁爱躬耕——记发展经济学家谭崇台教授. 武汉大学报，2010（8）.

7. 洁身自好　力争上游：谭崇台先生漫谈武大学风. 新华网，2003-09-15.

8. 李功耀. 谦逊的学者　淡泊的宗师——记西方经济学家谭崇台教授. 财政监察，2002（7）.

9. 刘丹. 千万不要叫我大师，我只是一个老师. 长江商报，2011-05-09.

10. 宋宗宏. 道德文章　大家风范——记导师谭崇台先生. 广西经济管理干部学院学报，2013（2）.

11. 汪琦，刘耘. 谭崇台：大师小事真性情. 珞珈新闻网，2007-12-05.

12. 谭崇台. 武汉大学校庆征文. 谭崇台谈武大精神. 武汉大学新闻网，2013-04-18.

13. 肖本雨，汪凤娇，黄一凡，张彤霞. 谭崇台：做人与读书. 珞珈新闻网，2007-11-06.

14. 余果. 谭崇台：深感不安的发展经济学大家. 中国青年网，2009-09-04.

15. 周呈思. 发展经济学大师谭崇台：中国需要务实的改革. 支点，2013（3）.

16. 周洁. 谭崇台：我就是一名老师. 珞珈新闻网，2009-02-25.

17. 邹薇，庄子银. 《谭崇台选集》评介. 经济评论，1998（2）：89-93.

◎ 作者简介

王今朝，男，1972 年 7 月生，2003 年毕业于武汉大学商学院，获得经济学博士学位。武汉大学经济与管理学院教授。

唐晶星，女，1990 年 11 月生，2019 年毕业于武汉大学经济与管理学院，获得经济学博士学位。广东财经大学经济学院讲师。

三代情缘忆恩师

魏　龙

导师、同学、同事，这是我与恩师谭崇台先生一家三代深厚情缘的写照。

1994 年，我考入武汉大学经济学院外国经济思想史专业，不久后转入谭先生门下，在谭先生的细心指导下攻读博士学位，开启了系统的经济学思考。在武大的 3 年学习期间，我认真完成各科学习，最后以全优成绩通过博士学位论文答辩。如今，恩师已驾鹤西去，回望过去 30 年，先生恩德，铭记于心，点滴难忘。

同期，我与谭先生的长子谭力文在武汉大学同窗共读、同日答辩后毕业。①

20 年后，谭先生的外孙女余珮从法国巴黎一大博士毕业回国后不久，加入我现在工作的武汉理工大学经济学院，我们成为工作同事和学术团队伙伴。

师 生 情 缘

33 年前的一幕至今记忆犹新：1990 年 2 月，南开大学国际经济系与世界银行合作举办的第二届国际经济学研究生班开班。杨敬年先生、薛敬孝先生②和世界银行派遣的外籍专家 Peter M. Lichtenstein 教授在开班仪式上推荐和分发了十几本中英文书籍，其中唯一的一本中文教材就是谭崇台先生独著的《发展经济学》③。杨敬年先生特别提到这是国内出版的第一部发展经济学著作。当杨先生

---

① 1997 年 5 月 18 日，我与谭力文教授、陈银娥教授通过了由张培刚先生主持的武汉大学博士学位论文答辩。谭力文教授后来担任武汉大学经济与管理学院副院长，博士生导师。

② 杨敬年教授是著名经济学家、翻译家，牛津大学博士，南开大学著名"百岁教授"之一。薛敬孝教授时任南开大学国际经济系主任。

③ 谭崇台 . 发展经济学 . 北京：人民出版社，1985.

得知我是武汉来的学生后说，武汉大学有一位非常令人尊敬的谭崇台先生。我在大学本科阶段学习西方经济学的教材就是谭先生和刘涤源先生共同主编的，但没有机会聆听谭先生亲自授课。回到武汉后，我一边工作一边积极备考，杨敬年先生还专门给谭先生写了推荐信。1994年9月我考入武汉大学，开始攻读经济学博士学位。

在我的学术道路上，我十分有幸受教于谭先生。先生的理论贡献在学术界和母校早有高度评价。即使在毕业离开武大后的近30年里，我也有幸长时间领受老师耳提面命的教诲。2002年我受教育部"教育振兴行动计划"和国家留学基金委委派到美国留学。在出国前一天，我登门求教先生如何做好在美国的高级访问学者项目。其时，我作为年轻的教授，对美国大学的学术环境和要求知之甚少。先生多方面提点我，再次回忆起先生当年到哈佛求学的一段艰难岁月。谭先生满怀深情地说，如今国家发展好了，你一定要珍惜机会，努力学习，提高自己，贡献国家。我到达美国后的第一篇日记里还清楚地写着一段话："先生见面即对我奖掖有加，我未敢飘飘然。此行哪怕是与先生当年去哈佛的意义有十分之一相比，我也敢说我要到美国留学，学成后如何如何……"

十多年前一次偶然的机会，在力文大哥的陪同下，当时年近九旬的谭先生和韩师母到我家中探望学生，还坚持遍览了家中里里外外，感叹国家发展与进步。先生桃李遍天下，得此荣幸是我终生铭记的一幕。我深深感受到了先生一生谋经济发展理论的家国情怀、严谨求实的学术品格、谦谦君子的大家风范。

谭先生的道德文章在学术界和众多弟子中有口皆碑。2020年6月9日武汉大学召开谭崇台先生百年诞辰纪念大会，来自北京大学、复旦大学、中国人民大学、南开大学、南京大学、中山大学、华中科技大学及武汉大学等高校的专家学者150人参会。著名经济学家林毅夫、洪银兴、赵忠秀、张军、韦森、盛斌、张辉、方福前、沈坤荣、刘守英等及泰康人寿发起人陈东升先生、中诚信集团创始人毛振华先生等杰出校友、学生参加纪念会，对谭先生在中国发展经济学领域的开创性贡献和教育启迪给予高度赞许。我作为四位学生代表之一发言，再次表达了师从先生的感激之情，深切缅怀先生教诲的点点滴滴。

同 学 之 谊

谭力文教授是我在武大求学期间的博士班同学。其时他已是武汉大学经管学科的中坚之一。师承与家教，赋予他博学、儒雅的品格。多年后，他仍然像兄长一样关爱我、支持我，从不炫耀家世和自身不凡的学术成就，也不顾忌年长于我许多，经常主动嘘寒问暖，处处散发着谭家纯厚、谦逊的家风。

1994年我的大学同学龚隐春当时在另一所大学任教，她也投师力文教授门下，攻读硕士研究生，在武大再续别样同学之谊。

同事互勉

谭先生挚爱的外孙女余珮从武大毕业后到法国留学。2012年她从法国巴黎一大博士毕业，被对外经贸大学作为人才引进。余珮博士回国工作不久，因家庭团聚原因正考虑回武汉工作。武汉大学等武汉高校都希望引进。我在法国波尔多高等商学院讲学期间曾在巴黎见过正在攻读经济学博士学位的余珮，当时还带着谭先生送给她的书籍。谭先生得知我所在的武汉理工大学也希望余珮加盟后，专门约我到家中长谈，之后征求余珮意见后就商定到武汉理工大学经济学院工作。于是，我和谭家第三代又成了同事。在谭先生病重期间，尽管言语表达受限，医院病榻前仍不忘对学生们殷切关爱、对后辈无限关切和期盼。

余珮博士加盟武汉理工大学后的短短10年间，兢兢业业，克服各种困难，顺利完成从大学讲师到副教授、教授和博士生导师的职业跃升。如今，余珮教授已在国内外顶尖的经济学刊物发表多篇学术论文，主持多项国家基金项目研究，还作为子课题负责人，参与了两项国家社科基金重大项目的研究工作。在武汉理工大学经济学院定期召开的学术组会上，我们一起探讨经济学问题，共同指导研究生，互相支持，相互鼓励。她也众望所归地担任所在专业的系主任，充分展现了青年才俊的学术能力和谭家深厚的学术滋养。

"绿竹半含箨，新梢才出墙。"杜甫咏竹的诗句让我时常忆起在武大珞珈山下、东湖之滨秀丽洁净、淡雅清香的诗书氛围。谭先生的人格魅力和经济思想，如同坐落在武大校园里的雕像，隽永而深刻，激励着寻求经济现代化理论的一代又一代武大经济学人不断深耕厚积，为新时代的中国经济发展理论继续努力探索。

◎ 校友简介

魏龙，男，1966年3月生，1997年毕业于武汉大学经济学院，获得经济学博士学位。武汉理工大学经济学院院长，教授。

永远的老师：曾启贤

朱　玲

　　时光飞逝，转眼间武汉大学经济系教授、恩师曾启贤去世近 20 年了。说来惭愧，若非校友关敬如打来电话，我还没有考虑如何表达对他的纪念，下面的文字，多是 10 年前写成的。但是，我常常会在不经意间想起他。曾有好友说道，人的心里实际上排列着很多的空格，占据其间的是自己的亲人、师长、同学和朋友等，占得满满的，心理就很满足。平时不在意，因为他们都在，可一旦某位至爱亲朋离去，有个角落就空出来了，空虚感便油然而至。对此，我的评论是：曾经被占据的"格子"不会变成虚无，因为对逝者的思念还在那个空间。我对曾老师的怀念，就是这种感觉。

　　我视曾老师为恩师，最初是因为他于"文革"后首次招收研究生便不拘一格选人才，将我们这些年龄、学历和经历大相迥异的学子汇集珞珈山，使大家饱享知识的阳光雨露，为后来各自选择的事业打下了坚实的基础。至于我自己，早在 20 世纪 70 年代初就有志于经济学研究，无论是在工厂做工还是在中学教书，都孜孜矻矻地利用业余时间自学。好容易盼到 1977 年恢复高考，却由于专业选择有限而进了西北大学历史系，幸亏历史系学风淳厚兼容并包，加之早年毕业于武汉大学的何炼成教授大力举荐，西大破例允许我报考 1978 年的政治经济学研究生。我虽学历短浅，却承蒙曾老师不弃而有幸进入武大，实现了走向学术道路的梦想，度过了生命中最快乐的 3 年时光，每当回想起这一切就对曾老师充满感激。

　　我之感激曾老师，还不仅仅是由于上述经历。他的品格和学识以及为人与处事所给予我的教益，不是感激二字能表达尽致，也不是这篇短文可包容无遗的。记得他每次给我们授课总是端一个大水杯，提一大摞资料，旁征博引，侃侃而谈，还不时与我们有问有答交流看法，使大家在不经意中得到启迪顿开茅塞。那时经济学课程还没有脱离传统的苏联模式，我在入校前既未看过东欧有所创新的经济学专著，也未接触过西方微观经济学或宏观经济学课本，更遑论其他现代经济学理论。即使是那些有本科学历的同学，对此也知之甚少。因此，我对曾老师有关东欧经济学家改革理论的介绍和对西方经济学家的评述感到既新鲜又好奇，课后总会不由自主地循着他提供的线索去查阅资料。但凡从图书馆或资料室借不到所需要的文献，曾老师的私人藏书总是向我们开放的。在他的引导下，我的眼界随着知识的增多逐渐开阔，从教学活动中获得莫大的精神享受。

常言道："师傅引进门，学艺在本人"。这强调的是学徒的主观能动性。问题是倘若师傅引错了门，那就不知学徒是否能学到市场所需要的本领了。我很幸运地在中国经济和经济学即将开始转轨的时刻，遇到曾老师这样富有远见和创新精神的学者。每当提起经济学的发展，他都坦率地说自己的数学基础薄弱，难以掌握数理经济学；只会"哑巴英语"，能读不能讲，没法与西方经济学家深入交谈。为此，他大力倡导经济系开高等数学课，在同学们通过基础外语之后，设置专业外语课。给我印象最深的是，他邀请几位20世纪40年代从欧美留学归国的教授为研究生讲解原版的英文经济学论文，自己坐在教室最后一排与学生一起旁听。曾老师还特为我们设置"西方经济学入门"讲座。他从当时的华中工学院请来自己的硕士导师张培刚教授讲微观经济学原理，请本校的刘涤源教授讲宏观经济学入门，请谭崇台教授讲发展经济学理论。几年后，当我在书店看到这几位教授的专著，得知上述课程已列入高校经济系教学大纲的时候，自然更加佩服曾老师对课程设置的改革和对学生知识结构的指导所具有的前瞻性。

我之敬佩曾老师，不仅仅在于他学识渊博思想深邃。他对科学的忠诚、对学术讨论的民主和对学生的平等态度，使我永远敬重他。进校一年以后，曾老师要求我们开始自选毕业论文题目。八九位同学专长不同，兴奋点各异，选定的题目自是五花八门。他在听我们做汇报时，先是默不作声，等大家都说得差不多了方才一一评论，其中有几点看法，我至今还记忆犹新。一是选题要小，小题大做容易将研究引向深入；二是做论文要独立思考，有自己的见解，只要能自圆其说就行；三是论文不拘长短，但求高质量。说到这里，他还找出一本小册子让大家传阅。那是本译著：斯拉法的《用商品生产商品》。曾老师不紧不慢地介绍它：别看文章短，却是大卫·李嘉图之后的一篇经典之作。那时候我不知天高地厚地总想制造体系，洋洋洒洒地写了一篇大约16万字的论文，未能完全按照曾老师的建议去做。然而他耐心地呵护学生的"创造性"，细心地审阅我的论文，并提出中肯的修改意见。论文定稿后，他请来中国社会科学院经济研究所的董辅礽教授担任答辩委员会主席，为我进入经济研究所提供了有力的支持。

曾老师讲的道理，我直到做博士论文时才真正明白，因而也就越发由衷地为他当年的雅量所折服。他虽然听凭学生自由选题，但并非放任自流。不仅严格审订每个人的提纲，而且对达不到学位标准的论文毫不通融，即使学生已走上工作岗位，要想取得学位也必得将毕业论文提高到学位标准水平才准予返校答辩。当然，如此严谨认真的教授在武大并不止曾老师一人。这里之所以对此专门提上一笔，是因为近年来花样繁多的腐败活动正在侵蚀着圣洁的学术殿堂和学位制度，以至于各种学位和职称犹如通货膨胀时的货币一样迅速贬值。因此，曾老师以及所有为维护学位制度的严肃性而铁面无私的导师，在我脑海里留下的形象就日益鲜亮起来。

曾老师之严谨认真，还体现在他恪守工作时间表的努力之中。这里不是要说他如何守时、一丝不苟，因为那已成为融入他生命中的一种自然品质。我想讲的故事，发生在1981年的夏秋之际。武汉的炎热使我至今回想起来似乎还要浑身冒汗，80年代初电扇还未普及，更别提空调了。每天一大早，只消看看楼顶上、大街旁的竹床上辗转一夜方才入睡的人们，就知道武汉人是怎样以顽强的意志在忍受酷暑的煎熬。可那时，曾老师不得不在盛夏期至少审完五六篇由他直接指导的学位论文，还要阅读几篇要求评论的手稿，工作量至少在百万字以上。暑假来临，完成论文的同学先后带着手稿回家打印。我和几位等待审稿的同学留在学校，隔三岔五地去曾老师那里取回他审完的部分，根据他的批注修改或重写。这种流水作业方式使我感到挺轻松，然而诸位学生的轻松凝聚到一起就对导师形成巨大的压力。有一次去送稿，看见平日衣冠齐整的曾老师光着个脊背在他门前的大树下审稿，一边不停地呼扇着大蒲扇，一边盯着铺在小桌子上的稿子写写画画。听到我的招呼，连连说："对不起，对不起，天气太热了。"一边抓起大毛巾擦汗，一边换了副眼镜进屋套上汗衫出来。我这才注意到，对于他这样既深度近视又严重散光的人来说，如此紧张的阅读实在损害视力，所以就告诉曾老师我并不急着回家，劝他放慢工作节奏。可曾老师坚持要按计划办，说开学之后就得组织答辩，不能耽误同学们毕业。

那年入秋，待我携打印稿从家里赶回学校，听说曾老师阅完9篇论文之后终于病倒了。大家心里都过意不去，曾老师却不以为然，还把带了罐头去医院探望他的学生训了一顿，认为这当口儿送食品给他是太世故了。类似这样令人下不来台的事还不止这一回，可是非但没有损害他与同学们的往来，反而赢得了更多的尊重。曾老师的家庭在"文革"中受到影响，夫人去世，儿子重病。也许家庭的不幸使他更加专注于教学与科研，并赋予他对学生一种亦师亦父的情感。单说毕业分配之前，他就像传统的中国父母对待子女一样，既舍不得我们离去，又期望我们到自己向往的地方成就一番事业，并尽可能帮助每个人实现自己的愿望。记得他征求我对留校的意见时，我坦言相告，希望能去孙冶方工作的地方。曾老师沉思良久才缓缓地说："经济所是个做学问的好地方，可是武大也并不差强人意呀，系里还会给你继续深造的机会。"我没有急于比较这两个机构的高下，只是给曾老师打了个比方，把学生比作他的作品，问他是否有勇气把自己的作品拿到竞争最激烈的地方去检验。这一通激将法可能击中了要害，曾老师深深地叹了一口气："唉，既然你执意要走，就去找研究生处的处长谈谈吧，我会帮你的。"此后他果然尽其所能助我实现了进入经济所的梦想。此间有一位计划留校的同学迫切想回家乡的省城工作，可他羞于出口，让我去找曾老师探讨。不想我刚一说完，曾老师就拍案而起："他也是我的学生，为什么不直接找我而要你来做说客?!"我尴尬地无以对答，干脆二话不说当了一回通讯员。10年之后，也就是1992年，我遇到那位当了省计委副主任的昔日同窗，回忆起这段往事，他感慨万分地说，可惜曾老师没有活到今天，要是他看到咱班同学都还算争气，该有多高兴!

20世纪80年代初，"代沟"曾一度成为使用频率极高的词汇，可是我从未感到与曾老师沟通有什么困难。在校期间，他的一系列创新举动使我觉得他的思想和自己一样年轻；毕业之后，又因为他不耻下问、随和亲切而视他亦师亦友。1985年底，我从德国回来准备下乡做抽样调查，恰遇曾老师带了学生赵青华到经济所办事。毕业四年有余，这是第一次重逢，师生都很兴奋。尽管所里的前辈同事嚷嚷要我请客，还是曾老师掏腰包请董辅礽教授和我聚餐。那顿饭吃得热闹非常，天南地北、经济文化，无所不谈。饭后见小赵要帮曾老师穿大衣，我就忍不住提起德国见闻，说那里的礼仪是男士帮女士穿大衣。曾老师一听就笑着摆起架子来："这里可是中国，我才不管德国有什么礼仪呢。过来! 帮我穿大衣!"董老师和小赵都在发笑，我只好乖乖照办。

次年，曾老师数次进京参加政治经济学辞典编委会会议。会议地点在国务院第一招待所，距经济所不远，休会的时候他常到所里来看看。当时改革开放已取得举世瞩目的成就，经济学界也新人辈出百花齐放。时年六十有五的曾老师，满怀欣喜地看待这翻天覆地的变化，不仅积极地调整自己的视角和知识结构，而且还想摆脱"哑巴英语"的状态，每次见面他都要问起外语强化训练的细节，与我切磋口语练习的窍门，并不时来一段英语情景对话。当然，我也不失时机地请他指点我的博士论文写作计划。曾老师又一次强调他在 1981 年给我们全班同学的提示，那就是深入细致地把中国经济运行机制搞清楚。这在 20 世纪 80 年代初我国经济学研究或多或少还未摆脱苏联政治经济学概念推演窠臼的时候，他促我及早警醒；在 80 年代中期经济学界出现一股生搬硬套西方经济学的风气时，他的建议又激励我踏踏实实做好田野调查，理论联系实际，运用规范的经验研究方法，做出具有中国特色的专题成果。

回首往事，师生互帮互学的情景是多么令人怀念，人生旅途中能遇到这样的良师益友是何等幸运。也许是因为曾老师以高尚的品质和精神为我树立了终生学习的榜样，我才能不假思索地为本文找到"永远的老师"这个标题，这也恰恰是他留在我心中的一个不灭的形象。

（摘自《经济学家茶座》，2009 年第 1 期）

◎ 作者简介

朱玲，女，1951 年 12 月生，1981 年毕业于武汉大学经济学系，获得经济学硕士学位。中国社会科学院教授。曾任中国社会科学院经济研究所研究员、中国社会科学院学部委员。

追忆曾启贤先生

伍新木

　　曾启贤先生是 1989 年春节前后去世的，他在 1983 年时曾经是经济系的副主任。因为当时我也是副系主任，我们工作上就算是同事。他分管科研、研究生、外事；我分管教学、行政、后勤。他算我们老师辈儿的，但是因为工作关系，在这一段时间我们的关系就特别的密切。他是经济系最早招博士和硕士的研究生导师，而且他非常注重培养年轻人。他就把我当作他的学术助手，也就是让我当学生的副导师。我最早的时候只是一个讲师，后来才是副教授，所以当时我并没有指导研究生的资格，但是他把我作为学生的副导师，破格让我做他的学术助手。

　　曾先生的外语很好，我的外语不好，我的西方经济学基础也不好。他指导学生就成立了一个辅导小组，有 3 个人，有博士和硕士，他是主要的负责人。曾先生吸收了一个外语比我好、西方经济学也比我好的年轻人，叫陈端洁，也做他的学术助手。他觉得我的长处就是对社会主义经济、对中国的国情有比较系统的、比较敏感的关注和了解，因为我当时在政府有很多兼职，做市里和省里的咨询委员，参与社会的实践活动和政府的咨询活动特别频繁。他认为这是我学术的长处，联系实际，接地气，熟悉中国国情。我的缺陷就是对西方经济学没有系统的学习，但是对马克思主义经济学有过比较系统的学习和训练。陈端洁的外语好，对西方经济学经过系统训练，是谭崇台先生的博士，又到耶鲁去读过博士，对美国、西方的经济也比较熟悉。曾先生成立这样一个导师小组对学生的成长是很有帮助的。

　　曾先生当时在整个学校、经济学院的学术地位是很高的。他是校学术委员会的副主任，这个委员会的主任是校长，副主任文科一个、理科一个、工科一个，是一个综合的学术委员会。曾先生就相当于文科部的主任，是文科的一个牵头的身份，是校学术委员会的副主任兼文科部的主任，所以他在学校和教学科研方面就有很高的话语权。因为我们有过这方面的经历，所以我在院里很多年就主张经管学院的院长、经管学院的学术带头人就一定要在学校的学术机构里有一席之地。谭崇台先生去世之后经管院就没有任何人在学术机构有一席之地，评教授、评奖、评科研成果、资源配置统统没有话语权，这是一个很糟糕的事。因为我们是走过来的，一个院系、一个学科的发展，在学校里的地位很大程度上取决于学科的带头人在全校、全国的学术地位。

曾启贤先生曾编纂《中国经济学大百科全书》，是副主编，后来我们也比照编纂了一部《经济学小百科全书》，是一个科普性的也带一点学术性的书。当时在20世纪80年代，经济学是比较活跃的时候。曾先生当时主编了《政治经济学》全国通用教材的资本主义部分，这也是表明了他的学术地位和在学术圈的影响力，也与当时的一些经济学大家有了比较熟悉的关系。

1978年我刚留校不久，什么职称都没有，还是一个小助教。曾启贤和刘光杰先生他们两个到北京去参加理论大会，是在全国政协大礼堂有1500多人的大盛典。他们两位是与会人员，我就是随行的助手，不是与会的正式代表。我在列席旁听的时候有一段发言，大家都注意到我，觉得这个年轻人第一敢讲话，第二讲的观点很有新意。因为曾先生他们是大会的主持人，就决定第二天上午大会发言让我去讲，这就完全违反了程序，因为我没有任何职称，但是发言的结果获得了非常热烈的掌声。那时候有一个很活跃的杂志叫作《经济学动态》，就把我的报告登在了封底作为非常重要的学术论文，并把这个会议的简报发给了邓小平同志，小平同志做了一个很长的批示，充分地肯定了我的学术观点。这个小故事就是说一个院里的学术建设，关键要看这个学科带头人怎么做，它的学术发展和学科发展同时对青年人的发展都是很重要的外部条件。

我和曾启贤先生既是师生又是同事的关系，所以我们的关系就比较密切了。其实曾启贤先生是一个非常孤苦伶仃的老人，当你和他走得很近以后你会发现他非常的孤独。这样一个孤独的老人很有趣，他去世之前在政治上一直很上进。他是一个一生都非常坎坷的知识分子。1966年"文化大革命"初期，曾启贤先生因冒着风险指导学生的两篇论文写作，被人扣上了"培养修正主义苗子"的罪名，因此吃了不少苦头。这样一个命运坎坷、在学术道路也充满波折的知识分子，他对党、对国家却很有信仰，几次申请入党。但是，因为当时的政治环境和家庭出身的问题，一直都未能如愿。一直到 1981 年，也就是他被批准为教授、博士研究生导师的次年才终于光荣入党，也算了却了他一生中最大的心愿。可见，他对信仰的这种坚守应该说是矢志不渝的。其他人都不理解他，不知道他为什么那么执着，其实还是对信仰的执着。

曾启贤先生很孤独，他的爱人丁莹在 20 世纪 50 年代应该说是武大的校花，非常漂亮，非常聪明伶俐。但是在"文革"期间，丁莹不幸罹患重病从此瘫痪在床。所以从"文革"开始曾先生就花了很大的精力陪伴和照顾妻子。可最终丁莹还是没能战胜病魔，夫妻二人从此生死永别。妻子丁莹走后，曾先生一直怀念着亡妻，连丁莹的骨灰盒也放在自己的床头枕边。他的妻子去世了，就只剩下他的儿子。他的儿子叫曾亦丁，他爱人姓丁，他姓曾，他儿子就叫曾亦丁。曾亦丁聪明帅气，有一个爱好就是拉小提琴，拉得非常好。但是很不幸，就是这样一个可爱的孩子在"文革"中身心健康也出现问题，几乎丧失了生活自理能力，完全需要曾先生的照顾。所以曾先生非常的孤苦，让他也没有什么其他寄托，就把所有的精力投入学术当中，他把所有对家人的爱在晚年很多都投入对学生的爱当中，这一点非常感人。

曾先生在晚年没有任何可以依靠的人，就把他的儿子托付给我了。我作为他最亲近的人，也作为学院工会的主席，于公于私，我就承担起了照顾他儿子的职责。当时他有一个保姆，照顾他的儿子和长期卧床的妻子。曾先生 1989 年初去世，他的身体平时一直都很好，但却死于感冒。春节前后在同济医院因为感冒病毒炎症并发，这是一个很小的病，但是发现他身体的体质非常非常虚弱。因为他长期食用简装食品，在家里也不做饭，就吃那些方便面、面包、罐头，几十年长期食用这些让他的身体就变得很差，因为一个感冒就去世了。

晚年他们家的保姆也老了，生活也很凄苦，我就把他的儿子找人安排在了宜昌的一所社会福利救济院。这个福利院的主管是我的学生，也算是对他尽了最大的照顾。

曾启贤先生是 1940 年考入复旦大学经济系，1941 年转入武汉大学经济系。改革开放前武大的经济学非常好，他 1945 年毕业时正好张培刚先生从哈佛大学回武大任经济系主任。曾启贤先生是张培刚先生的第一个硕士生，在这些老人都没有去世前，张培刚先生、董辅礽先生、曾启贤先生加上我，我们几个人的关系可以说是亲密无间。我们不仅在学术观点上志同道合，在师生关系上也很密切。这么多年受他们学品、学风的熏陶可以说是一辈子收益。

◎ 作者简介

伍新木，男，1944 年 4 月生，1969 年毕业于武汉大学经济学系。武汉大学经济与管理学院教授、刘道玉教育基金会名誉会长、湖北省老教授协会名誉会长。

新中国的消费经济先驱——尹世杰

胡晶晶

心忧国民之生计而著学

尹世杰先生在消费经济研究方面拥有全国"六个第一"：第一个把消费经济作为独立学科进行研究，出版了第一本系统研究消费经济的专著《社会主义消费经济学》，获第一届孙冶方经济科学奖，第一个招收消费经济学专业研究生，创办了第一个消费经济研究所——湘潭大学消费经济研究所，创办了第一家消费经济专业刊物——《消费经济》。其人一生为消费经济学殚精竭虑，呕心沥血，是当之无愧的消费经济研究先驱，被称为"中国消费经济学之父"。

对于消费经济研究的执着，在尹世杰先生的青年时代就已经初见端倪。尹世杰先生于 1922 年出生于湖南省洞口县石柱乡。他从小就跟随父亲读《四书》《五经》，儒家学派所倡导的入世、救民思想很早就扎根在了尹世杰先生的心里。加之，那个年代，战火不断，经济凋敝，许多底层群众民不聊生，尹世杰先生看在眼里，心中渐渐就萌发了"经世济民"的宏愿。

后来，对于为什么要从事消费经济研究，尹世杰先生也给出了自己的回答。他说，研究消费经济的起因是新中国成立前看到中国人民生活在水深火热之中，生活十分艰苦。他小时候就看到很多人经常吃不饱、穿不暖，不少人还住茅棚，有些公教人员的工资都不够养活自己。特别是农村，农民生活更加困苦，有的只能外出行乞，有的甚至饿死街头！看到这些情况，尹世杰先生表示自己受到了非常大的触动，从此便开始思考人民生活为什么这么苦，而自己又应如何改变这种情况。

在新中国成立前的那段日子里，尹世杰先生目睹了社会的黑暗与不公，心中激荡愤慨，这种心情，在先生的日记里可见一斑：

"在现实社会里，有许多人是哭天喊地，有些人是欢天喜地，还有些人是昏天黑地，真是'月儿弯弯照九州，几多欢乐几多愁'。"（1947 年 8 月 28 日）

"苦难的中国人民，频年来在生活中熬煎着，熬煎着，在死亡边缘上摸索着，摸索着……穷则变，变则通，人们天天在苦难中'变'着，在'变'之后，总会'通'吧。"（1948 年 11 月 6 日）

"物价又在直线上涨了！人民的生活越来越下降了！有些公教人员一个月收入也买不到一担米，要他们怎么养活妻儿子女，怎么活下去呢？"（1948 年 12 月 18 日）

"古人提出：长夜漫漫何时旦？黑夜过去，就是黎明。是啊！天快亮了，快亮了！"（1949 年 1 月 16 日）

1953 年，尹世杰先生以优异的成绩从中国人民大学毕业，并应当时武汉大学李达校长之邀，来到武汉大学经济系工作。1964 年，尹世杰先生去北京参加一个学术会议，与他的三位研究再生产理论的好友刘国光、董辅礽、梁文森在天安门金水桥前畅谈今后研究方向时，尹世杰先生坚定地说："消费问题缺乏研究，也很少有人研究，也不好研究，我来将它作为我的研究方向，进行长期研究。"受到苏联的影响，当时我国的经济政策强调"先生产，后消费"，消费领域的研究在国内几乎是空白一片。尹世杰先生认为研究消费问题，对国民经济的发展有着重大的意义，于是便下定了决心坐冷板凳，将自己的主要研究领域确定在消费经济这样一个当时还非常冷门的概念上。这样一个决定的做出，显然不是出于先生个人的名利财富考虑，而是出于对新中国经济学学术的负责态度，出于对提高人民生活质量的责任。

在 20 世纪 60 年代前后的三年经济困难时期中，尹世杰先生深刻反省了国民经济比例严重失调、经济出现惊人衰退、人民生活水平受到极大影响的现象，得出了一系列教训——他认为应当把消费计划置于再生产的比例之中来研究，不能只凭主观愿望安排。随后，他公开发表了一系列"要重视和发展消费"的观点，在学界引发了一场不小的震动。尽管这种标新立异的观点使尹世杰先生受到了不少的口诛笔伐，但他仍然为了国民坚持科学，坚持说出真理。

"文革"中，尹世杰先生被下放到沙洋"五·七"干校"劳动锻炼"，专门负责养猪。在饲养棚的油灯下，他却偷偷地写了一份数万字的手稿《养猪的辩证法》，专门研究如何提高养猪效益。即使是在那样的环境下，尹世杰先生也是把如何提高人民的生活水平，看成自己头等重要的责任。他的子女后来回忆，

"父亲时常想起十年动乱中的经历，总是感到深深的痛苦，因为他失去了一个学者的黄金十年。但庆幸的是，父亲从没有停止思考。"可以说，尹世杰先生不断思考的动力源泉正是其为天下民众心忧的责任感，这份责任感又使得先生的思想日趋精深博大。

1976 年，"四人帮"被打倒，国民经济各部门恢复生产，百废待兴。但是，在长期"左"的思想影响下，消费经济是一个禁区。1979 年尹世杰在《光明日报》发表《加强对消费经济的研究》一文，在全国率先打破消费经济研究这个禁区。该文指出"消费是一门复杂的学科"，提出要建立消费经济学，并初步勾画这门新学科的基本框架，在学术界引起巨大反响。

尹世杰先生还致力于保护消费者权益的工作，认为市场经济是消费者主权的经济，消费者的权益不容侵犯。1998 年，他以 76 岁高龄和家人一起为新浪潮电脑公司出售质量问题层出不穷的家用电脑一事，毅然投诉商家，不为索赔，不再要维修，只为消费者合法权益讨个说法，产生了广泛的社会影响。他作为消费权益理论的开拓者，提出了市场经济的消费者主权思想，为维护消费者的权益提供了理论指导和行动对策。他被评选为全国维护消费者权益十佳，荣获"中国保护消费者杯"个人最高奖。

著学执教生出硕果累累

1953 年，尹世杰先生到武汉大学工作，1955 年起担任武汉大学经济学系党总支书记，1964 年 2 月起担任武汉大学经济学系主任。在武汉大学工作期间，尹世杰教授围绕社会主义再生产理论、国民经济综合平衡和消费问题深入进行研究，发表了《论生产与消费的平衡问题》《生产资料优先增长与发展农业》等诸多论文，并出版了专著《论劳动生产率与平均工资增长速度的比例关系》（1958 年）。论文中很多观点得到经济学界的高度评价和肯定，成为我国知名的中青年学者，1958 年湖北省经济学会成立，年轻的尹世杰被推选为副会长。

1957 年他在《论生产与消费平衡问题》一文中就强调，"决不能否认消费对生产的推动作用，否认这一点，也就是否认社会主义生产目的，否认社会主义制度下进一步发展生产的巨大动力。"（《大公报》1953 年 2 月 12 日）。1957 年在《略论劳动生产率与平均工资增长速度的比例关系》一文中强调，"平均工资的增长过分落后于劳动生产率的增长，不仅不符合社会主义制度基本经济规律的要求，也不符合按劳分配规律的要求。"最后强调，要"贯彻'在发展生产的基础上提高人民生活水平'的方针。"（《武汉大学人文科学学报》1957年第2期）这些观点在当时并不时髦，然而在后来改革开放的历程中，却被事实证明为宝贵的理论经验。

在担任经济学系系主任期间，尹世杰先生为武汉大学经济学系的发展做出了杰出的贡献。为了把经济学系的科研工作搞上去，他采取了一系列措施。第一，思想上鼓励。要求青年教师"树雄心、立大志、鼓干劲、登高峰"，并引证马克思《资本论》法文版序言中的几句话，"在科学上没有平坦的大道，只有不畏劳苦沿着陡峭山路攀登的人，才有希望达到光辉的顶点。"第二，压任务督促检查。要求大学教师必须搞科研，一是社会主义建设实践的需要，二是提高教学质量的需要，三是提高教师（特别是青年教师）专业学术水平的必经之路。那时候教师搞科研没有现在这么大的物质利益驱动，所以主要靠压任务。根据前两项需要，他不断给青年教师布置科研任务，到期检查完成情况。在尹世杰先生的组织与监督下，不少青年教师脱颖而出。第三，想方设法创造条件。尹世杰先生利用湖北省经济学会负责人的身份，不仅在武大经济系内，还同武汉市经济学界以及国家计委、国家统计局、湖北省及武汉市一些实际经济部门的同志一起，举办各种学术研讨会，组织各种调研活动，让青年教师的研究成果获得展现的机会。

在尹世杰先生的领导下，武大经济系对一系列经济理论展开专题研究，活跃在当时全国学术研究的理论战线的最前沿。在那个年代，虽然并没有刻意提出要把武大经济系办成什么全国一流的经济系，但在全国经济学界，武大经济系已经占据了一定地位，成为全国一流的经济系。

1976年，尹世杰先生调入湘潭大学，历任政治系主任、经济系主任、消费经济研究所所长。1993年，又调入湖南师范大学执教。此间，先生组建优秀团队，专注研究消费问题，带出了一大批消费经济学、市场经济学研究的后起之秀，并先后创办了湘潭大学、湖南师范大学两个消费经济学研究基地，为我国消费经济学的发展奠定了坚实的基础。

呕心沥血终成一代名家

尹世杰先生在著学、教书一事上，毋庸置疑担得起"呕心沥血"四个字。80岁以后，尹世杰先生还公开发表了百万字的文章、著作。废寝忘食成了他的习惯，争分夺秒的学习、忘我的工作、不停歇的写作是他一辈子的常态。尹世杰先生的家人说："即使是半夜，只要灵感来了，他都会爬起来就写。挤出点点滴滴的时间抓紧写作，不仅他自己习以为常，家里人也都习惯了。"

1980年起，尹世杰先生开始组织编写《社会主义消费经济学》。此时，尹世杰先生已经年近60。那年冬天，他为了尽快完成我国第一部消费经济学的书稿，已长时间通宵达旦地在书房伏案写作。尹世杰先生的妻子非常担心他的身体，经常到了深夜就劝他休息，好不容易劝到床上，可等她眯一会儿睁开眼，却发现他又在书房里了。那时候没空调，没电烤炉，冰天雪地，书房里烧着壁炉也冷得够呛。尹世杰先生由于过度劳累，开始咳嗽了，并且越来越严重，可他却完全不在意。家人非常着急，反复劝他去医院看病，早点治疗，可他认为写作比身体更重要，他的书没完稿，怎么劝也劝不动，谁说也不听。最后尹世杰先生晕倒在了书房里，才被家人送往医院。醒来后，尹世杰先生坚持要求回家工作，却被医生严厉地拒绝。没办法，尹世杰先生只好一边输氧打吊针，一边要求妻子拿着书给他看，妻子双手轮换着拿书累得不行，他才停下来休息一下。1983年《社会主义消费经济学》正式出版。作为我国第一部系统研究消费经济的专著，理论界认为它"填补了我国经济科学的空白""开拓了理论研究的新领域""丰富了社会主义政治经济学的内容"。尹世杰先生作为《社会主义消费经济学》的主要作者，1985年荣获我国经济学界最高奖项——首届孙冶方经济科学奖著作奖。自此，消费经济学作为一门新兴学科，正式迎来发展的春天。

尹世杰先生获得首届孙冶方经济科学奖著作奖的获奖证书

年过 90 后，尹世杰先生感觉到自己的时间不多，比以前更拼命，每天只睡 5 个小时，中午也睡不着，经常躺一下就起来，又马上往书房钻。2013 年 1 月 3 日，尹世杰先生的身体到了只能进少量食物的情况，全家人再三要求他去医院，他坚决不同意。家人只好请来单位领导，以党组织的名义要求道："尹老师，您作为老党员、老干部，必须服从党组织的决定，去医院治疗，这个是为了您的身体、为了您的工作、为了您的消费经济事业着想。"尹世杰先生这样回答："组织的决定我服从，我春节以后去住院，现在我保留个人意见，我要做完这个研究，我要备完给博士、硕士研究生的课，我要看完这一期《消费经济》杂志的稿件，我要……所以，我现在绝对不会去住院的。"最后，单位和尹世杰先生的家人商量过后，只好请师大医院医生到家里进行检查和治疗。

尹世杰先生的儿女说："父亲完全是为消费经济学而生，他把消费经济学研究作为自己生活的全部内容、唯一的精神享受、唯一的生活方式。父亲在学术研究上，是理论研究与实际生活相结合的典范；在个人现实生活中，研究消费却不肯消费，研究闲暇却不去休闲，研究健康却不重视自己健康。因此，几十年来，从来没好好休息过，一直在透支着自己的身体，去与时间赛跑。"

湖南师范大学的邓国用教授评价尹世杰教授说："像这样有生命力、战斗力的经济学大师，国内恐怕再也找不出第二人。"

◎ 参考文献

1. 何梓林，夏远生 . 二十世纪湖南人物 . 长沙：湖南人民出版社，2001.

2. 湖南省省情研究会 . 回忆尹世杰先生在湖南师范大学工作的二十年 . 2018-09-24.

3. 李时华 . 追忆尹世杰先生 . 光明日报，2014（8）.

4. 《我的父亲尹世杰》（2018 年原载于《力量湖南》）.

5. 湘潭大学校友总会 . 追记中国消费经济学第一人尹世杰教授 . 搜狐，2019-04-17.

◎ 作者简介

胡晶晶，女，1981 年 6 月生，2009 年毕业于武汉大学经济与管理学院，获得经济学博士学位。武汉大学经济与管理学院副教授。

世界经济学科的领航者

——郭吴新先生

张建清　林　玲　马红霞等

推动学科发展的战略家

郭吴新先生与经济学和世界经济结下不解之缘是具有极大的偶然性的。高中时的他，其备考目标一直都是交通大学造船专业，1946 年夏高中毕业后，他从重庆回到武汉，却得悉交大搬回上海并在沪招生，而那时自汉去沪投考实难想象，便只好作罢。不久之后郭吴新先生的老同学邀他相约报考武汉大学，不巧的是先生正在生病，就委托老同学全权代为报名。老同学到东厂口报名一看，报经济系的人最多，于是凑热闹给两人都报了经济系。"几十年来，这位老同学时常对我开玩笑：你一生的道路是我决定的。"郭吴新先生笑着说道。武大经济系当时师资阵容强大，既有著名老教授刘秉麟、杨端六、李剑农、戴铭巽、温嗣芳先生等，又有归国不久的留美"少壮派"学者张培刚、吴于廑、周新民教授等。在新中国成立前三年，郭先生基本上系统地学完了西方经济学的有关课程，专业思想也逐渐稳定了。

郭吴新先生是武汉大学世界经济学科点的创办人和学术带头人之一。世界经济在我国的初创阶段，是从 1959 年底及 1960 年初开始的。武汉大学世界经济学科点创建于 20 世纪 60 年代前期，郭吴新先生在这个过程中做出了巨大的贡献，功不可没：1960 年 1 月成立世界经济教研室，开展世界经济课程教学及试招硕士研究生。当时教研室主管两门课："外国经济史"及"世界经济"，郭先生则负责"世界经济"课程的开办，主讲"美国经济"；1964 年经教育部批准建立北美经济研究室（后来扩大为美国加拿大经济研究所），承担有关研究任务。这三件事，分别从教学机构及课程设置、重点教材编写和成立专门研究机构三个方面，为我国世界经济新学科的创立打下了初步基础，郭吴新先生正是这三件事的亲历者和主要推动者。1978 年后，武汉大学世界经济学科建设取得新的发展，其突出表现为：1978 年，教育部组织全国 11 所高校合编《世界经济》教材，由郭吴新先生任主编；1980 年，教育部批准武汉大学创办世界经济本科专业，次年起开始招生，1986 年扩展为世界经济系；1987 年，国家教委组织全国高校在已有博士点中评选第一批重点学科，南开大学、复旦大学和武汉大学三校的世界经济博士点进入了全国首批重点学科行列，等等。

郭吴新先生是极具战略眼光的学者，是学术界的战略家，建立北美经济研究室便是其极具战略眼光的真实体现。1964 年初，武汉大学派郭吴新先生代表学校去北京参加建立外国研究机构的专门会议。开会期间，经讨论，确定武汉大学新建 4 个研究机构，即北美经济研究室、美国历史研究室、外国哲学研究室和乌克兰研究组，分属经济系、历史系、哲学系和外文系。这是武大经过教育部批准正式设立的首批外国问题研究机构。北美经济研究室是我校第一个世界经济研究机构，成立时便由郭吴新先生和吴纪先教授负责，成员有朱景尧、王治柱、傅殷才、赵德馨、陈毓华等。自 1964 年起，研究室即不定期出版《北美经济资料》（内部资料）分寄给全国各有关单位，并进行交流。

2007 年郭吴新先生（一排左九）于全国美国经济学会第八届会员代表大会合影

学术前沿的科研工作者

郭吴新先生在半个世纪的学术生涯中，孜孜不倦、精益求精，即使到了古稀之年，仍笔耕不辍。他视野独到，善于把握学科前沿动态，是国内世界经济学科的开拓者和奠基人之一。他为世界经济学科的发展提供了巨大推动力，不仅如此，他在世界经济格局、外国经济史和城市经济学等方面也造诣深厚，成果丰硕。《郭吴新选集》收录了他学术成果中的精华部分。

郭吴新先生长期从事世界经济的教学和科学研究，1978 年，教育部组织全国 11 所高校（中山大学、四川大学、辽宁大学、兰州大学、吉林大学、河北大学、武汉大学、复旦大学、南京大学、厦门大学、暨南大学）合编世界经济教材，郭吴新先生与洪文达、池元吉教授等共同主持编写高校文科统编教材《世界经济》（一、二、三册）于 1980 年由人民出版社出版，为全国许多高校采用，影响较大，该教材于 1984 年获湖北省社会科学优秀成果二等奖。1989—1990 年《世界经济》由高等教育出版社出修订第二版（1、2、4 册，第 3 册为《苏东国家经济》，因苏东发生剧变未能出版），修订第二版由郭吴新先生与洪文达、池元吉、冯舜华教授等担任主编。

在长期从事世界经济的教学和科研过程中，郭吴新先生始终坚持研究世界经济一定要为中国经济服务，并密切关注在风云变幻的国际局势中中国国际经济地位的演变。世界经济格局问题，是世界经济领域具有重要理论意义和现实意义的研究课题。郭吴新先生凭借他对当代世界经济深刻而敏锐的洞察力，将世界经济格局问题作为研究纷繁复杂的世界经济的一个重要突破口，从 20 世纪 80 年代中后期坚持对世界经济格局问题进行持续性的跟踪研究，先后发表了一系列相关论文，如《九十年代的世界经济形势与中国》《19 世纪的世界经济格局》《20 世纪初期的世界经济格局》《中国在世界经济格局中的地位》等。其中，"中国在世界经济格局中的地位"一文发出后立即引起了学术界的关注，该文获 1998 年湖北省经团联经济学优秀成果一等奖。同时，郭吴新先生还出版了专著《当代世界经济格局与中国》，该书获武汉市社科优秀成果政府奖一等奖（1998 年）和湖北省社会科学优秀成果一等奖（2001 年）。经过多年潜心研究，郭吴新先生在世界经济格局问题上形成了自己特有的研究思路，为我国世界经济格局问题的研究做出了开创性的贡献。

郭吴新先生几十年来坚持外国经济史的教学与研究，是国内这一领域的资深学者。他在外国经济史学科建设方面做出了巨大贡献。早在 20 世纪 60 年代初期，他参加中宣部和教育部组织的《外国经济史》（1~3 册）（1965 年由人民出版社出版）统编教材编写组，担任副组长、副主编，协助樊亢、宋则行两位主编工作。在参与《外国经济史》编写过程中，郭吴新先生对德、美两国第二次世界大战前国家对经济的干预调节问题产生了较大兴趣，据此他写出了三篇文章：《希特勒法西斯统治时期的德国军事国家垄断资本主义》《军事国家垄断资本主义，还是'军事社会主义'?》和《第一次世界大战时期的美国国家经济调节》。1974 年，郭吴新先生与其他学者又在《外国经济史》原书基础上合作编写了《主要资本主义国家经济简史》。此书一经出版便深受读者欢迎，曾多次重印，累计印数达 36 万多册，在国外有日、法、德、英文译本，该书 1987 年曾获得原国家教委优秀教材一等奖。

为了顺应我国城市经济体制改革的发展，20 世纪 80 年代初起，郭吴新先生即把城市经济学作为他的研究方向之一。郭吴新先生曾以卢斯基金访问教授身份应邀赴美国伯克利加州大学访问讲学，考察美国经济。访美期间，他专程去纽约、洛杉矶、芝加哥、华盛顿、费城、波士顿、旧金山、新奥尔良等十几个城市考察，收集了一批资料，并与美国许多城市区域经济学学者广泛交换意见。回国后，他以马克思主义理论作指导，进一步研究美国城市发展和城市经济问题，做了一些开创性的工作。他不仅开设关于美国城市经济的课程，而且发表了一组分析美国城市经济和城市问题的论文，其中包括《美国的工业发展与城市化》《战前美国东北部大西洋沿岸地带主要城市的产业结构及其经济地位》《美国早期城市兴起的过程及其特点》《战后美国城市化过程中的新现象及其发展前景》《美国城市经济及其面临的一些问题》等一系列论文。除此之外，他还撰写了《美国城市化和城市经济》一书。

风骨傲然的教书先生

郭吴新先生在坚持科研的同时，十分注重培养青年一代。他言传身教，诲人不倦，亲自指导了近百名研究生，其中博士生 40 多人，在他的悉心栽培下，其中不少人已成为所在单位教学科研骨干或业务骨干，有些已成为新一代学术带头人。郭吴新先生在培养学生方面，遵循因人施教、各展所长的原则，为我国社会主义建设事业输送了一大批人才。武汉大学经济学院前院长陈恕祥教授，武汉大学商学院院长周茂荣教授，武汉大学经济与管理学院院长陈继勇教授，中山大学毛蕴诗教授，对外经济贸易大学郭敏教授，东北财经大学何剑教授，上海财经大学林珏教授，上海财经大学城市与区域科学学院党委书记杨培雷副教授，广东外语外贸大学贺显南教授，广东财经大学王学武教授和李俊教授，广东金融学院刘运顶副教授，武汉大学经济与管理学院黄宪教授、卢汉林教授、张建清教授、林玲教授、胡方教授、马红霞教授、田玲教授、王德祥教授、贾长璐副教授等都是他先后指导的博士研究生。

郭吴新先生对学生尤其是博士生要求严格，他一直坚信严师出高徒，学术态度严谨。据他的学生林珏教授回忆，入学第一次见面，郭先生就把毕业登记表拿出来，要求她毕业时将科研成果这栏全部填满。在第一次完成课程作业时，她偷懒将硕士期间一篇作业改了改提交，先生看后非常生气，对她进行了严厉的批评教育，并且要求重新完成作业，并规定了他的打分标准：《世界经济》杂志上发文，90 分，头版头条发文 95 分；核心刊物上发文，85 分；一般杂志发文，75 分；未在杂志上发文，不及格。

2003 年世界经济学会年会上与复旦大学洪文达教授、南开大学熊性美教授等合影（右二）

郭吴新先生思想超前，总是走在学术的前沿，对学生的要求也是如此。他的学生马红霞教授依然清楚地记得，当年他们读书的时候经济不发达，郭先生一直以来都让在国外的孩子帮忙购买《美国总统经济报告》，因为《美国总统经济报告》提供了非常详细的从经济大危机到当年的经济状况的时间序列数据、总结以及经济政策的展望，通过阅读《美国总统经济报告》，能够非常及时迅速地获取当年重要经济数据的第一手资料。虽然经管院每年也都会订阅《美国总统经济报告》，但是由于采购和上架的不及时，读者真正拿到的时候已经是半年甚至一年以后了，甚至有些年份是缺失的，而经济研究需要的就是即时性，掌握经济前沿动态对于经济研究来说是极为重要的。除了《美国总统经济报告》以外，他还会让他的孩子从国外帮忙购买很多涉及他研究方向的经典著作，并且借给他的学生查阅翻看，这对学生的学术研究是具有极大的促进作用的。

郭吴新先生在学生论文题目的确定、论文的撰写、文字和观点的把握以及进度督促方面，倾注了大量心血。"小题大做，求深求新"是郭先生对学生选题与写作的期许；"国际关系说到底是利益关系，作为学者应有本国利益的立场"是郭先生对学生立场的告诫；"论文数据出处必须清楚，带引号的引言更应清楚标识出处！"是先生对学生论文写作的要求。郭先生对学生论文指导亲力亲为，呕心沥血，论文答辩结束后，郭先生甚至累倒住院。

郭先生一辈子教书育人，真心关爱每一位学生。广东金融学院刘运顶副教授是郭先生最后一届博士生，他回忆道，刚进入武汉大学学习时，自己写作能力较差，但是郭先生并没有任何责怪，而是对他的论文详加批阅，逐字逐句帮他修改，并反复告诫在学术上一定要严谨和诚实。

在学生眼中，工作中的郭老师是严肃苛刻的，他总是在学术上给学生以指引。郭老师将世界经济的视野与本国经济研究结合，历史感与时代感结合，不仅在博士专题课程讲授中有着充分展现，同时也要求学生的讨论发言遵循上述原则，若有与他不同的内容和看法，总是聚精会神地倾听、提问、引导与补充。生活中的郭先生气质高雅，注重自己的仪容仪表，说话总是伴着微笑，却是平易近人的。

信仰坚定的马克思主义追随者

从事学术研究不仅需要治学严谨，还需爱国情怀。和进入武汉大学接触到经济学及世界经济的偶然性不同，郭吴新先生在跟着党走和学习马克思主义方面，却是自觉的、坚定的。这与郭先生的家世有关。

郭先生的父亲郭芬是中国共产党早期党员，1928年在汉口牺牲。但是在初中毕业之前，郭先生的家人是一直瞒着他的，直到初中毕业时，家人觉得他长大了，才把这一切告知了他。了解事情真相后的郭吴新先生，一方面，心里有着说不出的难受，同时，他产生了对党的感情，对党的事业的向往，愿意把自己同党永远联结在一起。带着对党的事业的追求和向往，1950年郭先生被批准加入中国共产党。至于学习马克思主义方面，新中国成立前在同宿舍地下党员的帮助下，郭先生只读过《资本论》片段和《新民主主义论》等著作，对马克思主义理论知识知之甚少。新中国成立后，在中国人民大学带职进修做研究生期间，郭吴新先生听了苏联专家阿尔马卓夫、然明两位教授对《资本论》和《剩余价值学说史》等的系统讲授，那是他第一次深入学习马克思恩格斯的基本经济理论。在他看来，马克思主义经济理论较西方经济学，更具有高度的科学性、逻辑性和说服力，从此郭先生便义无反顾地皈依马克思主义，甘心情愿地宣传马克思主义。在讲授世界经济专业课程的同时，郭先生每年都会给硕士生和博士生分别开出马列主义经典著作选读课。郭先生说："正确引导青年学习研究马克思主义经济理论，并帮助他们打好理论基础，以便今后能承担起在新条件下发展马克思主义理论的任务，是我们这一代人义不容辞的责任。"

郭吴新先生在学术生涯中，一直与世界经济学科领域的泰斗们如董辅礽、池元吉、洪文达、冯舜华、仇启华、王怀宁、熊性美、许涤新、罗绍彦等有着密切的学术交流关系。与此同时，在郭吴新等学术前辈的引导下，武汉大学世界经济学科作为最早的教育部世界经济学科三大重点学科基地之一，与其他重点学科基地如南开大学、复旦大学等的国际经济学和世界经济专业一直保持着密切的学术和人才交流关系，为国内外经济部门和学术界输送了大量的优秀人才。

在郭吴新先生等老一辈学术前辈的引领下，武汉大学世界经济系、美国和加拿大经济研究所的同仁们研究出版了系列《美国经济研究》丛书，发表了美国经济问题及中美经贸关系等方面的前沿学术论文，提出了有价值并被采纳的政策咨询报告与政策建议。这些研究成果拓宽、拓深和拓新了本领域的研究，在中国的美国经济和世界经济学界享有盛誉！

荀子云："国将兴，必贵师而重傅；贵师而重傅，则法度存"，强调了老师的地位和作用。荀子的本意是要强调对教师的尊重，这也是一个国家兴衰的晴雨表。

◎ 作者简介

张建清，男，1963年3月生，1988年毕业于武汉大学经济学院，获经济学硕士学位并留校任教，1994年获得经济学博士学位。武汉大学经济与管理学院教授。

林玲，女，1964年11月生，1988年毕业于武汉大学经济学院，获经济学硕士学位并留校任教，1992年获得经济学博士学位。武汉大学经济与管理学院教授。

马红霞，女，1965年9月生，1989年毕业于武汉大学经济学院，获经济学硕士学位并留校任教，1992年获全日制经济学博士学位。武汉大学经济与管理学院教授。

深切缅怀，永远铭记

——追思郭吴新教授

林　玲

郭吴新先生不仅在学术界为世界经济学科建设和学术研究做出了重要贡献，在人才培养方面一生严谨治学、呕心沥血教书育人，还亲自指导了近百名研究生，其中博士生 40 多人，是学生们公认的学术导师和人生导师。

郭吴新先生 2019 年 3 月 26 日凌晨 1：52 分去世，享年 93 岁。郭吴新先生作为中国世界经济学界的著名学者，在世界经济理论、世界经济史等方面均造诣深厚，成果丰硕，为我国世界经济学科的建立与发展做出了重要贡献。郭吴新先生把毕生奉献给了武汉大学，为武汉大学经济学科特别是世界经济学科的发展做出了不可磨灭的卓越贡献。

为悼念我国世界经济和世界经济史学界著名学者、武汉大学经济与管理学院世界经济系教授、博士生导师郭吴新先生，世界经济系于 2019 年 3 月 30 日上午在武汉大学经济与管理学院隆重举行"郭吴新教授追思会"。

来自武汉大学、对外经济贸易大学、上海财经大学、广东外语外贸大学、广东金融学院、广东财经大学等国内高校和有关单位的 40 多位郭吴新先生的学界同仁和弟子出席会议。追思会由武汉大学经济与管理学院张建清教授主持。

会议伊始，全体参会人员起立为郭吴新先生默哀，以此表达对郭先生的崇高敬意和缅怀之情。接下来，参会者纷纷发言，一同回忆了郭先生的生平事迹，和他在生活、学术思想上给大家的帮助和指导。

武汉大学经济与管理学院原院长、二级教授周茂荣首先发言，他高度评价了郭先生对我国世界经济学界以及世界经济学科建设做出的卓越贡献。周茂荣教授指出，郭先生在武汉大学创办了世界经济学科，长期从事世界经济的教学和研究工作，在世界经济理论和世界经济史等方面均有深厚造诣，极大地促进了世界经济学科的建设与发展，也奠定了武汉大学世界经济学科在中国理论经济学方面的地位。周茂荣教授还表示，郭先生治学严谨，工作勤恳，有着坚定的信念和高尚的品德，他在学术和生活方面从郭先生那里受益良多，没有郭先生就没有今天的他。作为郭先生的弟子，我们大家应该继承郭先生的遗志，学习郭先生的高尚品格，把武汉大学世界经济学科建设得更好！

武汉大学经济与管理学院原院长、二级教授、珞珈杰出学者陈继勇作为郭先生的第一批硕士和博士研究生，指出郭先生作为全国美国经济学会会长、中国世界经济学会副会长和外国经济史学会副会长，在世界经济学界享有崇高地位，并为中国世界经济学科的建设与发展做出了卓越贡献。尤其是郭先生作为武汉大学世界经济学科的创立者和奠定人，几十年来对武汉大学国家重点学科——世界经济学科的建设与发展、对武汉大学世界经济系和美国加拿大经济研究所的建设与发展呕心沥血，做出了不可磨灭的巨大贡献。陈继勇教授以自己的成长经历，与大家详细分享了郭先生对自己学术上的指导和帮助，郭先生一辈子教书育人，关爱学生、做事低调、学风严谨、为人师表，为我国社会主义建设事业培养了一大批经济学人才。郭先生是学者的楷模，我们大家永远怀念他！

武汉大学美国加拿大经济研究所原副所长高玉芳教授详细地分享了与郭先生共事的经历。他认为，郭先生是极具战略眼光的学者，是学术界中的战略家，建立北美经济研究室便是郭先生战略眼光的真实体现。郭先生有着超前的思想和长远的眼光，组织学生出国、培养硕士博士研究生，对武汉大学世界经济学科乃至全国世界经济学界都做出了巨大贡献。高老师还表示，郭先生永远活在我们心中，我们要感受先生的人格魅力、传承先生的学术精神，继续前行。

武汉大学经济与管理学院教授卢汉林赋诗《樱花吟》：

> 色白自净洗尘埃，身微体薄脉情怀。
> 时日含苞不出艳，瞬间一挂满枝来。
> 与君相逢多素面，今朝梳妆会楼台。
> 植人勤耕唯花见，遥思无尽欲说还。

政治经济学 1979 级王一鸣校友回忆了和郭先生相处的点点滴滴，见证了郭先生指导自己太太林玲（首届世界经济专业学生、现武汉大学经济与管理学院教授）写博士毕业论文的情形，感激万分。王一鸣校友指出，郭先生胸怀天下，从苏东剧变到我国风波，郭先生总能从经济学家的角度谈出他自己的看法，并不保守，对年轻人的观点颇为欣赏和宽容。林玲夫妇回忆到：随着郭先生过上退休生活，我们之间交往更生活化。后来干脆形成教师节、春节必然上家一聚的惯例。郭先生逝世故然是经济学界的损失，但更是亲朋弟子失去了一个人生标杆。让我们永远怀念。

武汉大学经济与管理学院美加经济研究所原执行所长、二级教授张彬在讲述自己作为郭先生的弟子，时常受到郭先生的关怀和教诲时，哽咽不止，潸然泪下。张彬教授称，她曾经参与由郭先生主持的高校文科教材《世界经济》的编写，其间她常常向郭先生请教问题，在潜移默化中学习很多，也感受了许多超前思想，对她以后的执教生涯产生了重要影响。郭先生一生为人谦和，平易近人，勤俭节约，思想敏锐，不仅在学术上给予大家帮助和指导，在生活上更是关怀和体谅。张彬教授还表示，郭先生永远活在我们心里，我们定会继承郭先生遗愿，努力前行，把世界经济学科发扬光大。

上海财经大学林珏教授是武汉大学世界经济系1991级的博士生，她对郭先生指导自己第一次作业时的严格要求记忆深刻，之后在跟随郭先生学习和研究的过程中，林珏教授耳濡目染、受益良多，认为严师出高徒，并对郭先生严谨的学术态度表示由衷的敬仰。

武汉大学经济与管理学院原副院长、二级教授、珞珈杰出学者黄宪认为郭先生学识渊博，喜欢和学生探讨"世界多极化"问题，还鼓励学生要敢于挑战，看待问题要有不一样的观点。在与郭先生一次次的思想碰撞中，黄宪教授收获良多，也为他的职业生涯带来了深远的影响。

杜越新是武汉大学世界经济专业1983级硕士研究生。三年学习，得到郭老师严格的训练。郭老师治学的严谨和深入，对他有着极大的影响。为他在国务院办公厅调研室等部门就职期间的工作打下了坚实的基础。

武汉大学世界经济系1981级学生陈军对郭先生犀利的眼神印象深刻，称郭先生对学生要求严格，特别希望他们这一届做出更大的贡献。在生活上郭先生为人随和，陈军表示非常感激郭先生对他们班同学的栽培。

来自对外经济贸易大学的郭敏教授回忆了自己在郭先生门下的学习经历。郭敏教授认为郭先生为发展武汉大学世界经济学做出了巨大的贡献，并且真心关爱每个学生，为学生们提供了许多帮助。郭先生对她而言不仅是老师，更是家人，她永远怀念郭先生！

武汉大学经济与管理学院的马红霞教授回忆道：1986年从武汉大学经济学

专业本科毕业后考入世界经济专业，1986—1992 年攻读全日制硕博期间，郭吴新先生作为我学术道路的引路人，鼓励弟子们站在学术前沿发展自己的研究兴趣。郭先生严谨的治学精神对自己的学术研究、教书生涯影响深远，先生谦逊低调的为人风骨指导了学生们的人生态度。毫不夸张地说，郭吴新先生是我的学术导师和人生导师。

上海财经大学城市与区域科学学院党委书记杨培雷教授认为，郭先生虽然在学术上很严格，但在生活上对学生很慈祥，他为郭先生写了一副挽联来悼念恩师："烈士后人，抱朴守真，堪称一代清流；万世宗师，教书育人，可谓德学长久"。

广东金融学院刘运顶副教授是郭先生最后一届博士生，回忆刚进入武汉大学学习的经历，当时自己写作能力较差，第一篇习作交给郭先生时，先生逐字逐句地用红笔进行了批改：从使用的计算方法、数据的来源、图表的格式、标点符号等都进行了调整。当他拿着这篇习作回宿舍给其他同学看时，其他同学羡慕不已。后续的习作先生都认真地修改，反复告诫他在学术上一定要严谨和诚实，这对他以后的教学影响很大，如今他批阅学生论文时，脑海中总会浮现郭先生对他的教诲。

1988 级世界经济硕士管文浩回忆起郭老师亲自指导自己的毕业论文情形。论文题目是一个新课题《美加自由贸易协定研究》，郭先生要求我一定要重视掌握国外一手资料，要直接用英文原始材料，为此我去北京中国社科院美国所翻阅了大量相关英文文献，他还嘱咐我将重要材料复印带回美加所以供大家研究使用。在他的精心指导下，通过一年多时间的认真准备和反复推敲，我顺利完成了硕士论文写作。管文浩赋诗一首：

悼恩师郭先生

人生九十步从容，

珞珈山上看青松。

早岁留苏怀壮志，

潜心治学见真功。

伉俪情深同白首，

师徒意合笑春风。

樱盛时节成永别，

年年三月念重重。

桃李春风忆师恩

武汉大学经济与管理学院胡方教授、广东外语外贸大学贺显南教授、广东财经大学王学武教授和李俊教授，以及弟子邢力红、顾纯、范宁、余紫秋、童燕萍、石建明、沈彤、吴燕、桑俊、贾长路等先后发言，分享了郭先生对自己的教育、关爱和帮助。

武汉大学经济与管理学院张建清教授最后总结指出：郭先生为学、为师、为人值得我们一生学习，我们要继承郭吴新教授的遗志，传承郭先生治学严谨的学术精神和极具前瞻的战略思想，为我国世界经济学发展做出应有的贡献。

时至今日，郭吴新先生已经离开我们4年了。2023年6月本文付梓之时，有幸看到了1996年毕业的顾纯博士所写的感人至深的纪念文。原文如下：

"敬爱的郭吴新老师，您离开我们已有整整4个年头了，我们都很想您，无比的怀念您。

您是有爱心的。

虽然那时我们害怕与您的目光相遇，怕您提问，怕您批评，但还是想远远地寻找那个目光，照进自己的心田，获得能量，温暖心房，照亮眼睛前面的地方。那目光犀利有神，炯炯发光，离他越近，越觉亲切，越觉温暖，它传递的不仅仅是严教，更是爱心。

您是有责任的。

我们进校第2年，您组建世界经济专业，眼见高楼平地起，培养了一届又一届学子，一代又一代地传承，把世界经济学科做得风生水起。这些学子无论走到哪里，都以是您的学生而自豪，您的责任和担当我们亲眼所见，眼见为实。这种责任感，言传身教，一点一滴地流进了弟子们的血液，血脉相承。

您是爱我们的。

时间久了，我们不再惧怕您的威严，威严之下有您无尽的关怀，专业上引导学习，事业上端正方向，生活上问寒问暖。那是老师的爱，父亲般的爱，像冬日的阳光，旱季的雨露，雨中的那一把伞。在学校授课时，在您家的电话那一端，我们都能够感受到您对我们的爱。

您是开放的。

每次见着您，无论是上课还是闲聊，您总是在讲开放，要求我们打开思路想问题，多维度视角看问题，以开放的思想解决问题。您讲世界是多极的，单打独斗肯定不行，融入世界才有希望，在开放中才能合作共赢。似乎我们在您的身边，才能听到您直接的声音。您那理性而有开放的态度，稳健而具严密逻辑性的分析，给无数弟子滋润营养，使我们健康成长。

郭老师，我们是爱您的，永远地爱您，缅怀您，记得您。"

◎ 作者简介

林玲，女，1964 年 11 月生，1988 年毕业于武汉大学经济学院，获经济学硕士学位并留校任教，1992 年获得经济学博士学位。武汉大学经济与管理学院教授。

傅殷才教授学术思想长青

文建东

武汉大学经济学院博士生导师、《经济评论》杂志前主编傅殷才教授，是我国著名的西方经济学专家。他早年留学莫斯科大学，1960年初学成归国，自此便投入于马克思主义经济学和西方经济学研究。我国进入改革开放时期以来，是他学术研究的黄金时期。但就在他宏图大展、佳作频出之时，却因长期劳作，积劳成疾，不幸于1996年7月9日，溘然长逝。凡是了解他的学术成就和工作业绩的专家、学者、领导同志、学校师生，闻此噩耗，无不感到震惊和痛惜！

在40年的学术生涯中，傅殷才教授勤于笔耕，成果斐然，共发表论文100余篇，学术专著16部（其中独著5部，主编7部，合著、参编4部），译著6部，另主编丛书两套，堪称著作等身。这些成就使他成为全国在该领域颇具影响、享有盛名的学者之一。在40年的学术研究中，他也形成了自成体系的独到学术思想、并在学术界产生了广泛的影响。本文是我们对他的西方经济学学术思想进行概括研究的初步看法。

一、以马克思主义为指导研究西方经济学，正确地看待西方经济学

傅殷才教授是一个坚定的马克思主义者。在西方经济学研究中，他自始至终都清醒地、自觉地、坚定不移地以马克思主义为指导，以马克思主义的科学态度评价、分析西方经济学说。他的《以〈资本论〉为指导，研究和批判当代资产阶级经济学》① 和《列宁的帝国主义理论与当代西方经济学》② 两文集

---

① 傅殷才．以《资本论》为指导，研究批判当代资产阶级经济学．江汉论坛，1983（3）．

② 傅殷才．列宁的帝国主义理论与当代西方经济学．社会科学动态，1991（8）（9）．

中阐述了这一研究立场。

傅殷才教授认为，西方经济学学科分支众多、理论五花八门，其内容则良莠互见、益害并存，没有深厚的马克思主义修养是不能正确对待、准确扬弃的。"只有坚持以马克思主义为指导，才能研究好当代西方经济学，才能辨别什么是正确的，什么是错误的，什么是可以吸收和借鉴的，什么是应当批判和摒弃的。特别是由于西方经济学中那些可供吸收和借鉴的东西，往往同庸俗的错误的理论混在一起，这就更加要求我们从实际出发，运用马克思主义的立场、观点和方法，通过对西方经济学的深入系统的科学分析，把一切可以借鉴的东西提取出来加以改造而不是兼收并蓄、照抄照搬。"①

他认为，以马克思主义为指导，就应该看到西方经济学说的二重性，将西方经济学区分为作为一般理论的经济学和作为实际专门研究的经济学。他认为，这种区分是以马克思关于资本主义生产二重性的原理为基础的。就是说资本主义生产既是资本主义价值增值（即为资本家生产剩余价值的过程），又是社会化大生产条件下的劳动过程；以前者为基础便产生了资产阶级的理论经济学，以后者为基础则形成了实际的具体的专门的经济研究。与此对应，西方经济学也显示出其二重性：一方面，西方经济学在根本理论上是为垄断资本主义服务，具有鲜明的阶级性，是反马克思主义的；另一方面，其专门具体研究又在某种程度上反映了客观实际，反映了社会化大生产过程的经济技术关系，具有一定的科学性。他指出，对西方经济学一分为二，"可以防止两种可能发生的错误：当看到西方经济学的一般理论是庸俗而又反动的时候，就全盘否定，绝对排斥；当看到它在实际的专门研究方面提出了许多新问题，取得了某些新成就的时候，就眼花缭乱顶礼膜拜，不作任何批判。"②

他进而指出，将西方经济学一分为二后还应区别对待：从根本上严厉批判，而在具体问题上大胆利用。其一，政治经济学是一门阶级性极强的学科，西方经济学是为资产阶级统治服务，为资本主义制度辩护的，因而从整个一般理论体系的本质来看，它是庸俗的，反共产主义、反马克思主义的。它的各个流派的差别，一般来说不在于是否庸俗，而在于庸俗程度和方式的不同，对此应采取否定态度，进行严肃批判。其二，西方经济学在分析和描述资本主义市场经济运行过程中，在一些实际专门研究方面，多少包含一些有用成分，这些有用

① 傅殷才. 吸取西方经济学成果，建设有中国特色的社会主义——学习邓小平同志有关西方经济学的论述. 武汉大学学报，1992（4）：8.

② 傅殷才. 列宁的帝国主义理论与当代西方经济学. 社会科学动态，1991（8）（9）.

成分对市场经济运行中的经验和问题进行了分析、归纳和有益的探讨。利用它，可以使我们更好地建设社会主义市场经济，更深刻地了解当代资本主义的政治与经济，从而更有效地对付帝国主义。

二、 结合中国国情， 研究西方经济学， 建立我们自己的社会主义宏微观经济学

其实，对西方经济学，无论批判也好，利用也好，在傅殷才教授看来，目的只有一个，那就是，批以"明目"，学以致用。因此，在研究西方经济学时，不仅应以马克思主义为指导，还应结合我国具体国情，吸取有用成分，发展马克思主义，建立社会主义宏微观经济学。在《吸取西方经济学成果，建设有中国特色的社会主义》① 和《在经济改革中要批判和借鉴西方经济学》② 等文章中，集中体现了这一观点。

傅殷才教授主张，不仅要大胆，而且要善于借鉴和利用西方经济学的先进成果。首先，西方经济学成果对我国是否有用，判断的标准是它是否有利于发展社会主义社会的生产力，促进我国经济发展。我们不能根据各派西方经济学理论在西方国家是得势还是失势、流行还是过时而决定我们的取舍。因此，尽管凯恩斯主义的"高消费论""赤字财政论"和"通货膨胀无益论"等在西方大有市场，但不适合我国国情，故不宜引进。不顾实际情况引进这些观点的结果，是招致高通货膨胀等严重问题。而我们在企业管理改革、物价改革和建立市场机制等方面注意结合我国实际吸收、借鉴了西方经济学研究成果，获益甚多。同样，在研究资源配置问题时也应循此原则。其次，应将西方经济学的借鉴与我国实际问题的研究结合在一起，研究西方经济学者必须立足国内经济建设实践，而研究中国经济问题者也必须掌握西方经济学知识。当然，这种结合还任重而道远。最后，要更为重视西方经济学中的具体应用研究，因为一般说来，在一般理论方面，西方经济学受阶级利益限制而缺乏科学性，但在具体应用领域则表现出一定的合理性、科学性。

那么，西方经济学哪些内容可供我们借鉴和利用呢？傅殷才教授归纳出如

---

① 傅殷才 . 吸取西方经济学成果，建设有中国特色的社会主义—— 学习邓小平同志有关西方经济学的论述 . 武汉大学学报，1992（4）：8.

② 傅殷才 . 在经济改革中要批判和借鉴西方经济学 . 武汉大学学报社会科学论丛（外国经济学研究），1987.

下主要方面：第一，在根本理论方面，虽然西方经济学主要命题是错误的无科学价值的，但可能有正确的个别方面，或者虽然是错误的、无科学价值的，却提出了问题，对我们的基础理论研究能起一定的推动作用。第二，在研究方法方面，西方经济学为了更好地服务于国家垄断资本主义，提出了一些有一定科学成分的有价值的方法。第三，在具体的实际应用研究方面，西方经济学或多或少地反映了现代大生产过程中的一些客观物质技术关系或规律，反映了现代社会经济发展的一般趋势和要求。第四，在实际材料方面，西方经济学利用现代计算机技术，搜集整理并汇编了大量的信息与资料。第五，在政策主张方面，西方经济学为垄断资本主义的国家干预出谋划策，设计了各种政策措施，使之得到广泛运用与实施，并从中积累了丰富的经验教训。他指出，所有这些，我们都不妨采取"拿来主义"的态度，经过自己的消化吸收，加以利用。

傅殿才教授还进一步认为，研究西方经济学，也是为了进一步发展马克思主义经济学。他认为，世界发展到今日，当代资本主义与马克思、列宁的时代相比已发生了许多变化。因此，马列主义也需要进一步发展。而发展马克思主义经济学，同样可利用西方经济学的某一些成果，因为西方经济学对资本主义的变化，也做了一些分析研究，其中不乏合理、科学之处。众所周知，马克思在创作《资本论》等著作和列宁在撰写《帝国主义是资本主义的最高阶段》等著作的过程中，都大量参考了他们那一时代资产阶级经济学文献。

三、涉足古往今来各派学说，述、评之中自成一家之言

傅殿才教授在长期的教学、科研工作中运用马克思主义锐利武器，广泛涉足经济学有史以来直至今日的各派理论。他对西方经济学的掌握范围之广、程度之深，使之成为在这一研究领域最具发言权的学者之一。尤其可贵的是，他对西方经济学既"述"且"评"，融会贯通，有自成一派独到观点。

傅殿才教授在对西方经济学的叙述方面，体系新颖、完整，内容全面、系统，表达准确精当，充分显示了他对西方经济学的整体把握。《经济学基本理论》《当代西方主要经济思潮》《自由经营还是国家干预》等专著、《当代西方经济理论研究》《当代西方十大经济学派》等丛书体现了这一特点。在这些著作中，他对当代西方经济学中有广泛影响与重要地位的主要流派做了细致全面的述评，显示了他西方经济学知识的深厚功底与广博见识。如果这还不足奇，则《经济学基本理论》一书就更显得慧眼独具。该书按专题与研究对象全面系统地

评述了当代西方经济学各种理论。在国内，该书不仅内在逻辑安排属于首创，而且对很多理论观点作了首次披露，如"资本民主化理论""阶级调和论""生活质量理论""科学技术进步理论""资本主义变形理论""制度趋同理论"及"现代垄断资产阶级乌托邦"等。该书所体现出的学术思想新颖独到，别具一格。而他与颜鹏飞教授合著的《自由经营还是国家干预》，更是匠心独运，以自由经营思潮与国家干预思潮之间的争论辩驳为主线，对西方经济学的历史演进从一个全新角度再次进行了细致的梳理。经两位学者之手，自由经营与国家干预两大思潮的风云变幻、交替更迭便跃然纸上。傅殷才教授的研究工作的另一个特点，是紧紧跟踪西方经济学前沿之最新动态，及时地研究它们。当前最有影响的西方经济学两大学派之——"新凯恩斯主义"——便是由他较早在国内发表系统全面的述评的。① 要知道，新凯恩斯主义同新古典主义一样，大量地使用了高深的数学技术；曾有西方学者指出，该学派将因此而难以为人所理解。

对西方经济学做到述而后评，也是傅殷才教授一贯坚持的研究原则，他在所有的论文与专著中都遵循了这一原则。傅殷才教授之"评"鞭辟入里，见解不俗。如《当代西方经济学中的保守派、自由派与激进派》②《当代西方主要经济学派的经济政策主张孰优孰劣？》③ 和《试论近半个世纪来政府干预论与自由经营论两种经济思潮的兴衰交替》④ 等论文就包括了他对西方经济学的整体评论，产生了广泛而深远的影响。

第一，关于西方经济学思潮的划分。西方经济学存在不同的流派和学说，它们之间存在广泛而深刻的分歧与争论，因而显得学派林立，各说纷呈，难以总体把握。但他认为，不同的流派或学说仍有内在的规律性，这就在于它们对待资本主义制度的基本态度，完全可据此将它们区分为保守派、自由派与激进派三大思潮。保守派即新自由主义或新型自由经营论，包括货币主义、供给学派、新古典主义（理性预期学派）、弗莱堡学派、哈耶克新自由主义及新政治经济学。它们崇尚自由经营，反对国家干预，力主自由放任。自由派则常常和国家干预主义相联系，一般是指凯恩斯主义各流派、瑞典学派和制度学派。他们主张政府干预经济以弥补市场调节的不足。激进派就是激进（政治）经济

① 傅殷才. 宏观经济理论研究的新进展—— 新凯恩斯主义述评. 经济学动态，1993（4）.

② 傅殷才. 当代西方经济学中的保守派、自由派与激进派. 经济学动态，1982（7）.

③ 傅殷才. 当代西方主要经济学派的经济政策主张孰优孰劣？. 武汉大学学报，1988（3）.

④ 傅殷才. 试论近半个世纪来政府干预论与自由经营论两种经济思潮的兴衰交替. 世界经济，1982（2）.

学，它们厌恶资本主义，向往社会主义，推崇马克思主义，主张对资本主义制度进行质的改造，在某种程度上具有革命倾向，从批评资本主义制度、主张"改良"的角度考查新剑桥学派、瑞典学派和制度学派可归类为温和的激进派。他对这三个思潮进一步总结道："西方当代经济学中的保守派和自由派都是资产阶级经济学流派，其使命是维护资本主义制度，巩固垄断资本的统治。至于激进派，它对资本主义所采取的立场是值得重视的，但未能摆脱资产阶级经济学的影响，达到真正的政治经济学，还有相当的距离。①他的这种区分是精当准确的，抓住了实质要害，可以方便我们更全面地了解西方经济学，更正确地认识西方经济学。在我国，对当代西方经济学流派作此区分，是傅殷才教授首创的。

第二，关于自由经营与国家干预的比较。自由经营与国家干预的主张孰优孰劣？傅殷才教授明确回答道：国家干预也好，自由经营也好，其目标则殊途同归，其实质则异曲同工，无非是维护资本主义制度，因而也不可能从根本上解决资本主义经济问题，故谈不上孰优孰劣。而在具体政策上，自由经营与国家干预各有其积极意义，也都在实行的不同时间暂时缓和了资本主义矛盾，起了一定作用，据此也不好谈孰优孰劣。就现代经济而言，政府干预与自由经营不可偏废，而应有机地结合在一起，所以也不应谈孰优孰劣。倘若真要比较，那就必须结合不同的国家的不同时期和不同情况而具体考虑，来分析两派主张的实际经济意义。此外，资本主义发展的历史事实业已证明种种市场失灵的存在，说明政府干预必不可少，而自由派多少承认一点资本主义弊端并提出一些补救措施，保守派却对弊端熟视无睹、无动于衷，甚至为之辩护。而且，在反马克思主义、反社会主义方面，保守派走得更远，更为猖狂，更为公开。

第三，关于西方经济学各派过去的回顾、现在的评估与未来的展望。傅殷才教授对这个问题也作了深刻的分析与可信的预见。就激进学派而言，它在过去与现在一直处于弱势，被视为异端，这种状况看来还将持续到未来。保守派与自由派同属西方经济学主流，二者在过去和现在从未间断过论战，虽然曾分别在一段时间内领尽风流、出尽风头，力量对比似乎趋向于旗鼓相当、平分秋色，但总地说来，自由派中的凯恩斯主义一直略胜一筹，雄踞西方经济学霸主宝座，屡受动摇而不垮。目前，作为自由派的新凯恩斯主义与作为保守派的新古典主义在理论上争论激烈、互不相让；在政策实践上则前者正东山再起而得

① 傅殷才.当代西方经济学中的保守派、自由派与激进派.经济学动态，1982（7）.

势，而后者影响渐失而衰落。其原因在于：经济形势有利于凯恩斯主义。估计在未来，保守派欲取代凯恩斯主义成为新的霸主是困难重重。这是因为，"他们在 20 世纪的垄断资本主义时代，仍然在做 17、18 世纪自由放任、自由竞争的黄粱美梦，不懂得或不愿看到世界所发生的变化不能适应新的形势"。① 而"从根本上说，在当前的国家垄断资本主义阶段，国家不干预经济是不可能的，强调国家干预的凯恩斯主义，在理论上正适合国家垄断资本主义的形成和发展，在实践上适合国家干预再生产过程采取一系列措施的要求，适合垄断资产阶级追求最大限度利润的要求。"② 不过，保守派与自由派还将在一段相当长的时间里并存下去，并在影响西方国家经济政策方面反复出现交替更迭。但不论是哪一种思潮得势，都只能对资本主义的矛盾起一时缓和作用而决不可能消除由生产方式性质决定的固有矛盾。在大量的论著中傅殷才教授还对许多西方经济学派提出的理论问题发表了自己的见解。这里限于篇幅而不可尽录。

四、 吸取外国经验， 服务于我国建立和完善社会主义市场经济体制的实践

傅殷才教授在后期以主要精力研究西方经济学，但他仍始终关注着我国改革、开放与发展。在他看来，研究西方经济学的目的是解决我国经济问题，做到洋为中用。为此，除了在评述西方经济学的过程中发表对我国改革开放的看法以外，他还专门研究了许多关系我国经济建设全局的问题。例如，在《自由经营还是国家干预》中他集中地表述了自己的改革观。

首先，傅殷才教授认为，在建立社会主义市场经济时，公有制基础不能动摇。他认为，如果搞私有化，那就不是实行社会主义市场经济，而是照搬资本主义市场经济，是要不得的。国有制企业并不必然比私有企业效率低。明显的事实是，在西方国家，国有企业也不乏高效率者，私有企业大批破产倒闭的事时有发生。西方国家还经常根据不同需要而有时实行"国有化"，有时搞"私有化"，这都是出于巩固和发展资本主义经济秩序的目的。我们不应受他们的欺骗宣传的迷惑。

① 傅殷才主编．新保守主义．北京：中国经济出版社，1994：27.
② 傅殷才主编．新保守主义．北京：中国经济出版社，1994：27.

其次，在社会主义市场经济体制中，应实行市场调节与政府干预有机结合。"政府有责任制定法律、法规，维护市场的正常秩序，保证市场交易活动的正常运行，但政府不应该代替市场起作用。"① 应该实行政企分开，"政府要求企业遵守法律法规，照章纳税，而不在生产经营业务上对企业进行干预。"② 至于市场调节与国家干预如何结合，并无一成不变的模式，在一个时期可以是"多市场、少国家"，而在另一个时期又可以是"少市场、多国家"。总之要从我国社会主义现代化建设的实际出发做出正确抉择。

再次，在市场机制的建设上，目前的当务之急是促进公平竞争。通过公平竞争，既鼓励了先进，促进了效率，适当拉开收入差距，又可防止两极分化，逐步由"一部分人先富起来"走向共同富裕。

最后，在政府干预问题上，一方面要加强某些政府调节，这是针对某些局部失控而言；另一方面又应从总体上减少政府直接干预。例如可以通过健全各种法规并严格执法而强化某次干预措施，通过大大缩减政府开支而减少政府干预。

傅殷才教授一生效力于马克思主义经济学和西方经济学的研究，培养了一批又一批经济学人才，他坚持马克思主义为指导，以实事求是的态度，从中国实际出发，正确对待西方经济学，沿着一条正确的道路耕耘多年，结出了累累硕果，为党和人民做出了不可磨灭的贡献。③ 他对马克思主义的执着追求，以及他反对盲目学习西方经济学和新自由主义经济政策的不妥协态度，在西方经济学研究者中是较为突出的，被公认为西方经济学教学及研究领域中坚持马克思主义的一位典范。

傅殷才教授虽然坚信和坚持自己的观点，但不强加于人。他为人十分谦和，正确对待不同的意见。无论是在他主持的《经济评论》，还是在他领导的外国经济思想教研室，他都鼓励就不同意见展开讨论。坚持真理，坚持以理服人，坚持"双百"方针是他自己治学和指导学术研究工作的基本态度。因此，他在自己的工作领域和影响所及的范围，赢得了广泛的尊敬和好评。

傅殷才教授离开了我们，但他留给我们一笔宝贵的精神财富——他的学术著作和学术思想。我们应该继承这笔财富，为繁荣经济科学，为我国改革开放

---

① 傅殷才，颜鹏飞. 自由经营还是国家干预. 北京：经济科学出版社，1995：470.
② 傅殷才，颜鹏飞. 自由经营还是国家干预. 北京：经济科学出版社，1995：470.
③ 摘引自国家教育委员会社会科学研究中 1996 年 7 月 15 日唁电。

和现代化建设做出更大贡献。在我们为共同事业奋斗过程中，傅殷才教授将活在我们心中，他的学术思想一定会更加发扬光大。

（摘自《经济评论》，1996 年第 5 期）

◎ 作者简介

　　文建东，男，1964 年 12 月生，1995 年毕业于武汉大学经济学系，获得经济学博士学位。武汉大学经济与管理学院教授。

厉以宁教授与武大经管学院二三事

毛振华

厉以宁先生离开我们半年多了。

这半年以来，我一直想写点什么，表达对先生的感恩、缅怀之情，但又始终难以下笔。其间有两个刊物约我，我也想借此应约之压力完成此愿，但终究还是爽约未成。

今年8月，武汉大学经管学院向我约稿，希望我回顾一些求学记忆，收录到130周年院庆出版的校友回忆录中。我立即想到，厉以宁老师除了在北京大学任教，也与武汉大学有着不菲情缘，曾担任武汉大学经管学院的教授、博士生导师。于是，我想借此机会，讲述这段并不是那么广为人知的故事，也将我心目中的厉以宁老师描绘出来。

承老友遗愿——厉以宁成为武大经管学院教授、博导

厉以宁老师是我的博士导师董辅礽先生的好朋友好战友，亦是董先生临终托付的我们"董门"的老师。

董老师是我国第一个系统研究所有制改革理论的经济学大家，同时也为民营经济发展和证券市场建设做了大量贡献。厉老师是中国股份制改革理论的开创者，同时也是民营经济发展的推动者。他们在所有制改革、资本市场创建和民营经济发展等重大理论和实践问题上高度一致，相互支持，因此既是挚友手足，更是战友知音。

2004年，董辅礽老师病重，在病床上留下遗言说："我在武汉大学还有几位博士研究生，没有毕业，请转给厉以宁教授继续指导，让他们完成学业。"并说："我的学生都是厉以宁的学生，即使他们已经毕业了，仍是厉以宁的学生。"

桃李春风忆师恩

董老师2004年过世后，厉以宁承老友之愿，对我们董门弟子视同己出，甚至照顾提携得更多。

为此，厉以宁专门破例受聘成为武汉大学的博导，指导在读的董门学生一一完成了博士学位的开题、写作指导和答辩，并先后通过，取得了经济学博士学位。董门弟子都对厉老师执弟子礼。

有一天我接到厉老师的电话，让我到他家去一趟。厉老师拿出一张纸条对我说："你跟你师母报告一下，他临终前托付我接着带的这6个博士生都顺利毕业了。你也给武大报告下，我受聘武大博导的工作也结束了。"厉老师还一一介绍了这6位同学的就业安排。我拿着纸条，对厉老师深深鞠躬，代表我们董门弟子和师母，也代表董先生的在天之灵。

2005年，在董辅礽老师逝世一周年之际，厉老师写了一首诗，以纪念挚友（见图1）。

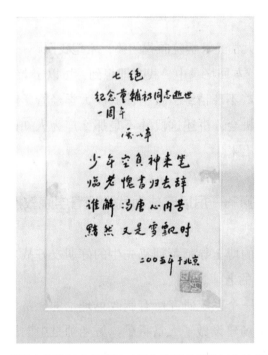

图1　厉以宁作诗纪念董辅礽（原作收藏于董辅礽宁波故居中）

多年以后，厉老师在为陈东升（亦是董辅礽老师的学生）《战略思维》一书所做的序中，回忆了他与董辅礽老师的友谊，以及对董门弟子的教导关怀。对于学生的成长，厉老师写道："作为师长，我感到很欣慰"。

董老师过世后，董门弟子主导创设了董辅礽经济科学发展基金会。厉以宁老师作为董门弟子的"家长"，也是主要发起人之一，其后基金会的重大活动亦都积极参与。特别是董辅礽基金会与北京大学、中国人民大学、武汉大学、清华大学、复旦大学、南京大学的经管学院共同组织的"中国经济理论创新奖"，由厉老师担任名誉主席和评审专家。2009年，恰恰在他80岁生日的当天，厉以宁老师以其"国有企业股份制改革理论"，高票获得了第二届中国经济理论创新奖。他在获奖致辞中，深情讲述了董先生在所有制改革理论和实践上的开创性贡献。

从授课老师到博士答辩委员会主席

我在武汉大学读博士期间，按照导师董辅礽老师的要求，完整地听了厉老师在北大讲授的《英国经济史：英国病研究》课程，也由此开始和厉老师结下特殊的师生缘分。

厉老师上课颇有风格。他一般在开场时说一下今天要讲第几章第几节，然后就把课本放到一边，开始敞开讨论。厉老师的授课融贯中西，谈今论古，且不失风趣，备受学生推崇。因此，厉老师的课从来都是座无虚席，甚至可以说一座难求。彼时，我已创办企业，在学校里算是"插班生"。厉老师就在每节课都请助教帮我占一个座位。受宠若惊的同时，厉老师在我心中的形象一下子丰满且真实了起来。

博士期间，我的毕业论文进展算不上顺利。几经题目更改和方向变换，我最终在董老师和厉老师的研究领域内选择了一个较为微观和贴近实际的课题，定题为《资本化企业制度论》。在论文答辩会上，厉以宁老师担任了答辩委员会主席（见图2），给了论文较高的评价。他在评阅书中写道，"本文突破了产权学派关于企业性质的论述……这种分析更能反映现代企业的性质"，并亲自宣读了答辩委员会决议，建议授予我博士学位。厉老师对我论文的指导和肯定，令我深受鼓舞和启发。后来，我的这篇博士论文在商务印书馆出版，也得到了不错的评价。

值得一提的是，董先生应我之请为该书写了序，主要阐述了他自己的观点，最后他用这样一段话作为全文的结语："我的上述看法同毛振华同志要把国有企业改革为资本化企业，实现资本最大限度地保值增值的看法是很不同的。当然，这是学术讨论，不仅他可以坚持他的看法，我觉得还应该维护他坚持自己主张的权利。正因为这样，我不仅支持他的论文提交答辩并通过，而且也支持他的论文出版。"这两位导师对我论文的不同评价，足可见他们为人之师的不同风格。每每我回忆这些，都会泪流满面。

图 2　厉以宁担任毛振华博士论文答辩委员会主席

若干年后，我结合自己在市场中的实践，出版了《企业扩张与融资》一书，探讨企业扩张理论和融资工具选择等问题，可以说是对我毕业论文课题的一个延伸研究，也得到了厉老师的好评和鼓励。2020 年，我出版了另一本书《双底线思维》，探讨了中国在"稳增长"和"防风险"目标中进行的宏观政策选择等问题，算是我长期以来对中国宏观经济问题思考的一个归纳。彼时已至耄耋之年的厉老师欣然同意了为该书作序的邀请，他在序中对我由仕转商、由商转学的两次转身给予了高度评价。老师的认可令我备受鼓舞。

博士毕业后，我和厉老师的交往并没有减少。我经常邀请他出席一些我张罗的活动，参加厉老师和厉门的一些学术活动，也经常去他简朴的居处去看望厉老师和夫人何老师。

何老师是学设计出身，擅长水墨画。退休后，她有时在家作画，厉老师就会于画作上题词，赠予朋友和学生。这些画作自然珍贵非常。有一次，我和妻子去看望老师，正欲告辞之际，厉老师叫住我，取出一幅何老师的画作，当场题词"枝头月色暗香来"赠予我们。我如获至宝，珍重的将画作收藏于北京家中。如今，这幅水墨画静静地挂立于斯，俨然画满了一位老师对学生的慈爱，也载满了一个学生对老师的思念（见图3）。

图3　厉以宁与何老师所赠字画

厉老师还擅写诗填词。2020年夏日的一天，我去老师家中看望，他将出版的个人诗集赠予我。赠言签名时，厉老师竟一时提笔忘字。何老师在旁轻轻提醒，他又"羞恼"地摆摆手，说"我知道我知道"。当时，我既感受到这位老人的亲切可爱，又为老师的身体状况感到担忧。后来，厉老师身体急转直下，进入ICU病房，又逢新冠疫情管控，医院探视受到严格限制。

那次普通的看望竟成了我见到厉老师的最后一面。

支持新兴事业发展——厉以宁的改革实践之道

我与厉老师的相交远不止师生之谊。

20世纪90年代初，在邓小平南方谈话后，市场上形成了一股创业浪潮。我亦于此时从政府机关下海，创立了中诚信公司。后来，有人将这一时期的企业家称为"92派"。在一本叫《92派》的书中，讲了该时期的一些创业故事。厉老师为该书作序，在序中提到了我和陈东升、田源等创业者，肯定了"这代人开创了中国现代企业制度和经济发展的新篇章"。

对于学生后辈在市场改革中的实践探索，厉老师从不吝于给予支持。在创设公司之初，我请董辅礽老师来担任公司的专家顾问。在董老师的引荐下，又邀请了厉以宁老师，与著名法学家江平教授、著名会计学家阎达五教授等十几位专家学者共同组成了专家委员会，负责核查审定公司的重大事项和业务（见图4）。

后来，江平老师在他的《沉浮与枯荣——八十自述》一书中，也回忆了他与厉老师、董老师一起担任中诚信学术顾问的经历。在江平老师的回忆中，还讲了一件与厉以宁共同从事国企改制的事情，亦与我创办的公司有关。

图4　厉以宁参加中诚信成立大会与专家委员会会议

　　1993年，中诚信承接了山西杏花村汾酒厂改制的财务顾问工作。彼时，国有企业股份制改革工作在全国范围内都处于摸索阶段，当地政府主管部门和企业对改制方案的意见不一，工作一度陷入僵局。我提出召开一个高级别的专家论证会，得到了山西省领导的支持。厉以宁与董辅礽、江平三位专家应邀前往。我陪同他们乘坐了夜间火车，在那个四人软卧包厢的夜晚，火车隆隆驶向太原，我看着三位老学者彻夜畅谈，思绪也跟着飞扬到天南地北、古今中外。次日一早的专家论证会上，仅有的这三位专家开展了专业论证，通过了以酒厂为持股公司、以全部经营性资产发起设立股份公司的股改方案，得到了省政府认可。1994年，"山西汾酒"顺利上市，成为此后国企改制上市的一个重要样本。

　　我创办的公司开业后，我时常邀请厉老师参加公司各类活动。不论是学术研讨还是内部会议，乃至公司联欢会，他都欣然前往。厉老师的讲话往往开门见山，从不穿靴戴帽，不讲客套寒暄，而讲话内容又深入浅出、引人入胜，令人印象深刻。

　　董老师、厉老师、江老师这样的学界权威，为何愿意担任一家初创公司的顾问？也许是出于对新生事物的支持，也许是出于对后辈学生的鼓励。多年以后，我后知后觉地有了新一层理解：他们不仅是市场化改革的理论建设者，也一直在以自己的方式推动其学术思想在中国大地上实践成长。他们不仅是改革的理论家，也是改革的实践者、推动者。

厉老师在专业上的严格认真，与其生活中随和亲善的形象完全不同，这从他对中诚信的严格要求中就能体现出来。我创设中诚信公司的初心，是希望推动中国本土信用评级产业发展壮大。1992 年公司成立之初，厉以宁和十余名专家组成了专家组，以近乎严苛的专业态度，逐条逐字鉴定公司起草的信用评级文件。中国第一套真正意义上的评级指标体系正是由此初步成形。

若干年后，厉老师在为中诚信的题词中写道："资本市场的完善有赖于信用评级工作的规范化和资信评估机构的公正无私"（见图 5）。到 2005 年，厉老师又为中诚信题词："信用评级的规范化是防范金融风险的重要一环。"厉老师对我从事事业的严格要求从未停止，正如他对我的无私支持也从未中断，两者共同勾勒出了他在我记忆中那幅严师慈父的形象。

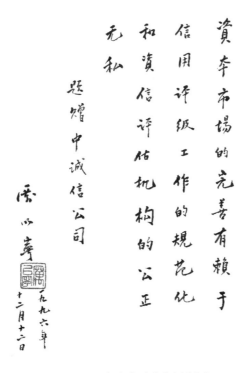

图 5　厉以宁为中诚信集团题词

我对厉老师的了解也许只是他瑰丽人生中的一个侧面。如我一般得到他亲切关怀，并被他高尚品德所折服的学生又何止百千，这些了解与感官共同汇聚成了这位老人的笔直身影。

行文至此，我又拿出了厉老师的诗集。这位著名的学者——也是普通的老师——在他 70 岁之际的赋词自述，也许正是他激流澎湃而又水波不惊的一生的最好写照。

破阵子·七十感怀

厉以宁

往日悲歌非梦，平生执着追寻，纵说琼楼难有路，盼到来年又胜今，好诗莫自吟。

纸上应留墨迹，书山总有知音，处世长存宽厚意，行事惟求无愧心，笑游桃李林。

是的，一个善良的老师，一个伟大的导师，就是要把自己认为正确的知识和价值观，尽可能地教给他的学生，尽量地贡献给社会，无论是获得掌声，还是受到非难。作为学生，我们常铭记在心，并且把这种精神传承下去。我想，这就是对老师最好的缅怀。

◎ 作者简介

毛振华，男，1964 年生，1979 年至 1983 年就读于武汉大学经济学系本科，1996 年获得武汉大学经济学博士学位。中诚信集团创始人、董事长，中诚信国际信用评级有限责任公司首席经济学家、中国人民大学经济研究所联席所长、中国宏观经济论坛（CMF）联席主席、武汉大学董辅礽经济社会发展研究院院长。2013 年被评为武汉大学第七届杰出校友。

附：

在实践中思考解决中国问题的方案

本书作者毛振华与我的交集源于他的老师、我的挚友董辅礽先生。20世纪90年代末，按照董辅礽先生的要求，博士在读的毛振华旁听了我开设的经济史课程。他的博士论文《资本化企业制度论》提交答辩时，我受邀担任答辩委员会主席，给了论文较高的评价。后来，此论文由商务印书馆成书出版，听说好评不少。董先生2004年逝世后，以他的学生们为主，发起设立了董辅礽经济科学发展基金会和中国经济理论创新奖，毛振华是主要的操办者，我也是支持者。

毛振华1979年考入武汉大学，那一代大学生有着强烈的家国情怀。作为中国信用评级行业的开创者，毛振华的事业平台越来越大，但他不忘初心，在把中诚信做成国内最大的信用评级机构后，2007年选择了转身——将大部分精力转向了学术研究和教育事业。目前，他担任中国人民大学经济研究所所长、武汉大学董辅礽经济社会发展研究院院长等职。他在武汉大学、中国人民大学和中国社科院研究生院等高校和研究机构担任硕士生、博士生导师，指导了一批学生。他2006年在中国人民大学参与创办的"中国宏观经济论坛"已成为国内很有影响力的宏观经济研讨会，已持续了13个年头，每季一次，已开了50次，如此坚持实属不易。他在这个宏观经济研讨会上发表的很多观点，也引起了学界、决策层和市场的关注。这次，毛振华以他在这个论坛上的讲演发言稿为主，整理成书，体现了他对中国经济运行和政策的观察思考。可以看出，很多见解是很有价值的。2009年，他发布了题为《次高速增长阶段的中国经济》的研究报告，第一次提出了中国经济增长原有动力发生变异，中国经济已告别超高速增长阶段，进入次高速增长阶段，这与后来中央关于"中高速增长阶段""经济新常态"的提法高度吻合。他执笔的2016年年度报告提出，要进一步明确宏观调控中防风险与稳增长的双底线思维，并将防风险放在更加突出的位置上。这一政策建议也与2017年中央开始更加关注防风险甚至将此列为三大攻坚战之首的经济政策高度吻合。2018年，中国债券市场信用风险上扬，企业债务违约常态化，这也从侧面印证了毛振华当初的判断具有很强的预见性。他提出的以中央政府、地方融资平台、企业和家庭部门之间的债务"大腾挪"

来缓释地方政府隐性债务风险和企业部门信用风险的主张，以及把提高企业股本率作为降低负债率的主要措施的主张，很有针对性和前瞻性

对于他这些学术成绩的取得，我并不意外。多年来，毛振华在学术上孜孜追求，在企业经营实践中不断思考，这本《双底线思维：中国宏观经济政策的实践和探索》是他回归研究后交出的一份答卷。

2008年以来，为了应对全球金融危机，多国政府出台了相应的政策，多国经济学家积极参与了这一现实课题的研究，出了一些新的成果。经济学家们对中国宏观经济形势与政策的判断，历来众说纷纭，莫衷一是。但可以肯定的是，至少从以下角度看，毛振华这本书是独一无二的：把研究起点拉回到十年前，以中长期视角重新分析和判断2008年的这次危机给中国带来的影响，审视在政策应对方面的得与失，明确未来的政策取向。从这个视角展开分析的优势显而易见——摆脱当下的约束和短视，拨云去雾，方见月明。他在这本书中对中国宏观经济形势的判断、对宏观经济政策的思考都充满真知灼见，对当下中国经济政策的制定有启发作用。特别是他对中国债务风险防范的认识、对提高企业股本率的看法、对中国经济增长动能转换的认识，以及对民营经济发展的建议等，都切中当前中国经济运行的风险点，对防范化解重大风险、确保经济稳定增长具有很强的现实可操作层面的参考意义。

经济研究是一项伟大的事业，希望毛振华"不忘初心，永葆好奇心"，继续沿着理论创新之路不断开拓进取。毛振华由仕转商、由商转学的人生两度转身，也让我欣赏和支持。我希望更多的年轻人将理论学习与社会实践相结合，为中国学术研究贡献更多的智慧，为中国经济社会问题的解决提供更多的方案。

我祝贺本书的出版，也期待毛振华在经济学研究的道路上取得更大的成就。

厉以宁

2020年3月

汤在新先生：中国经济学思想史研究领域的权威

邹恒甫

汤在新先生是我一生经济学求学道路上的恩师。

他是武大学派古典经济学和卡尔·马克思经济学思想史研究领域的权威。20世纪70年代末至21世纪初，他同张培刚先生、吴纪先先生、吴于廑先生、曾启贤先生、董辅礽先生、尹世杰先生、谭崇台先生、刘涤源先生、周新民先生、朱景尧先生、郭吴新先生、李崇淮先生、胡代光先生、万典武先生、刘诗白先生、宋承先先生、何炼成先生、李京文先生、王治柱先生、刘光杰先生、杨小凯先生等武大学派的众多英豪活跃在武汉大学内外的中国经济学界。吴纪先先生（诺贝尔经济学纪念奖获得者 Wassily Leontief 20世纪40年代末期的哈佛学生，中国世界经济学的一面旗帜）卸任武大经济系主任之后，恩师汤在新先生便担当起经济系主任和经济学院院长的重任。在繁忙的行政工作之余，他把自己的生命献给了学生的培养和卡尔·马克思手稿的研究。

恩师是中国较早研究卡尔·马克思经济学手稿的学者之一。他在1964年就已发表了《〈剩余价值学说史〉（〈资本论〉第四卷）结构初探》（载《武汉大学学报》1964年第2期）。此文是中国第一篇研究《资本论》第四卷手稿的文章。1992年，他的里程碑的论文"从经济学手稿到《资本论》"（《中国社会科学》1992年第5期，原文2万余字）确立了他在中国卡尔·马克思手稿研究的权威地位。

恩师汤在新先生著作较多。就像他的名字一样，他的每本专著和教科书都有一特点：贵在立新！在此，我要强调恩师的两本专著《马克思经济学手稿研究》和《资本论续篇探索：关于马克思计划写的六册经济学著作》。而他同颜鹏飞先生联合主编的教科书《近代西方经济学史》在20世纪80年代末也填补了中国经济学教育的一个空白。此书的初稿当时由八十九岁高龄的陈岱孙先生逐章进行了审阅，实乃中国西方经济思想史研究的一桩奇事！

"新中国成立初，我就曾如饥似渴地但也是囫囵吞枣地阅读了不少马恩著作，到人大后又专心致志地'啃'《资本论》，不止一次地梦见马克思。从60年代开始，我从研究《资本论》进而深入到它的手稿，成为当时国内最早研究马克思经济学手稿的人之一。但60年代中期开始的'四清'，接着又是'文革'，把我赶出了书斋，后来又关进了'牛棚'，直到20年后，80年代中期才重操旧业，与其他同行一道，经过近10年的研究，才比较完整地挖掘出远远超过《资本论》内容的马克思计划写作的庞大的经济学计划即"六册计划"的逻辑联系和基本内容，在国内外首次展现出马克思经济理论的宏伟构想。遗憾的是，我们这批共同奋战了10余年的同行们年事已高，后继无人，这项研究事业恐怕再难推进了。"说到这里，汤教授神色黯然起来。"毕竟，有多少人还能沉潜下来专心研究呢？目前，甚至有相当一部分经济流派的观点认为，19世纪后期的《资本论》已经完全过时，应该用西方主流经济学完全取代《资本论》。也许由于我情有独钟，至今仍然为马克思理论的博大精深所折服。在我看来，马克思的研究方法，他观察问题的视角，他的许多重要见解，至今仍然具有指导意义。谁也不会幼稚到认为马克思已经为我们解决当代问题留下了锦囊妙计。亚当·斯密、凯恩斯这些大师们的理论难道会有这种功能吗？任何理论都会具有时代局限，然而时代局限并不就是'过时'，并不就是无用。时代局限只是说明，我们应该与时俱进，推进马克思理论，而不是否定、遗弃马克思理论。"

师道传承值得尊敬。

老先生们是真正的学者。可惜现在国内这种学者越来越少了。

音容笑貌

栩栩眼前

执着求真①

不媚世俗

胸怀坦荡

不忌直言

海纳百川

---

① 先生毕生醉心《资本论》，痴迷马克思《资本论》手稿研究，始终未曾改变和放弃。

深恶教条①

时生灵感

文思泉涌

著述不断

羞愧吾辈②

分明严师

更是慈父

悉心关怀

暖润心田

德艺双馨

弟子模范

先生精神

流传世间

◎ 作者简介

邹恒甫，男，1962年5月生，1982年毕业于武汉大学经济学系。曾任世界银行高级经济学家、武汉大学教授、北京大学教授、中央财经大学教授。

---

① 先生求真求实，总以开放心态研究马克思经济学，从不故步自封和迷信教条。

② 师母言，先生在病重入院之前，仍屡屡提及想写东西的愿望，坚持完成了国家社科基金课题。

薪火相传，光耀未来

——学习恩师甘碧群先生

曾伏娥

在武汉大学 130 年校庆之际，回顾自己一路走来的轨迹，备感交集！在这个重要的时刻，我最渴望是"借得大江千斛水，研为翰墨颂师恩"，表达对我的恩师甘碧群先生深深的敬仰和感恩之情。

"新竹高于旧竹枝，全凭老干为扶持"。我的恩师甘碧群先生，为人为学、传道授业，堪称学界楷模。她将岁月的沉淀和智慧的结晶薪火相传；她以言传身教的方式激励后辈勇攀学术高峰。她的思想品质令人敬佩，她的学术成就值得敬仰。值此建校 130 周年之际，重温甘碧群先生的学术道路和学术精神，我们后辈将接力奋斗，再续华章。

力学笃行，践行奋斗学者风采

"学向勤中得，萤窗万卷书"。1962 年，甘碧群先生踏上了教书育人之路，从此她学海无涯苦作舟，求知之旅从未止步。两次赴海外学习、交流营销学知识。更难能可贵的是，尽管当时已过不惑之年，但在面对陌生语言和学科时依旧怀揣不破楼兰终不还的心志，不懈攀登学术高峰。

1981—1983 年，甘碧群先生在法国马赛第三大学求学期间，面对从俄语/英语到法语、宏观经济到微观企业营销的双重转变，她不仅克服了语言转轨的挑战，而且顺利实现了学术转型！先生虚心向法国外教学习，每天坚持收听法语广播，勤奋阅读和翻译法文原著，通过短短 9 个月的学习，成为改革开放后第一批前往海外学习、经管学院唯一一名赴法深造的教师。甘碧群先生在法国期间，不仅坚持学习法语，还积极融入当地社会，与法国民众互动交流。同时，为了完成从宏观经济学转向微观企业营销研究转型，她不仅积极参与学校各种市场营销的课程学习和研究，深入了解前沿动态，夯实理论基础，还努力探索科学量化方法论，了解实证分析前沿趋势，全面提升自己的科研水平和学术素养。在法国，她还不断学习博士培养方法，为归国后前瞻性、引领性的博士培养积累经验。

"理无专在，而学无止境也"。20世纪90年代初，甘碧群先生再次赴美国加州大学圣地亚哥分校进修、交流和学习。先生经常和我们弟子强调——"生有涯而学无涯"。在美国期间，先生积极利用一切机会与美国的营销学者交流，探讨营销理论的应用与发展现状，深入研究企业的营销实践问题，进一步拓宽自己的营销学术视野，紧跟学科前沿，深入研读市场营销届权威如菲利普·科特勒等学术论著，掌握将理论运用于实践的方法。

"明诚弘毅，经世济民"。先生不仅求学刻苦，更具有高度的社会责任感。90年代初进修成归国后，与时俱进，为促进社会主义市场经济营销理论的健康稳定发展，先生提出必须重视营销道德的研究，编著了《宏观市场营销研究》和《企业营销道德》等学术著作，填补了国内营销道德领域的空白，成为国内研究这一领域的开拓者。

甘碧群先生以坚定的毅力克服了学习上的重重困难，两度出国进修提升自己的学术水平，回国后更是笔耕不辍，结合中国市场实践，努力探讨中国特色的市场营销理论，回馈国家、社会。她的学者风采和成就值得我们深深地敬佩和学习，让我们明白只有力学笃行，践行奋斗，才能成就自我，为社会做出贡献。

播撒火种，推动营销学科建设

回国后，甘碧群先生致力于推动营销学科的传播与发展，编写教材，开设课程，推进交流合作，将理论与实践相结合，为曾经贫瘠的土壤上播撒下了希望的火种，让营销学科在中华大地传播开来。

甘碧群先生积极倡导将国外的市场营销学理论体系引入中国本土。面对当时国内缺乏营销教材现状，先生将西方营销学理论编写成相应的中文营销学教材。1987年，先生与其他学者合作编著《市场学通论》。此后，先生还承担了包括《国际市场营销学》在内的12本"面向21世纪课程教材"的总负责人工作，系统性介绍营销学理论，为构建营销学的商科教育体系，助力国内市场营销的

桃李春风忆师恩

教学与研究做出了突出贡献。

先生如灯，一心绽放芳华。1994年3月至1999年4月先生担任武汉大学管理学院院长，助力武大管理学科建设。在此期间，先生率领团队，成功申请了武汉大学管理学科的第一个博士点——企业管理学科博士点。为了跟上时代发展的步伐，甘碧群先生要求老师们学习计算机知识及提高英语水平，鼓励在学科教育和科研工作中应用新技术，并安排相关专业教师负责此项任务。同时，她还积极推动学术交流，从1990年开始，甘碧群先生一直兼任中国高等院校市场学研究会副会长和学术委员会主任，组织举办年会和交流会。在会上，先生多次介绍西方营销学的发展及其实践应用，同时促进国内营销学者之间的交流，扩大了中国高等院校市场学研究会的影响力。此外，甘碧群先生担任了三届湖北省市场营销学会会长，促进学界与企业界的深度交流，推动营销理论与实践的紧密结合。甘碧群先生还赴香港浸会大学进行讲学，建立了学术交流平台，有力促进了中国管理学科的繁荣与发展。

除了在学术界的辛勤耕耘，甘碧群先生还为企业的发展和政府的决策提供了宝贵的营销智慧。她为数十家企业进行了国外营销知识的培训及咨询，为企业提供了先进的营销理念，帮助企业提高了市场竞争力。与此同时，她还担任湖北省和武汉市政府的咨询委员会顾问，为政府提供有价值的市场发展建议和营销决策支持，为经济体制改革贡献了力量。

回溯中国营销学界的发展历程，我们不难发现甘碧群先生是中国营销学发展的重要贡献者。她是将营销学教育纳入经管学生培养体系的先行者、编著营销学教材的早期探索者、为社会发展建言献策的实干家！

言传身教，照亮学术前行道路

学术研究如同不绝的长河，需要源源不断的活力注入，方能保持其生机盎然。这活力的源泉来自一代代学者的传承，以及新鲜血液的持续注入。甘碧群先生将提携和培养后辈视为维系学术活力、推动学术进展的至关重要之事。作为国内首批市场营销方向博士生导师之一，甘碧群先生自1994年起，就开始了她的博士生培养使命。她以春风化雨、言传身教的方式，打造了一个相辅相成、齐心协力、积极学习、共同进步的营销团队。先生的教诲和引导，如同明灯一般，具有前瞻性和引领作用，照亮了后辈研究学者的前行之路，促进学术研究薪火相传。

至今，我依然铭记甘碧群先生的教导。先生教导我们，要注重营销理论和西方量化方法结合，要坚守求真创新的精神和坚韧不拔的态度，无论面临何等挑战，都不能轻言放弃。那时，年过花甲的甘碧群先生仍然站在三尺讲台，为我们这一批博士生传授营销理论。她一直关心着我们的学术生活，持续关注着我们的研究进展，为我们的学业、工作和生活提供鼓励和支持，激励我们培养研究兴趣，保持学术的热情。先生还时常鼓励我们要勇敢地面对学术上的困难，勇于质疑已有成果的新应用，不断超越当前研究、发展已有理论、指导未来实践。

毫无疑问，先生对我们的培养是具有前瞻性的。先生在培养我们科研能力的同时，也极大地培育了我们的科研素养，为我们后续的科研生涯巩固基础。同时，甘碧群先生的培养也展现了优秀导师的引领作用——她身体力行地告诉我们，一个杰出的社会科学研究者和学术导师应具备的能力和精神品质。通过先生的培养，我们的逻辑思维、学术素养逐渐发展，使我们成为独当一面的社科研究工作者，我们当以先生为楷模不断前进。

衣钵相传，持续钻研奋斗旅程

在甘碧群先生近半个世纪的教育生涯中，她为我国营销学界培养了一批卓越的营销学者、学术精英，犹如点燃的星火，在国内营销教育的天空中划出了亮丽的轨迹。如今，这群杰出的教育者也在不遗余力地培养着优秀的学子，接力传递着营销研究的火把，推动着中国营销学界的繁荣与发展。

经过多年的学习和研究，我留在了武大任教，成为一名大学教师和科研工作者。先生的教书育人之道也对我后续培养学生产生了深厚的影响。我常常与我的学生讨论营销现象，致力于激发他们对科研的浓厚兴趣，这与甘碧群先生教导我们的保持学术的热情和兴趣，追求更高学术境界的精神不谋而合；我积极为学生搭建与企业的合作平台，鼓励他们将理论与实践相结合，这也与甘碧群先生教导我们发展已有理论、指导未来实践的理念相呼应；我鼓励学生勇攀高峰，敢于突破传统，实现个人价值，这同样受到甘碧群先生追求卓越、寻求创新的学术精神的启发。在学术研究上，我也谨记先生的教诲，紧扣时代发展的脉搏，立足国家发展的需要，深入研究数智化平台、新产品开发、重点产业链压力测试等重要课题，为新时代的发展贡献了自己的力量。未来，我将继续传承和弘扬甘碧群先生的学术精神，培养更多杰出的营销学子，为中国营销学术的进步贡献自己的力量，为企业和社会的发展提供理论智慧。

甘碧群先生以砥砺前行的姿态求学，以潜移默化的方式授业。先生的研究成果产生了深远的学术影响和社会影响，先生的高尚师德受到学界、业界的交口称赞。

而今，我们站在武汉大学130年的历史节点上，更应对前辈们的道路和精神进行深入的学习和思考。他们的努力和智慧开拓了我们奋力前行的道路，他们的胸怀和担当塑造了我们追求卓越的品质。因此，我们应当汲取前辈们的智慧和勇气，承接他们的愿景和使命，以更加积极的、开放和创新态度和扎实的学术基础，为武汉大学的发展和进步贡献自己的力量。在武汉大学130周年校庆之际，重温甘碧群先生求学、授业、传道的历程，学习、传承、实践甘碧群先生的学术精神，共同助力营销学的繁荣发展，是后辈武大营销人责任与情怀。

◎ 作者简介

曾伏娥，女，1972年7月生，2006年毕业于武汉大学经济与管理学院，获得管理学博士学位。武汉大学经济与管理学院市场营销与旅游管理系主任，教授。

巍巍学府，积微成著

——重温我的武大记忆

邓　江

我曾经在武汉大学洋溢着青春和热血进行了三年的学习、生活和科研，回望这段时光，它依旧是我人生画卷里浓墨重彩的一笔。

种学绩文，我的博士生活

我与武大的缘分开始于1996年，那年我考上了甘碧群先生的市场营销学方向的博士研究生。在武大与另一所高校的权衡中，我坚定地选择了当时的武大管理学院。武汉大学依山傍水的校园环境，老斋舍、宋卿体育馆、樱花大道等一系列标志性的地标建筑，至今仍镌刻在我的脑海中。这样优美的校园环境，既展示着武大的文化底蕴和人文情怀，同时又彰显着宽厚的包容性。此外，更促使我坚定选择武大的原因是武汉大学的学术研究实力。当时武大管院在国内管理学研究上名列前茅，丰富的藏书资源、顶尖的师资力量，让我对当时的博士研究生活备感信心。更重要的是，甘碧群先生作为国内营销学术研究的先驱者，她对营销理论的深刻理解、对企业实践的独特洞察，都促使我要把握这个千载难逢的机遇拜甘先生为师学艺。当时国内的营销研究处于起步阶段，在高层次的理论和实践探索方面较为缺乏，国内的研究资料较少；是甘先生首开先河从国外引入营销学理论体系，采用外文原著教学。她这种刻苦钻研、勤奋治学的精神品质，激励着我投身市场营销理论和实践高层次的学习和研究。

在博士研究生学习期间，我积极参与甘先生主持的一项国家级课题——企业营销伦理研究。这段经历也锻炼了我将理论与实践相结合的科研能力，培养了我刻苦钻研、锐意创新的精神品质。当时在小平同志提出要发展社会主义市场经济体制的大背景下，国内企业市场化发展转型遇到了种种考验。其中，企业伦理问题尤为突出。假冒伪劣产品充斥市场，过分追求利益而忽视社会效益等问题层出不穷，极大阻碍社会主义市场经济发挥市场的良性调节作用。而在学术研究上，国内尚未有学者系统性研究企业营销伦理行为。因此，这项课题是立足于时代发展的需要、解决企业发展实际问题，也是对营销理论的推陈出新，更是将营销理论和企业实践牢牢结合的范例。

博士研究生期间，我重点研究的领域是有关公司战略管理、市场营销与博弈以及市场营销渠道等内容。我的博士论文主要是立足正反馈理论、公司战略管理、公司治理和市场信息不对称等理论，将资本市场的股价波动、上市公司的绩效与上市公司的市场战略表现相结合，进行相关性分析，首次提出在市场演进中对企业资本结构和企业战略绩效相关性进行系统研究的课题，其创新性得到甘先生等学者的高度赞扬。我的博士研究经历，也为我后来进入企业实际工作，开展企业战略管理和企业资本运营管理的成功操作提供了坚实的理论基础。

尽管后来我将所学投入企业实践从而选择投身企业工作 24 载，但武大管院的学习研究生涯，始终深刻影响和激励着我，奋斗不息。现在，回溯我的博士学习生活，我依旧感谢我的导师——甘碧群先生的谆谆教诲——她作为一代大家和尊师，对我们博士子弟要求严格，她多次亲手批注、修改我们的博士论文，带领我们阅读英文原著、学习借鉴西方市场分析方法。这段经历在夯实我理论基础的同时，也培养了我的实践能力。我依旧感念甘老师的言传身教——甘老师的研究始终坚持理论和实践相结合，为人为学始终坚持思想的独立性、追求真理。这段经历潜移默化影响着我的思维方式和工作方法，也培养了我坚忍不拔、追求真理的精神品质，让我领悟扎根一线、坚持学习实践的重要性。

躬行实践，我的职场经历

离开武大后，我一直从事有关企业战略规划、企业资本运营和企业资源整合的相关工作。在 24 年的从业生涯中，我愈发感受到博士生涯积累的理论知识的重要性，感受到博士生涯培养的精神品质的重要作用。可以说，武大博士生涯赋予我的能量，一直激励我在人生的道路上奋勇前进。

市场营销学的理论知识积累、博士课题的研究基础、理论与实践结合的工作方法，始终为我在职场中披荆斩棘、大显身手赋能。在中国工商银行广东省分行工作时，因为在校期间深入学习过营销理念的相关内容，而当时银行的各项工作开展亟须先进的市场营销方法论的支撑，所以我得到机会在内部开展相关培训，传递了以客户为中心、按客户的金融需求来进行金融产品营销的理念，提出了以解决企业融资需求为中心的有针对性的整体金融服务方案，同时制定了第一版广东省工商银行公司业务客户经理管理制度和流程。现在想来，当时之所以能够在工作中顺利发挥自己的特长，主要得益于在武大接触到了国内最为先进的市场营销理念，加之自己的实践探索。在广州越秀集团工作期间参加了广州国际金融中心筹建并担任了筹建办副主任，根据广州国际金融中心地标性综合商业体的定位成功地引进了国际奢华酒店品牌——四季酒店，极大地提升了地标建筑的商业价值。在日常工作中一直坚持应用市场环境分析和市场定位的工作思想来指导房地产项目开发：立足国企房地产企业诚信品质，产品定位于中高端品质，以目标客户提升生活品质和物业增值需求为中心，提供满意的质量和服务，同时注重成本适中管控。这些都是源于甘先生言传身教的营销学思想方法论帮助我成功组织推进并完成了集团在广州多个地产项目。

课题研究锻炼的自主学习能力、培养的刻苦钻研和锐意创新的精神品质，始终激励我拓宽视野、克服难题。我曾经在工作期间接触到开发房地产信息管理系统的挑战。虽然我在本科期间学习过工科，但我的硕博都是研究市场营销领域，这个任务对我来说无疑是一个巨大挑战。好在我在硕士和博士期间研究营销渠道的时候便了解到了这个领域，深度理解企业信息化管理的重要性。最后凭借自身的营销信息系统理论和财务实践经验，组织公司投发部、财务部、工程部和销售公司围绕公司高层决策需求和信息数据资源整合需求，设计和成功运行了一个集项目投资、开发建设、销售和财务管理等数据为一体的房地产开发管理信息系统，得到了公司高度肯定和支持。甘先生时常教导我们要以坚忍不拔的态度、以求是拓新的精神追求学术，鼓励我们要勇敢地面对学术上的困难，勇于质疑已有成果的新应用，不断超越当前研究、发展已有理论、指导未来实践。虽然我没有在学术的道路上延续下去，但我将导师的教导践行到工作中，在实践中不断开拓创新，与理论相结合，始终保持学习和钻研的实践精神。

导师坚持真理、积极实践的言传身教，始终鼓舞我扎根一线、踔厉奋发。在主导广州城建集团的商业地产项目的过程中，我积极实践市场营销理论，对市场环境和租户需求进行了深入的分析和调研，带领多个团队对项目进行精准的前期策划和目标客户群定位招商，取得了良好的投资收益，为越秀房地产信托基金储备了优秀的上市资源。在广州越秀集团和城建集团工作数年后，我毅然放弃高薪工作，前往祖国的西部，通过广西壮族自治区党委和政府海内外公选任职广西北部湾投资集团党委委员、董事和副总经理，为祖国西部建设发挥自己的能量。深处一线，我依旧秉持市场导向的理念，立足集团项目所拥有的北部湾经济区所赋有的东盟区位优势、政策优势、资源优势和产业定位，组织推进与国内实力雄厚的大型企业的合作；成功引进中国船舶集团在钦州岸线投资建设的大型船只修造基地，填补了广西北部湾港口造船业的历史空白；组建了广西第一家民用航空公司——广西北部湾航空公司，推动了广西本土民航事业的发展；组建北部湾产业投资基金和广西北部湾创新股权投资基金管理公司，解决了北部湾经济区产融投资问题，为北部湾的战略性新兴产业提供融资服务和战略支持。"明诚弘毅，经世济民"，能够在武大接受高端前沿的商科教育，再以自身所学扎根一线，为地方经济谋发展，是我莫大的荣幸。

敬陈管见， 我的真切寄语

最后，作为从武大毕业、从业多年的"学长"，我有一份真心话，想对武大经管学院的年轻学子诉说。

首先，我希望你们能注重理论与实践相结合。"纸上得来终觉浅，绝知此事要躬行"。从事商业领域，最终目的是为企业创造价值、为经济发展和社会进步做出贡献。因此，我们不能局限于基础的理论层面，我们需要了解如何将理论应用于企业实践。就像我们不能只是知道企业应该进行市场定位，而是要培养自己通过环境洞察、消费者需求分析、供应链分析等为公司的产品和服务提出具体解决方案的能力。在大学阶段，我们可以抓住试错机会，多尝试、多学习，在巩固理论基础的同时，加深对理论的理解、实现对理论的有效应用。当然，我也建议学院能与知名校友企业合作，建立实习实训基地，

其次，我建议你们能尝试阅读哲学、国学著作，了解人性。商科领域都在与"人"打交道，交易成本理论、社会交换理论讲的是两种人际交往方式，顾客导向、市场定位关键是如何洞悉人的想法、捕捉人的心智。通过阅读哲学、国学著作，尤其是有关心理学和社会学方向的著作，可以更加了解社会人的思想本质，在巩固专业所学的同时，为融入社会、为企业创造价值做准备。

今年是武大经管院成立的 130 周年，我很庆幸能在这个地方拥有珍贵的 3 年

时光，遇到了这么美的校园，遇到了这么包容的学院，遇到了这么优秀的一群老师。更重要的是，通过在武大的 3 年，我将自己雕琢得更好。这样一段经历，是一笔重要的人生财富，我始终心怀感恩！

◎ 作者简介

邓江，男，1970 年 6 月生，1999 年毕业于武汉大学经济与管理学院，获得经济学博士学位。联通光谷江控第五代通信产业基金合伙人兼投委。

追求梦想　一世不休

——记经济学家陈恕祥教授

何　润

孜孜以求　文章务实

1965 年，陈恕祥教授大学毕业，并在延安延川县梁家河大队里下放劳动。白天他投入艰苦的劳动，晚上依旧坚持秉烛夜读，写下了一本《锻炼日记》。他常常在日记中自我反省，并通过这种方式来认识自我，不断磨砺自己的心态。在其中的一些片段里，他自我总结道："松动情绪与自满情绪有关，前一段时间我自认为不错，因而不在乎了。这件事情格外要注意，头脑要始终冷静。在劳动这件事情上，丝毫不能马虎。"他始终把谦虚谨慎作为自己的行为准则，积极地投入劳动。此外，陈恕祥教授为人十分宽厚，常常能够和周围的工人朋友打成一片，也正是在这期间，他对马克思主义政治经济学产生了浓厚的兴趣。这一段时间，陈恕祥教授始终心系国家的前途和命运，并利用劳动间隙自学英语，认真研读《资本论》原著，在不断打磨自己的过程中，叩问自己内心深处的理想追求以及作为一位学者应该肩负起的责任。

在农村劳动生活的这段时间里，陈恕祥教授从未放弃过经世济民的理想追求，始终发奋向学，并于 1978 年考入了武汉大学经济系，攻读硕士学位，从此正式系统性地展开了对马克思主义政治经济学的研究。在研究当代资本主义经济方面，陈恕祥教授对于资本主义社会的发展状况做了大量深入细致的社会调研。在撰写《对于马克思关于一般利润率下降规律理论的新探索》一书时，陈恕祥教授起初只是对相关理论资料和文献进行了详细的研读与探究，但他内心深处始终认为学术工作不能够闭门造车，而要与实际相结合。后来，为了进一步发展和完善理论，进行科学和辩证的分析，陈恕祥教授又以富布赖特高级访问学者的身份首度赴美，收集和充实相关资料。在美国访问期间，他走遍了美国各大城市和部分乡村，与美国学者和各界人士深入交流，花费大量时间在图书馆查阅资料，获取了丰富的考察资料。在此基础上，陈恕祥教授认真研究，不辞劳苦地创作了1000多张幻灯片，每张幻灯片都精心配备解说词，从社会生活、经济发展、贫困化、劳资关系、科技进步、金融市场等多个侧面生动、全面地反映了美国当时的资本主义经济、社会状况。这1000多张精心创作的幻灯片被陈恕祥教授带回国内，是当时极具学术价值的教学资料。陈恕祥教授将这些资料在课堂上分享给他的学生们，让学生们更加直观、全面地认识到资本主义经济关系，更加深刻地理解社会经济发展过程和机理。武汉大学电教中心还将这些幻灯片面向全国出版发行，使当时的许多研究者、学生们丰富了知识、开阔了视野。这也对中国走向世界具有极大的学术启蒙意义。

1992年起，他厚积薄发，不断求索，并追求在学术工作中能迈上更高的台阶。他发表了一系列研究社会主义经济关系的论文，对若干基础性理论问题和改革开放的现实问题提出了自己的分析和见解。他对社会主义经济关系的剖析，不仅完善与丰富了社会主义政治经济学的理论体系与框架，而且对当时一些现实的经济问题的解决也具有重要的参考价值。在学术工作中，陈恕祥教授始终把经济理论为社会实践服务的理念放在首位。例如，他从社会主义生产、商品（市场）经济、基本经济关系（制度）等多个层次分析社会主义经济对资本主义经济既否定又继承的逻辑关系；主张不仅应该从分开基本制度和经济运行两个范畴出发认识建立市场经济体制问题，而且应该将这种区分用作方法论去进一步分析系列相关经济理论问题；他的这些分析和见解，对于基础理论的研究和理顺解决实际经济问题的思路，都具有参考价值。尤其值得一提的是他题为《社会主义的本质与社会主义市场经济》的长篇论文。此文最初被推荐参加全国高教系统理论研讨会，后又作为湖北省的4篇论文之一入选1994年年底中宣部等6单位召开的全国"学习《邓小平文选》和建设中国特色社会主义理论研讨会"。

中国人民大学经济学院教授、著名经济学家卫兴华这样评价陈恕祥教授："他是一位坚定的马克思主义政治经济学家，在国际共产主义处于低潮、马克思主义受到挑战的当代，陈恕祥始终坚持马克思主义的立场、观点和方法，坚持科学社会主义理论，毫不动摇。他无论是著书立说，或者在学术会议上的发言，总是以马克思主义的基本原理作指导，并勇于对一些不正确观点进行讨论和争鸣。他并不拘守马克思主义经典作家的个别论断去搞教条主义，而是把继承与坚持同发展与创新统一起来……"陈恕祥研究资本主义经济关系，目的非常明确，那就是从中国的需要去研究外国，以外国为参照来思考中国的事情。

陈恕祥教授多年来笔耕不辍，在社会主义政治经济学领域著述丰富，提出了许多见解独到的理论，并获得了同行的高度评价，是当时中国极具影响力的经济学家之一。

开宗办学　无畏寒暑

多年来，在承担繁重的教学和科研工作的同时，陈恕祥教授还担任了大量的社会工作，他对待工作始终勤勤恳恳、兢兢业业、呕心沥血。尤其是陈恕祥先生在院长任上时，一心为公，殚精竭虑，积极走访国内权威学者，多次组织国际性学术会议，使武汉大学经济学院的建设迈上了一个又一个台阶。

在办学方略方面，陈恕祥教授提倡办学要开宗明义。他始终认为，经济的发展离不开对外开放，经济办学也需要开放办学。一方面要了解和跟踪国外经济学家经济学教育的发展动态，缩短我们在现代经济理论、研究方法等方面与先进国家差别。另外一方面，要不忘初心、坚持开放办学，为我国经济建设这一主战场服务，为解决国民经济发展的重大问题服务，以高水平的科研成果为地方经济发展提供调研信息和咨询建议。此外，在学术交流方面，在陈恕祥院长的带领以及众多学者老师的积极参与下，武汉大学经济学院举办了许多中外联合学术交流项目，与国内顶尖高校签署了一系列联席会议协议。其中，1997年，经济学院成功主办的"全国高校社会主义经济理论与实践研讨会"，在全国经济学界产生了重大影响。

在人才培养方面，陈恕祥教授认为：在当时经济竞争激烈的时代，民族振兴需要的人才是具备较高素质、具有扎实理论基础的现代应用知识的人才，以及熟练掌握外语、数学、计算机应用技能的经济专才。他十分注重人才的培养和良好教学体制的建设，推动建成了数理金融试验班和经济学基地班。即便他离任院长，身体每况愈下，陈恕祥还十分关心学院班级体制的建设，在第一届经济学基地班同学入学时，他虽然抱病，但坚持要与同学们当面交流。

1996 年，陈恕祥院长于经济学院十周年院庆时与众多海内外学者合影

身正为范　人师难遇

陈恕祥教授长期担任本科生"政治经济学"、硕士生"当代资本主义经济分析"、博士生"邓小平经济理论研究"等课程的教学，受到历届学生好评。他担任研究生导师以来，共指导了 8 届硕士研究生、24 名博士生。他在教学过程中，既教书又育人，无论多么繁忙，多么劳累，他都会把教学工作放在首位。

他教书育人，身教重于言教。他对学生的论文从选题到目录设计，都逐字逐句斟酌；文章内容从理论探讨、谋篇布局到标点符号，常常一一更改；据陈恕祥教授的两位学生唐轶昂（现任广西防城港市常务副市长）、杨蓓蕾（现为上海财经大学城市与区域科学学院财经研究所研究员）回忆，他们的硕士毕业论文从选题、形成提纲到成稿，陈老师都给予精心指导，初稿形成后，陈恕祥教授与他们谈论每一个细节并动笔修改。杨蓓蕾至今还记得，她参加工作后，在陈恕祥教授的指导下合作撰写《当代西方劳资关系研究》一书，她提交的初稿上每一段都留下了陈恕祥教授密密麻麻的修改。陈恕祥教授"文章不写半句空"的严谨态度让她终生难忘。

在学习方法上，陈恕祥教授十分强调学术思维训练的重要性。他经常教诲学生说："学术思维一要'辩证'，二要'逻辑缜密'，三要'推敲'，尤其是诉诸文字，表述准确，重在推敲。其次，强调'多读书'，读两本书。一本是经典著作和文献，这是有字的书。有字的书要读到'字里行间'（between the lines），深入理解其中应有之义。一本是社会，这是无字的书。无字的书要读到'知其然，并知其所以然'（what and why）。"据陈恕祥教授的学生杨蓓蕾回忆，陈老师在讲授政治经济学时，开篇以自己学《资本论》为例，先用一张张卡片逐字逐句誉写，再原汁原味研读，然后结合实践融会贯通。陈恕祥教授的这种态度，给同学们注入了严谨细致的理念，启迪他们不论是治学还是做事都要从点滴做起、从基础学起、从细节做起。

在同学心目中，陈恕祥教授不仅仅是学术方面的良师益友，更是难能可贵的人生导师。据唐轶昂回忆，当时他即将毕业，面临是继续读博还是参加工作的抉择，攻博士需要备考博考，找工作需要备战国考，都需要花费大量时间精力。当他将自己的纠结诉于陈恕祥教授后，陈恕祥教授耐心细致地教导他："做人要立志笃行，从容淡定，勿前思后想，尽最大努力。过程中要学会'弹钢琴'，平静心态，排好时间。天道酬勤，答案自来。"陈老师一席话顿时如春风化雨，让他茅塞顿开。之后他无论是备考博士，还是备战公务员乃至应聘其他工作都认认真真，从从容容，最后获得了国考和博考双丰收。

此外，陈恕祥教授还十分关心学生的日常生活。陈恕祥教授和妻子赵淑华女士经常邀请学生去他们家做客，给予他们帮助与关心，让学生们感受到了家庭一般的温暖。学生们还常常戏称陈老师的家是传道授业解惑的第二课堂。陈恕祥教授的学生杨蓓蕾回忆起她刚到校时的情况："在读研究生期间，我与我的爱人两地分居，当时我爱人在安徽的一所大学任教，我会经常回安徽与爱人相聚。陈老师知晓后，经常问我的生活情况。我记得，有一次囊空如洗，生活无着，陈老师知晓后，让师母立即拿出几百块钱给我。在陈老师和师母的鼓励和帮助下，我的爱人后来参加了研究生入学考试，考取了华中师范大学读研究生，解决了我们的两地生活问题。后来，我和爱人都在武汉大学工作过一段时间。在那段时间里，恩师和师母在生活上给予了许许多多的关怀，这也是永生难忘怀的。"

陈恕祥教授的众多学生聚会时回忆道：老师和师母经常接他们到家，给他们做好吃的，同他们谈心聊天，让他们深深感受到家人的关怀和温暖，继而很快调整好状态融入学校大家庭中。在大学生涯中，同学们相约一起到老师家里打牙祭，那是他们最开心幸福的时刻。

陈恕祥教授在教书育人方面的付出，正如一首古诗《板书有感》所描写的那样："字斟句酌细推敲，拈精撮要费咀嚼。半亩方塘长流水，呕心沥血育新苗。"

一心为学 鞠躬尽瘁

1998 年，年仅 57 岁的陈恕祥教授身患重度帕金森综合征，但他仍然以坚忍不拔的意志，克服了常人无法忍受的病痛，将生命的余晖贡献到研究和教学工作当中。

1999 年 5 月陈恕祥教授抱病至南方讲学，紧接着又赶往北京，与武汉大学前校长顾海良教授碰面，对《马克思主义政治经济学原理》一书作了最后一稿修订。据顾海良教授回忆，他在与陈恕祥教授一起修改书稿时，感觉到陈恕祥教授比以前更加疲惫，但他当时没在意。后来他每每想起这件事，都内疚当时没能让陈恕祥教授在北京多休息一阵，做一下全面的身体检查。后来顾海良教授来到武汉大学进行访问，陈恕祥教授身体每况愈下，但他还是坚持要与老朋友会面，希望能一尽地主之谊。但是到了 2000 年初，顾海良教授再一次来到武汉大学时，提出看望，却被陈恕祥教授回绝了。顾海良教授不解其中缘由，后来才知道，陈恕祥教授当时在以惊人的毅力同病魔作斗争，顽强地走过自己人生的最后一段路程，他不愿意让自己所经受的痛苦引起朋友的难过和不安。

陈恕祥教授对于学术的执着和热爱支撑着他不断地挑战生命的极限。2000年底，他的运动神经元几乎已完全丧失功能，仅剩一只手指和一只脚微弱地动弹。在这样的情况下，他仍念念不忘自己尚未完成的书稿。为此，他让家人专门制作了一个活动支架，用绳子吊动手臂，用脚踩打架子，拉动手臂用电脑打字。在 2001 年 11 月去世前，陈恕祥教授完成了一部 20 余万字的书稿，制作了一套教学光盘，发表了 5 篇论文。生命不息，奋斗不止，留下了一曲震撼人心的人生壮歌。

◎ **参考文献**

1. 陈恕祥. 陈恕祥经济理论文集. 北京：经济日报出版社，2002.

2. 陈恕祥. 办学要服务于经济建设. 经济日报，1996-03-18.

3. 陈恕祥. 克服"厌学"情绪增强学习动力. 武汉大学简报，1989-04-06.

4. 傅殷才. 值得学习的好教材——喜读陈恕祥的《政治经济学（资本主义部分）》教科书.

经济评论，1994-09-25.

    5. 唐轶昂 . 追思恩师陈恕祥先生 .

    6. 卫兴华 .《陈恕祥经济理论文集》序 . 经济评论，2002-11-25.

    7. 闻欣 . 陈恕祥教授和他的政治经济学研究 . 学习与实践，1995-08-15.

    8. 武汉大学经济与管理学院 . 武汉大学经济与管理学院史（1893—2013）. 武汉：武汉大学出版社，2014.

    9. 杨蓓蕾 . 追忆恩师陈恕祥先生.

    本文部分情节来自陈恕祥教授的学生杨蓓蕾、唐轶昂、刘毅等的口述。本文部分图片由陈恕祥教授的妻子赵淑华女士与儿子陈宁先生提供，部分手稿来源于《陈恕祥经济理论文集》（经济日报出版社 2002 年版）。

◎ 作者简介

    何润，女，2002 年 1 月生，2022 年毕业于武汉大学经济与管理学院，获得经济学学士学位。现就职于雅戈尔集团股份有限公司。

爱业·敬业·精业·乐业

——记我的导师周茂荣教授

杜 莉

"现代管理学之父"彼得·德鲁克（Peter Drucker）曾说：我一直在寻找真正的老师……老师实在是不易定义，我从未看过做法完全相同的两个老师。老师没有一定的类型，可是，学生总可以辨认出老师的好坏。去年教师节，一位学生记者向我发问："您觉得什么样的老师才是好老师？"那一刻，我的脑海中不自觉地浮现出他的模样……

一、爱业之师

1995年，我考入武汉大学世界经济系国际经济专业求学，初识周茂荣老师。彼时，先生是世界经济系主任，后任商学院院长。先生当时不仅亲自教授我们数门课程，还主管着各项行政工作，印象中他待人总是那般和气谦逊，全无半点为师为官的"架子"，即便那时只是一名远观的学生，我也常常会有如沐春风之感。2003年，我继续在世经系读研、读博，有幸拜在先生的门下，直至2006年博士毕业留校任教，得以近距离地受到先生治学与为人的熏陶，也得以了解先生的点滴往事。

先生自幼家贫，求学之路极其艰辛，可每每带着我们走进他那些幼年、童年、青年在食不果腹的窘境中完成学业的回忆时，他却总是轻描淡写，脸上挂着"轻舟已过万重山"的豁达、释然与乐观。或许缘于此前经历的种种艰难，先生对工作永远饱含热忱、分外珍惜。1970年先生毕业留校，算来已是半个世纪，他对世界经济领域的前沿动态永远以"苟日新，日日新，又日新"的学术吸纳姿态，保持着与时俱进的更新节奏。1972年，先生被安排到北美经济研究室工作。该研究室是全国高校中最早建立的外国问题研究机构之一，当时研究室所编写的美加经济资料可供国务院相关部委和国家领导人参考。能在这样的研究机构工作，先生感到十分有意义，于是全身心专注于北美经济研究。1979年，《世界经济》杂志上刊载了两位知名学者论及第二次世界大战后美国经济危机周期延长的文章。随后，先生针对该文写成《论战后美国经济危机频繁化与周期缩短》一文，阐释北美经济研究室对第二次世界大战后美国经济周期问题研究的不同观点，也被刊发在该杂志上，并被附"编者按"，鼓励学界就此问题展开争鸣与探讨。其后，先生一直醉心于世界经济问题研究，且始终以独立之思考、前瞻之视角，立于学术前沿。20世纪八九十年代，先后在《世界经济》杂志上发表了《美国国债与经济发展》《关贸总协定新一轮多边贸易谈判的提出及其面临的主要问题》《论美国国际投资地位逆转及其经济影响》《论八十年代发达资本主义国家经济长期增长》等多篇论文，直至退休，先生出版著作14部，发表论文百余篇。更令吾辈汗颜的是，退休之后先生仍跟踪不止，笔耕不辍。2012年年底，先生很开心地告诉我，他在全国美国经济学会所做的主题发言得到了很好的回应，已有几家杂志向他约稿。当时，先生脸上那欣喜、自豪的表情竟与一名研究生收到用稿通知时的表情并无二致。那一年，先生67岁。2017年，先生新作《特朗普逆全球化对"一带一路"实施的影响》见刊，这一年他72岁。真可谓"发愤忘食，乐以忘忧，不知老之将至"。

当然，先生的爱业之心绝不仅止于其对科研之爱。世界经济系自1981年开始招收第一届本科生。先生教了26届本科生。即使在担任商学院院长6年间，公务繁忙，他也始终没有耽误给本科生上课，直至他年满65岁退休，成为我系唯一一位执教历届本科生的老师。2007年初，我赴巴黎完成欧洲研究中心的一个项目。说来惭愧，那一年我三十而立，却是第一次离家出远门。那时，先生也在巴黎做高访，他亲自到机场接我，晚上8点下飞机，把我送到住处已过深夜11点。其间，我那近30公斤的大箱子，就靠先生帮我扛上扛下。见我很不好意思，他还一直"安慰"我，说我的箱子比他一周前来机场接的另一位学生的要轻很多。他扛着箱子上下楼梯的宽厚的背影，让我不自觉浮想起朱自清的那篇名作，心中涌动无限的温暖。那一年，先生已逾花甲。一天，先生非常开心地告诉我，他在"中国城"买菜时被两个中国学生认出来，原来是我院"中法班"毕业留法的学生。随后，"周老师来法国"的消息不胫而走，很快先生那不足10平方米的宿舍挤满了来看望他的十余名在巴黎求学和工作的学生，那一刻我从先生满足的笑容中读出了为人师的快乐。

列夫·托尔斯泰曾经对好老师做过这样的描述："一个教师如果只爱事业，他是一个好教师。一个教师如果只像父母那样爱孩子，他是一个比那种虽读过万卷书但既不爱事业，也不爱孩子的教师更好一些的教师。而如果教师把对事业和对学生的爱兼备于一身，他就是一个完美的教师了。"

二、敬业之师

20 世纪 30 年代，梁启超先生曾做过一个《敬业与乐业》的演讲，称"凡做一件事，便忠于一件事，将全副精力集中到这事上头，一点不旁骛，便是敬。"我从周先生的身上便总能看到这种做且必须做好的敬意。一次，先生作为院长为助教老师做培训，其间谈及的两点令我终身铭记且受用。先生说："要想上好课，老师需对自己所讲授的课程内容知道十分，才能讲出七八分，如果自己只知道十分，要给学生讲十分，只能照本宣科。所以，要不断了解自己讲授课程内容的新知识、新进展，这就要求不断投入精力，认真准备。"又说："年轻老师初上讲台，'备课'应该是'背课'，不是准备的备，而是背诵的背。也就是说，你们对授课内容要熟练到能够背诵下来的程度。"我想，先生这般叮嘱我们，定也是更加严苛地如此这般要求自己。

总还记得大学二年级时，先生给我们上《世界经济统计》课程时的情景。那是 1996 年，互联网还是极其新颖稀罕的玩意儿，查找经济数据全凭各种纸质的统计年鉴和期刊，一本一本装订得如字典一般厚重，翻阅十分不便。可是，每逢上课，大热天儿，先生从来不怕麻烦，提前半小时找来一个平板推车，大汗淋漓地从院图书馆借出一摞一摞的统计年鉴和期刊，让班上的同学人手一本，给我们介绍各种经济统计指标的查阅、理解和使用方法。

中学时期曾诵读鲁迅先生的名篇《藤野先生》，记叙了最使他感激、令他鼓舞的日本老师——藤野先生。鲁迅当年还把题有"惜别"二字的老师的照片挂在自己书桌对面的墙上，以此鼓舞自己的斗志。他说："每当夜间疲倦，正想偷懒时，仰面在灯光中瞥见他黑瘦的面貌，似乎正要说出抑扬顿挫的话来，便使我忽又良心发现，而且增加勇气了，于是点上一支烟，再继续写些为'正人君子'之流所深恶痛绝的文字。"如今，我也不知不觉在珞珈山的讲台上站了十七载，每每疲倦至正想偷懒时，我的眼前也会浮现出那个汗流浃背推着平板推车的背影。

三、精业之师

先生那一代人早年都是修习俄语，1972 年到北美经济研究室工作后，他知道要从事北美经济研究，不懂英语是不行的，于是在 27 岁时从 ABC 开始自学英语。幸运的是遇到了曾经留美、学识渊博又真正诲人不倦的朱景尧教授乐于教他，从发音到语法点滴传授，将赵德鑫主编的《实用英语语法》300 多页，从头到尾讲授一遍之后，又从英文报刊上选些短文让他翻译，并告诉他译文的对与错。那时正值"文革"后期，先生所在的"北美经济研究室"尚在襄阳隆中山下，对外语的重视程度远不如今，但先生在景尧教授指导下坚持自学不辍，实难能可贵。每每忆及于此，先生总是对景尧教授充满感激之情。

1982 年，先生受国家教委和外贸部派遣，赴"日本贸易研修中心"进修 10 个月，在那里他学习了与国际贸易理论和实务相关的 20 多门课程。与此同时，他还利用课余时间自学日语，晚上大凡有些许闲暇都会请求同期进修的日本学生教他日语。退休后，先生仍保留着去院图书馆翻看日文期刊的习惯。

1990 年，先生获准参加中加政府间交流项目，到加拿大西安大略大学从事访问研究半年，研究课题是美加自由贸易协定。半年时间，他基本上每天都泡在图书馆，阅读了与美加自由贸易协定有关的所有专著和重要论文，做了许多笔记，部分还译成中文，那时还没有电脑，全凭手写。就这样，先生一生好学乐学，暮年时学电脑操作、学 PPT 制作、学开车……他始终保有一份"学如不及，犹恐失之"的积极状态，学而不厌为他创造了诲人不倦的条件。

2013 年，朱景尧先生在睡梦中安然辞世，朱景尧先生对于我是"先生的先生"，周茂荣先生再次追忆起当年朱景尧先生从 ABC 发音开始，一点一滴传授语法的过往。又与先生谈起日本经济的一些问题，先生建议我去查阅院图书馆一些日文的期刊，当然也知道我并不懂日文，表示如需协助，他可以为我翻译。当时，内心除了感动，更暗暗对自己许下日后也要对我的学生说同样话语的承诺。

四、乐业之师

梁启超先生在《敬业与乐业》的演讲中又提："敬业即是责任心，乐业即是趣味。"先生退休之前除了坚持给本科生上课，还坚持每学期给学生们就世界经济热点问题做一次讲座。听师母回忆，讲座后他经常手捧学生送的鲜花，满面红光、十分兴奋地一进家门就如同考了 100 分一般地报喜："今天讲座十分成功！"如果说教书育人可以有趣味，先生便是乐在其中的人。2006 年，武大学生第一次自发评选"我最喜爱的十佳优秀教师"，先生成为当选教师中资历最老的一位，颁奖词中学生这样评价："他让无数渴望求知的学子探寻到思想的曙光，在漫漫人生路上收获充实的四年。"

陶行知先生曾说："先生之最大的快乐，是创造出值得自己崇拜的学生。"近几年，先生常常开心地与我分享全国各地同门们在各行各业事业精进的好消息，我大凡有了点滴进步也常如孩童一般第一时间向先生报喜，他便常常勉励："现在是我以你们为荣的时候了。"2015 年，先生 70 岁生日，全国各地博士同门奔走相告，从天南地北风尘仆仆赶来，大家重聚珞珈，再次一一细数当年与先生的温暖过往。大家还将求学珞珈时与老师的一张张珍贵的合影制成相册，作为礼物赠予先生。由于我是留守珞珈的"武大郎"，所以撰写画册序言的光荣任务就交给了我，今日翻出重读，感慨良多，略做修改，权且以此作为本文的结语——

周茂荣先生，1945 年出生于广西兴安县。早年就读于广西兴安中学，1964 年考入武汉大学经济学系，1970 年毕业后留校任教。斗转星移，拆乾洗坤，教泽绵延，先生与武汉大学风雨同舟已历半个世纪。

先生博学、慎思、明辨、笃行，是一位真学者、真导师。将其毕生精力倾注于世界经济的教学与研究，言其学术研究乃笔耕不辍、创获甚丰；论及培植后学则诲人不倦、桃李满园。执教 40 余年，一向以教书育人为己任，坚守珞珈，躬耕讲台，春风化雨，润物无声。先生自 1993 年起开始招收博士生，门下博士、博士后弟子计 70 余人，栽培硕士百余名。先生对弟子既严格要求，又呵护有加，精心指导，言传身教，耳提面命，教以做人之道，传以处事之方，授以治学之法。

吾辈有幸忝列先生门墙，备受先生恩泽和影响，自珞珈启航，乘风扬帆于政、商、学各界，力争为社会砥柱中坚。今逢母校百卅校庆，先生奔杖朝之年，谨以此文将无比珍贵的师生情谊定格于此，留与先生做永久的纪念。祝愿先生：健康如意，福乐绵长！

◎ 作者简介

杜莉，女，1977年5月出生，1995年进入武汉大学世界经济系国际经济专业就读本科，后在该系就读硕士、博士，于2006年获得经济学博士学位后留校任教至今。武汉大学经济与管理学院教授。

"复杂科学管理"创始人徐绪松教授对我的培养往事

陈彦斌

不知不觉，我从武汉大学毕业已经整整 20 个年头了，再加上我从本科入校到博士毕业在母校度过的 10 年求学时光，我获得母校教育之恩已有 30 年了。我对母校有着深厚的感情，而其中最令我感佩的是我的导师徐绪松教授对我的培养与提携。

1993 年的秋天，我满怀憧憬地走进武汉大学的校园，开始我青春岁月的求学生涯。20 世纪 90 年代初，国际 IT 产业飞速发展，国内计算机专业人才缺乏，计算机专业当时是高考热门专业。为了选择就读武汉大学计算机软件专业，我放弃了清华大学机械工程系的保送资格。武汉大学是一所文理并重的综合性大学，在国内外具有很好的影响力与知名度，在我们湖南人心目中更是具有崇高的地位。学校风景优美、道路错落有致又四通八达，中西合璧的建筑群古朴而典雅。学校文化底蕴厚重，学习氛围浓厚，那时的学校弥漫着自由探索和自由创新的学术精神。

我读大一和大二时，中国正处于提出建立并逐步完善社会主义市场经济体制的年代，社会上的市场经济气息也影响到了校园。除了学习计算机软件专业课程和我所喜欢的数学课程之外，课余时间我因好奇而去学校图书馆阅读了一些经济管理类的书籍，并逐渐对管理学专业产生了兴趣。但当时作为理科生的我，要从计算机专业换到管理学专业，还是很纠结犹豫的。

徐绪松教授为了培养既懂经济又懂管理还懂技术的交叉学科人才以适应我国社会经济快速发展的需要，提出创办技术经济及管理专业，于是带头申报技术经济及管理专业硕士点。在她的精心组织与带领下，1996 年，技术经济及管理专业获得硕士学位授予权。2001 年，徐绪松教授又带头申报技术经济及管理专业博士点，并成功获批。徐绪松教授担任技术经济及管理研究所第一任所长。

为了推介新专业，徐老师在 1996 年秋天的一个晚上给校内外学生做技术经济及管理专业的介绍和宣讲。记得那天晚上武大教一大楼的报告厅坐满了学生，那也是我第一次见到徐老师。徐老师面带笑容、和蔼可亲、精神饱满、充满激情，向同学们详细介绍技术经济及管理专业的情况、特点和考研科目。我对技术经济及管理这一新专业产生了浓厚的兴趣，尤其是考研的五门课程里除了数学、政治、英语之外，另外两门科目是《数据结构》和《计量经济学》。前者是计科系的核心必修课，后者是以我所喜欢的数学为基础，我更是觉得这个专业很适合我。徐老师报告结束后，我主动向徐老师介绍了自己的情况，并表达了我想读硕士的想法。徐老师是武汉大学数学系毕业的，而计科系是从数学系分出来，因此在了解我所学的本科专业后，当即表示了欢迎报考，这对我来说是非常大的鼓舞和肯定，也更加坚定了我备考技术经济及管理专业硕士的决心。

考研后，我终于如愿成为技术经济及管理专业的硕士研究生，成为徐老师在这个专业指导的第一届研究生。3 年后，我在企业管理专业攻读博士学位，导师仍然是徐绪松老师。徐老师对我的 6 年研究生指导以复杂科学管理的理论与应用为主线，涉及多个学科领域。徐老师对学生的精心指导和对学术的无限热爱都刻在我的脑子里。徐绪松老师提出的七字培养理念——人性（有责任心、有情怀）、灵性（有创造性、创新精神）、进取心对我做人做事做学问影响至深。

徐绪松老师坚持定性和定量相结合、坚持使用计算机方法和解决经济管理问题相结合，做出了一系列原创性研究成果。其中有很多高水平学术创新成果，如排序查找改进算法将计算复杂度从 O（nlogn）降到 O（n），被剑桥大学名人传记中心录入《世界名人录》（1994 年第 24 版）。徐老师的计算机算法定量研究方法与经济管理问题相结合这一研究范式，在当时乃至现在都是前沿的、科学的，我也一直都受益匪浅。无论是我当时在徐老师指导下所开展的运用混沌理论和计算机算法所做的资产价格预测、最优投资组合模型，还是后来我所长期坚持研究的宏观调控最优政策，都得益于这一研究范式。

徐绪松老师做研究非常重视数学功底，对学生数学基础要求很高。徐老师常对我们提起，在她读大学时及大学毕业后曾系统地做过吉米多维奇的《高等数学习题集》。这是一本经典的数学题集，该书包含了大量的高等数学题目，覆盖了微积分、线性代数、微分方程、复变函数等多个领域，为她后续的学术研究打下了坚实的数学基础。她还谈到数学培养了她三方面能力：逻辑思维能力、说话精炼能力、总结提炼能力。我自己也一直很喜欢数学，高中时曾参加全国数学竞赛并获奖。在徐老师鼓励下，我在读硕士期间，到数学系旁听了动力系统、高等概率论、测度论等多门研究生课程，其中一些课程还参加了期末考试，以至于当时有些老师误以为我是数学系学生。

徐绪松老师做研究强调问题导向，反对盲目使用各种越来越复杂的计算机和数学模型。徐老师认为在经济管理研究中，计算机算法和数学只是工具，问题才是关键。把经济管理问题的理论逻辑、实践机制搞明白、搞透彻，在此基础上再运用合适的定量方法以得到定性问题的研究发现，这才是定性定量相结合的关键。即使放在当前，徐绪松老师的这一看法仍然是超前的、正确的。徐绪松老师十分注重发挥学生的学习研究兴趣，并主张研究生阶段要做好助教、助研，这也是一种培养方式。在徐老师的鼓励下，我读博士3年中在邹恒甫老师创办的武大高级研究中心为本科生和研究生主讲了高级宏观经济学、高级微观经济学、高级金融学等十多门课程。这为我博士毕业以后到中国人民大学经济学院任教和做学术研究打下了较好的经济学基础。当时的我既是学生又是教员，现在回想起这一特殊身份与很多美好回忆，今天的我非常感恩徐老师和邹老师等诸位老师的提携、支持和鼓励！

徐绪松老师十分注重培养我们学生的表达能力，包括口头表达和文字表达。徐老师做研究、写文章一丝不苟，逻辑严密。指导我们学生做研究很具体、很实用，也很高效，改后每次都能顺利发表出来。徐老师让我们上台宣讲自己的研究，带着我们就一篇文章初稿反复研讨，把论文的研究问题、研究内容、研究方法、研究发现、研究创新都提炼出来，并写得很清楚。徐老师带着我们逐字逐句地修改，要求我们将文章朗读出来进行修改。这个写作技巧确实管用，能够帮我们找出很多表达有误和表达不够流畅的问题。在徐老师的精心指导下和学院多位老师的关心下，我攻读博士学位期间在核心期刊上发表了10余篇学术论文，获得湖北省优秀博士论文和国家优秀博士论文提名，为走上学术之路打下了良好的研究基础。

在武大就读10年，后来也经常回到母校进行学术交流，对母校的每一条道路都熟稔于心。而其中，我最熟悉、令我印象最深刻的是从枫园通往徐老师家里的那条弯弯曲曲、浓荫蔽日的山间小路。我曾经无数次地走过这条小路，到徐老师家里得到徐老师精心指导。这条路是我的求学之路，也是我的科研能力提升之路，更是我充满感恩之情的历程心路！

徐绪松老师言传身教地告诉我们如何做人、做事和做学问，重塑了我们的人生观和世界观。徐老师对学术怀着创新、执着、严谨的治学精神，充满着热爱和执着，淡泊名利，不忘初心，追求真理，用一辈子的时间专注科研，这种精神值得我们学习。从认识徐老师开始到现在已经 27 年了，她仍然还在坚持做研究，永不停歇地思考，一直都能捕捉到学术的最前沿，这令人非常钦佩。徐老师身上传递着感恩、善良的精神气质，她常对我们说"人抬人高，无价之宝"，她关爱学生，提携学术圈年轻后辈，在复杂科学管理领域具有崇高的威望。

我每次到武汉出差都会想办法挤时间看望徐老师。最近一次见到徐老师是今年 6 月在太原举办的第十四届复杂科学管理学术研讨会。徐老师是"复杂科学管理"创始人，也是大会主席。如同二十几年前一样，我坐在台下又一次聆听了徐老师的前沿学术报告。经过多年的不懈努力，徐老师把"复杂科学管理"创立为一门创新的学说和学科，在学术界产生了很大的影响。徐老师虽然已经年近八旬，但做报告时仍然不需要讲稿，思路清晰，逻辑严密，讲台上的徐老师依然还是如当年一样热情洋溢，对学术仍然一如既往地挚爱，丝毫没有改变。

徐绪松老师严谨勤勉、追求创新、淡泊名利的治学精神和春风化雨、诲人不倦、宽广胸怀的为人原则时刻鞭策着我努力做好学术研究、努力做好行政工作，我一生受益！

希望我们武大人能将母校百年的文化底蕴和创新精神一代代传承下去，衷心祝愿武汉大学的诸位老师身体康健，幸福如意，一切顺利！

衷心祝愿我的恩师徐绪松教授身体健康，学术青春永驻！永远阳光！永远年轻！永远充满活力！

◎ 作者简介

陈彦斌，男，1976 年 9 月生，2003 年毕业于武汉大学商学院，获得管理学博士学位。首都经济贸易大学副校长，教授。

回忆吴俊培教授对财政学基础理论孜孜以求的探索

夏杰长

我于 1999 年 7 月在中国社会科学院研究生院获得经济学博士学位（财政学专业），随后就留在中国社会科学院财贸经济研究所财政研究室从事财政理论与政策研究工作。中国社科院的研究工作性质与高校有许多类似之处，但又更加强调服务政府决策，较多的精力在从事政策研究或政策咨询工作。也许是之前在高校工作的原因，我更喜欢书斋阅读或写作，更愿意聚焦财政学基础理论方面的研究。我深知，厚重扎实的学术理论是所有研究工作的根基，所以一直希望有机会跟随偏爱财政学基础理论的吴俊培教授从事博士后研究工作。其实，我毕业之初就向单位主要领导提出过做博士后想法，但当时单位主要领导提出新入职的研究人员需满两年后才能去其他高校或研究机构做访问学者、攻读学位和从事博士后研究工作。2001 年 6 月，我入职财贸所刚好两年，就迫不及待向单位递交了去武汉大学跟随吴俊培老师从事博士后研究的申请报告，也同时向吴俊培老师和武汉大学商学院提出了申请，很快就得到三方同意，一切都很顺利，注定了与吴俊培老师的师生缘。这是我人生最重要的选择，对我以后的学术研究和科研道路有着重要而深刻的影响。

2001 年 6 月，我怀揣满心喜悦来到久负盛名、历史悠久的武汉大学，直接去校长办公楼与吴俊培老师见面。当时，吴老师刚从中南财经大学校长职务调任武汉大学副校长，工作异常繁忙，但吴老师还是抽出宝贵的时间接待了我，交谈了近一小时，在简单了解我目前正在做的科研项目工作后，就直奔主题，强调科研人员一定要懂得"根深叶茂"这个道理，即只有夯实学术基础，有坚实的理论功底，才能搞好学科建设，才能做好有实有据的对策研究。吴老师毫不掩饰自己对财政学基础理论的偏爱，既讲到了自己对财政学几个基本理论问题的见解，也希望我在做博士后期间，不要急功近利去做那些科研项目或对策研究，而是要静下心沉下去多阅读一些财政学、经济学经典著作，但又不能简单迷信这些经典著作，要有自己的思考思辨，敢于对经典作家的观点挑战，形成自己的独立见解，写文章和会议发言一定要逻辑自洽。这次见面结束时，吴老师还把自己的著作《重构财政理论的探索》（中国财政经济出版社，1999 年版）送给了我。吴老师的这些教诲和这本著作对我影响很大，虽然我所处的机构一直是学术和智库并重，但就我本人而言，深受吴老师的影响，更加偏爱学术研究，即便是从事对策研究，也要有学理和逻辑支撑，而不是简单提出几点对策建议和政策举措。

在两年博士后工作期间，以及之后的科研工作中，与吴老师一直有较多往来，深受吴老师教诲，深得吴老师"真经"。在工作单位，我长期协助主要领导分管科研和智库工作，从而有机会多次邀请吴老师参加我们的"财经战略年会""财贸所成立 30 周年学术研讨会"及"财政学科建设"研讨会等。在这些场合，吴老师总是耐心地阐释自己别具一格的财政学基础理论与框架，给学界不一样的启发，每次我都有新的收获与体会。通过阅读吴老师财政学基础理论的论文、著作和在各种学术会议聆听吴老师的精彩演讲，对吴老师独树一帜的财政学基础理论有了更加深刻的认识。这些年，学界有急功近利、追求"短平快"式成果的倾向，但吴老师不为所动，始终对财政学基础理论研究偏爱有加，孜孜不倦地探索，沉醉于基础理论研究的海洋。这种精神，在商业气息比较严重的今天，尤为宝贵，令我们学生无比敬佩。

通过多年的潜心研究和独立思考，吴俊培老师在财政学基础理论与研究框架方面形成了自己独到的见解。这些独辟蹊径的研究，在中国财政学界有着重要的影响，对深化财政学理论发展和财政学科建设至关重要。第一，关于财政学科的研究对象与方法的源流。吴俊培老师从社会发展、科学进步、文化演变、学科渗透等角度考察了自斯密以来约 250 多年财政学科研究对象和方法的源流变化及趋势。在这一发展变化中，大体上可以分为三个阶段，即古典阶段（1750—1860 年）、新古典阶段（1860—1950 年）、现代阶段（1950 年至今）。在吴老师看来，在古典阶段，主流派主要从"生产角度"研究"国富"问题，"国家"只是作为"非生产"的外生变量来对待，研究方法主要是定性的。在新古典阶段，主流派主要从"需求"角度研究"国富"问题，并且把研究范围拓展到"社会福利"和"经济稳定"问题，但"国家"仍然只是作为"市场机制"的外生变量来对待。在研究方法上则全方位采用"牛顿方法"，甚至于把不可用货币量化的问题排斥于经济学的研究范围之外。在现代阶段，主流派把

"国家"作为经济问题的内生变量进行研究，也涉及不可用货币量化的经济问题，但在处理"市场机制"和"非市场机制"的关系问题时，往往又把"国家"作为外生变量来对待。所以，在吴老师看来，"现代主流经济学派"是极不成熟的，无论在基础理论方面还是在基本方法方面都需要创新，需要赋予新的内容和探索新的研究框架。第二，关于"公共"的假设前提的再思考。财政学讨论公共经济问题，必然涉及对"公共"的假设。虽然尚无一本财政学的书对公共下定义，但从阐述的方法和内容来看有两点是确定的。一是"公共"的含义通常在"社会"的含义上使用；二是公共是个人的集合。但在吴老师看来，"社会"和"个人的集合"这两个概念是不等同的。前者是指能处理人与人之间各种关系的人的集合，是一种"人"的制度安排。在国家产生以来，国家的辖区是社会的最大外延。后者并不一定有社会的含义，只要个人在某方面的关系就可以形成个人的集合。比如财政学中的"公共需求"，只要对某一件公共消费品有共同需求就可以形成"个人集合"的需求。那么，财政学中的"公共"有怎样的假设前提呢？吴老师认为，财政学并没有对公共形成假设前提，而只是认为公共的行为准则是建立在个人的基础之上的，公共并没有改变个人的行为准则。公共是个人行为准则的集合。因此，公共的假设前提本质上和个人的假设前提是一样的。显然，在吴老师看来，这样的假设前提并不科学，还需要学者的深入探索。第三，关于"公共"的基础单位。从社会角度来理解公共，那么公共由"政府"代表。这里的政府是广义的概念，和国家的政治制度安排是一致的。国家通常由中央政府和地方各级政府组成，因此公共的外延被理解为整个国家的辖区，最低一级的地方基层政府辖区为公共的基础单位。吴老师认为这种认识方法是有疑问的。从公共经济的角度看，我们讨论的公共的基础单位是指"市民社会"的基础单位。政府是市民社会的上层建筑，因此用现成的政治制度安排来认定公共基础单位的做法恐怕不是研究的思维方式。在吴老师看来，公共的基础单位是社区，而所谓社区是指具有相同地方公共商品需求的居民生活圈。个人的生活圈是由以家庭为中心的上下班工作圈和以家庭为中心的依靠市场的生活圈组成的。社区居民的公共需求是最贴近民众的，也是公共经济和市场经济结合最紧密的地方。社区的公共服务才可能是真正的"地方公共商品"。如果每个社区安定了，地方就安定了；每个地方安定了，国家就安定了。因此，社区是公共的基本单位。吴老师关于公共基本单位的探讨，对我们当下的财政治理结构和治理方式有着重要的影响与启发。

理论的生命力在于不断创新，每一次创新都来源于对传统理论的质疑与挑战。自 20 世纪 90 年代以来，吴老师就潜心于财政学基础理论研究，在很多方面做了创新性探索，成果丰硕。这些探索性成果是财政学术界的宝贵财富，是财政学科建设重要的营养，期待吴老师更多新成果问世。

◎ 作者简介

夏杰长，男，1964 年 3 月生，2001—2003 年武汉大学理论经济学博士后。中国社会科学院大学商学院副院长、中国社会科学院财经战略研究院副院长，教授。

师 恩 难 忘

——简新华老师的学术指导

张国胜

"一朝沐杏雨，一生念师恩"。我是 1997 年进入武汉大学，2004 年开始攻读简新华教授的博士研究生，在珞珈山 10 年的求学期间，先生是对我影响最为深远的老师。从一开始的懵懂无知到如今能够独立从事研究，简老师永远都是我学习和工作中最为重要的引路人。回首过去近 20 年的时间，天涯海角有尽处，唯有师恩无穷期。

所谓师者，传道授业解惑也，千教万教，教人求真。先生对我的影响首先体现在"研究真问题"。在博士求学期间，简老师从来不用自己的学术成就来压制或强迫学生接受自己的观点，反而是积极鼓励我们在学术层面自由探索。我印象最深的一次是老师指着我博士毕业论文的某一段话，笑着对我说："你这段话就是在'反对'我的观点，但这样也好，有自己的想法最好。"时间过去快 20 年了，现在回头想想当时的情景，简老师的这种大家风范对我影响深远，工作之后我也从来不要求学生必须接受我的观点，反而喜欢学生在学术研究方面和我"唱反调"。为了发现真问题，老师经常以工厂的例子，鼓励我们深入工厂车间、田间地头，到一线调查研究。我博士毕业论文选题就是在老师的重大课题资助下展开调研的。2005 年暑假我深入广州三元里的城中村、深圳横岗的建筑工地、惠州大亚湾的工厂宿舍，调查访问了数百名的农民工；在当年寒假的时候，我们又在武昌火车站、汉口火车站，进行了大规模调研，前后采集的数据样本 2000 多份。通过这一系列的调研，我把"农民工市民化的成本"作为博士论文的选题，在国内率先开展了这方面的研究。后来，我主持的国家社科重大项目、重点项目都是这一问题的研究深化。在我读博士期间，国内经济学界开始大规模引入西方的实证研究方法，一时之间无模型、无计量就不成文章，也难登大雅之堂。对此，简老师有着自己清醒的认识，也和我们探讨过这方面的问题。老师的原话我已经记得不清楚了，大概意思主要有：（1）经济学研究的最终目的是解决现实经济中的问题，是服务国家和社会发展，方法只是解决问题的手段，只要能够解决问题，方法本身无高低之分；（2）计量和模型有其科学的地方，你们还是年轻人，要好好学习；（3）中国经济正处于快速转型之中，有很多现实的、迫切需要解决的重大现实问题，但有些问题是"结论蕴含在假定之中的模型或计量"无法解决的，我们研究不能为了模型而模型或为了计量而计量。老师的这些话对我影响也非常深远，在后来的学术研究中，我也特别强调经济学研究的问题导向、对解决现实问题的边际贡献，而不是某种自娱自乐。

中国有句古话"严师出高徒"，在我的记忆中，简老师好像从来没有对我或其他学生有过特别"严"的感觉。我相信简老师的学生普遍都有一个印象，老师好像从来没有对我们发过脾气，和老师相处的时间是其乐融融，有时候师生之间甚至会唠唠家常。在学校期间，老师是慈师也是慈父，现在回想起来，老师对我们更多的是包容和关爱。在老师众多的弟子中，我并不是资质最好的学生，记得有一次老师问我"《资本论》中的产业结构思想"，我硕士研究生期间读的就是产业经济学专业，但一时之间就是没有回答出来；然而，老师并没有批评我，也并没有因为我的资质而对我失望，反而给我列出了详细的书单，鼓励我要好好学习这些经典著作，把该补的知识都补回来。老师的包容和鼓励给了我莫大的鼓舞，知耻而后勇，2004 年暑假开始我拼命地读书，从《国富论》到《资本论》，从《经济思想史》到《新中国经济史》，我把书单上的每一本书都读了一遍。其中，对《资本论》等经典著作，我还做了很厚的笔记。大量的阅读为我人生中的学术研究奠定了非常重要的基础，感恩老师！在博士期间，写论文是一个痛苦的过程，但老师修改论文是一个更痛苦的过程。每次提交论文的时候，我总是忐忑不安，但老师从来没有责备过我，反而是逐字逐句地审阅和修改，印象中最深刻的一次是 2006 年的暑假，老师把我叫到办公室，在电脑上逐字修改我的论文，一句话一句话地训练我的逻辑。老师这种专业严谨的治学精神一直影响着我，当时的画面也一直留在我的脑海中。印象中好像从来没有哪位老师，像简老师一样耐心且包容地待我，这辈子非常庆幸能够成为老师的学生。这里借用师门中某位同学的一句话，"在简老师的身边，我们不但可以很好地学习专业知识，而且可以学习到老师为人处世的宽容、真诚与艺术。"

水月不居，时节如流，三年求学时间很快就过去了，但简老师对我的关心仍然犹如在校期间一样。事实上，在博士论文答辩后，老师就开始帮我张罗工作的事情，还专门给大连理工大学等学校的老师打过电话，亲自推荐我。我最终选择到云南大学工作。刚到学校的时候，老师鼓励我要保持在武汉大学求学期间的学习习惯，盯着农民工问题深入研究。为了支持我的研究，简老师还特意在他的重大课题中为我设置了一个进村入户的农民工调查研究项目，鼓励我继续盯着这个问题研究。在云南大学工作期间，简老师也经常在电话中鼓励我、引导我，教我怎么申报国家级课题，印象中有一次我刚通过电子邮件把申报书发给老师，不到十分钟简老师的电话就打过来了，还是如往常一样，逐字逐句地修改我的申请书，手把手教导我。无论是最早的国家社科青年项目，还是最近的国家社科重大招标项目，我每一次成功的申报都离不开简老师的指导。老师也非常开心我每一次进步，记得我第一次在《经济研究》上发表论文，简老师非常开心，还专门给我打电话祝贺！鼓励我好好做学问！老师也非常关心我的工作，利用在昆明出差的机会，简老师还专门约我们学校的领导和老师一起吃饭，为我的成长搭建更为广阔的舞台。工作以来的十多年，我基本养成了一个习惯，只要遇到什么困惑，就习惯性地向简老师吐露心声，聆听老师给我的建议和教诲。在了解我的实际情况后，简老师也总会给我耐心细致的指导。

人们经常说，一个人一辈子碰上一位好老师是人生的幸运。很荣幸这辈子能够在珞珈山成为简老师的学生，成为经济研究所和武汉大学的学生，感恩老师！感恩您一路指引我前行！

◎ 作者简介

张国胜，男，1977年生，2007年毕业于武汉大学经济与管理学院，获经济学博士学位。云南大学经济学院副院长、云南大学云南数字经济研究院常务副院长，教授。

隐形的翅膀彰显师恩的力量

黄　锟

简新华教授是我国著名经济学家，在马克思主义政治经济学、发展经济学、产业经济学、人口·资源·环境经济学等诸多领域享有盛誉。2006 年至 2009 年，我有幸师从简老师攻读博士学位，耳濡目染，受益非常，从树立问题意识、悉心指导毕业论文，到聚焦决策咨询、坚定人民立场，恩师的付出和师恩的力量赋予我隐形的翅膀，赠予我打开学术研究宝藏的金钥匙，帮助我迈向学术研究生涯的关键一步，也激发了学术研究的不竭动力，逐步成长为中央党校（国家行政学院）的一名经济学人。

树立问题意识——打开学术研究宝藏的金钥匙

树立问题意识、强化问题导向是进行学术研究的重要途径，是打开学术研究宝藏的金钥匙。简老师多次强调，中国是人口最多国家、发展中国家、经济改革转型国家、社会主义国家，这四大国情特征决定中国在发展过程中还会碰到许多别的国家碰不到的特殊问题，所以中国是在发展过程中面临的问题最多的国家。科学研究要从问题开始，问题越多，越有利于科学研究。中国经济面临问题最多，自然经济研究的余地最大、前景最广阔、最能有所发现、有所创新。

树立问题意识，还有助于确立正确的研究方向。确立正确的研究方向，是走上学术道路的第一步，是学术研究能否有所创新、有所作为的重要前提。学习伊始，简老师就交给了我这把金钥匙：从问题开始，树立问题意识。他说，中国是近几十年经济发展最快、最成功的国家，面临的发展和改革开放的问题最多，是最需要经济发展和改革开放理论创新的地方，也是研究经济发展和改革开放问题条件最好、最有利、最能有所作为的地方，因此中国经济发展和改革开放应该是中国经济学家经济研究的主攻方向。

正是在简老师的正确建议下，学习伊始，我就将中国经济发展和改革作为主攻方向，从农民工市民化问题开始研究，后来逐步拓展到城镇化健康发展、城乡协调发展、乡村振兴、四化同步，再到更加宏大的经济新常态、新发展理念、高质量发展、共同富裕、中国式现代化等一系列重大理论和实践问题。追踪中国经济发展和改革进程，以问题为导向，做适当超前研究，这是简老师的重要学术经历，也是一个重要的学术经验。现在回头来看，正是简老师的这把金钥匙，帮助我快速走上学术道路，找到了学术研究的宝藏和路径，避免了不少弯路。

悉心指导毕业论文——迈向学术研究生涯的关键一步

写好毕业论文往往是从事学术研究最重要的阶段。写好毕业论文需要有学贯中西、通晓古今的知识准备和严格的学术训练。论文的选题源于简老师正在主持研究的国家社科基金重大招标课题《中国工业化和城市化过程中的农民工问题研究》。简老师认为，推动农民工市民化需要解决成本问题和制度问题。成本问题已由一位师兄研究，他希望我能够研究制度问题。基于农民工市民化问题的重大意义和以前的良好研究基础，我决定将《中国农民工市民化制度分析》确定为论文题目。在论文正式写作前，我参加了国家社科基金重大招标课题的结项报告写作和出版工作，也参加了关于农民工问题的调查全过程，发表了一批高质量的研究成果，为毕业论文写作打下了良好的基础。但在具体写作时，如何从理论上和实证上研究农民工市民化的制度障碍、制度冲突和制度创新，面临着确定理论框架和数据分析的双重难题。正是在简老师的帮助、启发下，最后确定了将城乡二元制度作为分析框架，运用数理方法和计量方法对城乡二元制度对农民工市民化的影响进行定性和定量分析，在理论和方法上都实现了一定的创新。

经过毕业论文的艰难写作和严格训练，不仅论文质量得到了保证，也初步掌握了研究的过程、规律和方法，使我的学术研究生涯迈出了至关重要的一步。毕业论文在双向匿名评审和答辩中均以全优的成绩获得通过，后来被评为武汉大学优秀博士论文和湖北省优秀博士学位论文。与博士论文相关的部分成果分别在《经济研究》等10多个重要刊物发表，部分成果被国务院研究室以送阅件呈送中央政治局、国务院领导，依托毕业论文获批了 1 项国家社科基金项目、1 项教育部人文社科项目和 1 项博士后特别资助项目。毕业论文出版后，获得首届刘诗白经济学奖。后来，无论是研究领域的不断拓展，还是国家社科基金重点项目、重大项目的获批，都离不开写作毕业论文时严格训练打下的良好基础。

聚焦决策咨询——拓展学术研究的社会意义

简老师向来重视学以致用，重视科研成果向决策咨询成果转化。第一次接触决策咨询工作，缘于简老师交给我的一项研究任务，对《国务院关于解决农民工问题的若干意见》的政策效果进行评估。《国务院关于解决农民工问题的若干意见》是国务院首份关于农民工问题的综合性文件，如何评价其政策实施效果，这是一项全新的课题。在简老师的指导下，我从明确研究目的、理清需要解决的主要问题、设计调查问卷、组织问卷调查、统计和分析调查数据、撰写分析报告、提炼咨询报告，逢山开路遇水搭桥，各个环节逐个攻破，最后形成了一篇 1 万多字的研究报告和一篇 4000 字左右咨询报告。研究报告发表在《中国人口、资源与环境》2007 年第 6 期，咨询报告被国务院研究室采用，作为送阅件呈送中央政治局、国务院领导，并得到肯定性批示。在学习阶段，这是一次体现决策咨询完整过程的难得的学习锻炼机会。

这次学习锻炼为我后来从事决策咨询工作打下了良好的基础。2012 年调入国家行政学院经济学部后，决策咨询成为一项常态化的重要工作内容。正是由于在博士阶段积累下来的经验，使我很快适应这项要求极高又有很多锻炼机会的工作任务。11 年来，我先后参与党的十九大报告、二十大报告的前期研究工作，先后参与国家十三五规划、十四五规划的调研和编写，多次参与国务院领导、原国家行政学院院长（国务院秘书长兼任）等党和国家领导关于中国特色新型城镇化道路、经济转型升级、创新驱动战略、乡村振兴等讲稿的研究和撰写工作，多次参与国务院委托的关于简政放权、放管服改革、民间投资等第三方评估工作。此外，撰写咨询报告 30 余篇，其中 10 余篇咨询报告被国家重要领导人批示，对一些国民经济重大问题的解决起到一定推动作用，拓展了学术研究的社会意义。

坚定人民立场——激发学术研究的不竭动力

简老师虽然晚了 11 年才上大学，最适合读书的黄金时期给耽误了，但他却认为这是非常难得和幸运的，有机会亲眼看到了我国农村贫穷落后的面貌，深切感受到了中国社会主义经济建设和管理中存在的种种问题，日益形成了深厚的工农情感、人民立场，很早就树立了"为人民立说、立人民之说"的学术追求。我的人生经历与简老师高度相似。农民出身，干过农活，在县城做过中学（中专）老师，而立之年才开始攻读博士学位，对群众疾苦和经济社会发展问题有切身的体会，在大学和基层工作期间，也大量阅读了马克思主义经典著作。加上简老师经常现身说法，将他的人民立场毫不隐瞒、毫无保留地传递了我，"为人民立说、立人民之说"的学术追求也成为我流入血液的显著标识。

做学术研究既需要有问题意识和问题导向，也需要有人民立场和人民情怀。简老师很好地把两者统一起来。他多次对我讲，要做到问题导向，其实并不特别困难，关键是要做一个有天下情怀、人民情怀的有心人。为国家谋发展，为人民谋幸福，便能从实际出发，以问题为导向，不断关注中国发展和改革的实际情况和存在问题，坚持进行跟踪研究。毕业以后，我始终秉持简老师"为人民立说、立人民之说"的学术信条，站稳人民立场，注重研究真问题、实问题，特别是重大疑难问题，不回避害怕敏感问题，敢于迎难而上，不是为了学术研究而搞学术研究、为了发表文章而研究，而是要帮助国家解决改革开放和经济社会发展中存在的大量理论和实践问题，更好地推进社会进步和人民生活的改善。

坚定人民立场，始能胸怀天下，便能激发学术研究的不竭动力。这些年来，国内国际正值大变局，新情况、新问题、新挑战层出不穷，学校的教学、科研、咨询工作需要全面推进，常常感到身心疲惫、力不从心。每到这时，简老师为人民立说、立人民之说的模样就会浮现在我的眼前，令我不敢有丝毫懈怠。

◎ 作者简介

黄锟，男，1974 年 3 月生，2009 年毕业于武汉大学经济与管理学院，获经济学博士学位。中央党校（国家行政学院）中国式现代化研究中心副主任，教授。

恩师华林先生的学术著述与学术思想

冯占军

　　恩师华林先生，著名保险学者，我国保险学科早期创办者之一，教书育人、桃李满天下，著书立说、硕果累累，开创了我国保险经济和风险管理研究之先河，对我国保险教育和学术发展产生了深远影响，在保险学界、业界和政府监管部门享有盛誉。"先人已逝，精神永存。"在此，尝试总结梳理先生的学术著述与学术思想，以表达对先生深深的怀念。

恩师华林先生的学术著述

　　恩师华林先生的主要研究领域包括保险市场发展理论、保险产业政策、银行保险制度、巨灾风险管理、城市风险管理等，主持承担国家自然科学基金、国家社会科学基金、国家科技部基金、教育部课题、中国保险监督管理委员会课题等国家和省部级研究课题 20 多项，出版学术著作 20 余部，发表学术论文 100 余篇。获得国家级优秀研究成果奖 4 项，其中一等奖 1 项，二等奖 3 项；获得包括教育部人文社会科学研究优秀成果奖在内的省部级优秀研究成果奖 8 项，其中一等奖 2 项。代表性成果有《保险学》《保险经济学》《中国保险市场开放及其监管》《养老大趋势》《中国农民保险发展研究：政策性保险探索》《城市风险管理》《保险大国》《人类认识保险功能的历史变迁》等。

　　先生出版的著作包括高校教材和学术专著两大类。

　　教材类著作主要有 7 部。较早出版的教材有：《国际运输保险》，1990 年由武汉大学出版社出版，是中华人民共和国成立以来第一部运输保险教材；《海上保险教程》，先生与郭德生、郭颂平合著，1992 年由中国科学技术出版社出版；《海上保险学》，李继熊教授与先生合著，1994 年、1997 年由西南财经大学出版社出版，获第三届中国人民银行总行金融类优秀教材一等奖；《保险法学》，中国金融出版社出版，1998 年首版，2007 年第二版，中国人民银行组织规划普通高校金融类"九五"规划重点教材，教育部法学专业主干课程推荐教材。在教材类著述中，影响最大的当属后来出版的《保险学》教材，该书系教育部"高等教育面向 21 世纪教学内容和课程体系改革计划"的研究成果，由先生与林保清教授共同主持编写，全国 10 多位知名教授参与，历时 3 年完成，高等教育出版社出版，1999 年首版，2017 年更新至第四版，字数 70 万字，是面向 21 世纪 6 门金融学专业主干课程教材、普通高等教育"十一五""十二五"国家级规划教材，获全国高校优秀教材二等奖，是 20 年来全国高校中使用最广泛、最权威的保险学教材，一届又一届金融保险学子都将之作为首选。理论性最强的是《保险经济学》教材，由先生与朱铭来教授、田玲教授共同编写，高等教育出版社 2011 年出版，是高等学校保险学专业主要课程系列教材、普通高等教育"十一五"国家级规划教材，该书系统阐述了保险经济学理论中七个方面的专题内容，在吸收国内外大量研究成果的基础上，对保险经济学相关理论进行了广泛而深入的研究。除上述高校教材外，先生还受中国保险行业协会委托，与陶存文教授共同主编了中国保险行业专业能力认证统编教材《保险原理》，2016 年由中国金融出版社出版，共 43.8 万字。

学术类著作有 10 多部。主要有：《中国保险市场的开放及其监管》，魏华林、俞自由、郭杨著，中国金融出版社 1999 年版；《保险业的世贸规则及国际惯例》，魏华林、王文祥编著，中国言实出版社 2001 年版；《中国保险产业政策研究》，魏华林、李开斌著，中国金融出版社 2002 年版；《银行保险国际经验及中国发展研究》，陈文辉、李扬、魏华林著，经济管理出版社 2007 年版；《人寿保险需求研究》魏华林、李金辉著，中国财政经济出版社 2009 年版；《中国保险业自主创新》潘国臣、魏华林等著，武汉大学出版社 2010 年版；《综合风险防范——中国综合自然灾害风险转移体系》，魏华林、姚庆海、田玲、陶存文、杨霞、李毅、洪文婷、向飞、龙梦洁等著，科学出版社 2011 年版；《中国农民保险发展研究——政策性保险探索》，魏华林、陶存文、黄余莉著，中国财政经济出版社 2013 年版；《养老大趋势》，魏华林、金坚强著，中信出版社 2014 年版；《城市风险管理》，魏华林、宋明哲、刘伟著，中国金融出版社 2018 年版。中国金融出版社 2020 年出版的专著《保险大国》是先生的"封山之作"，收录了 43 篇重要文章，分四个单元，洋洋洒洒 47 万字，其中包括 14 篇未曾发表的重要论述，占比接近 1/3，如在中国银保监会专家座谈会上的发言、在中国银保监会决策咨询专家委员会座谈会上的发言、在中国保险教育论坛上的发言等。2009 年，武汉大学出版社出版了一套从容投资理财丛书，先生为主编，笔者为执行主编，共 5 个分册，由 7 位博士生在先生指导下撰写，分别是：《保险也是理财》（冯占军）、《解读健康保险》（李琼）、《人寿保险 人人必备》（蔡秋杰、李毅）、《个人财产保险全接触》（潘国臣、陈森松）、《与巨灾风险博弈》（李文娟）。此外，2002—2004 年，先生还组织学生翻译了加拿大著名学者乔治·迪翁（Georges Dionne）教授主编的保险经济学"三部曲"：第一部 *Foundations of Insurance Economics：Readings in Economics and Finance*（《保险经济学基础——经济金融视角》），第二部 *Handbook of Insurance*（《保险经济学前沿问题研究》），第三部 *Contributions to Insurance Economics*（《保险经济学研究文献》），其中第二部《保险经济学前沿问题研究》于 2007 年由中国金融出版社出版。

在 10 多部学术著作中，有两本著作给人的印象非常深刻。

一本是 1998 年出版的《中国保险市场开放及其监管》。先生与俞自由、郭杨合作，在学术界最早开始了对中国保险市场对外开放的研究。该书深入探讨了中国保险市场开放的背景、现状、存在的问题及对策，阐述了各国保险市场的开放模式与相对应的监管程度，论证了中国保险市场开放的战略和策略，理清了中国保险市场开放的目标与模式，并针对中国保险市场的对外开放提出了若干政策建议。先生认为，中国保险市场对外开放，宜循序渐进、逐步开放，并根据客观事物的发展规律合理确定开放的"度"；影响中国保险市场对外开放度的因素有三种，分别是保险经济发展的水平、保险资源的分布状况和保险市场对外开放的承受能力；保险市场对外开放的目标，是构建多元化的保险市场体系结构，包括多元化的保险市场主体、保险市场结构、保险市场功能等；中国保险市场对外开放的模式，应是一种有限制、有选择、有步骤地积极稳妥模式。

另一本是 2020 年出版的《保险大国》。应先生之约，笔者参与了该书编辑出版的全过程。关于书名，笔者曾给出的建议是"大国保险"，最终先生确定为"保险大国"。交付出版后，笔者曾给先生详细谈及了对这本书的认识，得到先生的认可。笔者认为，该书具有三大特点：一是显著的时代特征。改革开放后中国保险业的发展大致分为三个阶段，即 20 世纪 80 年代、90 年代和 21 世纪前20 年。每个阶段都有特定的时代命题，如第一阶段的保险市场开放和市场化问题、第二个阶段的保险公司改制和费率市场化问题、第三个阶段的提升中国保险业国际竞争力和风险防范能力问题等。本书选辑的 43 篇文章均聚焦各个阶段保险业发展的时代主题，围绕这些时代主题进行了深入研究和探讨，提出了一系列具有启发性的观点和建议。二是浓郁的学术气息。本书选辑的43篇文章，从保险本源的守正创新、保险市场的改革开放、保险制度的框架构建和保险服务的时空展望等四个方面，对保险学的一些基本问题如保险从哪里来、到哪里去等做出回答，对保险的性质、保险产业的属性、保险的经营模式等重要问题进行了论证，书中的一字一句、一言一评，都散发着浓郁的学术气息，不时给读者一种豁然开朗的启迪。三是重要的指导价值。中国保险业的40年，风起云涌，潮起潮落，其间既有对增长速度、保费规模、市场份额的追求，也有对金融控股集团、资产驱动负债、现代保险科技的崇拜，还有对市场恶性竞争、产品服务不佳、行业形象受损的反思。针对相关问题，本书选辑的文章按照为什么、是什么、如何办的逻辑，从历史背景、现实难题、理论渊源、结论建议等方面进行了探讨，对行业发展实践提供了前瞻性的指导意见。

先生发表的学术论文体现在多种学术载体上，既有报纸杂志，也有论文选集和学术论著。其中，以在报纸杂志发表的学术论文为多，仅在《中国知网》上就可以检索到上百篇，如：《中国保险市场发展述评》，《金融研究》1995年第2期；《开放保险市场与发展民族保险业略论》，《金融研究》1996年第2期；《中国保险市场的现状、问题和前景》，《经济评论》1995年第2期；《人类认识保险功能的历史变迁》，《保险研究》2004年第2期；《呼唤诚信的回归》，《中国金融》2006年第4期；《中国保险业发展历程的回顾与展望——基于科学发展观的思考》，《保险研究》2008年第11期；《中国保险市场改革开放的得与失》，《保险研究》2018年第10期，等等。在这百篇学术论文中，有17篇被中国人民大学复印报刊资料全文转载，所占分量接近1/5，应当说这是一个极高的转载率，充分体现了先生所发表论文具有的思想性、理论性和学术价值，如发表在《保险研究》上的《论我国保险市场开放的几个问题》一文被《金融与保险》1997年第9期全文转载，发表在《中国保险报》上的《中国保险需求到底有多大》一文被《金融与保险》2005年第6期全文转载；发表在《金融监管研究》上的《保险的本质、发展与监管》一文被《金融与保险》2018年第11期全文转载，等等。

恩师华林先生的学术思想

先生的学术思想内容丰富、博大精深，体现在每一本学术著作和每一篇学术论文中，凝聚了一生深耕保险学术的心血，做一个全面、准确的概括极为不易。不过，由于《保险大国》一书收录的都是先生的重要论述，认真研读这一著作，至少可以获得部分认知。

《保险大国》有一系列给人以启迪的重要观点，以下几点尤其令人印象深刻。

一是中国保险市场对外开放的"三有"模式。《中国保险市场开放中的问题及其对策》是先生等发表在 1998 年第 10 期《保险研究》上的一篇文章，当时的背景是在加入世界贸易组织前我国的保险业还很弱，如何处理好"入世"和保护民族保险业的关系，确定好保险市场的开放度成为一个关键问题。先生认为，中国保险市场对外开放不宜步子太大，应采取有限制、有选择、有步骤的"三有"模式，分产品、分对象、分地区逐步开放，致力于构建多元化的保险市场体系。例如，由于我国财产险市场发展相对成熟，人身保险市场发展相对滞后，可以重点引进外资寿险公司；由于我国再保险机制十分薄弱，制约了整个保险业的发展，因而引进外资可适度向再保险倾斜；随着保险业由粗放型经营向集约型经营转变，引进外资的重点也应有所调整，即以引进传统保险产品和技术为主转向以引进创新型保险产品和技术为主。如今，20 年过去了，回头看，先生提出的政策建议在实践中得到了很好的验证。

二是保险供需"两个不足"与供给约束化解。在 2011 年发表的《保险市场的需求不足与供给约束》一文中，先生认为，中国保险业发展改革的突出问题是供需矛盾，具体表现为"两个不足"：一个是供给不足，另一个是需求不足。从衡量保险社会贡献大小的指标如保险的损失补偿率（赔付率）和保险渗透率、投保率来看都明显偏低，反映出保险的供给量和需求量没有得到完全释放。正常年份，保险业对自然灾害损失的补偿率不到 3%，汶川地震损失的补偿率不到 1%，这都说明了保险供给的不足。另一方面，保险及其他金融资产占中国人均金融资产的比重不到 5%，而发达国家则为 15%，说明中国人不是没钱买保险，而是有钱没有买保险，这意味着保险需求也相对不足。保险需求不足的另一表现是保险人提供的产品和服务不一定是消费者需要的，消费者需要的产品和服务保险人也没有能够及时提供。"两个不足"的存在，反映我们的"保险定位"出现了问题。要想破解"两个不足"，需要实现四个"转变"，即保险核心功能从"损失补偿"向"风险管理"的转变，保险经营从"业务线"向"产业链"的转变，保险市场竞争从"价格竞争"向"服务竞争"的转变，保险管理从"制度管理"向"文化管理"的转变。先生提出的保险供需"两个不足"与党的十九大提出的我国社会主要矛盾已经转化为人民日益增长的美好生活需要和不平衡不充分的发展之间的矛盾高度关联，保险业确实存在着发展不平衡和不充分的问题。同时，提出的实现四个"转变"的破解之策，也与2015年中央提出的供给侧结构性改革有着相似的逻辑和判断，这些都说明先生的研究具有极佳的超前性和对策性，能够为决策层提供相关启发和理论依据。

三是链子理论及保险全产业链经营模式。《保险理论的时代创新——保险产业链理论的提出》是先生2013年的一篇论文。2012年，我国保费收入第一次出现个位数增长，这是30多年来的第一次。在研究保险业与经济发展的关系之后，先生提出，中国保险业客观上依然存在高速发展的可能性，如何将这种可能性变为现实性，关键在于打破困扰发展的瓶颈，找到切入点和突破口，而要做到这一点，出路只有一条，即进行保险理论创新。保险发展500年，在绝大部分时间里，指导保险发展的基本理论是损失补偿理论，第二次世界大战后提出了"承保+投资"的"轮子理论"，但2008年金融危机后保险投资获得的收益并不足以填补承保造成的经营亏损。随着人口老龄化和生命质量的提高，养老、健康产业在全球迅速崛起，成为快速发展的新朝阳产业。先生因之审时度势地提出，可以用一种新的"链子理论"，即实现保险业与养老、健康产业的有效对接，打造保险业发展的全产业链，来解决保险业如何实现持续、健康和高速发展的问题。近年来，我国大型保险集团纷纷涉足养老、医疗、健康等产业，推出医养结合的养老保险、医保结合的健康保险等，与先生提出的"链子理论"一脉相承。"链子理论"的提出帮助我们找到了摆脱当前保险发展困局的方向，从某种意义上说，是对保险发展理论的重要贡献。如何从保险大国走向保险强国？按照"链子理论"的逻辑，就是要实现从传统保险生态体系向现代保险生态体系的转变。现代保险经营模式包含保险、科技、服务三大要素，是一种"保险+科技+服务"的经营模式。现在国内领先的保险集团已经开始向客户提供包含出行、养老、健康、银行、理财在内的多元化服务，盈利来源也趋于多元化，在先生看来，这种全新的保险经营模式正预示着保险强国的那一点'亮光'，虽然现在还有点微弱，但其中蕴藏的能量是巨大的，一旦起爆，就意味着保险强国的降临。

此外，先生提出的"保险的本质在于其互助性""保险是一种有温度的行业""保险是一种发现风险、经营风险、管理风险的行业"等观点，都具有重要的启发和借鉴价值。

理论服务实践是先生坚持的工作方向，守正创新是先生遵循的工作原则。

从《保险大国》一书及其他过往论述还可以发现，在我国历次重大保险理论讨论中，都或多或少留下了先生的一些独到见解和理论印记。

一是关于"做大做强"的讨论。伴随着国家改革开放的步伐，中国保险业取得了令人刮目相看的成就，中国在世界保险市场上的地位日益提高，位次不断前移，1997年进入世界前15名，2006年进入世界前10名，2012年进入世界前5名，2016年位居世界第二。中国保险业的成功来自何方？不同的人有不同的回答。在先生看来，除了改革开放、市场经济、人口红利等外，还有两个因素发挥了直接的作用：一个是社会财富的增加，一个是风险社会的来临。在中国，大家习惯用保险大国、保险强国等词语衡量保险的发展。但先生提醒，这两者其实不存在必然的逻辑关系。保险大国可能是保险强国，但保险强国不一定是保险大国，因为两者分别使用着不同的衡量指标，代表着不同的含义。衡量保险大国的指标主要是保险经营规模、保费收入和资本规模等，衡量保险强国的指标主要是保险密度、保险深度和保险渗透率等。若以保费规模而论，中国虽然排在美国之后，但超过了日本、英国、德国、法国等发达国家，可谓保险大国。但若以保险密度、保险深度而论，中国只能算是保险小国。而若以保险渗透率（保额/GDP）而论，日本寿险市场的渗透率是321%，美国是191%，韩国是152%，德国是105%，法国是97%，中国是33%，由此可以看出，日本比美国强，韩国比中国强。做大做强是中国保险人的一个梦想。实现这一梦想需要分两步走，先做大，然后做强。相比之下，做大容易，做强则难。中国要进入世界保险强国，除了需要满足一些客观性指标外，还需要具备一些具有国际竞争力和风险承载力的基本要素，包括人才、企业和资源等。

二是关于"保险乱象"的讨论。"保险乱象"是2018年前后保险界讨论最为激烈的一个问题。先生认为，"保险乱象"是中国保险市场长期存在的一种现象，不同的时期有不同的表现形式，不同的地方有不同的表现类别。早期的保险乱象表现为公司外部的一种混乱，形式比较单一，主要是公司与公司之间的产品价格之战，企业与企业之间的队伍挖角之争等。眼下的"保险乱象"则是公司内部的混乱，表现形式相对复杂，后果影响相当严重，其中既有产品乱象，又有销售乱象；既有违规套费乱象，又有理赔乱象；既有资金运用乱象，又有数据造假乱象；既有股权投资乱象，又有公司治理乱象。这些"保险乱象"被视为长在保险市场主体上的"毒瘤"，对保险业健康发展造成了严重影响。从历史经验看，如果一个国家的"保险乱象"得不到及时有效治理，不仅会导致保险市场竞争失序、经营失衡，而且会造成保险行业的群体失信、企业失败。如果说早期的价格之争、挖角之战等"保险乱象"还是一种难以避免的市场行为，那么当下的股权投资乱象、公司治理乱象和数据造假乱象等则是一种触碰底线的犯规行为，由此导致的严重后果令人担忧。"保险乱象"的表现有二：一是保险供给与保险需求出现失衡；二是承保业务与投资业务匹配错位。"保险乱象"产生的原因有三个方面：一是有限的保险经验；二是片面的保险认知；三是难解的"保险怪圈"。"保险乱象"不仅导致保险业务的大起大落，而且使部分保险公司出现经营亏损，影响了保险市场的稳定。

三是关于"经营管理"讨论。不论是企业还是行业，其经营都离不开两个维度，一个是经营，一个是管理。但是，我们的保险教科书将这两个范畴集合到一起，称为"保险经营管理"。在保险实践中，为数众多的保险经营者和保险管理者也将保险经营视为保险管理。这种理念上的偏差，一方面导致了保险经营与保险管理之间的界限模糊，以管理代替经营，如保险的负债经营被称为保险负债管理，保险营销经营被称为保险营销管理，保险的经营系统被称为管理系统等；另一方面导致了保险经营与保险管理之间的关系颠倒，重管理、轻经营。纵观中国保险市场，大到一个保险公司的总裁，小到一个保险公司的外勤业务"主管"，关注的重心不是与保险业务直接相关的经营，而是与保险业务间接相关的管理。对此，先生认为，保险经营与保险管理是范畴不同的两个概念，保险经营属于市场经济范畴，保险管理属于组织协调范畴；保险经营通常属于实体形态，最终体现在保险产品和保险服务上，保险管理通常属于非实体形态，最终体现在环境氛围和文化认同上；保险经营是以客户为中心，代表着经营者与外部环境之间的互动，保险管理是以员工为中心，代表着管理者与员工或员工之间的互动；保险经营的目的主要是提高效益——增加利润，保险管理的目的主要是提高效率——降低成本。如果不加以区分，将保险经营视为保险管理，甚至以"保险管理"替代"保险经营"，势必出现"一管就死，一死就放，一放就乱"的"保险乱象"。因此，解决保险市场乱象问题，需要理顺保险经营与保险管理的关系，遵守保险经营大于保险管理的规律，回归保险管理服务保险经营的本源。当然，这样理解并不意味着管理不重要，恰恰相反，管理是一个公司、一个行业发展的基础，基础不牢，地动山摇。如果保险管理做不到位，保险经营不可能获得成功。保险管理面临的主要问题，不是管理过度，而是管理水平跟不上，不能适应保险经营的变化。无论在什么情况下，管理都要为经营服务，经营都要为客户服务，这是先生坚持的观点。

此外，还有 2010 年前后关于"基本矛盾"的讨论，当时先生向监管部门提交了一份专题研究报告，明确提出中国保险供需求矛盾的表现是"两个不足"。由于主要观点前文已有阐述，故此处略去不论。

结 束 语

对于我来说，过去的两年是人生中最艰难的两年。一方面，世纪疫情一直伴随左右，始终未能销声匿迹，给社会造成巨大压力，作为社会中的一分子，自然难以逃脱这种困扰；另一方面，家父、家母以及恩师华林先生在一年多点的时间内都先后离开，这种接连失去至亲的痛楚似乎只有无尽的泪水方能表达。然而，我们又毕竟生活在尘世上，社会扰动、生老病死，都是客观现象，又怎能轻易摆脱？所以，痛楚固然有，但最终又不得不想开，迈开脚步向前走。恩师离世后，感到应当写点什么，以寄托心中的哀思。说实在的，多年来，与先生的交往十分密切，每每过年过节或有闲暇，总会去看望先生，与先生一聊就是两三个小时，先生来京，也总会得暇小聚，这已经成了生活中的一部分。尤其是，近年来在工作中还得到了先生的大力支持，如在武汉大学举办"2018 年《保险研究》论坛"暨"中国保险历史（文献）图片展"、在厦门大学举办"2018 年全国保险类期刊质量建设与创新发展研讨会"、组织开展的多项课题研究都曾得到先生的指导和支持。2020 年底、2021 年初先生住院期间，一直与先生保持着联系，鼓励先生积极治疗、战胜病魔。这些事情，回想起来，历历在目。原本也想循着过往的记忆，写一些回忆性文字，但师母和良槐兄建议我梳理一下先生的学术著述与学术思想。由于之前曾与先生有过充分交流，我的一些认识都向先生汇报过，并得到了先生的认可，所以就听从建议，将自己对先生学术思想的认识写了出来。不过，由于总结的只是先生的部分思想，太多的创新性观点都未能涵及，所以心中仍不免忐忑。然而，由于时间、能力有限，这种忐忑只有在今后的岁月中通过进一步的学习来缓解了。

先生离世后，武汉大学在讣告中写道："魏华林教授是一名优秀的共产党员，是武大精神的传承者和实践者，他的逝世是武汉大学、应用经济学学科和我国保险学界的重大损失，我们深切怀念魏华林教授！沉痛悼念魏华林教授！"这句话真切表达了我们的心声。在本文的结尾，再转述此言，以表达对恩师深切的哀悼。

◎ 作者简介

冯占军，男，1965 年 7 月生。2006 年毕业于武汉大学经济与管理学院，获金融学博士学位。首都产业建设集团研究院院长。曾任中国保险学会副秘书长、《保险研究》《保险理论与实践》主编。

珞珈山上的好老师

——追忆陈继勇教授二三事

刘 威

时间过得真快，恩师陈继勇教授已经离去两年多了，悲痛和哀思却仿佛还停留在昨天。陈老师热爱学术、治学严谨、关怀学生、心系教育、尊师敬长，在为人、处事、做学问方面都为我们树立了最优良的典范。这些年与老师相处的每一幕，听到他学生讲到的每一个故事，都令我难以忘怀。

为人师表，爱护学生

人的一生得遇良师，再坎坷的路也会变坦途。陈老师 1973 年毕业于孝感师范学校中文专业。早年在师范学校的教育经历，使其将"学高为师、身正为范"作为座右铭，而他也是按照这一座右铭要求了自己一辈子。正是这种为人师表的工作作风，使他成为包括我在内的很多学生，人生路上最重要的引路人和学习典范。陈老师一生指导了 87 名博士研究生和 100 余名硕士研究生毕业，并合作培养了近 10 名博士后，先后有 3 位博士生的毕业论文获得湖北省优秀博士学位论文。对学生，上到博士生，下到本科生，他都会亲力亲为，谆谆教导，认真负责，经常手把手地教我们如何撰写科研论文，如何写好国家级课题标书，不拘一格地传道授业解惑。甚至在许多学生参加工作后，他用自己的科研经费支持学生出版专著，像慈父一样继续指导学生论文，真正做到了"为人师表"这四个字。对我而言，陈老师也是给予了长达 10 多年的关心和爱护。在近年来日趋激烈的学术竞争环境下，我的学术追求之路异常艰难，但陈老师一直鼓励我在科研和工作上，要不断努力和进取，告诉我天道酬勤的道理，并用实际行动支持和帮助我的学术研究，一路扶持我迈过一道道难关。

此外，我在和陈老师学生的回忆、追思交谈中，发现最令人感动的还是他对学生的爱护、负责和良苦用心。他对学生的日常学习要求很严格，记得陈老师总在他当年的课堂与学生约法三章："上课你可以不来，但是不能迟到；听不下去你可以从后门离开，但是不能在课上讲话；实在不行你可以睡觉，但是不能打呼噜"。在实际指导学生教学和科研时，他总是默默地站在学生的立场，为我们的人生、工作和学问做规划和细致考虑，面严心善是他对待学生的典型特点。同时，在做学问的过程中，他一直鼓励和支持我们多多地"走出去"参会交流，同时他还在他的办公室，为我们订阅了经济学领域的各类国内外权威杂志，陈老师的办公室已经俨然成为我们的小型图书馆，他的书架上也摆满了学生们写作的科研论文。不仅如此，陈老师最善于发现不同学生的优点，因材施教，不但会在学生出现问题、沮丧的时候鼓励我们，还会在别的老师面前经常夸奖我们，给我们建立自信心。尤其是在指导学生论文时，他经常认真耐心地一遍又一遍修改和完善论文，直到定稿前，十几个标点符号的错误都会用笔一一圈出。除了在学习上关心我们，他在生活中也经常照顾我们，时常请我们出去吃饭，改善我们贫困的学生生活，甚至会经常把家里的水果带来分给我们吃，生怕我们在学校冻着了、饿着了。犹记得，在陈老师病重已经几乎无法说话的时候，他努力开口，竟然是问学生的论文有没有完成和发表，学习生活有没有什么问题，直到他生命的最后一刻，他还在担心着博士、硕士师弟师妹的毕业问题。陈老师对学生的关怀一直温暖着大家的心田，他严谨的治学态度，也督促和提醒着包括我在内的所有学生，用更严谨的态度、更进取的心态去学习和工作。

焚膏继晷，兀兀穷年

陈老师一直是一个将科研工作视为和生命一样重要的学者。他的一生似乎都在做科研，即使在他病重时期，也依然和他的学生们在病床上讨论中美经贸关系、国际贸易和投资等方面的关键学术问题，并时不时"蹦"出新的学术观点和学术思想，让学生们受益匪浅。陈老师也是一个注重活到老、学到老和做到老的好老师，在40多年的科研生活中，他强调科研要集中在固定的研究方向上，要"板凳甘坐十年冷，文章不写半句空"，要努力做出高水平、高层次和高质量的科研成果。他在《经济研究》《管理世界》《世界经济》等国内顶尖学术期刊上发表了数百篇精品学术成果，并先后获得教育部第五届高等学校科学研究优秀成果奖二等奖，教育部第四届和第六届高校人文社会科学研究优秀成果三等奖，以及六次荣获湖北省社会科学优秀成果一等奖等多个高质量学术科研奖。这为武汉大学世界经济系形成了美国经济、国际贸易、国际投资和金融等"拳头"研究方向，也为武大世界经济学科贡献了自己最大的学术力量。

陈老师最令学生们敬佩的一点是他一直心怀天下、心系国事。他每天都会阅读大量与世界经济、国际形势相关的时事新闻，并选取其中的精华部分与我们分享，他还时常与武大经管院的青年老师谈论国内外的经济政治形势。作为一名共产党员，他的心怀天下不仅停留在阅读层面，他还会用专业的知识和理论为政府建言献策。为了更好地服务国家重大战略政策，陈老师一直坚持用严谨的科研态度开展决策咨询，甚至在自己生病的 5 年期间，他也从没有停下过追求学术和服务国家的步伐，完成了包括国家社科基金重大攻关项目在内的多个重量级国家科研项目，为武汉大学的学科建设做出最后的贡献。直到生命的尽头，他脑海里想的还是如何更好地完成国家交托的科研任务，为中国经济发展提出有效的建议。40 多年来，陈老师为我国应对中美经贸冲突、参与世界贸易组织决策和国际贸易人才培养都做出了很大的贡献。陈老师刮摩淬砺、皓首穷经的科研精神感动了一批又一批后辈学者，成为他们学术道路上的启明灯。他对学术的追求和对国家的热爱也深深地打动着学生们，将会一直鞭策着包括我在内的所有学生前行！

心系学院，尊师重道

作为曾经的老院长，陈老师一直心系武汉大学经管院的办学，在任何场合都坚定不移地维护经管院的集体利益，一心一意为教育，为学院的教育事业和办学付出努力和心血。他始终坚持让学院多引进人才，要为年轻人的发展创造条件，要把合适的人放到最合适的位置去发挥作用。他非常重视教学科研和学科建设，也非常爱护优秀青年教师，对学院的师资队伍情况如数家珍，某某毕业于哪个学校、某某发了《经济研究》论文、某某发了《管理世界》论文、某某拿了自科项目……这些事他无一不知无一不晓。正是在他担任经管学院的院长期间，学院有了很大的发展。甚至在他病重期间，他仍在反复叮嘱：要把学科建设好，把队伍带好，把年轻人培养好。心中所牵挂的，依然是学院，是学科，是后辈。他对教育事业的关心和付出让人感动。

陈老师令人钦佩的还有他非常尊师重道。陈老师对他的导师郭吴新教授的爱戴和关心，也让他的学生们深受教育，深有感触。每年过年，陈老师心中第一件事，就是带着家人孩子一起看望恩师。即使是在重病期间，他也始终不忘恩师。对待学院的离休或退休的老教师，他也敬重爱戴、关怀备至。在担任经管院院长期间，每年除夕前他不仅要带着学院的老师们探望老同志们，过了年自己还要再次专门到老教师的家中登门拜年。他总说：年前是作为院长慰问（老师们），年后是作为学生来看望自己的老师；不看看老师们，年过得不踏实。陈老师这种尊师重道的态度深深地感染了身为学生的我们，是我们敬重和学习的榜样。

陈老师这一生热爱学术、鞠躬尽瘁，关爱学生、诲人不倦。他桃李满天下，著作等身齐，于学生而言是良师益友般的存在。于同事而言，陈老师是真实的，坦诚的，尤其对年轻同事是爱护和提携的。于学院而言，陈老师是非常爱护经管院和维护学院利益的老师，他将自己的后半生全部放在了学院的发展和振兴上，真正地为学院奉献了自己的一切！因此，最后引用武汉大学经管学院党委给陈老师的评价："陈继勇同志是一名优秀的共产党员，是武大精神的传承者和实践者"。

◎ 作者简介

刘威，男，1979年12月生，2007年毕业于武汉大学经济与管理学院，获得经济学博士学位。武汉大学美国加拿大经济研究所副所长、教授。

珞珈春风拨云雾　东湖潋滟晴方好

金　鹏

学贵得师。

一万部卷帙浩瀚的典籍，都需要有良师开卷。时光荏苒，在母校建校 130 周年之际，我已经在恩师——黄宪教授身边学习工作 20 多年了。我提起笔，试图将散落的记忆连接起来，但却始终不知该从哪个场景开始。就像一本从小读到大的小说，虽然很熟悉，却无法很快地谈起某些章节，仿佛这些情节早已转化为一种印迹，融入自己对生活的感悟。

让我们从刚刚发生的一件事情说起吧！前几天，我应邀到一所大学授课，由于天气炎热，我没有穿正装。一位尊敬的教授迎面走来，看到他规范而得当的着装，我一下子想起黄老师给我们讲过的"金融人"穿着，当时便感觉羞愧难当。人生若只如初见，本科时代，黄老师给我们上课永远是西装革履，灰色的西装在阳光下，还有点银光闪闪的味道。那时的我们，正当"爱上层楼"，鲜衣怒马，只觉得这位先生过分职业化了吧。后来读研究生，发现黄老师就不严格正装了；博士阶段，黄老师穿着就更加舒适随意。学生问起，老师解释：本科生是金融学习的萌芽阶段，需要给学生一个典型金融人"形象"，研究生和博士阶段大家认识基本清晰，就不用再过分引导。记得博士课堂上，黄老师还谈起华尔街的从业人员极少有穿"白袜子"的，这些话语给我深刻的记忆。后来参加工作，每每有重要场合，我都尽量正装，同时看看自己的皮鞋和袜子。这一次到大学授课，既为自己的不当着装感到羞愧，也为忘记了老师的教导感到自责。

师者，传道授业解惑也。金融理论从实务中而来，理论的突破也是业务拓展的源泉。黄老师的课程既强调货币金融学和银行中介的基础理论，也注重商业银行经营管理的应用性和领先性。米什金《货币金融学》中的货币政策传导和金融中介理论的经典文献，都已经成为我思考问题的基石。黄老师在英国做访问学者期间，带回了贝西斯的《银行风险管理》并在课堂上讲授，将我带入风险管理的世界，风险价值和风险资本至此引领我工作20年。这本书在我们课堂学习5年之后，才在国内翻译出版，引领了国内银行的风险管理实践。

山一程，水一程，衣带渐宽终不悔。黄宪老师对学生的指导远远不只是在学校的几年，学生毕业后，黄老师都会细心跟踪工作生活状况。学生们有职业上的困扰也喜欢跟老师请教，每次他不仅及时通过邮件给予回复，同时也会联系相关校友给予支持。偶尔翻看不同时期黄老师给我的邮件，有修改我论文的要求，有开导我的话语，也有委托我给予师弟师妹支持的嘱托。当我失去信心时，老师会给我勇气，当我准备"换赛道"挣点钱的时候，黄老师总是"劝君莫惜金缕衣，劝君惜取少年时"。

桃李不言，下自成蹊。师门常常自称"桃花岛"，黄老师自然就是"黄老邪"。在弟子群中，大家经常在讨论学术、分享生活，偶尔也会"恰同学少年，激扬文字"。对待每一位学生，黄老师都从不以世俗眼光差别对待，细心地关注每一位学生，如果觉察到学生可能有困难，他便会主动询问近况。也正因为如此，即便是已经毕业多年，很多学生也会专门从外地赶来请教，我也因此有幸在武汉多次见到同门。同门之间仿佛总有若有若无的丝线，将一份份友谊与牵挂藏于岁月深处，让我们的前行不再孤单。

户庭无尘杂，虚室有余闲。黄老师在学术研究上始终精雕细琢，但如果你就此认为他是一个只会做学问的人，那就大错特错了。他更像一个朝气蓬勃、充满活力的少年，酷爱运动，年近七旬还是院羽毛球队的主力。他也会陪着师母浪迹天涯，去追逐诗与远方，令无数学生竞折腰。当然，他也偶尔会闹一些粗心轶事：比如出差多少会丢件东西，只是每次丢的东西不一样；偶尔会被人当作另一位姓"黄"的老师接走；也偶尔会上了火车跟人争执座位，才发现自己买的是第二天的票。类似这样的"迷糊"，并没有"吹皱一池春水"，反而跟"思维缜密、逻辑严密"相映成趣，成就了一位深受学生喜爱的"萌宪名师"。

武大之大，大在有"大师资"。黄宪老师是武大经管院众多良师的代表，他们不讲什么大道理，而是身体力行地影响学生，感染学生。李崇淮教授以不唯老师是从、不唯多数是从、不唯名人是从的治学态度，80高龄坚持给我们授课，担心学生没有钱复印资料，下课时还拿出钱递给我，对学生的爱惜溢于言表。硕士论文答辩时，潘敏老师指出我引用文献排列规范性的问题，近期对我就课题提出的肤浅建议，潘老师逐条给予答复，答复内容竟然比我的建议还多，博学谦逊的风骨令人钦佩。

真正的教育是用一棵树去摇动另一棵树，用一朵云去推动另一朵云，用一个灵魂去唤醒另一个灵魂。

商务门下，名师云集，经管学子之幸！东湖之滨，人才辈出，国家社会之幸！

◎ 作者简介

金鹏，男，1976 年 5 月生，2007 年毕业于武汉大学经济与管理学院，获得金融学博士学位。中国建设银行湖北省分行副行长。

君子如珩，雯华若锦

杨　柳

　　我在武汉大学由本科生向研究生继续求学的阶段，才算是正式跨入"商门"成为弟子。当时正逢千禧年，武汉大学进行了四校合并，院系也进行了大的调整。如今回忆起来，不仅仅是高校，当时的整个中国社会也正如火如荼地加速革新。金融领域的新生事物如雨后春笋般涌现，之前的教科书对此又毫无涉及。金融实务的运行规则和相关研究范式，都在进行快速的更替与重构。在这瞬息万变的时点上，作为学生的我们，经常感到眼花缭乱而不知所以，而教会我"不忘初心"这四字真谛的，就是恩师黄宪老师带领的金融教师团队。这支团队教师年龄横跨老中青三代，在金融教育一线接力、坚守、创新。面对整个社会的加速发展，所有老师均持开放和肯定的态度；积极拥抱新生事物，并孜孜不倦主动学习，以更新知识结构。

　　李崇淮老先生当时已是耄耋之年，依然坚持为我们登台授课，虽然头发花白，但老先生精神矍铄，身上仍流露着那对新、对真追求不已的珞珈少年朝气。我的硕导潘敏老师风华正茂，是这支队伍中的青年力量，因为才从日本归来，讲解模型的时候还会偶尔冒出日语。各位老师身体力行体现师道之尊，另一方面又强调学术争论无长幼之序，鼓励学生们有观点应大胆表达。且无论我们说的有多么幼稚甚至是荒诞不经，都会耐心听完且阐明见解。无论是课堂还是课下，经常看到师生之间面红耳赤地激烈辩论，甚至还有同学对老师说出，"我承认你说的都是对的，但是我还是不能同意你"这种"目无尊长"的话。现今看来，这种开放式的激烈讨论与交流，极大培养了我们思维的独立性，并传承了李崇淮教授"不唯上、不唯书、只唯实"的治学态度。

　　当时正值加入世界贸易组织之初，中国进入到更加全面、更广范围的对外开放，更多外国商品与外国人进入中国的同时，国人也有了更多机会走出去周

桃李春风忆师恩

237

游世界。今天的学生们可能很难想象，彼时国内外发展的巨大差距呈现在面前时，还是青年学生的我们受到了多大的冲击。对于中国发展模式应该如何选择的思考，在同学们中前所未有的活跃。金融系几位老师都有留洋学习多年的背景，在涉及中国金融发展模式的选择上，均认为美西方模式自有他的弊端。虽然当前中国发展存在种种不足，却是"摸着石头过河"的重要一环，中国的问题，一定要从中国国情出发形成自己的模式。尤其令我难忘的，是各位老师在经典理论和完美模型之外，仍秉持中国知识分子独有的家国情怀，和对普罗大众的殷殷关切。恩师黄宪，常常向我们谈到社会变革大潮中他"文革"期间所工作过工厂的改革现状以及工友们的生活，以及他对金融如何更好地支持民营企业的思考。无论是在做项目的组会中还是日常闲谈里，都强调在复杂的社会里守住纯真，希望我们做学问时求真；要待人求善，不能为了发展效率而罔顾弱者的感受；因为金融绝不仅仅是表面上冰冷的数字、符号或指标，而是背后一个个鲜活的个人；在对待世界、社会、自然和生活时求美，因为生活不是只有工作，还有很多美丽的事物值得探寻。

师门之内，形成了如家人一般的氛围，逢年过节常常小聚。我工作以后，经常受到各位师兄弟姐妹的关心和支持，即使相差好几届，在读时并未谋面，但只要一说起恩师，大家都能谈起在其门下时的趣事，欢声笑语中同门情意满怀。今天自己也当老师了，回头看起来，当年不成熟的我，是一个相当麻烦的学生。因为性格的原因，我大概是在自己的导师面前哭得最多的一个学生，但是两位导师都对我付出了极大的耐心与爱心。两位老师著作等身，相关见解对中国金融的发展都产生重大影响，却很少对我说大道理，常常结合自身的经历来告诉我，顺利的人生很少，但重要的，是选择面对人生的态度。我自己最终选择从教的道路，很大程度上也是受了两位恩师的影响。

念起两位恩师，常常想起孔子对于君子如美玉的描述："夫玉者，君子比德焉。温润而泽，仁也；栗而理，知也；坚刚而不屈，义也；廉而不刿，行也；折而不挠，勇也；瑕适并见，情也；扣之，其声清扬而远闻，其止辍然，辞也。故虽有（王民）之雕雕，不若玉之章章。"珞珈十年，幸得良师；言念君子，温其如玉。

◎ 作者简介

杨柳，女，1977 年 11 月生，2006 年毕业于武汉大学经济与管理学院，获得经济学博士学位。华中师范大学经济与工商管理学院教授。

师 恩 无 疆

——恩师的教诲与无私关怀

逯森林

回首那年秋日的记忆，仿佛是昨天，又似乎是遥远的往事。那是 2007 年，我踏入了武汉大学的校门，开始了攻读研究生的征程。对于我来说，那是一段充满挑战和机遇的岁月，也是我生命中的一段宝贵经历。

进入武汉大学的那一刻，我充满了期待和憧憬。这所名校以其悠久的历史和卓越的教育声誉而著称，我深知这将是我追求知识和梦想的最佳场所。在考虑导师选择时，我当时选择了徐莉老师。这个决定也成为我职业道路上的重要里程碑。

徐莉老师，那位让我铭记终生的导师，她的严格和严谨在我的记忆中深刻烙印。每月一次的课程，她的授课总是如行云流水，处处展现着她严谨的学术态度和对学生的严格要求。在她的课堂上，我们不仅学到了理论知识，更是培养了一种对待问题的思考方式。她的严格要求，为我的学术生涯，乃至后来的职业发展打下了坚实的基础。

然而，徐莉老师赋予我的不仅仅是学术上的指导，更是职场和生活中的无私支持。身为一名在职研究生，我承担着职业与学业的双重压力，而在这段漫长的旅途中，徐莉老师一直是我的坚强后盾。她不仅对学术问题提供珍贵的建议，还协助我克服职场上的重重难关。回顾 2008 年金融危机时期，各行各业饱受冲击，尤其是房地产行业备受摧残。当时，我所在的企业同样经历着极大的下滑压力，市场需求锐减，产品销售陷入深度挑战。正是在这个关键时刻，徐老师的经济和技术见解成为我们的燃灯之一，为我们指明了一条渡过难关的道路。徐老师提出了一系列可行的解决之道，例如降低成本并增加房屋增值服务。在徐老师的引导下，我们的公司积极创新，提升产品附加值，提高客户满意度。

尽管当时的市场环境相当恶劣，但多亏徐老师的指导，我们的企业在危机中依然保持较好的销售业绩。

同时，身边的老师们对我的个人成长也产生了深远的影响。他们不仅在课堂上传授知识，还在我的职业发展中提供了宝贵的指导和支持。我清晰地记得，当我初入校园时，只是一位普通的公司部门经理。但在老师们的引导和帮助下，我不断提升自己的领导能力和管理技巧，逐渐崭露头角，最终晋升为公司总经理。

回顾学生时代，徐莉老师的技术经济学课程深刻地塑造了我的职业轨迹。这门课程不仅让我洞悉市场的脉搏和走势，还启发了我如何审视产品在市场中的前景，特别是那些依托技术的市场。更为重要的是，它赋予我分析公司引入新技术的潜在利益、风险以及竞争优势的能力。这门课程不仅仅是理论知识的灌输，更是实际运用的智慧之源。徐莉老师的教导助力我在职场中做出明智的决策，持续前行。

徐莉老师不仅是我的导师，更是一位充满关怀的朋友。在与她相处的岁月里，我们的关系日益亲近而和谐。我至今记得，那段时光里，我大儿子正在经历叛逆期。徐莉老师得知后，毫不犹豫地表示愿意伸出援手。她特地腾出时间，在周末亲自前来，与我的孩子们进行深入的交流。她的专业建议和亲情关怀，帮助我的孩子们逐渐摆脱了叛逆，找到了生活和学业的方向。徐老师在教育领域拥有丰富的经验，她的关心对我和孩子们的思想和生活都产生了深远的影响。

尽管时间已过去 16 年，但我与徐莉老师的联系从未中断。她时常电话关切地询问我的工作和生活，不辞辛劳地提供睿智的建议与坚定的支持。这份深厚的师生情感已经融入了我的生命，成为其中一份不可或缺的宝贵元素。

如今，武汉大学即将庆祝 130 周年校庆。对我而言，这是一次千载难逢的机会，我迫不及待地想要参与校庆活动，再次与徐莉老师以及其他老师相聚，分享彼此的成长和收获。我坚信，这不仅仅是我们校友共同的愿望，也是我们在校期间建立的深厚友情的延续。尽管我们的学习时光相对较短，但通过与导师的交流和互动，我们之间建立了坚实的友情。

作为学生，我深刻认识到老师的重要性。导师不仅仅是知识的传授者，更是人生航向的引领者。他们以严谨的教学和无私的关怀，将学生们引向成功之路。

回首过去，师恩难忘。我的师生情谊之路就如同一本精彩的故事，从严格的教学要求到充满温情的关怀，从学术的启发到生活的支持，徐莉老师一直是我心中永不熄灭的明灯。愿她的教诲和关爱继续照亮前行的道路，不仅为我，也为更多的学子，为武汉大学百年辉煌再添光彩。

◎ 作者简介

逯森林，男，1976 年 9 月生，2010 年毕业于武汉大学经济与管理学院，获得工程硕士学位。河南正华置业房地产集团总经理。

心怀国之大者、情系武大金融

——致敬叶永刚教授

彭红枫

我于 2002 年有幸师从叶永刚先生，成为叶先生的第二届博士生。跟随先生学习 4 年后又成为先生的同事一起共事多年，回想当初，仿若昨日。其间我见证了先生创立中国金融工程学科过程中艰辛和努力，参与了先生在金融工程理论与实践发展的中国贡献——宏观金融工程理论体系和中国实践，先生人品、学识、毅力、人生态度无不令人折服，激励着我前行。2018 年我调离武汉大学到山东财经大学金融学院工作，常常用先生的教导激励自己。先生"黑夜追赶着我，我追赶着太阳"的诗句，常常在我耳边响起，使我不敢懈怠。每次回武汉，我都会抽空去看先生，每次都有收获，收获的不仅是先生淡泊名利、开拓创新的治学风骨，亦感于先生胸怀"国之大者"、挺膺担当的珞珈情怀。

晚学谨以此文记一人耕耘珞珈山下四十载，开一门亭亭如盖桃李旺，循一心求索至臻不倦怠。而今先生荣休，此文忆往昔敬赠先生。

筚路蓝缕，玉汝于成——中国金融工程学科的创立和发展

先生 1997 年从康奈尔大学回国时，带回了一大包与金融工程相关的英文书和资料。先生在美国就前瞻性地意识到工程化的思维引入金融学科，将极大影响金融理论与金融市场的发展，对我国金融学发展有重大意义。于是将自己有限的资金买回了价格昂贵的教科书，在机场还因为书籍超重，但美元已花完，差点没能办理托运，幸亏送行的校友解囊才得以成行。回国后，先生带领团队集体阅读、解析带回来的这些书籍和资料，在充分消化吸收的基础上，结合中国金融市场的实际，编写了国内第一套本土化《金融工程》系列教材，获得学

术界的一致好评。曾几何时，金融学教材的本土化是国人孜孜以求的夙愿，这个夙愿在先生这实现了。也正因如此，《金融工程》一书（叶永刚主编，武汉大学出版社，2002年）获教育部"普通高等学校优秀教材"二等奖，并成为国家十一五、十二五及十三五规划教材。

先生注重金融工程的专业建设，对中国的金融工程专业的设立和推广居功至伟。在国人对金融工程还了解甚少的20世纪90年代中后期，先生积极地向学界同行和教育部高教司的领导们介绍金融工程的内涵、发展及中国开办金融工程本科专业的重要性和可行性，在先生的努力下，2001年高教司和各校代表齐聚武汉大学，就金融工程本科专业的设立展开研讨，自此金融工程专业在武汉大学、中国人民大学、厦门大学、中央财经大学及西南财经大学等五所高校进行试点招生。武汉大学金融工程专业的发展离不开先生的不懈努力，先生精心审阅专业的培养方案，并积极推动课程建设。此后，先生积极推动金融工程专业在全国的设立，在先生的支持和帮助下，全国陆续有200多所高校开设了金融工程学的本科课程。先生作为负责人的课程"金融工程"先后成为国家精品课程、国家精品资源共享课程，并于2023年入选国家一流本科课程。

为更好地推动中国金融工程学科的发展，加强各高校之间的交流与合作，在全国各高校的支持和配合下，叶先生建立中国金融工程学年会，年会秘书处设在武汉大学，先生担任秘书长，做好为各高校的服务和协调工作。截止到2022年，年会已连续召开22届，为中国金融工程学科发展和金融工程研究做出了积极贡献。

奋于笃行，臻于至善——金融工程理论与实践发展的中国贡献

在金融工程快速发展并深刻影响到金融市场时，叶先生已将目光投向了金融工程的宏观化领域，并将微观金融领域的研究思路和方法创新性地运用到宏观领域。经过较长时间的思考、论证及分析后，先生首次提出了宏观金融工程的理论和分析框架。先生将整个经济体作为分析对象，以部门结构为依托，从宏观资产负债表、宏观金融风险管理和宏观经济资本管理三个层面分析国家金融风险和金融资源的使用状况，并通过金融工具、手段、机制、结构等的创新为经济体系带来活力。宏观金融工程不仅是国家金融风险管理系统，而且是国家经营管理系统，可以为宏观经济稳定健康发展和国家金融安全提供支撑。

具体而言，宏观金融工程将国家从整体上看作一个企业，将各个行业和区

域看作子公司，运用资产负债表的方法研究和编制国家资产负债表以及公共部门、金融部门、企业部门和家庭部门资产负债表，并运用期权定价理论和或有权益的分析方法研究和编制宏观或有权益资产负债表。然后运用宏观资产负债表和宏观或有权益资产负债表的相关数据和指标构建宏观金融风险的指标体系，并在宏观压力测试和蒙特卡罗模拟的基础上，确定宏观金融风险的安全区域。

在此基础上，先生带领弟子们编制了全球和中国各省、自治区及直辖市的资产负债表和或有权益资产负债表，将宏观金融工程分析方法应用到区域和国家的宏观金融风险分析之中，在此基础上引入了情景分析、压力测试等方法对资产负债表受外部因素的冲击进行评估，度量了各国和中国各省的系统性金融风险。

先生在宏观金融工程领域开拓性的工作和贡献，得到了学者们广泛认可，中国著名金融学家、教育家，原中国人民大学的校长黄达先生的评价是最好的例证，黄达先生说："金融是一个复杂的大系统，金融学也是一个复杂的体系。在宽口径的金融学概念下，可以从宏观金融分析和微观金融分析两个层面进行区分。金融工程作为金融学的新兴学科之一，20多年来在国际上得到了快速发展，在我国的引进和发展也有10多年。一般理解，金融工程就是微观金融分析。而这样一种受到普遍重视的分析方法，是否也能应用于宏观金融方面呢？对于这个问题，我是在2000年首次从武汉大学叶永刚教授那里得到肯定回答的。近10年来，叶永刚教授一直从事这个新领域的探索，并已初步形成体系。"

先生在宏观金融工程领域一系列的研究也得到了学术界广泛认可。"宏观金融工程研究"于2007获得教育部哲学社会科学研究后期资助重大项目，先生的著作《宏观金融工程：理论卷》获高等学校科学研究优秀成果奖（人文社会科学）二等奖。

高山仰止，景行行止——不吝气力提携后进

叶先生常讲，老师不仅要传道、授业、解惑，更要帮助学生成功，教给学生"成功学"。先生不仅是这么说，也是这么做的。先生对我、对于每一位学生都是如此。为了学生成功就业，他通过各类渠道主动搭桥牵线，先后帮助多位学生联系实习或就业单位。学生工作后，他仍始终心系学生，与学生们保持密切联系，随时了解其思想动态及工作近况，引导学生保持良好心态，培养适应岗位和社会的能力。叶先生写到"武汉大学不仅有樱花树，还有一种香樟树。

香樟树的落叶，也是在春天飘落，它舒展着金红色的叶片，像樱花雨一样随风飘落。当它飘落时，树上已经泛起浓绿的叶片，它就是要让自己的飘落，与新叶的绽放同时进行。"桃李不言，下自成蹊。先生正是燃烧着自己，全心全意助推着学生的成功。

先生常讲，我们不仅要修身，要修心，还需修行。先生将这些想法称为"三修论"。修行，就是要我们理论联系实际，要我们知行合一，就是生活之树常青，就是要惠及他人和民生。先生常说：古人讲"达则兼济天下，穷则独善其身"，其实这样的说法不对，应该是"达则兼济天下，穷亦兼济天下"。先生言传身教，离开故乡多年，时刻不忘故乡的乡亲，一次回故乡时下雨，看见乡亲们走在泥泞的土路时，先生出资为故乡修了一条路。先生自比为珞珈山的一棵浅草，爱校如家，静静地守护着武汉大学的金融学科，极力地维护着武汉大学金融学科的学术声誉和学术影响力。

我到济南工作后，先生每次给我打电话，都会将自己从古人智慧中琢磨总结出来的健身经验告诉我，继续教授我人生的"生命学"，叮嘱我劳逸结合、注意身体，并为我在山东的发展指点迷津。

2023 年 3 月，武汉大学经济与管理学院为先生举办了荣休仪式，先生 70 岁时正式退休了。特写此文回忆先生的珞珈情结、学者精神、对中国金融工程专业建设的贡献以及在宏观金融工程领域开拓性的研究，作为武汉大学建校 130 周年的礼物，也是对叶先生荣休的纪念。祝愿先生健康长寿！

◎ 作者简介

彭红枫，男，1976 年 5 月生，2006 年毕业于武汉大学经济与管理学院，获得经济学博士学位。山东财经大学金融学院院长，教授。

恩师辜胜阻先生二三事

刘入领

我自 1994 年起师从辜胜阻先生攻读硕士学位，直至 1999 年获得博士学位，前后历时 5 年有余。5 年间，辜先生手把手地教导我做学问、写文章，对学生的生活和成长关怀备至，给我留下很多温暖的回忆。

推门入户真调查

1993 年底，我刚刚获准保送研究生，去拜见辜先生，先生就很快安排我参加了"京珠高速征地拆迁调查项目"。在这个项目里，我第一次实地参与了黄陂、新洲等几个县拆迁户的入户调查工作。辜先生是整个调查项目的指导专家，他不仅要训练和指导统计局调查队的工作人员，还专门给我们几个硕士研究生开小灶，给我们讲解做调查的重要意义，以及如何做好入户调查。

当时学生们都知道辜先生在 20 世纪 80 年代开展的人口调查工作采用推门入户的方式获取第一手资料，成绩斐然，不仅获得费孝通先生盛赞，还引起联合国相关学术机构的关注，大家能够亲身参加调查活动都感到非常荣幸，做起事来十分认真。湖北的冬天颇为寒冷，我随着调查队下到最基层，到老百姓家里做访谈，面对每一个受访者都要问完长达数页的调查表上的几十个问题，填写一摞又一摞的调查表。辜先生始终在第一线指导并监督调查工作，抽查大家的调查表，控制调查工作质量和进度。辜先生对学生很是关心，在长达数周的调查工作中，亲自过问学生们的住宿、补贴、伙食等问题，其间先生还特意请我们几个穷学生吃了顿饭，至今我都还记得那顿排骨藕汤的浓香。

本科时我学的是金融保险专业，通过参与这项实地调查，我很快体会到了"经济"与"民生"这些词的含义，它们是远比"金融"更加宽广并富有现实意义的研究领域。"经世济民"是先生的宏愿，也是他寄予我们这些学生的期冀。要想达成这个愿望，必须先扎扎实实地做好经济调查，了解老百姓的生活状况。我想这就是辜先生希望我们这些经济学硕士生首先建立起来的一个观念。

辜先生深入基层做调查的习惯一直保持不变，即便是他在全国人大和全国政协担任领导职务期间依然勤于调研。每到一地，往往是马不停蹄，一天要跑四五家企业或科研院所，力求获取第一手资料。在过去几年中，我有幸跟随先生做过几次对企业的现场考察，对先生调研工作之细致全面有了比较直观的认识，也曾偶然看到几篇先生撰写的关于深圳和粤港澳大湾区的研究报告，其内容之全面、数字之详细、观点之深刻、建议之中肯，令我这个身在深圳的大湾区人十分敬佩！

先生以身作则，教会给我们一个学术传统：调查研究出真知。他用行动告诉我们，立足第一手调研资料，更容易写出真正有价值的学术论文。我想，所有经济研究所毕业的学生对这一点都有很深的体会，也有很强的认同感。

文章百炼方称神

我在本科期间公开发表过多篇文章，一度自以为文字能力很强。辜先生看出了我的自负，在我硕士研究生的前两年，着力打磨我的文字功底。

辜先生采用了一种非常独特的方法训练我的文字能力。他把已经写就的四五千字的文章交给我，要求我先把它缩写成 400 字以内的摘要，再扩写成万余字的大稿。摘要虽短，不能漏掉主要观点，并要保留论证逻辑；大稿虽长，不能有冗余文字，不许在观点和逻辑上画蛇添足。刚开始时，这种训练让我十分吃力，多数文章完成后都达不到先生的要求。记得我写的第一个摘要按要求修改了第 7 遍以后，先生才点头认可，第一个大稿也改了 5 遍以上才达到要求。这种训练持续了大约半年，我先后完成了 4 篇文章的"缩写"与"扩写"工作，不知不觉间在提炼观点、展开逻辑、铺陈文字等方面都攒下很多心得，写文章的标准和能力都得到了明显提升。

我清楚记得，辜先生指出我写文章的一大毛病：喜欢滥用因果关系。他把我写出的数篇文章拿来分析，详细标明每处不必要或不恰当的"因为""所以""因而"，等等。他要求我仔细思考每一处是不是存在严格意义上的因果关系；在我感到判断不清楚的地方，他又教我一个技巧：试着删掉因果连接词，去看表意是不是更加准确，如果是的，就说明这里并不是真正的因果关系。经过长达两个多月的训练，我终于根除了滥用因果连接词的毛病。

辜先生给我提的另一个要求是"清楚准确地表达出自己的观点"。在那之前，我写文章时，往往用整段文字说明一个观点，这个观点一般夹杂在文字中间，需要读者自行去理解。辜先生认为这样的文章不够好，他要求做三点改进：第一，要清晰地提炼出观点，放在每段文字的起首处，便于读者更容易、更迅速地抓住作者想要表述的见解；第二，观点必须是一个判断句，而不能只是个事实或者名词，否则读者就难以清晰、准确地了解作者的观点；第三，如果在同一逻辑层次上有多个观点（多条见解），其阐述句式最好统一，包括文字数量多寡、词性及其排列顺序都要统一，这样就能在通篇意义上形成强烈的美感。从那以后，我一直按照先生的要求躬行不怠，写作能力又前进了一大步。

从学校毕业踏入职场，文字能力成了我最先展现出来的一个长项。早期的几次职场晋升也都或多或少与我的文字能力较强有关。每每念及这些，我都非常感激辜先生当年给予我的严格训练。

立足前沿做研究

1997年初，辜先生从哈佛大学完成进修返回国内，他把我叫到办公室，交给我重重一大包书面材料，要求我仔细学习。我打开一看，清一色的英文资料，主要涉及三个学术领域：一是股权投资和风险投资，二是行为金融学，三是资产证券化。我当时一下呆住了，全是我一无所知的领域。先生告诉我，这些都是发达经济体中最前沿的学术研究领域，也是金融领域较新的研究成果，值得认真关注和学习。

在接下来的几个月里，我按照辜先生的要求，"啃"下了这些英文原版材料，学术眼界豁然开朗。在先生的指导下，我们深入研究中国实际情况，借鉴国外实践经验，发表了国内最早一批关于风险投资的研究成果。随着亚洲金融危机在下半年如同山呼海啸般涌来，我所学的行为金融学派上了用场，成为理解金融危机爆发原因和传导机制的强大理论工具。在辜先生悉心指导下，我较为系统地研究了中国商业银行的不良资产问题，发表了一些关于如何避免金融危机在中国发生的研究成果。随后我表示希望把"金融危机生成机制研究"确定为博士论文的选题，辜先生欣然同意。1999年完成的那篇博士论文不仅代表着我个人学术研究的一个高点，也深刻影响了我对金融体系脆弱性、股市交易反身性等问题的看法，在我毕业后从事证券研究工作期间，我撰写了多篇和金融行为学有关的研究报告，部分文章得以公开发表，在业内产生了一定的影响。2006 年，在我步入职场 7 年之后，辜先生交给我的资产证券化研究资料也结出硕果：我作为项目组组长，完成了国内券商行业第一批 7 个资产证券化项目中的一个，总额达 20 亿元的"澜电"收益权凭证得以在深圳证券交易所挂牌。2009 年，在我赴美国宾夕法尼亚大学沃顿商学院进修期间，我和"澜电"项目组的另一位同事获邀在沃顿商学院的课堂上分享了这个资产证券化案例。

作为辜先生的学生何其有幸！多年来我的脑海里经常会浮现先生从国外给学生背资料回来的画面。他以实际行动诠释了学术研究要站在最前沿的主张，用前瞻性的研究为学生铺就长远发展的坦途。

◎ 作者简介

刘入领，男，1972 年 10 月生，1999 年毕业于武汉大学商学院，获得经济学博士学位。安信基金总经理。

如水清清　润物无声

——忆我的导师卢洪友教授

程　瑜

又是一年毕业季，弹指一挥近廿载。当从师弟处得知母校要征集校友回忆录写念师恩的小文时，思绪一下子被拉回到了 19 年前。回首往事兮景幻多，感念吾师兮梦婆娑。我于 2004 年考入武汉大学经济与管理学院财政学专业攻读博士学位，成为卢洪友教授的博士开门弟子。卢老师言传身教，爱生如子，在我的学习和成长过程中倾注了大量的心血。他高尚的品德、渊博的学识和儒雅的风范，始终引领和激励着我一路前行。

卢老师崇尚学术，执着求真，极为重视对学生学习能力的培养。记得我刚入学时，卢老师就给我开出了长长的书单，既有财政学经济学等经典专业书目，也有哲学社会科学类书目，并告诉我，来读博士没有一百本专业书籍打底是不行的，读书还要掌握方法，不能死读书，要有自己的思考，先读进去把书读"厚"，再读出来把书读"薄"，尽量每读完一本书都写出读书笔记，写法上没有既定之规，可以是对核心观点的提炼，也可以是自己的读书体会，有话则长无话则短，这样才能读而有获，融会贯通。于是，整个博一，我除了上课之外，就是如饥似渴地读书，一年时间读完了所有书单内容，写出了十几万字的读书笔记。卢老师每周都拿出专门的时间，与我们讨论读书时遇到的问题与困惑，并且鼓励我们提问，经常说："学问学问，就是要学、要问。"我一刻也不敢懈怠，唯恐落下。正是有了这百余本书的基础，以及每周讨论课的思想碰撞，才使得我后来的课程论文、发表论文及博士学位论文的写作都比较顺利，并且把读书当作了一种习惯，保持至今。

除了要求会学习、会读书之外，卢老师还特别注重对学生研究能力和实践能力的指导。他经常对我说"要学以致用、研以致用"。从博士一年级开始，卢老师就带我参与各类课题研究，通过做课题把课堂和书本上学来的理论知识与政策实践相结合，并且让我承担了他主持的国家社科基金重大项目中的两章内容的撰写。接到任务后，我诚惶诚恐，如履薄冰，唯恐自己水平不够写砸了，辜负老师的信任。卢老师一直鼓励我，不厌其烦地指导我，带我去相关部门做调研，手把手地教我做课题研究的方法。我慢慢地摸索出了做课题研究的"门路"，并且刚一上手就做的是国家社科基金这种哲学社科类最高级别的课题，让我自信心爆棚，以至于博士毕业到工作单位之后做课题一点也不打怵，轻车熟路，信手拈来，对我快速完成从学生到科研工作者的转变打下了良好基础。

博士学位论文的撰写是博士求学之路的重中之重，从论文选题，到提纲拟定，再到初稿成型，最后定稿答辩，都是在卢老师精心指导下完成的。卢老师学术功底深厚，对自己要求非常严格，无论是做课题还是写论文，都有自己的独创思想。因此，他要求我做博士学位论文一定要有自己的创新观点，不要随声附和，人云亦云，只做知识的"搬运工"。我当时对政府预算方向感兴趣，他鼓励我："政府预算是财政学中的一个老话题了，你能不能写出新意，做到老题新解，至关重要。写论文就是要人无我有、人有我奇。"我通过阅读大量的文献，以及与老师的多次讨论之后，最终选定从契约理论入手研究政府预算问题。当我把这个想法告诉卢老师时，他当即就表示了高度认可，这给了我极大的自信。同时，因为角度太新，也导致了可参考的资料很少。记得当时在百度和中国知网等搜索引擎输入"政府预算"和"契约"这两个关键词之后，直接显示"无相关记录"。这一度让我很崩溃，觉得可能写不下去，就开始打"退堂鼓"。卢老师很坚定地支持我继续深挖，并语重心长地对我说："要想写出高质量的论文，就要有自己独创的思想，一旦认准之后就努力去论证它、实现它，不要左右摇摆"。在卢老师一遍遍的肯定、指导和鼓励下，经过反复讨论、推敲、修改、完善，我最终完成了博士学位论文《政府预算契约论——一种委托代理理论的研究视角》，并获得了学校的优秀博士论文，一年后作为专著出版，卢老师又欣然为拙作作序，为我的博士学位论文画上了圆满的句号。正是卢老师这种做事认真、治学严谨、要求严格、仁爱无私的态度深深地感动并默默地影响着我，让我终生难忘。

卢老师潜心学问，淡泊名利，单纯又简单。自我入师门起，无论在办公室还是家里，看到老师最多的身影就是在桌前伏案写作，经常一坐就是几个小时，笔耕不辍。卢老师给学生讲课从不用讲稿，一讲就是几个小时，各种经济学财政学理论烂熟于心，引经据典，深入浅出，这体现了他深厚的学术功底。他主持的国家级、省部级重大课题数不胜数，著作等身。但他一直淡泊名利，默默做事，经常跟我说的一句话就是："但行好事，莫问前程。在仰望星空的同时，还必须得脚踏实地。"我博士毕业之后入职财政部中国财政科学研究院从事财政科研工作，记得刚找到工作时，老师十分欣慰地对我说："这份工作非常好，财科院是财政学研究的最高科研机构，是你施展才华的广阔舞台，无论何时，都要踏踏实实做事，干干净净做人，坚持对学术的热爱，不忘初心，且研且珍惜。"我工作之后的每一次晋升、每一次获奖、每一次进步，都第一时间与老师汇报分享，老师在祝贺鼓励我的同时都不忘提醒我要戒骄戒躁，潜心学问，再创佳绩。正是在老师日复一日的关心和教诲中，我才能够坚持本真，热爱学术，并一直为之默默努力。

卢老师为人谦和，平易近人，视学生如子女。他从不居高临下直接批评人，总是耐心地与学生讨论，师生关系融洽，教学相长。无论走到哪里，他都乐呵呵地与人打招呼，身边总会围着很多人，不管是学生、同事还是业界同人，都很享受与他一起聊天、探讨和交流的快乐。卢老师不仅在学业上给予我不遗余力的指导，还从生活上给予我无微不至的关心，让身在异乡求学的我备感踏实与温暖。记得那时，我经常去老师家蹭饭，师母总是很热情地给我们做很多家乡美味，饭后一起围着校园散步，边走边聊，聊专业、聊哲学、聊人生，在珞珈山下、东湖岸边，都留下老师与我边散步边讨论的足迹。我当时住在枫园，老师家在武大工学部大门外的小区，中间还有一段比较长的距离，可能因为我是女生的缘故，晚饭后老师和师母经常特意绕道枫园把我送回宿舍再走回家。每当我说我自己回去就可以时，老师都会说反正我们饭后也要消消食的，正好溜达一下。这种慈父般的关爱，让我感动不已。即使我毕业多年后，老师依然关心着我的学习、生活、事业和家庭。

卢老师还是一位坚强、乐观、豁达的人。他几年前得了一场重病，在与病魔的斗争中，一直积极配合治疗，笑对人生。刚生病时，他就说："没什么大不了的，既来之则安之，要正确、乐观地看待。悲观就像一副沉重的枷锁，只会把你紧紧地困在失意的阴影中；而乐观则像一双有力的翅膀，带领你飞向成功的彼岸。"每次给他打电话询问病情，他总是"报喜不报忧"，让我不用担心他的身体，好好工作。病情刚一有好转，就又投入他热爱的学术研究中去了。其实，我们每个人都希望自己拥有乐观的心态，可是现实生活并不像想象中那么美好，人生在世，不如意之事十之八九。当真正遇到困难尤其是病痛时，并不是每个人都能做到以豁达的心态去看待的。卢老师真正做到了这一点，以他的坚强、乐观、宽容和接纳，一次次战胜病痛，也为我们树立了榜样。

师者，所以传道授业解惑也。博士生导师，既是科研的领航者，也是人生的引路人。研途求知，最幸运的是学有良师，启行明智。古语云："经师易得，人师难求。"在我的博士生涯得遇卢老师，春风化雨，何其有幸。

师之恩，广于天，厚于地，高于山，深于川。一朝沐杏雨，终生念师恩。惟愿吾师身体康健，桃李天下，一生平安！

◎ 作者简介

程瑜，女，1979年4月生，2007年毕业于武汉大学经济与管理学院，获得经济学博士学位。财政部中国财政科学研究院科研组织处（智库建设管理办公室）处长。

难忘的师恩是我人生的不竭动力

李 魁

"谨记导师教诲，静心、全心、沉心学问，以免悔之晚矣。做人知足、做事知不足、做学问不知足，求学不仅求知，始终努力求索做人与做事。'衣带渐宽终不悔，为伊消得人憔悴'，学海苦旅，人瘦如杆，三载三炎（角膜炎、颈椎炎、慢性支气管炎），然有得必有失，得必偿失。'学如逆水行舟，不进则退'，迫感危机，不敢懈怠，力求上进。'众里寻他千百度，蓦然回首，那人却在灯火阑珊处'，寒窗苦读，获益匪浅。"这是我博士论文后记中写的一段话，每每看到这几句话，内心顿时就翻涌起来，眼眶也止不住的湿润。如今，我已经离开母校 14 个年头了，但我对恩师的铭记之心和感恩之心从未减少。回想起那些美好的校园时光，心中总是充满了深深的感激之情和浓厚的怀念之情。我在武汉大学从本科、硕士，一路读到博士，前后求学历经 9 年，9 年的读书生涯让我深深地感受到了母校和老师给予我一生受用无穷的宝贵精神财富。

在美丽的武汉大学，我度过了人生中最美好的青春时光，跟着导师在知识的海洋里冲浪和探索，收获了难以用物质衡量的思想和知识。经济研究所是一片学术高地，这里的每位老师都德艺双馨、敬业勤业、令人钦佩，像简新华教授、杨艳琳教授、钟水映教授、刘传江教授、成德宁教授、杨冕老师、侯伟丽老师、余江老师、杨玲老师、魏珊老师、董延芳老师，他们都在言传身教之中给我们留下难以磨灭的印象。在经济研究所的课堂上，每位老师特别是我的博士导师钟水映教授、硕士导师杨艳琳教授，不仅在专业知识上给我指导，而且教会了我如何穿透性地思考问题、分析问题、解决问题。这么多年过去了，我依然清晰地记得，老师们总是十分耐心、细致地解答我的疑惑，引导我专注于学问、醉心于研究，鼓励我在科研道路上大胆向前闯。2005 年 9 月，刚考上研究生的时候，自己对学术论文的写作还是一片空白，导师杨艳琳教授手把手带着我，不仅在思想观点提炼上精心点拨，而且在行文规范上悉心指教，每篇论文"连一个标点也不放过"，一篇论文反复修改一二十遍，帮助我奠定了比较扎实的科研基本功。我的两位导师严谨务实的学术态度、站高望远的研究视野、深邃睿智的学术思想、高超缜密的逻辑思辨深刻影响了我。

毕业参加工作之后，我到政府机关工作，无论是起草各种各样的材料，还是撰写各种各样的报告，以及各类综合服务，所用的思维方式、研判分析问题的视角、寻找破解问题的方法等，其底层逻辑无不是跟着老师一步一步训练出来的。每个人生来都是一张白纸，我们的思维和能力都是后天教育奠定的"四梁八柱"。这其中，最令人难忘的是我的博士学位论文写作。博士学位论文实际上是系统思维的实训案例，谋篇布局、结构层次、思想观点、行文规范等，是对博士生知识储备、思维逻辑、系统思维的全方位检阅。起草博士学位论文，我用了1年多的时间，其间从早到晚泡在图书馆，翻阅"嚼透"了数百篇学术文献，跟着导师对论文框架进行了数十次讨论修改，每一篇章的写作都力求精益求精、大胆假设小心求证，扎扎实实一步一个脚印下功夫写。在提纲确定、起草、讨论、修改、定稿、答辩等过程中，我的博士导师钟水映教授花费了大量时间，提出了许多宝贵的建议，给予了我很多点拨启发。离开学校之后，我获悉自己的博士学位论文获得了"全国百篇优秀博士论文提名奖"和"湖北省优秀博士学位论文"，这是对我学术生涯最大的褒奖，更是凝结着老师的智慧和心血。

学海无涯苦作舟，学术之苦是求学者必须经历的，但这种苦吃尽了就会尝到甘甜。在经济与管理学院读书期间，我对一个又一个学术问题产生兴趣，对一个又一个社会难题产生疑惑。令人非常愉快的是，经济研究所的每位老师都非常和蔼可亲，对待学生没有任何架子，对我的疑问向来是来者不拒，始终以平等的身份和学生进行讨论，即便是我的异想天开也没有让他们感到丝毫不悦。记得很多课堂上，我们都和老师讨论得热火朝天，对一些问题大家各抒己见，从不同视角进行头脑风暴，产生了大量的思想火花和知识乐趣。正是这些一瞬即逝的乐趣，使得我对学术产生了越来越浓厚的兴趣，激励我在学术之路上勇往直前、砥砺前行。比如在中国经济大转型的背景之下，我对年龄结构变动与中国经济增长究竟是什么关系，工业化、城镇化与耕地总量变化之间是否存在联动性，人口年龄结构转变对经常项目差额有什么影响，劳动力负担对居民消费率是否有影响等问题产生了浓烈的兴趣，跟着老师不断探索，这些问题最后都形成了学术论文并发表在《管理世界》《中国人口科学》《中国农村经济》

《经济理论与经济管理》等期刊上，论文中蕴含的思想火花都是在与老师探讨的启迪之下产生的，让我体验到了学术的无穷乐趣。

"没有比脚更长的路"。只要踏踏实实前行，定能终有所获。回忆起读书求学的日子，我感到跟着老师一起进行学术研究非常充实，没有虚度光阴，没有浪费年华。在学校，我利用一切可能利用的时间去学习各种各样的课程，学习了微观经济学、中观产业经济学和区域经济学，以及宏观经济学，也旁听了管理学、社会学、法学、心理学等课程，后来为了提高学术研究的深度和能力，更深入地去学习了计量经济学、空间面板计量、Eviews、Stata、SPSS。我记得，在世界银行、亚洲银行支持之下，我们通过社会调查拿到了大量的问卷数据，但面对这些数据不知该如何有效处理。后来跟着老师钻研了统计学、计量经济学等方法，通过严谨的学术训练，对大量数据进行计量分析，在数据计量分析中生成创新性观点，先后发表了《人口红利、空间外溢与省域经济增长》《劳动力负担变化对东亚经济起飞的影响》《劳动力抚养负担与居民消费率——基于人口红利期的动态面板实证研究》《东亚工业化、城镇化与耕地总量变化的协动性比较》等一系列学术论文。2009年11月我获得了"董辅礽经济科学奖"，这是对我学术研究能力的极大肯定，但我深知这绝对离不开老师的精心指导。正是导师一天天的"浇水施肥"，才结出了这些"花朵"和"果子"。

恩师之恩不仅在学术，也在于日常。学术研究有时候也难免一些单调枯燥，但母校和老师给了我们很多的生活点缀，让我们在学术求索上充满激情和乐趣。这方面，特别感谢我的博士导师钟水映教授、硕士导师杨艳琳教授。他们都是非常有才华、特别敬业、经验丰富的教授，不仅在学术上给我很多指导和帮助，还带着我们到全国各地进行社会调研，在生活上也给予了很多关心和照顾。我跟随钟水映老师，参与了不少世界银行和亚洲银行委托的社会项目，到山西太原、江西赣州、重庆云阳、湖北随州等地进行社会调研，每次调研都了解到很多社会实际情况，积累了大量宝贵的调查数据；跟着杨艳琳老师，也做了不少社会课题，深入基层进行调查研究，对很多案例进行"解剖麻雀"。这些社会实践锻炼让我增加了不少社会接触，对社会这本"无字之书"有了更为透彻的理解，大大丰富了学术之余的生活乐趣和社会阅历。

我2010年博士毕业背上行囊离别时百般不舍，心里有太多想说的话而没有说出口，难舍难分的原因在于这里有太多值得自己感恩的老师。除了经济研究所的各位老师之外，我在读书期间还特别有幸结识了温辉老师、焦丽老师、罗睿老师、颜毓娟老师、王艳老师、江钟信老师、王芳老师、王江海老师、陈琦老师等，他们就像"冬天里的一把火"，给了我很多温暖和光亮。

回忆起在经济与管理学院的点点滴滴，我不禁感叹时光飞逝。但无论走到哪里，我都会在内心深处珍藏这段宝贵的记忆和永恒的怀念。滴水之恩，泉涌相报；泉涌之恩，无以回报。我想，只能矢志用实际行动和勤勉敬业为母校和国家贡献一己之力，不负恩师栽培。

愿学院越来越好，愿恩师桃李天下！

◎ 作者简介

李魁，男，1983 年 12 月生，2010 年毕业于武汉大学经济与管理学院，获得经济学博士学位。浙江省政府研究室副主任。

忆往昔，春风沐雨岁月稠

朱迪星

时光荏苒，日月如梭。转眼间，我从武汉大学毕业已 10 余载。20 年前，我高三那年参加物理竞赛，就对武汉大学的校园产生了别样的情愫，虽只是从大门步行至教五楼这一短暂的邂逅，但在我心中早已埋下上武汉大学的种子。18 岁那年，填高考志愿的时候，我没有任何犹豫地选择了武汉大学，但对于专业则只是根据分数情况选了金融工程这个新方向，当时绝对想不到这辈子会与金融专业结下不解之缘。从少年到青年，从本科到硕士再到博士，金融这两个字伴随我在武汉大学走过了 9 年的光阴，也成为我终身的职业。漫漫求学路，虽道阻且长，但幸遇恩师潘敏教授，讲台上他传道授业解惑，讲台下他慈爱如父母，灯塔般指引着我前进的方向，对我人生价值观以及思想理念有着深远的影响。

缘分天注定——我和潘老师的缘分

初次邂逅，惊为天人。第一次见到潘老师是在梅园的操场上，那时我们在军训，潘老师负责金融系本科生的教学管理，他详细地介绍专业情况，告诉我们如何增加阅读和独立思考。懵懂的准大学生们都处于憧憬和向往的情绪中，那时未能体会到老师的良苦用心，只顾着感叹学校竟然有这么年轻的海归教授。

再次邂逅，醍醐灌顶。时隔 4 年，在研究生开学典礼上，再一次遇到潘老师给新生讲解研究生培养方案。他数次强调硕士时间的珍贵，如果浑浑噩噩，一个学位并不会改变我们。当时虽然未能跟着潘老师研学，但谆谆教诲言犹在耳、铭心刻骨，励我发奋、催我向前，让我顺利完成学业。

缘分天注定，可遇而不可求。机缘巧合之下，博士入学的时候，潘老师成为了我的导师，他针对我的情况谈了他对我学术之路的期望以及培养的具体细节。从此之后，拥有了跟随老师深入学习和研究的重要经历。

这就是我和武大、和潘老师的缘分，也是照耀我毕生的幸运。我的求学生涯中，无一不伴随着潘老师的谆谆教诲，从憧憬到决心，从陌生和敬仰到思索和聆听，瞻顾过往，如在昨日。回想起与老师一起的点点滴滴，最大的感受是：老师一点没变，不仅仅岁月没有在脸上留下痕迹，更重要的是那种专注而谨慎的学风一直没有变。唯一的变化或许是，桃李满天下，春晖遍四方，一批批的学子们在老师的教导下成功走上了社会！

德高为师，身正为范——潘老师的言传身教

师者，人之模范也。我对老师印象最深的除了专业的素养外，更多的是他对事业的尊重和担当，一直让我感动不已。他告诉我，虽然一门课程讲过很多年、很多次，但每年都必须重新备课，这是对学生的尊重和负责，也是作为武大教授的一种骄傲。虽然学术上的压力很大，占据的精力非常多，但老师每年都会花时间和精力备课，不断更新教学的内容，补充新的政策框架和形势变化情况，让学生能及时接触和吸收新知识。正是因为老师的言传身教，让走出武大奔赴五湖四海的学子，学会的不仅仅是具体的知识点，更重要的是体会严谨、尊重和担当的精神气概。每每听到或看到老师昧旦晨兴、夜分忘寝地备课和做学术研究，我都会暗自下决心，要做个像他一样的好老师。虽然最后由于一些机缘我没有实现这个梦想，但这些体悟让我受益至今。

春风化雨，润物无声。潘老师通过自身的儒雅修养，潜移默化地教会了我们为人处世的道理。他的气质在光阴里从容，平时除了对我们的仪态着装甚至邮件礼仪等方面勤加提点外，也常常娓娓道来什么叫作耕耘和收获，怎么看待功利和坚持，言近旨远，逐步让我们明白尊重和品格的力量。我想，这也让他的学生们能够在未来面对挫折时依然有厚积薄发的底气，在面临抉择时能真正权衡孰轻孰重、孰是孰非。

因材施教，无微不至——老师对我发自内心的呵护

师者，所以传道授业解惑也。很多人说我博士期间读得很平顺，我想这也是老师对我真正因材施教的结果。老师对我们的指导很全面，对于理论的探讨、

逻辑的表达甚至遣词造句无不一丝不苟，像蒲公英一样，让知识的花絮大大方方地飘散四方。他对我说，博士期间研究成果是一方面，但导师更大的责任和义务是帮助博士提高独立的思考和科研能力，这使得他倾注更多的精力在对我们思维模式的训练上。令我印象颇深的是，他会刻意引导我们去思考读者和笔者的区别，让我们明白研究过程与行文过程的关系，学习从审稿人的视角评价一篇论文。

在研究方向上，老师对我既没有"放养"也没有"圈养"，而是综合考量我硕士期间有研究基础的领域和他所熟悉的方向进行引导，并给予我在选题方面极大的自由空间。这种信任给了我信心，每次在面临瓶颈和挫折时，老师都会坚定地站在我的角度和立场去肯定。最让我感动的是，因为我的选题和他的研究方向有一些差距，他就花精力去看很多的文献和资料，自学很多也许本不需要掌握的知识，仅仅是为了帮助我渡过一些坎坷。

在做学术的过程中，老师倾注了心血耐心细致地指导我。我每一篇论文结构的安排和取舍、研究设计、结论的思考甚至遣词造句无不凝聚了老师的心血。不管是休息日还是深夜，他都充满激情，很多次熬夜给我讲思路，令我的父母颇为动容，也让我的室友羡慕不已。

桃李不言，下自成蹊。老师对我们全方位的指导，对我们深层次理念和独立思考能力的培养，是我的很多同门在学界和业界取得斐然成就的重要原因之一。他对我们发自内心的关心，总是那么含蓄，很多事情直到毕业后与老师的多次接触才有所体会。有时候老师会吐槽一下有的师弟师妹的论文总是截止到前一晚才交稿，他虽无奈，但永远会熬夜逐字逐句改好，然后和颜悦色地说是怎样的思路和意见。有时候感觉到有的同学毕业后可能不会再做学术，不会认真去修改论文，他依然会认真告诉他们哪里还能提升。有一次，在老师家里，听他的女儿提到有个学生要投稿的论文拖了很久，过年前才把稿子发过来，老师怕耽误时间影响学生毕业，春节期间，在家边自言自语地批评，边查资料修改。很多琐碎的小事，既有趣也让人动容，让我不禁回想自己能够顺利毕业，与老师的滴滴汗水、点点心血和默默呵护紧密相关。

力量的源泉，温暖的港湾——我的现在和未来

我比很多人幸运，毕业后仍然留在离武汉大学不远的地方工作，家也安在几千米内，随时能用校友证进学校走走，去老师那里坐坐。老师于我而言不仅

是一直敬仰崇拜的人，更是一个温暖的港湾。踏上社会，有成功有挫折，有喜悦有消沉，有激情有焦虑，每每见到老师，他总是像和在学校时一样，满脸温和地听着，为我骄傲，也给我鼓励。最近一次见到老师是在 6 月毕业季，那天我在基层工作上碰到棘手问题，焦虑不安地开车回到武汉。看到老师，坐到老师身边的那一刻，突然觉得自己是那么的心安和放松。看着越来越年轻的师弟师妹们即将奔赴四方，不禁让我对未来也充满希望。这些年，我慢慢地也更深刻地体会到老师的性情，老师也会像平凡人一样，会愤世嫉俗，会苦闷焦虑，但他永远像大树一般照顾着学生们，为学生的成就笑逐颜开，为他们工作生活的不顺黯然神伤。

饮其流者怀其源，学其成时念吾师。一句改变一生的教诲、一次刻骨铭心的交谈、一些细密牵挂的叮咛，让我在焦虑浮躁中找到了人生的美德和努力的方向。对我而言，武汉大学和潘老师，不是在记忆深处，而是在随时可以触碰的身边；不是过去的回忆，而是现在的生活，也是未来将伴随我整个人生的精神源泉。我为有这样一个足以依赖的源泉，而感到幸运之至！

◎ 作者简介

朱迪星，男，1985 年 6 月生，2012 年毕业于武汉大学经济与管理学院，获得经济学博士学位。现就职于中国人民银行孝感市分行。

武汉大学 我不了的师生情缘

查燕云

读高中的时候，能考上武汉大学是很多同学的梦想，我也不例外。但大部分同学没有机会进入这个学子圣殿。在工作后一次出差来到武汉，我决定去武大校园转转，了解我梦中的武大。

走进校园，"国立武汉大学"的牌坊跃入眼帘，四根八棱圆柱仿佛在喜迎来自四面八方的莘莘学子。漫步在校园大路上，欣赏着两边的教学楼，还有那充满人文历史的古建筑让人久久不愿离去。弯曲小道、郁郁葱葱的林间坐着朝气蓬勃的晨读学生，顿时感觉如果我能在这里学习，真是一生无憾了。机会总是给有梦想的人，2003年我国首届会计专业硕士研究生报名开始了，我觉得这是最后的机会，马上复习备考。功夫不负有心人，我终于在人到中年的时候，考上了武汉大学MPAcc研究生，实现了我的武大校园学习梦。

在我记忆深处有两幅最美的武大校园图。第一幅是我去参加研究生面试的那天，踏进校园，片片鹅毛弥漫空中，增添了大学几分神秘；满树银花，多了些许宁静与温柔；白雪皑皑与飞檐斗拱的图书馆、古朴厚重的古建筑相映成趣，默默地彰显其悠久的历史。第二幅画是开学典礼日，正值樱花盛开，簇簇粉白，无尽浪漫的武大樱花，空气中飘满了樱花的香味。川流不息的人群，男的女的、老的少的都在拿着手机，打卡留下美好回忆。漫步于此，融入一场"人海"，阵风徐徐，绝美的樱花雨飘过来，是那样的温柔。老斋舍是武大最早的学生宿舍，也是俗称的"樱花城堡"，百步梯直通"樱顶"，粉白樱花配上绿色琉璃瓦，近可俯瞰整条樱花大道，远可眺望珞珈山景，整个珞珈山美景尽收眼底。我畅游在樱花盛开的花海里，突然有一种无限的自豪感，我终于能以学生的身份走进这所知识圣殿了。就是在这么浪漫的日子里，我以学生代表身份在开学典礼上发言，从此开始了我武汉大学的学习生活。

在武汉大学学习期间，能亲耳聆听那些全国知名的教授答疑解惑，开拓了我们的学术视野，是一件很幸福的事情。让我很难忘记的一位老师是谢获宝教授，他带着浓厚的云南口音，我必须全神贯注聆听，担心稍不留神，就听漏了。他上课时提纲挈领，用实例穿插原理，一些晦涩难懂的专业知识也能变得简单明确，课堂作业十分全面而具体，平凡的外貌中隐藏了深邃的思想。还有深受同学喜爱的郑春美教授，她知识渊博、年轻漂亮，从案例分析入手，让同学们自由讨论，生动活泼的教学方式，让我第一次打破了脑海里陈旧的传授式教学模式，原来课程还可以这样学习。还有欧阳电平老师亲自为我们讲述财务信息化应用，看着她两鬓白发，仍孜孜不倦传授多年积累的知识，让我们对信息化有了系统的认识。

几载春秋冬夏，很快迎来毕业季。人生总有很多遗憾，研究生毕业时，因工作原因到了上海，无法参加毕业典礼和研究生毕业合影。蓝色的学位服、黑色的学位帽，是告别一段历史的写照，是每一位学生毕业的见证。未能穿上学位服、带上学位帽，站在武汉大学操场上，和同学留下美好回忆，便成了我人生一大遗憾。人生也有很多惊喜，就在武汉大学同学聚会时，我带上正在读高中的儿子，让他来武汉大学参加同学聚会，接受著名大学的熏陶，了解武汉大学的优美环境，点燃儿子心中的梦想。也许是这次机缘，儿子高考时放弃了在上海读书的机会，毅然选择了武汉大学。儿子既圆了他的武大梦，也给了我毕业后更多机会续缘武大师生情、同学情。

怀着对武汉深厚的感情，在我人生最后的 10 年工作期，我回到了武汉，从此与武大老师和同学有了更多学习和相处的机会。我们遇到专业上的问题，近水楼台先得月，每次都可以从老师、同学处获得支持和力量。在武汉工作期间，我再次有幸参加了谢获宝老师组织的两次课题研究，更加丰富了我的系统性财务思维。谢老师以资本市场会计问题为主要研究方向，出版有《市场营销审计》《金融企业会计》等专著，并在《会计研究》和《中国工业经济》等杂志上公开发表文章 60 余篇，谢获宝教授可谓著述等身，成就非凡。他严谨的治学精神、丰富的实践经验、博学多识的学术底蕴、对学科的透彻理解很让人佩服，深深地感染着我。谢老师经常告诫我们，财务人员要关注数据背后反映的业务本质，去发现和思考事件背后的动因和逻辑。

在对某个国有企业的财务分析与预警研究中，起初我觉得这家企业现金流充足，属特殊垄断行业，产能计划受限，生产经营稳定，对这样的企业做财务分析和预警难度很大。但经谢老师指导，完全改变了我原来静态财务分析思维，形成了动态的、立体的分析框架和财务分析指标体系。在他的指导下，团队从宏观政策、经营环境去解读企业未来发展趋势，从所处行业特点分析企业自带的基因，经目标企业数据对标分析出该公司所处行业地位和差距，在传统财务分析中采用了比率指标分析、杜邦分析、哈佛分析、商业画布分析，以不同分析技术分析该公司的财务状况和经营成果。在技术层面采用线性建模和非线性建模的技术，利用传统 Logistic 回归和机器学习两种方法建立模型，采用大数据分析技术，通过数据采集、分析、建模，对研究数据进行分析，从多角度验证研究结论的可靠性。这个项目研究帮助企业财务管理实现由核算型向管理型转变，打造现代化的财务管理模式，建立一套"系统完备、科学规划、运行有效"的综合财务管理分析模型，为集团及下属各公司高质量发展提供平台化财务支撑，协助公司及时识别和发现潜在财务危机，及时采取有效措施进行风险防控，促进公司健康可持续发展，向实现高质量发展目标迈进。这次研究实践，我感受到科技发展给财务管理和财务分析带来的深刻变化，未来企业可通过业财税融合、大数据分析实现预警。

在课题研究中，项目组成员出现针锋相对的观点，不同观点碰撞、意见分歧是正常状态。谢老师总是用包容、理解、鼓励、期待的方式去开导团队成员，激励大家成长。有时他就像一位父亲期待孩子成长一样，在遇到困难时，教导大家，努力的过程比结果更有价值，只要努力了、用心了，不管目标有没有实现，价值都是等同的，成功和失败都能帮助人成长。有时团队出现裂痕时，他就教大家如何包容和理解，不同阅历和不同角度导致认识的差异性对研究更有意义，包容豁达的心态让团队成员都得到成长。因此，谢老师在为我提供学术盛宴的同时，亦扮演着人生导师的重要角色。我深深体会到做人比做业务更重要。

在我所在的集中班里，还有很多谢老师的铁粉，当时在湖北大信会计师事务所工作的同学就有十几位，如夏莲文、祁涛、甘声锦、莫利民、夏宏强、魏娟……后来这些同学都成为优秀的专业人士和单位高级管理者，在保荐人、会计师事务所合伙人、企业财务总监等岗位上发挥着重要作用，为我省经济建设做出了自己的贡献。每次提到谢老师，大家都赞不绝口。特别是学霸级人物赵团结同学，热情助人，乐善好施。一直以来他以谢老师为榜样，默默耕耘，无私奉献，取得骄人成绩。他现在是全国会计领军人才、财政部内部控制标准委员会咨询专家、正高级会计师，他参与编辑和出版了《企业内部控制精细化设计和实务案例》等 13 本书籍，在专业期刊发表文章 120 多篇，同时荣获湖北省产业教授，是多家武汉著名大学的校外指导老师，成为湖北省财政预算专家委员会成员。我相信谢老师看到我们这一批批学生在不同岗位上发挥自己的光和热，可谓桃李满天下，春晖遍四方，一定会感到欣慰。

20 多年，我与武汉大学结下了深厚的情缘。虽然当年教导我们的老师陆续退休了，但是，同学们都在各自经济岗位发挥重要的作用，一代代武大人，怀揣武大梦，聆听老师教诲，结下了一生的师生情、同学情。大家聚会时，总是忘不了名师满园的武大、樱花盛开的武大、银装素裹的武大、绿茵场地的武大、红叶满山的武大。

◎ 作者简介

查燕云，女，1966 年 5 月生，2007 年毕业于武汉大学经济与管理学院会计学专业，获得硕士学位。武汉千道顺管理咨询公司总经理、湖北新华税务师事务有限责任公司董事长。

立三尺讲台，育满园桃李
书经纬文章，筑强国之梦

——邹薇教授师门回忆录

钱雪松　魏福成等

2023 年是邹薇老师在武汉大学经济与管理学院执教的第 27 个年头。2014 年，邹薇老师获评全国模范教师；2019 年庆祝新中国成立 70 周年之际，邹薇作为全国模范教师代表在天安门广场参加国庆阅兵观礼；2022 年 9 月，她荣获"国家级教学名师"的称号。在她的学生眼里，邹薇老师是名副其实的教书育人以及科研治学的杰出典范。她凭借扎实的知识功底、过硬的教学能力、勤勉的教学态度、科学的教学方法、勤勉严谨的治学精神赢得了众多学子们的爱戴。

作为"国家基础科学拔尖人才培养项目（弘毅学堂国际数理经济与数理金融试验班）"的首席教授，邹薇老师率领"国际数理经济与数理金融试验班"育人团队在国内率先探索拔尖人才培养模式，累计输送 500 多人到哈佛大学、耶鲁大学、斯坦福大学等著名学府深造。

邹薇老师曾两次担任国家社会科学基金重大招标项目首席专家，主持完成 40 余项重要课题研究，出版 10 余部学术专著，在《中国社会科学》《经济研究》《管理世界》等国内外学术期刊发表论文 180 多篇。她的学术研究成果荣获第三届、第四届、第五届、第七届高等学校科学研究优秀成果奖（人文社会科学），第四届全国"三个一百"原创图书工程奖、湖北省政府图书奖、湖北省社会科学优秀成果一等奖等 10 多个重要奖项。

邹薇老师还担任中共湖北省委第一届、第二届决策支持顾问，省人民政府决策咨询委员，省监察委员会特约监察员，省政策研究会副会长，省政协常委以及武汉市政协常委。近年来，她连续主持 6 项湖北省委重大调研课题、4 项省政府重点研究课题，在《新华社内部参考》发表 7 篇专论，在中共湖北省委简报、省委《参阅件》《决策参考》《建言》和《政策》杂志等发表研究报告 30 余篇，十多次得到省委主要领导批示和采纳，相关决策报告荣获湖北省委决策支持优秀成果一等奖、湖北省发展研究奖一等奖。此外，她还获评湖北省优秀政协委员、湖北省首届"最美社科人"等荣誉称号。

行为世范，身教言传，邹薇老师对学生的教导和关爱一直被铭记于学生心中，值此院庆之际，付诸笔端。

经济学教研与实践结合的标杆： 记邹薇老师二三事

时间过得真快，转眼间，从 2000 年考入武汉大学跟随恩师邹薇老师学习，已经 23 个年头了。回想起求学路上的点点滴滴，特别是邹老师对我的悉心教导和帮助，感觉特别温暖。在武汉大学经济与管理学院商科教育 130 周年院庆之际，我将亲身经历记录下来，谨以此表达对母校恩师教导培育的感恩之情！

我第一次见到邹老师是在 20 世纪 90 年代末七校联合办学的西方经济学课堂上。在教三的阶梯教室，满满当当容纳了 200 多名来自武汉大学、华中理工大学、中国地质大学、武汉水利电力大学、华中师范大学等武汉高校选修经济学第二学位的同学们，邹老师在倾情讲授西方经济学。邹老师授课思路清晰、逻辑缜密、观点新颖、语言生动幽默，给我们留下了深刻而难忘的印象。我 2000 年考入武汉大学西方经济学专业先后攻读硕士和博士学位，又有机会相继聆听了高级微观经济学、发展经济学专题等研究生课程。邹老师授课深入浅出，结合经济实践将高深的微观理论生动活泼地展现给我们，一边讲授一边板书，每次授课大致要写近 10 面标准黑板，板书美观大方，引人入胜。同学们学习热情很高，当时国内能够开设高级经济学课程的高校不多，这些课程吸引了校内外众多经济学子前来学习，座位不够，教室过道上都坐满了人。每次下课都觉得时间过得特别快，觉得意犹未尽。

邹老师长期担任"国家基础科学拔尖人才培养项目（弘毅学堂国际数理经济与数理金融试验班）"首席教授，率领"国际数理经济与数理金融试验班"团队在国内率先探索拔尖人才培养模式，培养了逾千名高层次经济学和金融学人才，在国内外产生了良好的示范效应和社会影响。桃李不言，下自成蹊。得知邹老师 2022 年获得"国家级教学名师"称号，学生由衷高兴。

邹老师长期致力于经济发展理论、收入差距与经济增长、贫困测度与政策评估等学术研究，秉承"求真务实、经世济民"的治学精神，坚持把论文写在中国大地上，为地方经济社会发展献言献策。

邹老师先后主持完成国家社会科学基金重大招标项目、国家社会科学基金重点项目、国家自然科学基金项目等 30 多项重要课题的研究，笔耕不辍，相继出版学术专著 10 余部，在国内外重要学术期刊发表中英文论文百余篇，多次荣获重要科研奖项。同门兄弟姐妹们经常感叹，邹老师基本上没有休息日，暑假、寒假更是集中做研究的美好时光。记得 2001 年暑假的一天，需要送一份材料到邹老师位于武汉大学东中区的住所（记得应该是六楼顶楼），庄老师开的门，邹老师在伏案工作。进去看到，狭窄的空间错落有序地放满了经济学书籍和论文，当时酷暑难当，没有空调，只开了电扇。如今想来，邹老师以饱满热情投身于经济学学术研究的精神实在令人敬佩，值得我辈学人永远学习。

在开展繁重科研工作的同时，邹老师还十分重视调查研究，积极为地方经济发展建言献策。邹老师担任了中共湖北省委决策支持顾问，湖北省人民政府决策咨询委员，湖北省政协常委、湖北省政策研究会副会长，武汉市人民政府决策咨询委员等职务。2022 年暑期，我有幸与邹老师一起参加湖北省社科联组织的社科专家下基层活动，在近一周的基层调研工作中，邹老师示范了如何践行"建言有高度、调研有深度、对策有精度、民意有温度"，让我深受教育，感受到了经济学人肩上的责任和担当。

作为邹老师为数不多的毕业后留在武汉高校工作的学生，我有更多机会向恩师学习请教。研究生求学期间，我尝试从企业内外部资本市场运作、企业投融资等公司金融视角观察思考我国经济发展过程中存在的现象和问题，当时在发展经济学研究领域尚不多见。邹老师不仅鼓励我大胆尝试，而且运用其高屋建瓴、大道至简的独到洞察力指导我凝练研究方向、深入研究，后来相关研究成果先后在《经济研究》《世界经济》等期刊发表，这进一步坚定了我从事经济学研究工作的信心和决心。研究生毕业到华中科技大学经济学院工作后，邹老师也十分关心我的成长，在职业规划、出国访学等方面继续指导，学生铭记在心！

师之楷模，学者典范——致敬邹老师

在从事教师岗位 10 来年后，我更深切感悟到，无论是作为教师、指导老师，还是作为学者，邹老师都是真正的典范和楷模。我有幸于 2004 年开始进入邹老师门下先后攻读硕士和博士研究生，邹老师高深造诣不仅给予我学术研究上的训练和指导，言传身教和强大的人格魅力也激励我奋发进取和找准人生方向。跟随邹老师读书和研究，是我人生中做出的最正确的选择和最幸运的事情。

在我接触过的诸多教师中，邹老师是对三尺讲台最敬重的老师。我入校时就听说，邹老师的课座无虚席、连过道都坐满慕名而来听课的学生和青年教师。虽然我没见到这样的盛况，但是后来在邹老师的本科课堂上，学生们专注的眼神，仍然令我难忘。邹老师承担了很多本科课堂教学任务，慷慨地将时间和精力献给了讲台。作为跨专业考入邹老师门下的学生，并为将来走上讲台做准备，我时常听邹老师的本科课程。邹老师将难度超高的高级微观经济学课程讲得深入浅出、没有废话，全是干货，让你一句也舍不得漏掉。邹老师授课精彩纷呈，这既源于她高深的学术造诣，也源于她倾注大量精力和心血，这为数理经济与数理金融专业方向的学生培养的突出成就奠定了坚实基础。邹老师后来荣获国家级教学名师，是对她在潜心教学和人才培养方面的重要肯定。邹老师对三尺讲台的倾注，永远值得我辈学习。

作为指导老师，邹老师的精心指导为我开启了研究的大门。她是谦和的长者，她的话语常常是一团春风和气却铿锵有力，是年轻的"老辈典范"。邹老师给予我们宽松的学习和研究环境，在她的指导下我们能基于兴趣自主选择研究方向。一方面，邹老师通过亲力亲为的指导和"言传"，让我对所研究的领域有了快速而深入的了解，找到了研究的突破口。尤其记得我在看了一篇顶级英文期刊的文章后，在教四楼门口与邹老师讨论文章的场景，彼时邹老师刚刚连上三节课后已显疲惫，但她仍然站立许久解答我对这篇文章的疑问，讨论可能的拓展方向。也正是基于这次讨论以及后续的多次讨论，我们撰写了一篇文章发表在国内权威期刊上，并在后来获得省级优秀成果一等奖。另一方面，她也通过"身教"鼓舞和激励着我们。邹老师高深的学术造诣自不必说，年少成名却一直笔耕不辍，坚持做深入的真正的学问，这也激励着我坚持不懈专注于研究。邹老师坚持每天早上跑步，持之以恒的自律，既是对生活的热爱，也是为研究和工作奠定坚实的健康基础，这也深深影响着我。

作为学者，邹老师从不追求热点问题，而是秉承"顶天立地"的原则，坚持研究真问题、研究重要问题。邹老师始终长期关注经济增长和发展问题，研究湖北省地区产业和经济发展战略，将基础理论问题和实际经济社会发展问题相融合。邹老师的研究始终具有重要的理论意义和重大的现实意义，既有对理论的突破，又有可落地的指导作用。邹老师的这种"顶天立地"的研究，对我具有重要的启发，每当我想走捷径或投机取巧时，就会想起邹老师的学术精神，及时端正治学态度。许多有社会使命感的学者不仅研究学术问题，也积极提供政策建议，直接参与推动经济社会的发展，邹老师正是这样的学者。我有幸参与过邹老师主持的武汉两型社会建设的课题，也在后来知道邹老师承担了很多湖北省和武汉市经济社会发展的重要课题，并积极献言献策，提出的政策建议得到充分采纳和实施，为湖北省和武汉市的发展做出了一位杰出学者的重要贡献。

柏拉图曾借苏格拉底之口说出"让我们永远坚持走向上的路，追求正义和智慧"，感谢邹老师的言传身教，使我没有偏离正确的道路。

春风化雨，师恩似海

邹老师思维缜密，治学严谨，学术造诣深厚，是我学术之路的重要引路人。当我就博士论文的框架构思进行汇报时，邹老师的一句"你这是被教科书带到沟里去了"，于我如醍醐灌顶，让我瞬间领悟到学术论文与教科书间本质区别，顿悟到学术论文的精髓所在；旁听邹老师给本科生开设的论文写作课，让我对于论文写作大到谋篇布局小到格式规范有了全面深入明确的认识与知悉，成为我学术路上的重要财富；首篇论文完成后邹老师给出的返修意见，让我深切体会到在搭建好骨骼的同时也要注重填充好血肉，从而使文章更为充实饱满，并且论文中任何细微之处都属于严肃的学术问题，都要确保科学合理。

邹老师为人亲和，细心体贴，关爱学生。还记得那晚在教五门口接到邹老师来电，告知第二天的某某课停上（邹老师主讲的金融专业课程），说是已经通知金融班班长，但因我是旁听，想来通知不到我，故打电话跟我讲一声。挂断电话，晚风阵阵拂过，吹起的是心中一圈圈感动的涟漪。也记得某天深夜将课题报告发到邹老师邮箱后，第二天收到的邹老师回复邮件中的殷切关怀"注意到你发邮件的时间是凌晨1点多，在做好工作的同时，也一定要多注意休息和睡眠！"这样的事例还有很多很多……

邹老师不仅是我的学术导师，也是我的人生导师。邹老师热爱三尺讲台，对教育事业倾心奉献，尽忠尽责。在犯咳嗽甚至嗓子有些嘶哑的时候，邹老师仍然坚持不停课，仍然在讲台上用粉笔一黑板一黑板地不停书写，粉笔灰一层层地落下来，让邹老师的咳嗽不断地加重，嗓子更加嘶哑……而邹老师依然忘我地孜孜不倦地继续讲授着。邹老师在潜心育人和醉心科研的同时，也保持着良好的生活习惯，坚持每天晨跑（哪怕下小雨），每当早起上第一二节课时，就会经常看到邹老师矫健的身姿飞奔的身影，如一股强大的力量从身边飞驰而过。感念师恩，也是为聆听教诲，认真学习，毕业后，我和马占利、程波每年教师节都会去拜访邹老师，在老师家里经常会偶遇也过来拜访的师兄师姐，我想邹老师对于我们每一位同门都是人生的楷模，都是人生中最重要的良师！每次去拜访邹老师时，邹老师总会关切地详细地一一询问我们的工作和生活状况，对我们手头的科研工作一如既往地耐心地予以指导，教导我们要珍惜每一个当下，克服惰性和困难，努力前行！

一朝沐杏雨，一生念师恩

24 岁时来到武汉大学求学读博士。

第一天见面会，老师问我未来有什么规划，我稚嫩地摇摇头说："我希望可以多做科研，多学习，抓住最后的读书机会要努力突破自己，并没有规划未来的就业方向。"邹老师看着我笑了笑，什么也没说。

第二天，邹老师说："你可以联系一下两位优秀的前辈，你的师兄方迎风和张芬，都在二楼办公室。"之后与优秀的同门师兄师姐们聊得多了，才知道邹老师是满堂板书的"教学名师"，课堂爆满；才知道邹老师是经世济民的"科研牛人"，国家级重大重点项目都在高质量进行；才知道邹老师是积极活跃的"引流达人"，每年国内外的经济学界大牛都会被她邀请来进行交流讲座；才知道邹老师是胸怀天下的"智库专家"，每天都在用心看脚下之大地、仰望星空之浩瀚。

第三天，我来到了邹老师的本科生课堂，英文原版的教材已然印刻在她的脑中，几千页的专著，被她引申出了各种经济学含义、公式的推导和坐标轴的分解，为了跟上她讲课的进度，我买了旁边本科生的笔记，至今我还珍藏着这本比教科书还要厚的四册课堂笔记。

后来，我跟着每周做科研讨论（每次前三天都差不多睡不着觉，脑子在飞速运转——高效汇报），跟着做了一年数理系的教学秘书（整理了很多系内资料和优秀学生的学习资料——与优秀学子并肩），跟着写了自己发表的论文（邹老师从来没有批评过我，都是鼓励为主，哪怕我写得再差都很温柔——努力克服并坚持）、毕业论文（老师两天改一稿，并标注满满的，这情景我至今难忘——支撑化为动力），做了全国性会议的志愿者工作人员（也很荣幸为数理系大家庭做出服务并且接触了很多领域大牛），跟随老师认识了系内很多留学回来的青年教师（后来也都成了我的人生小导师），跟随邹老师度过了一个个的"大年初六"（因为邹老师过年大部分时间是在家里，一天两顿饭地写作和思考，我也不敢怠慢自己的学习时间），很快时间到了博三这一年……

博士三年，我的身影出现在珞珈山上的别墅里，出现在老师二楼的办公室里，出现在老师的课堂上……最后找到工作的我，邀请了老师吃饭，老师语重心长地说："想要站稳脚跟，要用实力说话。"我知道邹老师太忙了，可是她春风化雨般的关怀和指导，真的让我感受到了"师恩如海、衔草难报"。我现在也是一名青年教师，上课的时候，拿着粉笔会想到邹老师的背影；带着学生，会想起邹老师的温柔；做着科研，会想着邹老师的经世济民；做着管理人员，也会想着邹老师的高效和智慧。

最深沉的回忆是从见面的第一天就铭记，最长久的教泽是从点滴润化了一个灵魂，最强烈的欣赏是从仰望了高山后也挺胸立怀，最长情的师恩是从那之后也想要变成"您"！

纸短情长，师恩难忘

邹老师是我的硕士和博士研究生导师，也是我最尊敬的恩师。她是一名学识渊博、治学严谨、思想深刻的科研工作者，在专业领域研究上有着不懈的追求和深厚的学识造诣，对学术问题剖析深刻、见解独特，为我的学术道路指明了方向；她是一位认真负责、一丝不苟、诲人不倦的人民教师，无论多忙总能抽出时间来指导学生，还经常请来世界名校的教授们给我们讲学，扩展我的前沿知识领域；她还是一个平易近人、和蔼可亲、关怀备至的长辈，对组里的学生们嘘寒问暖，关心我们每个人的生活和身体情况，对我在读书期间结婚生子给予了莫大的支持和帮助。

印象最深的一次是跟着老师做"长江经济带"发展研究的科研项目，老师对湖北省的经济水平和发展状况了如指掌，很快就确定从"位、人、水、地、经济"等方面着手，提取关键字词概括发展特点，并带领我们从数据、方法等方面展开调研。她对课题背景的熟悉、对课题内容的剖析以及对研究方法和数据来源的掌握，让我受益匪浅。在组织筹办数量经济高级论坛、数量经济学会中国年会等学术活动时，老师总是事无巨细、事必躬亲，从发送邀请、准备材料，到现场设备、安排餐食，连接送派车这种小事她都会过问，仔细检查每一处细节，确保活动万无一失。在修改我的学术论文时，老师更是一字一句地斟酌，甚至连标点符号都没有放过，就连毕业以后，也经常抽空开展线上会议，讨论期刊论文的进展情况。她的这种兢兢业业、认真负责的工作态度也深刻地影响着我。

感谢邹老师，她渊博的学识、钻研进取的学术态度、严谨的科学精神和精益求精的工作作风，是我学习的榜样，是我未来道路的标杆。

春风教诲，师恩似海

早在本科求学阶段就听闻邹薇老师的大名，不曾想到能有幸跟随老师攻读博士。初见老师，我的心情比较忐忑，由于是跨专业，并不是纯经济学研究背景，担心露出了"马脚"。而老师十分亲切和耐心，让我紧张的心情一下放松下来，邹老师详细询问了我的学习研究经历、兴趣方向和今后的就业打算。当得知我毕业后想去业界工作时，立即表示了支持，但同时也提醒我，不能降低科研学习的标准，应该更加打牢基础，联系实际做出有深度的研究。

在日常生活中，邹老师对我们充满了关心和爱护；对科研和工作，老师的要求是严格和一丝不苟。我仍然清晰地记得第一次提交论文请老师指导的情景。现在看来，那篇文章的初稿完成得粗糙和凌乱。但老师在一周内很快给了我回复，看到老师的电子版修改稿，我十分惭愧。文章密密麻麻布满了不同颜色的标注和修改，从格式、字体、遣词造句到计量工具选择、逻辑梳理、结构布局都倾注了老师的心血。在文章的后面，老师还专门写了一篇修改意见，分类逐项列举出我需要进一步修改加工的地方，并给出了建议和方向。

跟随邹老师学习，不仅是在校园书斋中，也在社会实践中增强能力。2017年，我省推进"放改服"改革，着眼于优化营商环境。为更好评价和提升我省营商环境，老师带领我们与省发改委、省商务厅等职能部门展开合作，对我省自由贸易试验区的三个片区开展深入调研，在武汉、襄阳、宜昌等地走访企业，联系当地有关部门开展联合座谈，发放调查问卷，获取第一手实际资料。调研结束后，通过构造符合我国国情的营商环境指标体系，进行比较分析，形成了高质量的研究报告，提交给湖北省委办公厅，获得了高度评价。

邹老师常年心系国家发展，为我国和湖北省、市建设出谋划策。2012年，在省第十次党代会前夕，老师向省委提出"未来十年是湖北发展的'黄金十年'"，受到省委领导重视和肯定，并被直接采纳，成为省党代会报告中最大的亮点之一。2020年新冠疫情期间，老师不顾个人安危，深入社区调研，广泛收集和权衡各方意见，提交了多项提案建议。她撰写了《关于征用军运会场馆设施用于集中隔离疑似病患的建议》《关于新冠疫情后湖北经济恢复与发展的建议》等，为病患收治、疫后重振提供了宝贵的建议，均得到了采纳和肯定。当前，我国正在加快构建以国内大循环为主体、国内国际双循环相互促进的新发展格局，老师把握大趋势，提交了《以优化外贸营商环境为突破口，推动我省打造国内国际双循环战略链接》的研究报告，推动省发改委、省商务厅等相关部门会商，形成了一系列优化外贸营商环境的举措和政策。这份研究报告荣获了省委省政府颁发的湖北发展研究奖一等奖。

感激导师一路以来的指导和引领，我将铭记邹老师的教诲，以老师为榜样，努力前行。

在学习中成长，在实践中收获

跟随老师学习已经 4 年有余，回忆与老师相处的点点滴滴，备感亲切和温暖。

老师治学严谨。老师身上自带一种安静沉稳的气场，我有时对自己的论文进展惆怅不已，她每次都会很耐心地听我的陈述，简单地几句点评，却时常会给我一些新的启发，顿觉豁然开朗，焦虑的心情也逐渐平静下来。有时候，组会上听到师门同学汇报我感觉有点冷门的研究方向时，这时她却总能一针见血地提出意见，彼时困惑不已的我无不被她那深厚的学术功底以及宽广的学术视野所折服。犹记得我将自己第一篇论文初稿发给老师后，行走于经管院偶遇老师，马上要去开会的她开始对我给出修改意见，听到金句频出，没带纸笔的我慌乱中掏出手机赶紧记下，才得知老师刚才就在来的路上就一直在思考我的论文，原来她的思考是在生活中时时刻刻进行着的。在论文的修改过程中，老师也很有耐心和细心地全文批注，小到"的""地"用法错误，老师也会认真纠正。

老师心系学生。她时常惦记着我们的组会，临时外出开会、出差与组会时间冲突，一两次的暂停，她都担忧学生的疑惑不能得到及时的解答。在疫情期间，她也挂念学生的生活与饮食，偶尔看到我消瘦的身形都要关心我注意保重身体。提笔至此，似有一股暖流在心中流淌。老师工作基础扎实，工作效率极高。就算每天日程繁忙，她也将自己的各项事务安排得有条不紊，按照紧急级、重要级的方式处理各类事情，当日事当日毕。这充沛的精力背后都离不开她几十年如一日的自律运动，早上 6 点多的珞珈山上常常出现她奔跑锻炼的身影。

老师也尽量为我们提供宽松的学术环境。她鼓励学生外出参加学术会议，增长学术见识；支持学生远赴北京等地查找论文所需数据，以获得一手数据；带领学生参与一些政府与企业的调研活动，将书面的经济学知识在实践中落地。在博士阶段，除了开展自己的学术研究，我也参与了老师一些课题研究。2022年的暑假，有幸跟随老师参与由省政府研究室、省政府国资委合作开展的"湖北省属10家国资国有企业高质量发展"的课题调研，在企业的座谈会上听取企业职能部门汇报相关情况，近3个小时的汇报信息繁多，老师作为每场汇报的总结专家，却总能将企业的核心问题归纳得井井有条。这次调研活动使我对这些国有企业改革后的实际发展现状有了更加深入的认识，也对当前湖北省的经济的运行状况有了更加深刻的理解。2023年5月，我们在老师的带领下参与了由湖北省政府办公厅、省经信厅联合组织的"关于推进新型工业化发展"的部分调研，又再次加深了对湖北经济全局发展的认识。这些课题项目研究经历让我明白原来经济学研究这么贴近现实社会，每一个经济指标不再是冰冷的数字，其背后是成千上万的企业发展成果的汇集，它阐述了现实经济的运行规律与未来发展方向。再阅读相关的经济新闻，我好像能够逐渐理解相关政策制定的缘由及其蕴含的经济学奥义。"经世济民"简单的四个字意味着沉甸甸的责任，也感受到邹老师作为一个经济学学者身上所肩负的社会使命与社会期待。

一路追随老师学习和成长，自己收获颇丰，三言两语道不出满满的恩师之情！师恩难忘，师情永存！邹老师不仅是我科研学术的引路人，也是我未来成长方向的引路人！我将牢记老师的嘱托，笃行致远，惟实励新。

◎ 作者简介

钱雪松，男，1977年8月生，2006年毕业于武汉大学经济与管理学院，获得经济学博士学位。华中科技大学经济学院副院长、教授。

魏福成，男，1981年9月生，2012年毕业于武汉大学经济与管理学院，获得经济学博士学位。中南财经政法大学财政税务学院教授。

袁飞兰，女，1983年10月生，2018年毕业于武汉大学经济与管理学院，获得经济学博士学位。湖北工业大学经济与管理学院讲师。

李静晶，女，1990年12月生，2021年毕业于武汉大学经济与管理学院，获得经济学博士学位。国防科技大学博士后助理研究员。

屈广玉，女，1990年7月生，2017年毕业于武汉大学经济与管理学院，获得经济学博士学位。江汉大学商学院讲师。

雷浩，男，1989年3月生，2021年毕业于武汉大学经济与管理学院，获得经济学博士学位。湖北宏泰集团产业与金融研究院经理。

程小佩，女，1992年1月生，现武汉大学经济与管理学院2019级数量经济学专业在读博士研究生。

历经千帆　梦回珞珈

杨道广

自 2012 年 6 月毕业离校，整整 10 年。厚重的老图、巍峨的主楼、相映的山水、浪漫的樱花、错落的教室、熙攘的三环……共同见证了我人生中最纯粹、最美好、最充实的一段时光。珞珈山，一个梦想开始、命运转机的地方。10 年间，成功与挫败交织、喜悦与悲苦交加，跌跌撞撞之中和劈波斩浪之后无数次梦回珞珈。梦醒，总能找回出发的初心和前行的动力。

点石成金　师恩似海

2010 年 9 月我考进武大经管院，在潘红波和刘启亮两位教授的指导下攻读会计学硕士学位。每每回想，都被自己当时"初生牛犊不怕虎"的莽撞与稚气所惊悚，也因此更加感念两位恩师。武大经管院是全国极难考的学院之一，会计学作为经管院热门专业之一更是难上加难。而我是一位"双跨生"——本科学校是一所非 211 大学（湖北大学）、本科专业是工商管理。

所幸，我初试分数不错、复试专业笔试感觉也还行。面对来自武大本校和其他 985、211 高校的会计专业考生，虽不至于妄自菲薄，但的确惶恐。在我一进门、自我介绍以及抽题时，面试老师惊异与怀疑的眼神至今历历在目。顺利答完专业问题后，面试组长问是否还有其他问题。只有一个老师提了问——你的数学与计量基础如何？以后是否有从事学术研究的打算？这位老师就是刘启亮教授（现为江西财经大学会计学教授、会计发展研究中心主任）。基于个人经历所形成的敏感，在收到录取通知后我主动联系了刘老师，请求拜他为师。刘老师欣然答应。第二天他在办公室为我制定了详细的计量、会计学习计划并要求定期向他汇报学习进展。在开学前的这段时间里，实证技术基本掌握、专业知识更加巩固，并在完成一篇文献综述的过程中初步掌握了阅读与梳理文献的方法、形成了聚焦顶尖学术期刊的品位。

开学后由于系里规定每位导师最多只能指导3名硕士，而武大本校的3名学生在我之前很早就联系了刘老师，所以刘老师极力推荐我到潘老师门下学习。何其幸运，我成为潘老师指导的第一批研究生。潘老师当时非常年轻，却已在《经济研究》《管理世界》发表了多篇"爆款"论文，引领了当时国内公司财务领域的研究话题，并连续主持了多个国家级课题，是学术界冉冉升起的新星、同学们顶礼膜拜的大神。潘老师非但没有任何架子，反而极尽谦和细心，在他的指导下我开始了学术蜕变。

在明确了我从事学术研究的意向后，潘老师发给我十几篇 LLSV 等人的系列论文，并告诫我做研究要培养品位、打好基础。于是，我成为寝室的异类——整天饶有滋味地抱着文献读。读完后，在尝试比较、串联这些文献时，突然发现文献中存在的一个矛盾与理论冲突可以在我国独特的制度场景中予以调和。我如同挖到宝贝一般兴奋不已，约潘老师第二天向他报告。那天晚上，一夜未眠。第二天汇报后，潘老师鼓励道："作为硕士生，读了一个学期的文献，能够想到这个 idea 非常难得，好好做的话可以冲击国际权威期刊"，那是我这辈子最快乐的时刻。但潘老师话锋一转，说好像一位香港学者写了一篇类似的论文，我找找看，你先回去。当天晚上也一夜未眠，多想潘老师记错了。不幸的是，第二天潘老师找到了那篇英文工作论文（后来发表在财务学国际权威期刊 *Journal of Corporate Finance*），虽然我研究的因变量与之不同，但背后的思想是相似的。瞬间"生不逢时"的失落感与挫败感涌上心头，接连几天状态萎靡。现在想来，何其幼稚。潘老师观察细微，安慰我从另一个角度看，说明你有做学术的巨大潜力。信心恢复后，在潘老师的指导下，我又读了大量制度与财务、新制度经济学的经典与前沿文献，为后续专注于微观的会计、审计、财务问题研究奠定了坚实的基础。奇妙的是，10 年后，我与那篇论文其中的两位作者——香港中文大学吴东辉教授、上海财经大学唐松教授在会计学国际三大顶刊、UTD24 期刊之一的 *The Accounting Review* 合作发表了论文。感恩潘老师当年的鼓励与指导！我现在指导博士生，要求他们看的第一批文献就是潘老师当时发给我的。

刘老师虽不是我的主导师，但定期听取我的学习汇报。每次走进他的办公室，都被桌面堆积的英文文献、电脑满屏的数据与代码所惊叹，被他甘坐冷板凳的科研精神所折服。这也是我现在的状态。

从过去的会计门外汉到现在的会计博导，凝聚着两位恩师的心血，铭记于心。

群星璀璨　如沐春风

经管院融合经济、管理于一体，兼容并包，汇聚了大量优秀的顶尖学者。在他们的言传身教中，我体会到了研究乐趣、感受到了学者魅力，学术启蒙渐始、学术意向益坚。

当时的经管院会计学科星光熠熠。全国会计名家王永海教授为学科带头人，唐建新教授、谢获宝教授、余玉苗教授分别为财务、会计、审计方向的带头人（同学们私下称"三巨头"），在他们的领导下打造了一支科研与教学并重的师资队伍，聚集了一批以刘老师、余明桂教授、李青原教授、潘老师为代表的中、青年知名学者。整个会计系学术氛围浓厚、授课精彩纷呈，作为硕士生与有荣焉。老师们授课的精彩片段至今记忆犹新。谢老师给我们讲授财务会计知识，从净利润逐步推到营业收支、由利润表推到现金流量表和资产负债表，由此教导我们从会计数字中透视背后的经营与管理逻辑。他以重庆啤酒为例"现身说法"，我现在依然印象深刻。在他一气呵成、大汗淋漓的讲授中，我们的会计知识体系在一次次被颠覆认知的基础上得以重构，好不痛快！后来得知，谢老师是最受欢迎的 EMBA 教师。同学们私下玩笑，"EMBA 这么高的费用，我们每听一次就相当于大赚了一笔"。在唐老师、余明桂老师、李青原老师、潘老师的课堂中系统学习了财务管理的基础理论、会计估值方法、国际前沿研究、中国情境研究，在余玉苗老师、刘颖斐老师、刘老师的课堂中，全面掌握了审计基础理论、风险导向审计实践、国际前沿审计研究，他们旁征博引、妙趣横生。余国杰教授高大帅气、温文儒雅，给我们讲授企业合并与报表编制，抽丝剥茧、娓娓道来，惊叹于怎么能将复杂的合并报表问题讲得如此深入浅出、通俗易懂。我们班好多同学是他的铁粉。

除了会计本专业的课程，学院还给我们开设了经济、管理学科的其他课程。这些课程同样异彩纷呈，为我后来打通宏观经济、资本市场、经营管理与财务、会计、审计的联结，跳出"会计"这一"楚门的世界"起到了启蒙作用，也增强了我对本科专业为工商管理并非劣势的认识。李燕萍教授讲授扎根理论，她清晰干练、不拖泥带水的授课风格和个人魅力令人震撼；汪涛教授讲授市场营销，他知识渊博、风趣幽默，一次次打破我们对营销的既有认知，从他的课堂中理解了招人烦的脑白金广告为什么营销效果非常好；在徐岚教授的课上了解了差序格局，由此我延伸阅读了费孝通的《乡土中国》、黄仁宇的《万历十五年》，这些看似无用的知识最后成为最有用的洞察。比较"另类"的是严若森教授的课程。每次课，他讲前半段，后半段要求我们根据他发放的纸质论文当场写评论与感想。这对于我们是一种煎熬——除了是英文外，关键是我们不熟悉的领域，涉及科斯、威廉姆森、阿尔钦、德姆塞茨、诺斯、张五常、青木昌彦等人的晦涩论文。严老师一进教室，同学们最先打量的是他是否拿着沉甸甸的论文。多年后，我惊异地发现，我阅读文献原文的习惯、根据研究问题补足知识短板和梳理理论脉络的能力得益于这种训练。现在的我，对于会计学科的任何一个细分研究领域，均可在3周内将该领域的研究脉络与发展方向彻底掌握。

上善若水　润物无声

知识传授重要，品格塑造更重要。在武大的两年被老师们的善良所泪目，由此我尝试相信人性的善并以"善"作为人生信条。

潘老师从未因为我最后被"推"给他而心生嫌恶，反而对我极尽关照。一次在珈园小观园碰到潘老师，等结账时服务员告诉我你老师已经给你付了；教师节、毕业聚餐，我们本想请，每次都被潘老师拦下，说："你们没毕业离校前都是学生，不能让你们请，这是原则"，这也成为我现在与学生聚餐的原则；毕业找工作时，潘老师热心帮我推荐工作单位。

在因心血来潮找工作而错过联系博导的最佳时点后，刘老师没有半句批评，而是费心帮我联系，波折中最终顺利考取了全国会计名家陈汉文教授的博士；博士毕业后刘老师邀请我应聘华中科技大学，并为我积极争取条件。个中辛酸他从未言语，我问时他总是轻描淡写地岔过。若干年后才知道，当年考研面试若没有刘老师力排众议、极力说服——"这肯定是一个做科研的好苗子，对于这样的学生，淘汰他可能会毁了他一生"，我肯定无缘武大、郁郁寡欢。在此之前我与刘老师没有任何渊源，他却自始至终义无反顾地帮助我。我一生感激与亏欠。但刘老师总是说，这是咱们的缘分，无须感激。

唐老师的课是晚上，只要下课碰到，他都载我和他的学生卢剑龙到三环学生公寓门口，并语重心长地劝我们读博、将来为会计系贡献力量。毕业离校前，唐老师叮嘱我"读博期间一定要沉下心、沉住气，争取发表一篇《经济研究》或《管理世界》论文，毕业后回母校工作"。博士毕业后回校面试，在会计学系面试结束后，唐老师劝我一定要回到母校。李青原教授在我博士最后一年亲自邀请我毕业后回母校，说母校会计学科发展需要新生力量。在面试前一天晚上和当天中午李老师特意请潘老师、唐老师和我一起吃饭，并全程参加我在系和学院的面试，甚至中午吃完后都没休息，陪我在校园散步、在操场晒太阳，一直等到下午 3 点进行的学院面试。遗憾的是，在李老师的尽力争取下学校仍只能以师资博士后岗位聘任，因而最终未能回母亲任教。对此，我深感愧疚。但李老师从未有怨言，还多次邀我回校做交流。从唐老师和李老师那里深刻感受到了莫大的关怀、体会到了宽广的格局。多年后明白，关怀和格局的背后其实就是一个人的善。

　　对谢老师，感念他的善良，对他亏欠至深。由于决定读博的时间较晚，刘老师帮我联系的几个外校博导都已无名额，后来推荐我报考谢老师的博士。谢老师没有半点推脱，对于当时的我而言犹如救命稻草。谢老师帮我规划考试准备、讲授财务会计理论，关怀备至。在年底的时候，之前联系的陈汉文教授为我争取了一个名额。当我把情况告诉谢老师后，他非常大度地说："没关系，你两边都准备，到时如果厦大那边考上了就选择厦大。"我惭愧！后来，我成功通过了厦大和武大的初试。武大的面试在前，当我还在犹豫如何开口时，谢老师主动打电话告诉我"你初试第一名，但我明白你会优先选择厦大，你签一个放弃面试声明即可"。回母校面试时，谢老师亲自参加系面试并给予肯定。我惭愧至极！

　　会计系的其他老师也非常善良，给予了我很多关爱与帮助。比如，王玉敏老师课后请我吃饭，鼓励我坚持学术道路。在这样充满爱与善的环境中，我逐渐相信世上还是好人多，并以善为为人处世的根本原则。因为如此，此后我碰到了更多至善的良师益友。当然，也会碰到一些恶人，偶尔也会因善被欺而考虑是否以恶制恶，但最终都坚守住了善的底线。曾经求教一位长者，"打小以来对我不好的人似乎都没好下场。难道我是天选之子吗？"长者笑道，"非也，对你这样的人都会如此恶的人，对其他人会更恶。这种人，无须诅咒也会走向自我灭亡。你每坚守一分善，就是给恶人一次自渡的机会。"武大老师们的至善成就了我。

结　语

　　母校已历经 130 载芳华，经管院也迎来了 130 周年华诞，非常荣幸能在这个特殊的时间节点回忆母校、感念母院、感恩师长。山高水长，乘风破浪。作为校友，我会继续弘扬"自强、弘毅、求是、拓新"的武大精神，为母校荣誉而不懈奋斗。百卅珞珈，栉风沐雨，在此我为母校、母院、母系献上最诚挚的祝福。

◎ 作者简介

　　杨道广，男，1987 年 12 月生，2012 年毕业于武汉大学经济与管理学院会计学专业，获得硕士学位。对外经济贸易大学副教授。

回首珞珈话当年

武汉大学精神伴随着我事业发展的每一步

陈东升

一个人的立志，世界观、价值观的形成，和大学时代有着紧密的关系。对母校武汉大学，我一直有种特别的情愫。母亲给予生命，养育了我们；而母校则是培育我们，让我们求知、成长的地方。武汉大学不同于其他高校，有着特殊的人文、自然环境。百年厚重的人文底蕴，地处九省通衢的武汉，濒临东湖，环抱珞珈。人文关怀、自然环境融为一体，这种天人合一的境界造就了武汉大学既质朴又浪漫的特质。

在我的事业和生活中时常会看到这种影子，这是在武汉大学求学期间耳濡目染、潜移默化中渗透的一种精神特质。

当了四年工人，社会青年上大学

1977 年我国恢复高考，上大学成了知识青年的梦想。1977 级、1978 级的大学生基本上是社会青年，到 1979 年我上学时也还有一半是社会青年。我也算是社会青年考上大学的，之前当了四年工人。

我的父亲原本是个"放牛娃"，1940 年参加革命工作，后来转业到了湖北天门工作。小时候家里并不富裕，我很早就想办法自食其力：上小学时做小工、搬砖头，中学时就帮人清扫猪圈、喂饲料，暑假帮忙把生猪从县城押运到省城武汉赚钱。

中学毕业赶上上山下乡，我们一群父母在农林水口的孩子，被分配到天门县科委下属的微生物实验站当工人，算是下乡了。那时我一心想上大学，去之前我就问在试验站工作有没有机会上大学，不能上大学我是不去的。他们说研究所每年有一两个工农兵大学生名额，所以我就去了。那个研究所在岳口镇边上，很漂亮的建筑掩映在树林和棉田里，有图书室、实验室，挺好的。

试验站不大，只有二三十人，一半是大学生，大多是学农、学植物保护、学微生物的，华中农学院的最多，也有武汉大学病毒学系的。那时候微生物站汪涛等人搞了一个"7216"杀棉铃虫的生物农药，后来获得了 1978 年第一次全国科学大会的重大科技成果奖。

我们的主要工作就是"7216"的生产和推广。在微生物试验站当工人的四年间，我自学了无机化学、有机化学、微生物学。对我影响最大的是一位名叫陈启武的技术员，是从华中农学院毕业的，在北京工作过，性格很开朗，朋友很多。我最早知道"四人帮"就是他朋友从北京给他写的信里提到的。那时候对"左"的一套大家已经很厌倦，年轻人好跟着议论。

改革开放后，试验站的这些人要么考上了研究生，要么就被大学聘去当讲师、教授了，他们对我的影响都挺大。

活跃的大学和百科知识竞赛

1979 年，我考上了武汉大学政治经济系。武汉大学给我留下很多美好的东西。党的十一届三中全会后改革开放，武汉大学任命刘道玉担任校长，那是在 1981 年，他 48 岁，是新中国培养的第一位大学校长，也是高等教育改革的先锋，在武汉大学做了很多教学改革。

刘道玉向西方大胆学习的改革措施包括开设选修课、学分制和插班生制度。我记得很清楚，那时候有北京大学的学生转到武汉大学，中国科学技术大学的学生转到武汉大学，校长特别骄傲。我到哲学系选课，也是受益者。那时候武汉大学的学生很活跃，当时有份全国大学生刊物叫《这一代》，就是武汉大学发起、十多所大学中文系和文学社团在北京开会共同创办的。第一次的编辑权给了武汉大学"珞珈山"编辑部，一上来就开始针砭时弊。我印象比较深的是一个叫叶鹏的军人，武汉大学中文系的，写了一篇《轿车从街上匆匆驶过》的文章，批判当时的等级特权。因为太激进，这个刊物很快就被查封了，在当时引起很大的轰动。

我喜欢读书，上中学时就坚持读《参考消息》，高中时读了《马克思传》，先读了五章，一点也记不得，更弄不懂，只是怀着对革命导师的无限崇拜，坚持从头又读，做读书笔记，花了整整半年才啃下来，可以说《马克思传》彻底改变了我的人生。高中时我订阅过很多刊物，如上海的《自然辩证法》杂志、科学院办的《古脊椎动物与古人类学》杂志，不完全是考古方面的知识，也研究人类起源。什么东非大裂谷，发现大概300万年前的肯尼亚人头盖骨，等等。我兴趣广泛，喜欢涉猎自然科学、社会科学等多方面的知识。当时学术思想在大学非常活跃，武汉大学也是，举办百科知识竞赛，我入学不到两年参加竞赛就获奖了。低年级学生能够获奖是凤毛麟角的事，于是就出了名。那时我反对专才，提倡通才，大学三年级时为此写了一篇通才论，发表在全国报刊《人才》杂志上，为此我很高兴；到高年级，我参加学校组织的演讲比赛，讲《贝尔的后工业社会》，获得二等奖。学校活跃的大环境影响着每一个人，我自己也搞了一个学习小组，起名叫"蟾蜍社"。蟾蜍是月宫里的癞蛤蟆，有一种美好的向往，我觉得年轻人就是要有这种做不到的事一定要去做的勇气，所以我叫它"蟾蜍社"。

精彩的"多学科讨论会"，灿若群星的大师

当时西方思潮传播到中国，存在主义、科学哲学、美术史流派等思潮都传进来，是个思想非常活跃的时代。那时是科学的春天，倡导科学技术就是生产力，自然科学很吃香。我参与了一个学生组织叫"多学科讨论会"，主要人员是哲学系、数学系、物理系、生物系、中文系、图书馆学系和经济系的学生，我后来还当了副主席。经过"文革"之后，改革开放之初爆发的追求知识、追求真理的渴望是很动人的，那样一种朝气，现在的人们难以想象。我们学生那时没有报纸看，都是每天去吃饭、打水的时候路过邮局（位于今图书馆东北角）门口，在报栏里看报纸。我印象最深的是《光明日报》用两整版刊登徐迟的《哥德巴赫猜想》，写数学家陈景润的故事，这是对我影响很大的一篇报告文学。另外，对我影响很大的还有雷祯孝在《光明日报》写的整版人才通论。还有像温元凯这位中国科技大学年轻的老师，他们学自然科学，思想很活跃，当时对年轻人产生过很大影响。

大学一二年级，我把政治经济学读完了。马克思的经济学很抽象，挺难懂，《资本论》我也读不通，合上书又都还给老师了。我对历史很感兴趣，三年级学了政治经济学学说史，学完回来再读《资本论》就全弄通了。那个时候的武汉大学经济学系还不是学院，没有开设西方系统的宏观经济学和微观经济学课程，但系里有一批很强的老教授，系主任吴纪先是哈佛大学博士，教授谭崇台是哈佛大学硕士，刘涤源在哈佛大学专攻西方经济理论，李崇淮是耶鲁大学经济学

硕士，傅殷才是从苏联莫斯科大学经济系留学回来的。刘涤源讲凯恩斯主义，谭崇台讲发展经济学，傅殷才讲制度经济学。通过这些老先生的言传身教，我们学习了很多西方经济学流派的思想和知识。我印象很深的老师还有曾启贤，是个尖嗓子湖南人，智商很高，很有思想，可惜去世得很早。还有郭吴新、汤在新、刘光杰，他们都对我有很大影响。这样四年下来，我在西方经济学理论方面，如西方经济学说史、政治经济学、西方经济学流派等学科打下了很好的功底，养成了思考的习惯，理论训练很扎实，对理论的兴趣与思考一直保持到今天。

那时候的武汉大学，确实就是意气风发，各种学派开花，各种新思想扑面而来，应接不暇。对我来说，在武汉大学最重要的是系统地学习了政治经济学和西方学说史，还有西方的经济理论。一个同学带我们去哲学系，哲学最重要的就是启蒙时代，伏尔泰和卢梭，讲人生来就是平等的，一下子我感觉豁然开朗。选修西方哲学史改变了我的人生。

那时我对自己的定位很清晰，我不是一个只会考试的青年，而是一个充满理想，有很高的学术追求的学术青年。在武汉大学求学的这些年，不仅让我掌握了扎实的经济学基础知识，还培养出独立思考和判断的能力。这既帮助我分析宏观经济发展趋势、捕捉时代变动信号，也为我后来的事业发展奠定了厚实的理论知识。

让我终生敬仰的博士导师——董辅礽先生

董辅礽老师最让我刻骨铭心也是对我一生影响至深的事，是在我考入武汉大学不久，他回母校做了一场空前轰动的关于经济体制改革的学术报告。记得当时在学校最大的报告厅——能容纳 600 多人的四区阅览室座无虚席。在 20 世纪 70 年代末 80 年代初，改革刚刚启动，当时人们的思想和政治观念还相当禁锢，董老师 4 小时的报告高屋建瓴，一气呵成，犹如一声春雷在思想领域里炸开。正是在那场报告会上，他在国内第一个也是第一次全面、系统、深刻地提出经济体制改革的核心是政企分开，政企分开的核心是改革国有经济，改革国有经济的核心是改革国有企业。这在当时是需要极大的政治勇气和对真理的执着追求才能做到的。那次报告会取得的巨大成功和强烈反响在武汉大学的历史上也堪称影响之最。

董老师作为全国人大财经委员会的副主任，对推动中国各项经济立法的进程，以及推动中国经济市场化的进程做出了重要贡献。印象最为深刻的是《中华人民共和国拍卖法》的出台经过。他作为人大财经委《中华人民共和国拍卖法》起草的具体负责人，表现了强烈的学者独立性以及公正性，他不受任何官方的干扰，坚定地主张打破文物垄断，不遗余力地推动中国拍卖业与国际化接轨和市场化、法制化的进程。这一方面的贡献过去不太为人所知。

董老师一生刚正不阿、爱憎分明的学者风范，也给我留下了难以磨灭的印象。他非常突出的特点就是，对于他不喜欢的人或者水平不高的官僚，从不低三下四，甚至一点面子都不给，我们做学生的有时在旁边都觉得不好意思。但他对自己的学生，对年轻人，却恩宠有加，近乎溺爱。董老师一生简朴，凡事亲力亲为，从来不用秘书，无论是往来书信，还是学生的书稿、论文，包括学生出书的序言等，董老师都亲自书写，从不请任何人捉刀代笔。

在与他的交往中还有三件事印象深刻：陪他出差，在飞机上他一分一秒也不停歇，在座位上写文章；我们有位同学由于经营企业出现问题，他告诉我们不要歧视他，并要给他温暖帮助他；当他体检发现癌症住院，他见我们第一句话就是：我还有在读的博士生学业怎么办？这种伟大的精神让我无限敬佩！

为母校建博物馆，源于一种人文情怀

武汉大学有光荣的历史，经济系又有这么多从美国、苏联留学回来的教授，加上我从初中、高中就崇尚自然科学、社会科学，这些因素让我从上大学起就把学术看得很神圣。大学期间，绝大多数著名教授的家里我跑遍了，我也不知道我的力量来自哪里，也许是心中渴望能够成为大知识分子吧。一个本科生，几乎一到星期六、星期天就跑到这些著名教授家里去，请教问题，请他们辅导，也被这些大教授的风范影响。

那时候我在班上有四五个"跟屁虫"，他们年龄比我小，都是 1962 年、1963 年出生的。他们听我讲，然后跟我讨论。有时候我们五六个人要走五六公里路程到磨山，一路讨论各种问题。我给我们取名叫"逍遥学派"，实际上我那时候梦想建一个"珞珈学派"。

那时想成为一名大学者、大教授、大知识分子，现在回想起来，实际上是一种人文情怀在支撑着我。我们平常讲一个人很像知识分子，很儒雅，就是指有一种人文素养、一种人文情怀在他的骨子里，所以我认为一个知识分子首先是要有人文情怀的。博物馆对培养年轻学生的人文情怀很重要，我到国外的大学参观访问，非常关注这些大学的博物馆，美国斯坦福大学博物馆的广场上整套罗丹的雕塑都是别人捐的，亚洲部里面放着中国的字画、瓷器，给我很深刻的印象。宾夕法尼亚大学、哈佛大学等，也有自己的博物馆。美术和音乐是可以启迪人们灵魂的，中国的大学同样需要有一种人文精神，每一所著名大学都应该拥有一定的艺术品收藏，有一个好的艺术博物馆。因为我是做艺术品拍卖起家的，又做泰康空间这种艺术公益事业，泰康人寿也有很多艺术品收藏。了解博物馆的重要性，所以在思考要给学校做一些事情时，很自然就想到修建人文设施，决定向武汉大学捐一座艺术博物馆，这是我献给母校的一份心意。

2018 年，中国嘉德 25 周年系列活动之一的秋季精品展，来到了我生命中最重要的地方之一——武汉珞珈山。嘉德 25 周年的精品展，展品从宋元明清至民国、中华人民共和国，历时千年，时空交会，可与国家级博物馆、美术馆的展览媲美。这也是我给武汉大学以及湖北家乡朋友们的礼物。荆楚大地的藏家与艺术爱好者们也对这次顶级艺术盛宴怀着极高的热情。这一天，武汉大学万林艺术博物馆出现了万余人争相观展的热潮，展厅外排起了弯弯曲曲的长队，展厅内更是人头攒动，这也创造了中国艺术品拍卖历年巡展参观人数之最！

毕业前，在珞珈山顶刻下一个"始"字

武汉大学是全国风景最好的大学，依山傍水，校内有珞珈山，旁边就是东湖。那个时候一周只有星期天休息，星期六还上课，有的同学星期天喜欢睡懒觉。我喜欢跟别人分享好东西，星期天一般都带着来找我的同学、亲戚朋友在武汉大学到处看，看风景，爬山，到山顶上看武汉大学的全景。我喜欢观察东湖，有时候晚上跟同学们去东湖玩，游泳。有一次考完试觉得特别放松，那天正好是阴历十五，有大月亮，我去了东湖。月光在湖中荡漾，沉落到深洞的湖底，很深很深，如幽灵一般；也仿如米隆的《掷铁饼者》里描写的把铁饼甩到了东湖里，甩出一片银光，显得特别深远，自己恨不得能化身成一条鱼，跳进东湖去追逐。薄雾笼罩时，东湖像轻纱被吹拂；有时又极像一个秀美的女人，乖巧得一动不动。但是它也有脾气，偶尔要发一发威。冬天寒潮来的时候，湖面刮起五六级的大北风，白浪滔天，浪高的时候有一两米。我不仅跟东湖对话，时间长了，还感觉我跟武汉大学的山水已经融为一体。

刚刚改革开放时，武汉大学学生不多，在校学生只有三四千人，经济系也

就不到 300 名学生，那时校内没有太多建筑，我喜欢去一些没什么人去的地方。那里到处是荆棘、茅草、小树，很荒凉，很原始。我常去一个很小的水塘，水塘四周的绿色植物长得满满的，很是神秘，我管这里叫武汉大学的尼斯湖。大学山顶上有一个自来水厂，从山上下来一条水沟一直通到东湖。跨过水沟是一大片树林，平时没人进去，于是我就进去看看。一进去，发现一片开阔的茅草地，像是没有人去过，于是这里成了我们的伊甸园。我叫上班里三四个同学去打滚，把茅草压平。那是冬天快期末考试的时候，武汉的冬天一刮风就很冷，但只要风一停，天一晴，我们就在茅草地里晒太阳，懒洋洋的，静下来听小鸟的鸣叫、流水的声音，好像能听到大地的呼吸声，就像在母亲的怀抱里，听到母亲的心跳，挺怡情。当时我觉得人生最美妙的事莫过于在武汉大学当一个教授，我的理想也很简单，有个大的皮划艇，和自己心爱的人，和志同道合的人，一起荡漾在湖中，纵论学术与人生。"天人合一，质朴而浪漫"是我在武汉大学的四年最真实的写照，这样的环境自然也让我对母校产生了深深的感情，从毕业到现在，我依旧在心里跟武汉大学的一草一木对话。

我们经济系的学生住在梅园，正好在珞珈山的山脚下，因为经常爬山，我发现山上有很多奇形怪状的石头。中国的名山上都有文人墨客留下的墨宝，珞珈山这么好的地方，为什么没有一个人留下诗句呢？那时候就种下了一个想法。

大学快毕业了，我跑回我们天门县郊区的石匠街去找艺人学刻字。我还依稀地记得那天雾蒙蒙的，非常闷热。我花钱买了一套雕凿工具，用一个绿色帆布包裹着带回武汉。那时候的交通不像现在这么方便，从天门到武汉要先坐四五个小时的巴士，再转公共汽车，再坐轮渡，再走一段路，再坐 12 路公共汽车到学校大门口，从校门口到宿舍还要再走一段路，用了整整一天才把工具从家里背到学校。

我拉着我同班同宿舍的同学陈晓跟我一起到山上去。雕的时候，怕学校的管理员、巡逻人员来干预，所以找了一个偏僻的地方。我清楚地记得在那儿想了半天，决定刻"千里之行始于足下"，我觉得我的人生永远是处在一个开始的状态。但是一句话太长，最终凿了一个"始"字就用去了半天时间。雕完后汗流浃背，去食堂打饭的时候，手连饭碗都端不起来了，手臂肌肉都酸了，没力气了。

说这么多，其实就是一句话——志向决定人生。

武汉大学精神潜移默化影响着我

在武汉大学求学期间，我不仅积累了学识素养，也培养了看问题的思维方式，逐渐形成了自己的世界观和价值观。武汉大学 1993 年迎接百年校庆期间，将武汉大学精神凝练成"自强、弘毅、求是、拓新"八字校训。在我的人生旅途中，武汉大学精神潜移默化地影响着我。

"自强、弘毅"，是一个民族和国家强盛的精神基石。从我的人生经历中来看，"坚持"是我最大的财富。我讲过一句话"现实和理想之间隔着一道万里长城"，要想跨越过去，就得"大事要敢想，小事要一点点做"，不能好高骛远。要脚踏实地，看准了事情、定准了目标就坚持下去。为了创办泰康人寿保险公司，1992 年我到人民银行申请审批，一等就是 4 年，当时我并不灰心，坚持自己的想法，终于在 1996 年获批。因此，人要坚持，要认定目标就为之努力并坚持下去。为理想持之以恒地付出努力的人，才是真正有理想的人。

"求是、拓新"对于学校乃至国家的发展是非常重要的，做企业更是如此。我曾经有个判断，"今天美国火的，中国明天一定火"，这是我读《参考消息》的经验，就是说要有前瞻性和国际视野。做世界 500 强研究时，我发现 500 强里有很多保险公司，国外大型保险公司都是有着百年历史，觉得金融保险将来一定会火。一闪而过的想法，使我开始创建民族保险事业的征程，1996 年我创办了泰康人寿保险股份有限公司。如今泰康保险集团已经成为世界 500 强企业，到 2022 年 5 月，我们已经在 26 个城市布局，有 11 家养老社区开张了，一场轰轰烈烈的、大规模的养老革命正在进行和推进中。

做企业，我还有个思想，也就是企业后发理论，在中国现阶段"创新就是率先模仿"。"找最好的葫芦画最好的瓢"，这里的"模仿"有学习、借鉴的意思，是一个自我消化、理解再自我创新的过程。这里还要有三个修饰词"率先""善于""找最好的"。"率先"就是要做第一个，"善于"就是要主动模仿，"找最好的"就是要选择一流的最高的目标。1992 年，我创办中国嘉德国际拍卖有限公司的时候，学的就是世界上最大、历史最悠久的索斯比拍卖。20年后，嘉德成为中国最大的、最知名的艺术品拍卖行，成为世界第三大拍卖行，也就是这个理论的验证。

回首过去，武汉大学深厚的精神积淀伴随了我创业的每一步，在每个关键时刻都能带给我源源不断的精神力量。

家国情怀，初心不改

我常说一句话："珞珈山是每一位武大学子心中的圣山，武汉大学是每一位珞珈学子心中的圣城，我们就是这座圣山的使者，我们就是这座圣城的信徒。"武汉大学是我的母校，那里有我的老师们，母校和老师给予我很多，我对母校怀有非常深厚的感情，她之于我如同母亲一般。报答自己的母亲，不正是孩子应该做的吗？所以这么多年以来，我也非常愿意尽我所能为母校做点事情。除了为学校的人才培养、教学科研、基础设施建设、高层次人才引进等多个领域进行捐赠，2013 年，学校领导接受我的建议，支持武汉大学校友企业家们成立了一个校友组织——武汉大学校友企业家联谊会，我担任创始理事长，就是希望和企业家校友一起为母校、为社会共同做点事情。我们每年都要举办校友珞珈论坛，邀请著名的学术大咖、企业领袖为学弟学妹们分享自己的思想、故事和经验。我每年都要回学校参加，带头分享。现在，武汉大学资源和武汉大学力量的影响力越来越大，甚至向武汉乃至中部地区辐射和汇聚，服务地方经济社会发展。2017 年，武汉大学配合武汉市实施"百万校友资智回汉工程"，武汉大学校友企业家积极响应，签下了 3200 亿元的投资大单，成为拉动武汉经济发展的新引擎。

2020 年武汉新冠肺炎疫情肆虐，泰康保险集团在此次抗击新冠肺炎疫情的行动中，款物捐赠合计超 2 亿元。我们当时"拆家式"改造方舱医院，不计代价地往抗疫前线运送物资，很多人不理解为什么。我说我是湖北人，我是武汉大学毕业的，只要是武汉的事，湖北的事，我义不容辞！疫情期间，我也发挥自己的作用，通过几十个微信群，没日没夜地盯着手机，同时指挥泰康、武汉大学北京校友会和楚商三条战线支持、捐助武汉和湖北抗疫。

我曾经讲过一个论点：做企业就是跑马拉松，慢就是快。商业就是要扎扎实实，老老实实，如果有什么捷径，就是长期主义。坚守长期主义要走向商业向善。改革开放以来的中国企业家，从 20 世纪 50 年代的老一代，到现在"80后"的新生代，这都是民族的希望，这就是国家经济的希望。只有一代一代、一波一波企业家前赴后继，这个社会才会永葆活力与青春。

2021 年 8 月 22 日，在泰康保险集团 25 周年司庆日当天，我们再次向武汉大学捐赠 10 亿元，以医学、生命科学为资助重点，支持武汉大学双一流建设。

我总结，我这一生，从最早想做一个共产主义的大理论家，到后来想做一个经济学者，再到后来下海创业，到现在做医养大健康，一次一次理想的变化，是一次一次人生的升华，更是一次一次自我的革命。虽然理想不断在变，但是要做一番有益于国家、有利于社会、有益于人民的事业，这个初心从来就没有变过。没有时代就没有我。不是英雄创造历史，而是英雄顺应历史。站在一万米的高空看这个世界，身处到一百年的时空观察这个世界，把自己融入时代，推动历史发展，我们永远在路上。

（摘自《珞珈岁月》）

◎ **作者简介**

陈东升，男，1957 年生，1983 年本科毕业于武汉大学经济学系，后获经济学博士学位。中国嘉德国际拍卖有限公司创始人，泰康保险集团股份有限公司创始人、董事长兼首席执行官。2003 年被评为武汉大学第三届杰出校友。

无价的馈赠

于　刚

潜移默化的影响

我曾经是位学者，也出任过全球 500 强的职业经理人，在美国和中国创业三次。从业 30 多年来，我发现人生的每一段经历都不是浪费，都是在充实自我，为后面的发展和事业铺路。我们一生所需要学习的内容有很多，但最为重要的还是世界观的形成和方法论的掌握。

我是武汉大学 1977 级空间物理系的学生，1982 年通过李政道先生组织的 CUSPEA 计划赴美到康奈尔大学的物理系深造，研究方向是理论物理。可物理的学习对我以后在商业领域的发展有什么帮助呢？

我在武大先学习了经典物理，包括力学、光学、电磁学、热力学等，后又学了现代物理包括量子力学、核物理、凝聚态物理等。在康奈尔大学接着学习相对论、天体物理、粒子物理等，还深入研究了动态系统和混沌。通过这层层递进，我深刻感受到人的渺小、宇宙的无穷和万象的奇妙，巨至无边际扩展，微至无穷尽细分。无序的浑浊中又遵守至简的基本规律，有序的万物中又处处存在不可思议之缤纷。

这些思考潜移默化地影响了我的一生。

简单与复杂的辩证思维

我曾经把我的感悟用以下几句来总结：
复杂性是世界之妙，

简单性是宇宙之灵；

简单性后有复杂性之根，

复杂性中有简单性之本。

简单和复杂是相对的、互补的、共存的。比如极为复杂的电磁现象可以用唯美的麦克斯韦方程来描述；质量和能量的关系绝妙地服从爱因斯坦著名公式 $E = mc^2$；自然指数 e、圆周率 π、自然数 0 和 1，虚数单位 i 被欧拉公式神奇地关联在一起：$e^{i\pi} + 1 = 0$。非常简单的事物中又含有难以枚举的复杂性。比如一盘围棋有 10^{180} 种下法，一口唾液在显微镜下可能看到数百种不同种类的细菌。

这些给我人生的启示就是对于一切事物都不能只看其表象，既要去寻找其内在的规律，也要重视其内涵的细节。在商业中，规律就是市场需求的匹配度、商业模式的合理性、核心竞争力的契合度，而细节就是时机的把握、科学的管理、团队的执行力。

我用一个例子来说明。我于 2008 年和搭档刘峻岭联合创建 1 号店——中国的第一个"网上超市"。起初，没有人看好这个模式，也没有资金方愿意投入，大家觉得快消品很难做，商品大、重、易漏、易损、保质期短、利润低，不适合网络销售。我们做了详尽的市场调查和分析后，发现快消品是顾客黏性最高的品类，它的购买频次高、品种多、复购率高、口碑传播快。若能提供丰富的商品，且价格公道、体验好，能让顾客实现一站式购买，则获取顾客和留住顾客的成本就很低，可迅速获得巨大的客户群。主要的难点在于商品质量的保障和供应链的效率。

我们找到这些要素后，成功就全在细节了。我们需要打造一个强执行力的团队和高效的供应链。于是，我们奠定了诚信、顾客、执行、创新的企业文化，推动了大量的供应链创新，如第一公里（first mile）、托盘共用（pallet pooling）、最优越库/转库（cross docking/transshipping）等，甚至以 SBY（service by yihaodian）形式输出我们的供应链管理服务。短短 7 年时间进入中国电子商务的第一梯队，在线销售近 800 万种商品，营业额近 200 亿元。

第一性原理的解析与实践

物理学强调第一性原理，哲学家亚里士多德在他的《第一哲学》书中提出：任何一个系统都有自己的第一性原理，这是一个根基性命题或假设，不能缺省，也不能被违背。

在商业和创新方面，第一性原理的思维方法要求将问题拆解成最基本、不可再分的原理或基本事实，然后从头开始重新构建和思考。它鼓励我们去挑战传统假设和常规思维模式，以找到全新的解决方案。

著名的企业家马斯克靠什么创建了拥有巨大价值的特斯拉呢？今天特斯拉的市值已经到了 8000 多亿美元，曾一度成为全球破万亿美元市值的企业，这在全球范围内寥寥无几。

一个经典的例子是马斯克在特斯拉电动汽车的设计和制造中对第一性原理的运用。传统汽车行业普遍认为电动汽车的成本很高，因此定价也较高，难以普及。马斯克正是采用了第一性原理的思维方式，从基本原理出发重新审视了这个问题。他首先分析了电动汽车的成本结构，将其拆解为诸如电池、电机、车身等基本组成部分，并深入研究了每个组成部分的成本、材料和制造工艺。然后，他重新思考了每个组成部分的设计和制造方式，寻找降低成本的创新解决方案。其中，他重点推动了特斯拉自主研发更高效、更便宜的电池技术，如锂离子电池。这种创新让特斯拉能够生产成本更低、性能更好的电动汽车，从而改变了汽车行业的格局。

再以我现在所从事的医药健康产业互联网为例。我出让 1 号店后又创建了数字科技企业 1 药网，服务药企、药店、医生和患者，为医药健康生态圈赋能。对于 1 药网来讲，我们的第一性原理是什么呢？就是两个字："有"和"优"！下面我来诠释这两个字：

"有"是最重要的，比"优"还重要百倍！只有"有"才可能"优"，这也是我们常说的先"有"后"优"。在药品流通零售领域，"有"是指我们必须要有顾客想要的品类和品种。今年年初防疫政策调整后，我们因为有辉瑞的 Pax 成为最火的网站，我身边大量知道我们有 Pax 的朋友都来找我求药。在没做任何宣传的情况下，当晚有 17000 位顾客在我们的后台排队几个小时购买 Pax。

但"有"还需要用正确的方法和逻辑去定义、衡量和监控。顾客不需要的"有"就会变成过剩库存而卖不掉，我们需要找供应商退换货，或者让其成为损耗。光有流量品没有利润品也让公司无法产生利润，无法创造价值，举步维艰。

"有"还包括有库存，且有足够深度的库存，这就凸显了管控缺货率的重要性。我们在医药流通领域首创的"聚宝盆"模式和我们的商城模式也助力了我们的"有"。我们利用了社会资源，用商家合作伙伴的"有"补充了我们的"有"。

再讲"优"。"优"包括多个方面，包括时效、系统、服务等，但最重要的就是价格。在"有"的基础上，顾客决策的首要考虑就是价格。而科学地制定价格可以成为我们的核心竞争力。价格优化有什么方法论呢？我们必须具备有竞争力的价格形象，但这不等于我们要违反商业逻辑，烧钱买吆喝。我们一定要有基于发展的历史阶段的价格策略，比如某个阶段的目标是在盈利的前提下最大化地扩大规模，增加市场份额，提升市场地位。要用价格策略去驱动价格模型。

在这些方法论的指导下，1元药网也走上了快车道。2018年，我们赴美国纳斯达克上市时年营收仅9亿多元人民币，到了2022年已经达到135亿元人民币。我们正在实现我们的使命：用数字科技把患者与药品和医疗服务有机连接。

智慧的源泉

在母校武大的求学历程让我树立了不畏艰难、满怀激情去创造价值的精神，又储备了去选择正确的事业和赛道的大局观，也学习并逐步掌握了解决问题的方法和逻辑，为我的事业奠定了基础，使我终身受益。母校是智慧的源泉，每一位求知的学子都得到了无价的馈赠！

◎ 作者简介

于刚，男，1959年6月生，1982年毕业于武汉大学，后在康奈尔大学获得硕士学位、宾夕法尼亚大学沃顿商学院获得博士学位。1号店联合创始人、1药网联合创始人兼执行董事长。武汉大学经济与管理学院咨询委员会委员。2003年被评为武汉大学第三届杰出校友。

在最好的年纪邂逅最美的武大

王慧农

我从 1981 年入学武大，到 1995 年离开武大，在武大经历了 14 年的时光，7 年读书、7 年任教。时至今日，我依旧怀念这段经历。

珞珈岁月：自然与人文的滋养

"山水一程，三生有幸。"武汉大学濒临东湖，环抱珞珈。若是从老斋舍一路步行到行政大楼，中西合璧的建筑群古朴典雅、巍峨壮观。若是沿着珞珈山信步而行，除了一幢幢错落有致、古色古香的"十八栋"映入眼帘外，鸟啼、林音也声声入耳。依山傍水的武大，让人行也安然、坐也安然。

这样美丽的校园环境，也滋养了浪漫、宽容、自由的人文气息。我在校期间，时任武大校长的刘道玉先生率先在武大推行学分制、主辅修制、插班生制、导师制、贷学金制等制度，营造出武大朝气蓬勃、欣欣向荣的校园氛围。我们可以谈恋爱、跳交谊舞，可以穿当时流行的喇叭裤，可以任意选择学生社团……当时的武大在很多方面开创全国高校教育的先河，也是国内学生向往、崇拜的地方。

"非淡泊无以明志，非宁静无以致远"。武大丰富的人文内涵，也塑造了武大学子的求知和探索精神。当时正是改革开放之初，全国统一高考招生实施不久，大学学风校风突然开放，像三月的春雨，滋润了同学们求索的种子。当时教室、图书馆、实验室，常常是整夜灯火通明，到处可以看到同学们抱着书本、步履匆匆的步伐，可以看到同学们眼中充满对知识的渴望，随处可见师生一起为一个问题而积极、自由地讨论。每个人都在努力汲取知识、充实自我。一代又一代的武大人，始终坚持追求真理、实事求是，前赴后继地投身于促进社会建设的滚滚洪流中，为国家发展、民族复兴贡献武大人的力量。文以载道，武以立国，武大人无不勤勉自强；锐意进取、求是拓新，武大人无不踔厉奋发。

回望过去，我非常感念武大的校园环境、学习环境，感念在武大看见的每一栋教学楼，感念在武大遇到的每一位笃信好学的学子，感念武大优美的环境滋养了我的人格，感恩与最美大学相遇、相伴！

受益终身： 大学教育的馈赠

时至今日，我依旧感谢武大的赠予。在武大读书的经历，是我人生路途上的重要宝藏，让我受益终身。

我是武大第一批就读经济管理系的学生。学院老师为我们制定了颇具创新性、科学性、系统性的培养方案并不断完善，让我学习基础理论知识的同时，也学会如何应用理论解决实际问题，做到知行合一；让我丰富知识储备的同时，提高必备的工作技能，能够学以致用。学院开设了多门经济学和管理学理论课程，系统传授经济学和管理学的理论知识体系。学院也注重拓宽我们的知识面，开设选修课程、学术讲座，介绍国外经济学和管理学的发展历史、演变规律、研究现状和未来趋势。其中，学院多次开展了有关交叉学科、学科前沿发展的学术讲座，极大丰富了我们的知识储备、拓宽了我们的视野。此外，学院还注重培养我们的英语听说读写能力和计算机应用等技能，提高我们的硬实力。

在武大读书期间，我非常幸运能够在武大遇见众多德高望重的老师。他们具备深厚的学术功底、深邃的学术眼光、深广的学术胸怀，是学生的良师益友。他们学识渊博、治学严谨，他们清廉自守、志行高洁，他们言传身教、和蔼可亲。他们的学识让我敬佩不已，他们的教诲让我受用终身。其中，我印象最深的便是甘碧群老师。她的授课方式、教学方法让我耳目一新，提高学习兴趣的同时，也增进了我对专业知识的理解，更影响了我后来的教学工作。我入学后不久，甘老师从法国留学归来，为我们开设市场营销学课程。在课上，她为我们讲授西方的营销学理念、量化分析方法，并结合企业实践案例讲解营销学的实际应用。我依旧记得，她的课程总是充满思辨性。她总是提出问题，鼓励、引导我们运用理论思考问题、寻找答案，激发我们对理论学习的兴趣与热情，也培养我们将理论应用于企业实践的能力。她不仅教学水平和科研能力出众，更凭借热情真诚、诲人不倦的师德师风受到了我们的尊敬和爱戴！

回望过去，我感恩在武大接受的教育，感恩在武大遇见的指路明灯般的众多老师，感恩这一段厚积薄发的人生经历！

岁月如歌： 经济与管理学院前进的脚步

我离开武大已近30年，立足当下，回顾往昔，武汉大学经济与管理学院已经取得了长足的进步和发展。

在我读书、任教期间，国内经济的恢复和发展为高等院校发展管理学科和培养高等管理人才创造了外部条件。这一时期也是经济与管理学院飞速成长壮大的时期。一代学人为此付出了艰辛的努力，为经济与管理学院的进一步发展奠定了坚实的基础。这时期学院创立了多个本科专业和硕士专业，还获得了博士学位的授权点。通过学院在教育方面的大胆改革与探索，那时的经济与管理学院为经济体制改革培养了一大批高质量的经济管理人才。学院教师们积极申报各类科研课题，获批了众多国家级科研项目，包括国家社会科学基金、国家自然科学基金和教育部人文社会科学基金的项目等，在国内相关院系中名列前茅。学院教师在权威期刊和核心刊物上发表了大量科研论文，并出版了一大批专著和教材，其中冯文权老师编著的《经济预测与决策技术》还获得了国家教育委员会优秀教材一等奖。此外，学院还积极承担社会实践课题，与企业进行合作，利用专业知识指导企业开展经营活动，帮助企业良好发展。诸多在学术研究和社会实践等方面所取得的成就和影响力，对于提升学院的声誉、推动学科发展以及扩大学院在国际上的影响力都具有重要意义。

如今，武汉大学经济与管理学院是学校办学规模最大的学院，也是学校综合实力领先、社会影响最大的学院之一。我欣喜地看到学院坚持"经济学科与管理学科并重、人才培养与科学研究并重，理论创新与社会服务相结合、中国问题与国际视野相结合"的发展战略，努力实现"聚一流师资、建一流学科、育一流人才、出一流成果、创一流管理"，一定会实现全面建成中国特色、世界一流的高水平研究型学院这一目标！

敬陈管见： 面向未来的寄语

由于才疏学浅，本人深感难以向经济与管理学院的年轻学子们传授人生哲理。因为人生这本书，其实只有自己能读懂。所以，我仅从个人见解出发，希望学院的莘莘学子可以从这些角度提升自我，成长为贡献于国家发展、社会进

步的高素质人才。

作为未来经济与管理领域的精英，经济与管理学院的莘莘学子肩负着推动经济、管理发展的重要责任。他们不仅需要掌握专业的知识和技能，还需要具备广阔的视野和深厚的人文素养，以应对日益复杂多变的国内外经济形势。因此，他们的首要任务是多读书、读好书。他们需要深入学习经济学领域和管理学领域的经典著作和前沿理论，巩固理论基础、提升专业素养。同时，他们还需要广泛涉猎理工、哲学、文学、历史、艺术等各个学科的知识，扩大自己的知识面，培养综合素质、拓宽思想眼界，为经世济民的理想打下坚实的基础。

此外，经济与管理学院的年轻学子还需要关注社会热点问题，使用科学的理念和方法，提出自己的见解和解决方案。他们需要注重理论与实践的结合，积极参与各种社会实践和实习活动，将所学知识应用于实际问题，提高自己的实践能力和解决问题的能力。

同时，加强国际交流也是年轻学子的重要任务。他们需要拓展国际视野，了解世界各地的经济发展趋势和企业管理实践，以先进、前沿的知识和技能，提升自身竞争力。通过与国外院校、企业和专家交流，他们可以更好地融入全球化的经济环境，为未来的国际合作和竞争做好准备。

总之，作为未来经济与管理领域的精英，经济与管理学院的年轻学子需要继续发扬"为中华之崛起而读书"的精神，时刻把专业学习、知识积累放在第一位，扩大知识面，培养综合素质，提升自身竞争力。只有这样，他们才能肩负起推动经济学、管理学发展的重要责任，为未来的社会经济发展做出卓越的贡献。

今年是武汉大学经济与管理学院成立的130周年，这是一个具有深厚历史底蕴的学院。我非常庆幸能够在最好的年纪遇到最好的武大、最好的经济与管理学院。回首这段经历，我始终心怀感恩。感谢学院给我提供了这样一个学习和成长的平台，感谢这里的老师、同学和校友们给予我的帮助和支持。这段经历不仅让我收获了宝贵的知识和技能，还让我更加坚定了自己的人生追求和理想信念。我会珍惜这段经历，用所学知识和技能回报社会，为母校争光，为人生添彩。祝母校一路辉煌，与日月同光！

◎ **作者简介**

王慧农，男，1963年1月生，1988年毕业于武汉大学管理学院，获得经济学硕士学位。深圳市新能源和智能网联汽车产业链党委第一书记。

校友陈晓红：入选美国人文与科学院的
首位华人经济学家

武汉大学新闻网

朴素，低调，留着短发，总是面带微笑……

她有一个在中国很普通的名字——陈晓红。

但这位陈晓红着实不普通。

她现任耶鲁大学经济学系 Malcolm K. Brachman 经济学教授。

12 年前，她就当选为世界计量经济学会院士，是中国改革开放后第一个获得该奖项且出生在大陆的经济学家，也是最接近诺贝尔经济学奖的华人。

今年，她入选美国人文与科学院院士名单，是经济金融学领域第一位获此殊荣的华人。

作为湖北人的她，本科毕业于武汉大学数学系。从一名 20 世纪 80 年代的中国大学毕业生，到世界计量经济学领域最顶尖的学者，陈晓红走过了一条不平凡的学术道路。

她在学术上最了不起的贡献是筛分法的应用，2013 年诺贝尔经济学奖得主拉尔斯·彼得·汉森（Lars Peter Hansen）在获奖演说中，两次引用了她的论文，足见她在这一领域的重要性和影响力。

从"福特班"说起

陈晓红的学术起点大概要从当年的"福特班"算起。

1986 年从武汉大学数学系毕业后，陈晓红凭借优异的成绩，进入在中国人民大学举办的"中美经济学研究生培训班"系统学习经济学理论。因为得到美国福特基金会的资助，这个培训班也常被称为"福特班"，牵线搭桥的便是著名华裔经济学家、"邹氏检验"的发明者邹至庄先生。

"福特班"作为当年中美经济学教育交流的项目之一，共招收培养了 618 名学生，许多人后来成为重要的经济学家，有中国现代经济学教育的"黄埔军校"之美誉。

30 年后，当陈晓红与邹至庄教授一同站在台上接受 2017 年"中国经济学奖"时，她激动地说："我本人就受益于邹教授当年设立的人大培训班。因此我备感荣幸能够与邹教授分享今年的经济学奖。"

1987 年从福特班毕业后，陈晓红留学北美，第二年取得加拿大西安大略大学经济学硕士学位后，进入加州大学圣地亚哥分校继续深造，师从 Halbert White 教授，1993 年取得经济学博士学位。

同年，陈晓红进入芝加哥大学经济学系担任助理教授。这其中的困难程度，佛罗里达大学经济学家艾春荣教授曾这样描述：

"中国大陆赴美攻读经济学博士学位后，获得北美顶尖经济学系教职的人很少，陈晓红是其中之一。即使是美国人，在顶尖经济学系生存下来也非常困难，何况存在语言和文化障碍的中国人，生存下来的概率更低。"

在芝大，她结识了两位后来分别获得诺贝尔经济学奖的学者：拉尔斯·汉森和托马斯·萨金特（Thomas Sargent，2011 年获奖）。

两位资深经济学家显然对青年学者陈晓红产生了很大的影响。她回顾道："在芝加哥大学任教期间我有幸得到（他们）在学术上的悉心指导，Lars Hansen 的严谨治学和 Tom Sargent 的虚心好学都为我留下了深刻的印象。"

1999 年，陈晓红离开芝大，在伦敦政治经济学院教授 Peter Robinson 的推荐下前往伦敦政治经济学院任教，与 Peter Robinson、Richard Blundell、Oliver Linton、Javier Hidalgo、许成钢等经济学家共事，进一步磨炼了她的学术功底。

艾春荣教授对她的这段经历也做过精彩的总结：

"伦敦政治经济学院也是一个令神仙都向往的地方，研究环境非常优越和自由……芝加哥大学的挫折并没有影响陈晓红对学术的追求，她仍然沿着既定的方向，坚韧不拔，做她喜欢做的事情。终于，功夫不负苦心人，伦敦政治经济学院的 3 年时间将她的研究向前推进了一步，并为她回到国际学术中心的美国、成就今天的事业打下了坚实的基础。"

3 年后，陈晓红返回美国，在纽约大学任副教授。同年，萨金特教授正好也开始在纽约大学执教，他们再一次共事了 5 年，"可以再次向他学习"。

美国人文与科学院院士

2007 年 7 月，陈晓红受聘于耶鲁大学，在耶鲁经济学系任教授，同时在考尔斯经济学研究基金会任研究员。

这一年，陈晓红当选为"世界计量经济学会院士"。这一荣誉的重要性在经济学界可谓仅次于"诺贝尔奖"，许多诺贝尔经济学奖得主都是该学会的院士。

在 2007 年出版的《计量经济学手册》第 6 卷（下）里，陈晓红受邀独自撰写了第 76 章一整章——《半参数模型的大样本筛分估算》。范德堡大学经济学教授李彤对这一章的重要性做了很高的评价：

"关于筛分估算的章节是使用筛分法的人必读的章节，并且被广泛引用。毫不夸张地说，正是晓红《计量经济学手册》中的专题章节促进了筛分法在应用经济学中的广泛应用。"

从 2009 年起，她担任了多个计量经济学顶级期刊的副主编，包括《计量经济学》（Econometrica）和《计量经济学杂志》，并从 2019 年 1 月起任《计量经济学杂志》的主编。

因为在计量经济学领域的开创性贡献，陈晓红被北京当代经济学基金会授予 2017 年"中国经济学奖"这一中国经济学界的最高荣誉。在获奖感言中，她说："基金会给我这个殊荣是对我这一代华人计量经济学家和女性经济学家的肯定，我希望此奖能够鼓励更多的年轻学者致力于计量经济学的创新。"

仅一年多后，也就是今年 4 月，陈晓红当选为美国人文与科学院院士，是其建院以来首位入选的来自中国大陆的华人经济学家。

"她为计量经济学方法做出了根本性的贡献……她的研究具有开创性、普遍性和很高的质量。"美国人文与科学院这样评价。

从"福特班"到美国人文与科学院院士，陈晓红的成就与她的执着分不开，正如李彤教授对她的评价所言："所有这些无不展现晓红作为学者的美德——一旦开始，定将尽心尽力，追求卓越。"

同 行 评 价

最后，我们引用几段加州大学圣地亚哥分校经济学教授、武汉大学长江讲座教授孙一啸对陈晓红学术贡献的评价：晓红是全世界范围内在非参数计量经济学领域最具影响力的学者。她最了不起的贡献在于几乎包办了两大非参数方法之一的筛分法的所有大样本渐进理论结果。她在这个领域所做出的超高水平贡献具有奠基性和革命性，并理所当然地影响深远。毫不夸张地说，当今这个年代任何一个想利用筛分法去做研究的学者都不可避免地需要引用陈晓红研究成果或者受到她的学术思想影响。同时，陈晓红提出的筛分估计方法和统计推断方法在宏观经济学、金融、产业组织、劳动经济学与国际贸易等诸多经济学领域中都得到了广泛的应用。

概括地说，陈晓红的成果一个重要的特点是具有通用性。她总是试图在最弱的最一般的假设条件下去研究一个问题的本质继而得到关于这个问题最通用的结论和方法。也因此，很多其他的计量学者，其中不乏一些杰出的计量经济学家，总是可以将她的结果和方法应用到某些特定的模型中从而得到特定的结果。

也正是因为她的每一项研究成果都很深刻并且影响深远，她发表的文章获得了很多奖项，包括《非参数统计杂志》最佳论文奖（Journal of Nonparametric Statistics Best Paper Award）、应用计量经济学理查德·斯通奖（Richard Stone Prize in Applied Econometrics）以及理论计量经济学阿诺德·泽尔纳奖（Arnold Zellner Award in Theoretical Econometrics）等。这些奖项中的任何一个奖项都会被绝大部分学者视为终身的荣耀，而陈晓红的多次获奖，是对她非凡的研究成果以及孜孜不倦的努力的肯定和证明。

我非常荣幸曾与陈晓红以及她的学生廖志鹏（UCLA）合写过一篇文章，题为《可能存在错误设定的半参或非参时间序列模型的筛分估计与推断》。这篇文章于2014年发表在《计量经济学杂志》（*Journal of Econometrics*）上，而这次合作也让我亲身体会到了陈晓红极其严谨的工作态度以及超高的智慧和技术水平。她对任意一个结果都会反复推敲，力求完美。

（摘自武汉大学新闻网，2019年12月26日）

◎ **校友简介**

陈晓红，女，1965年4月生，1986年毕业于武汉大学，1993年于加州大学圣地亚哥分校获得博士学位。世界计量经济学会会士、美国人文与科学院院士、耶鲁大学经济系 Malcolm K. Brachman 冠名教授，2017年中国经济学奖获得者。武汉大学董辅礽讲座教授。2023年被评为武汉大学第十届杰出校友。

武大保险系往事

蒋新伟

武大保险系创立于1984年，1985年开始招收本科生。我很荣幸考入武大保险系，成为保险系招收的首届本科生，也成了改革开放后中国首批保险专业本科生。

记得高考前，班主任老师在课堂上讲到一些社会见闻。那时正处在改革开放初期，他经常讲，今后国家的经济发展离不开银行和保险，银行和保险公司都有县城里最高的办公楼。填报志愿时，就留意到武汉大学有一个保险学专业，由于保险业刚刚兴起，保险学还是相对冷门的专业。为提高录取概率，就毅然报考了武汉大学保险学专业，从此与武大和保险结下了一辈子的缘分。

记得开学报到时，火车停靠武昌站，学校开来了几辆大卡车迎接新生。我们把大包小包行李扔到车上，然后费力爬上卡车车厢。一群互不相识的新生，坐着敞篷卡车，用好奇的眼光打量着这个陌生的城市。车行驶在武珞路上，轮胎撞击着水泥路面拼接处的缝隙，卡车发出有节奏的"噔……噔"声。汽车转弯进入街道口，当卡车从牌坊式的武大老校门近距离穿过时，心中涌起的是对武大这所百年名校的敬仰与自豪。

一

开学后，我们这群保险系新生，有幸与诸位保险学专业老师朝夕相处，日后这批老师都将成为我国保险学科的大咖级教授。

保险系创系主任张旭初教授，讲授"政治经济学""保险学导论"，第二任保险系主任魏华林老师讲授"海上保险学"，邓大松老师讲授"保险经营学"，郑功成老师讲授"保险会计"，胡炳志老师讲授"保险数学"，张正德老师讲授

"保险经济学"，叶月明老师讲授"苏联东欧保险理论与实务"，李珍老师讲授"西方保险理论与实务"，郑华老师讲授"经济法"，邵秋芬老师讲授"保险英语"，程度老师讲授"人口学"。

记得第一学期，在上张旭初老师的政治经济学课时，刚开始两节课下来几乎没有听懂几句话。作为上大学之前几乎没有说过普通话的我，当然也没有听过地道的湖南方言。张老师的湖南话课程，直到期末考试前，我终于能听懂大部分。到了大二，张老师开始讲授"保险学导论"，我们已经熟悉了他的湖南方言，听起来就驾轻就熟了。

20 世纪 80 年代，我国保险学科刚刚建立，保险学理论还是一片空白。为了加强保险理论研究，以武大等高校保险学科中青年老师为基础，成立了中国中青年保险研究会，由张旭初老师担任会长。记得是 1986 年前后，中国中青年保险研究会刚刚成立，在武大经济学院召开保险理论研讨会，当时全国很多高校的中青年教师和人民银行、人保公司的专家学者，云集珞珈山，保险学术研究可谓盛况空前。我们几位同学，到场为会议代表做了服务工作。

张旭初老师作为武汉大学保险学科带头人，提出了保险商品论，当时这一理论的提出很有开创意义。在改革开放的初期，保险的属性并不清晰，张旭初老师提出保险商品论，就是强调了保险经营按照商品经营，要遵循商品经营的规律，后来这一理论在《保险经营学》这本教材中得到系统阐述，成为 80 年代和 90 年代保险学术研究的理论热点。

在 1989 年毕业前的寒冷冬日，张旭初老师突发心脏病不幸离世，当时我们班的同学都非常震惊。同学们都不敢相信这个消息，作为保险系的顶梁柱，张老师去世后我们这些同学怎么办？追悼会现场，女同学们泣不成声，我想心中一半是悲伤，一半是迷茫。

二

保险系初创时期，没有现成的教材，靠保险系的老师自己动手编写。

大二开始，系里给我们讲授保险专业课。第一门专业课是"保险学导论"，因无教材，系里印发了《保险学导论》白皮书讲义，由张旭初老师主编，各章节分别由保险系老师分工编写，张旭初老师写了《保险的本质》一章，文中提出"保险人与被保险人之间的关系，是一种商品交换关系"。魏华林老师撰写了《保险与风险》一章，邓大松老师撰写了《保险与经济》一章，胡炳志老师撰写了《保险的数理基础》一章，张正德老师撰写了《保险与社会环境》《保险行为与保险心理》《保险机制对社会主义经济运行的作用》等三章。到 1989 年，这份讲义以"保险新论"为名，由中国金融出版社正式出版，可惜那时张旭初老师已经去世。此书的出版，受到了专业人士的高度评价。如周战地发表在《中国金融》1990 年第 6 期的《最显著的特点就是一个"新"字》一文指出，"一本新书的价值，在于开辟了新的研究领域，展示了新的研究内容，取得了新的研究成果，中国金融出版社推出的武汉大学张旭初教授主编的《保险新论》正是这样一部颇具新意的理论专著"。

"保险经营学"是我们第二门专业课程，授课时张旭初老师主编的《保险经营学》，于 1986 年由武汉大学出版社正式出版，这也是改革开放后最早出版的保险学术著作之一。此书由张旭初老师构思策划和定稿，各章节主要由邓大松老师、魏华林老师、张晋良老师撰写初稿。书中对保险商品论做了系统阐述，提出"保险作为一种商品，是用来交换的经济保障劳务""保险作为一种商品，具有使用价值和价值两种属性"。这是我国保险学术界的早期热点，也是我国保险学科建设中，从实务到理论跃升的第一个学术里程碑。

魏华林老师在课堂上总是满面笑容，一副和蔼可亲的样子。他给我们上的第一门课是"海上保险学"，海上保险因国际贸易而生，当时很多海上保险规则都没有中文版，魏老师给我们发一些英文版资料，如 1906 年海上保险法、海牙规则、安特卫普规则，读起来着实晦涩难懂。魏华林老师与我们班保持了较为密切的交往，每次回校活动都能见到魏老师忙碌的身影。记得最后一次见到魏老师是 2019 年，我们全班在珞珈山庄举办毕业 30 周年同学会，魏老师参加我们班座谈会时精神矍铄，笑声爽朗，回忆了 1984 年保险系创立、发展和壮大的过程，对于保险系的成长历程和学生们取得的成绩充满了骄傲和自豪。到 2020 年《保险大国》出版时，他联系我说，我班是保险系开门弟子，他的新书出版每人赠送一册，又不厌其烦地收集每位同学的姓名，签名赠书时特别每本书上都写上同学的名字，让我们感动不已。可惜魏老师 2021 年不幸因病去世，在上海龙华殡仪馆，在场同学和老师无不含泪泣别。

郑功成老师是我们的班主任，他给我们授"保险会计"课。郑老师学习能力很强，他从武大经济学专业毕业后留校，所学并非会计学专业。为了教好保险会计课程，他除了自学会计基础理论之外，专门走访当时的中国人民保险公司总公司、湖北省公司、武汉市公司等机构，对保险公司会计人员进行访谈，收集资料，归纳整理。我们这些会计学零基础的学生，面对郑功成老师讲授的借贷记账法、借方与贷方等知识点，听得一头雾水，一知半解。郑功成老师治学勤奋，后来带了一批同学收集保险理赔案例，根据保险法律和原理逐一点评分析，编辑出版了《保险案例分析》等书籍，对我们了解保险实务有很大帮助。

胡炳志老师在保险系上的第一门课是"保险数学"，当时也没有教材，胡老师给了一些油印的讲义，各种微积分、数学公式，对于数学基础较好的我，听课时基本都是"坐飞机"。熬到期末考试，结果全班几乎全军覆没，只有少数几位同学考及格。多年后，胡老师回忆起此事，那时他初执教鞭，对文科班和理科班的数学水平差异缺乏了解。胡老师只好跟大家沟通，安排了几次复习，调整了补考难度，我们才勉强及格。

三

记得是 1986 年前后，段开龄教授访问武大，在保险系举办了一个讲座。段开龄是段祺瑞之孙，美国天普大学保险学教授。当时他正在国内高校进行考察，探讨设立保险精算专业的可能性。武大也是他此行的考察备选。当时讲座会场设立在梅园的经济学院会议室。段教授身材较胖，身穿吊带西裤，语气平和，慢条斯理，平易近人，他并未讲授什么高深的理论，而是讲了很多美国保险业界的情况。他讲到美国有几千家保险公司，而我国当时仅有人保公司一家保险公司，两相对比，感觉我国保险业处在婴儿时期，这些信息对我们的冲击甚大。

武大保险系是 1984 年由中国人民保险公司资助创办。为支持人保公司干部教育事业发展，自 1986 年起开办了几届人保干部专修班，简称干修班。由人保公司职工教育部从全国青年干部中选拔，一个班大约有 30 多人，学制两年，脱产学习，毕业时授予大专学历。85 级本科班正好与 86 级干修班同学一起上保险专业课。干修班同学是在职员工，带薪学习，经济条件优越，善于组织郊游、舞会等活动，本科班的女生经常受邀参加，男生们多少有些吃醋。本科班与干修班在校时，彼此比较熟悉。干修班的部分学员，毕业后即受到单位重用提拔，相继走上领导岗位，为本科班同学的就业等提供了不少帮助。后来，干修班出了不少保险行业的领导干部，如中国太平保险集团总裁李劲夫，中国人保财险广州分公司副总经理祝惠萍，中国人保财险佛山分公司总经理陈伟光等。

从 1984 年保险系组建，至今已 40 年，武汉大学作为改革开放后首批创办保险学专业的高校，为中国保险业发展输送了大量优秀人才，在保险学术研究和理论创新方面形成了很多影响深远的理论成果，在中国保险教育史上做出了不可磨灭的贡献。面向未来，保险业发展和保险学术研究方兴未艾，我们祝愿武汉大学保险学科继续秉持保险系创系初期的开拓创新精神，敢于在保险学术研究和保险人才培养方面勇立潮头，永争第一，创造武汉大学保险学科建设新的辉煌。

◎ 作者简介

蒋新伟，男，1967 年 1 月生，1989 年 6 月毕业于武汉大学金融保险学系，获经济学学士学位。中华联合财产保险股份有限公司总经理。

经世济民，复兴在我

陈作涛

正值祖国母亲第 74 个生日，再一次回到珞珈山下，站在行政楼前，我思绪翻涌，感慨良多。

珞珈山下好读书。30 多年前，我怀着对知识的向往和渴求，也带着青春的懵懂和好奇，来到珞珈山下、东湖之滨，成为武汉大学管理学院的 88 级本科生，也是企业管理专业的第一届学生。老师们一点一滴、一招一式地传授知识和技能，春风化雨般地教导我们走遍天下、安身立命的本领，也培育了我们"明诚弘毅、经世济民"的价值观。

"十日樱花作意开，绕花岂惜日千回。"绚烂的樱花是一届又一届武大人共同的记忆，一年一度的樱花诗赛也是校园文化盛事。本科时候，我做过三年半的校报学生记者，用青涩的诗歌参与过樱花诗赛，见证它一步步成为全国高校著名文化品牌。到今年，我已经连续 10 年赞助樱花诗赛，每每回想起在武汉大学的求学时光，就像吹拂珞珈山的缕缕清风，让人感到无比的纯粹与清新，而告别校园后才真正发现珞珈山对我们人生的影响有多大。

企业发展重担当。30 年前我就是一个最最平凡的珞珈少年。大学毕业后，我来到北京建材科学研究院金鼎分公司工作，通过自己的勤奋努力，陆续担任了市场部经理、总经理等职务，但我始终认为企业管理专业是一门实践性极强的专业，我作为武大企业管理专业的第一届学生，有责任到市场一线，去感受、去参与、去作为。带着冒险精神、乘着改革春风，我辞去工作，毅然投身市场最基层，不断积累创业经验。

我始终认为，企业与生意有着本质区别，企业需要为社会创造价值，企业家需要有使命感，要做到坚定、坚持、坚韧、坚忍。天壕投资集团的企业定位就是赋能中国科技产业，助力国家经济发展。任何一个产业真的想要有未来，就一定要跟国家的产业政策和方向保持一致，必须有根本的协同。

2021年9月，党中央批准了中央宣传部梳理的第一批纳入中国共产党人精神谱系的伟大精神，企业家精神被纳入其中。作为企业家要带领企业战胜当前的困难，走向更辉煌的未来，就要弘扬企业家精神，在爱国、创新、诚信、社会责任和国际视野等方面不断提升自己，努力成为新时代构建新发展格局、建设现代化经济体系、推动高质量发展的生力军。一路风雨走来，天壕能源从实现国内合同能源管理上市第一股到成功铺设国家级天然气长输管网；聚辰半导体从解决卡脖子问题出发到细分领域全球市场占有率第一；天壕新能源从中国生物质热电联产连锁投资运营商出发到持续实现环保、扶贫等社会价值。在企业发展过程中，我面对各种各样的发展机遇，国家行业产业政策提供了导向，母校的教育则坚定了我的初心，我总是能从有利于国家、社会的角度出发，遵循价值创造的理念，真正达成自我价值实现。

复兴大任在你我。从创业取得第一桶金，到投资创办三家企业先后上市，每一点成绩的取得，都受益于当年在武大学到的知识和获得的养分，每一步发展的背后，都有着武大校友无私的支持和帮助，我以身为武大人而无比自豪，深深感恩，我也非常愿意为回馈母校做出更多的贡献。无论是设立人才引进基金，还是设立校园文化建设基金等，都是希望通过支持学校各项工作，助力学校发展，培出合格的新时代好青年，向社会输送更多的栋梁之材。

回忆至此，在这美好的时刻，请允许我向母校表示最真挚的祝福，祝愿校庆圆满成功，祝愿学校蓬勃发展！同时，也向祖国致以最衷心的祝愿，红旗漫卷，江山如画，祝伟大的祖国繁荣昌盛！也祝福充满朝气的珞珈学子们，坚定理想信念、站稳人民立场、练就过硬本领、投身强国伟业，走好一代人的长征，扛起一代人的担当！

◎ 作者简介

陈作涛，男，1970年生，1992年毕业于武汉大学管理学院企业管理专业，2017年获清华大学五道口金融学院EMBA。天壕投资集团有限公司董事长，天壕环境股份有限公司董事长，天壕新能源有限公司董事长，聚辰半导体股份有限公司董事长，北京云和方圆投资管理有限公司董事长，湖北珞珈梧桐创业投资有限公司董事长。武汉大学校董。

珞珈印记

——校园回忆与求知历程

陈邦宇

  站在东湖畔，俯瞰着珞珈山。我告别珞珈山已有 30 余载，每每回忆起那段光阴，依然感慨万分。初次踏入大学的校园，那是一个阳光明媚的日子。学校在水利电力领域，享有卓越的声誉，培养了一大批杰出的人才，让我们对母校感到骄傲和自豪。在校园里，我们汲取的不仅是专业知识，还有为人处世的智慧。老师们深切关怀着学生，他们不仅是知识的传授者，更是我们的朋友和导师。与老师们亲近的时光令我感到幸福。出色的教学质量和宜人的生活环境，母校赋予了我们许多，我们对此感恩不已。

  母校留下了许多难以忘怀的经历，其中最珍贵的莫过于与老师和同学之间相处的点滴。当时，我们管理系分成两个班级，每个班约有 35 名同学。我们所学专业是技术经济，同学们来自全国各地，几乎一个省份对应一个同学，我们之间的情感非常深厚。即便多年后，我们的老同学之间依然保持着联系。我们的班主任是徐莉老师，她和她的丈夫柳老师格外关心和呵护我们。两位老师与我们学生的年龄相仿，因此我们之间的情感格外深厚。

  2000 年，我参加了电网公司的青年干部培训班。武汉大学负责了这次青年干部的培训，而徐莉老师恰巧是那次的培训老师。当时，我感到非常惊喜，想来也算是一种缘分。现在已经过去了 30 年，我和徐老师仍然保持着联系，经常互相交流。

  在校园里，我积极参与各种组织和活动，担任了班级的副班长，负责组织和协调班级事务。此外，我热爱乒乓球。我还记得在校园里，乒乓球桌是我钟爱的去处之一。我们常常在宿舍楼下的乒乓球桌上打球，同学们围观，这是我非常快乐的时光。我还曾担任学校乒乓球协会的主席，这让我有机会代表学校参加各类乒乓球比赛，我们班也多次荣获学校乒乓球比赛的冠军，这也成为我与同学们的美好回忆。

回顾当年的校园生活，充满了趣事。与现在不同，那时录像刚刚兴起，我们常常前往录像厅观赏电影，尤其钟情于香港的警匪片。偶尔，学校会在广场放映电影，周末晚上，同学们聚在一起，陶醉于那些精彩的影片之中。如今回忆起，真是万分怀念当时的美好生活。

在校期间，我特别喜欢的课程是运筹学。这门课程培养了我对应用数学和优化问题的浓厚兴趣。更重要的是，提升了我的逻辑思维和解决问题的能力，给我的工作带来了很大的帮助，尤其在处理复杂问题、优化工作流程以及提升管理水平方面起到了关键作用，对我的职业生涯产生了深远影响。

难以忘怀的还有我们的专业实习。一次，我们去了葛洲坝发电厂，另一次则是远赴江西，进驻九江电厂。回首当初在校园中度过的时光，实习给了我们无限激情，那时互联网尚未全面普及，我们的感官认知都是通过亲身实践积累的，这让我们深刻地理解设备和工厂运行的精髓。

时光如梭，但母校给予我们的回忆却历久弥新。母校塑造了我们，不仅赋予了知识和技能，还培养了我们的品格和友情。在珞珈的校园中，我形成了自主学习和深刻思考的习惯，磨炼了坚韧和勇气。大学时光里，我结识了无数令人敬佩的导师和亲密无间的朋友，他们在我成长的道路上慷慨相助，无私指导。他们就像是我求知路上的灯塔，给予我人生中不可或缺的支持。

母校即将迎来130周年的校庆，我和许多校友一样，怀揣着激动的心情，计划着回校参加庆典活动。愿我们的母校继续培养出优秀的学子，愿年轻的学弟学妹们在这里找到自己的人生方向，创造更多美好的回忆！

◎ 作者简介

陈邦宇，男，1970年4月生，1992年毕业于武汉水利电力学院管理工程系，获得工学学士学位。广西电网公司党委副书记兼工会主席。

犹记向时雨　珞珈岭上吟

——追忆人生最为美好的武大时光

杨长江

　　大学毕业后已经多次重回武大，每次都心潮澎湃，但最为激动的还是在2006 年因参加毕业 10 周年活动的第一次返校之行。出发前几日就难以平静，上了火车即涌现近乡情怯之感，夜里迷迷糊糊在大学时光与现实中反复跳转。火车进入湖北省界后已经坐不住了，站着一路看列车飞驰。回到学校将行政楼、老图书馆、鲲鹏广场等魂牵梦萦的地方都一一走过后，独自在桂园操场边坐了很久，放任自己沉浸在感伤的情绪里，因为在这里度过的一切都那么美好、那么值得怀念。

　　怀念母校，首先是因为母校宽松自由、厚重朴实的育人氛围。我某次在复旦参加论坛时，学生要我比较一下自己的大学生活和他们现在的区别，我说我们那时像是散养的母鸡，经常会踱步到河边喝几口水，去草丛里捉小虫吃，没有强制的饲料喂养，没有下蛋的排名竞争，所以偶然下一个蛋味道往往不错。大学是成年的最初阶段，这个时候应该好好学习、充分发展，少些功利，多些天性，那时的武大真正给我们创造了这个条件。那个时候的我们，觉得武大就是一个完整的小世界，一切学习和生活的需求都可以在这里得到满足，也没有绩点焦虑与择业压力，可以专心享受美好的物外桃源生活。在大学时候我曾做过许多"无用之事"，例如曾和宿舍里一位同学因为好玩而比赛背诵《红楼梦》诗词，至今大多还能随口背出而终身受益。图书馆里研究红楼梦方面的书，我差不多全部翻了一遍，后来最喜欢和中文系的朋友聊红学。

　　武大作为老牌综合性大学藏书极其丰富，所开设的课程琳琅满目，选修其他系所的课也非常方便，还有主辅修、双学位等多种培养路径，在那时的国内高校里可以说是独此一份，真正是"海阔凭鱼跃，天高任鸟飞"。我曾和其他高校法学教授开玩笑，说我的法学学士学位课程都是跟着武大法学院的学生一起学出来的，标准的科班出身、根红苗正，所以有胆量在复旦为几届学生开设了"金融法"课程。法学的思维方式在金融学之外又给我开启了一个新的世界，姚梅镇先生的雄文《论国际经济法是一个新兴的独立的法学部门》曾让我非常震撼，多年以后在跟随导师编写国际金融教材时，我试图去论证国际金融作为一个独立学科的学科主线与内在逻辑，思想渊源即是姚先生所赐。开设一年的民法（6学分）和国际私法（5学分）是我最喜欢的课程，余延满老师和肖永平老师都是大家风范，上课不带书本，唯有两只粉笔和一杯清茶，把那么复杂的概念法条娓娓道来，说起历史上各个案例如数家珍，这都是我后来走上讲台时着力效仿的榜样。

武大历史悠久的学习竞赛也非常激励学生向学。记得当年曾发生一件趣事：综合知识竞赛的试卷里有题要回答"心底无私天地宽"一句的作者是谁，选项分别是杜甫、苏轼等古人，我出来后说这题估计出错了，应该是陶铸的诗。结果宿舍里一位同学和我打赌，其他几位同学分别在两边下注，约好输了就请客。那个时候没有网络没有百度，按分工四位同学去图书馆各查一位诗人的诗集，大家到图书馆就傻眼了，厚厚好多本还是繁体字，翻了一会实在不得要领，只有晚上跑到大学语文课上问老师，答复确实是陶铸写的，于是乎输者请客赢者也请客，在水院小吃街上差不多一周时间天天晚上吃烧烤，赏心乐事莫过于此。

怀念母校，还因为母校眼界开阔、勇于拓新的教育理念。20世纪90年代初，经济管理类传统教材、教学内容与新的时代需求之间矛盾突显，那时又没有现在这样丰富的网络资源，国内高校都面临着严峻挑战。而那时的武大，给了我们可以说是当时国内最好、最为前沿的专业培养。大一的时候，翻开刘涤源等先生所著的《当代西方经济学说》，真是打开了新世界的大门。这是国内第一本系统介绍当代西方经济学说及其流派的教科书，逻辑极其清晰，而且真正融贯东西。肖卫国老师和何国华老师当时都很年轻，分别讲授"宏观经济学"和"微观经济学"，给我们打下了较为扎实的现代经济学基础。大二的时候，李崇淮先生和黄宪老师主编的"资本主义货币银行学"让我走进了金融学的天地，至今都常摆放在书桌案头不时翻阅。黄宪老师在课堂上讲述李崇淮先生在人民币货币性质大讨论中清通高朗的辩才与上达天听的轶事，让还属懵懂的我们感受到了学术创新中睿智与勇气都不可或缺。印象深刻的还有高小红老师的"国际贸易"课程与胡昌生老师的"证券投资学"课程，所用的自编讲义内容和今天的主流教材基本一致，在当时可以说是空谷足音，图书馆和书店里一本类似的书都找不到。尽管学习难度很大，但是收获满满，差不多30年前就在课堂上学习资本市场线与夏普指数，国内还有哪个高校能前沿如是？

特别值得一提的是，在大三的时候，邹恒甫先生回国创办了高级经济研究中心，开出了一批经济学及数学系列课程，数学分析是请当时数学系最受学生欢迎的老师为我们开设的，宏观经济学则是邹先生亲自讲授，讲台风采至今记忆犹新。邹先生曾购置大批美国一流教科书影印，这真是功德无量的大好事，在复旦读研时，现任香港中文大学经济系主任的师弟宋铮曾托我从武大买了很多本，多年后见面他还提起此事。当时在选择考研方向时，曾在武大高级经济研究中心、武大国际私法、复旦国金系三者间举棋不定，虽然最后选了后者也算是幸运被录取读博，但是我心里时常后悔，觉得那时太为稻粱而谋，如果选了另外两者或许人生更为丰富。

怀念母校，最为重要的是这里有着亲密无间、关爱备至的师生关系。我记得在货币银行学课上，我曾因为学习不得法而去死抠书上一个个具体概念，黄宪老师告诉我这样读书要死人的，一句话让我茅塞顿开。大二的暑假，我参加了管院组织的国有企业改革调研小组，江春老师等在炎炎夏日带着我们去走访武汉重型机床厂、武汉发改委等单位，我因此尝试写了自己第一篇学术类的文章《论产权不明是建立国有企业破产机制的根本障碍》，得到了江春老师的热情鼓励，江老师亲笔写了长篇评语，我郑重保存至今。记得那时常常去江春老师家，江老师家住五楼，常将一楼入户钥匙放在一个手套里扔下来给我开门，当时情景历历在目。在大三的时候，叶永刚老师带着我们去调研外汇转贷款问题，跑了多家金融机构，对外介绍说我们几个同学是他的研究生，我们当时又心虚又骄傲。在叶老师的课上，他指导我们几位同学成立研究小组分析国债期货定价因子问题，当时叶老师很忙，经常是我们晚上9点多联系他，他都对我们进行指导。我们来到叶老师的书房时，他常常还在奋笔疾书，让我们再等上一刻钟，往往是晚上10点后才开始讨论。我那时不大懂事，兴奋地说起数学模型细节就停不下来，但是叶老师从来不打断我而是努力去听。深夜告辞后，其他同学埋怨我全然不顾叶老师已经非常疲倦，而且没有准备书面材料，怎么能让老师当即跟上我们天马行空的思路。在复旦读研后，导师为国际金融教材举办了一次高校教师研讨班，我因参与编写而有幸在班上汇报了一次。当时给我上国际金融课程的刘思跃老师也来参加，我见到刘老师，觉得班门弄斧非常惶恐，可是刘老师热情鼓励我，要我大胆放开去讲，让我如同见到娘家人一样的温暖。老师们的关爱还有很多，难以在此一一记叙。

我自己也在高校任教了 20 多年，真所谓"养儿方知父母恩"，现在才真切理解母校诸位老师当时对学生有多好。每当我在教学中因为耗费精力感到厌倦的时候，在指导学生过程中因为学生不能及时领会而感到不耐烦的时候，我就会想起母校的诸位老师，想起当时指导我的点点滴滴，这些都鞭策我尽心执教，努力将从母校老师那里得到的关爱传递给今天的学生。当然，想起母校诸位老师时，也常常惭愧自己个性疏懒而没有在专业上取得理想成就，实在有负诸位老师的殷切期望。

感谢母校给我机会可以书写这么美好的回忆。收到约稿邀请后，我想起大学毕业时写的一首小诗，当时平仄方面不甚了了，正好趁这个机会修改出来。改来改去，首联还是觉得保留原状最好，就留下点平仄方面的遗憾，更为真实。谨以此诗为结来纪念我们的大学时光，祝愿母校蒸蒸日上：

> 江山最无赖，多情是旧人。
> 朝暮鲲鹏路，静喧樱桂尘。
> 纵歌四载逝，击节千枫醺。
> 犹记向时雨，珞珈岭上吟。

◎ 作者简介

杨长江，男，1976 年 4 月生，1996 年毕业于武汉大学国际金融系，获经济学与法学双学士学位。复旦大学经济学院教授、国际金融研究中心主任。

武 大 往 事

常　东

1992 年的金秋，我们这群懵懂青年闯入珞珈山求学的时候，沉醉于其中的是校舍之壮丽、草木之葳蕤和学风之自由，已经意识到武汉大学将给我们带来一个全新的人生，但完全没有意识到的是，时代已经豁然打开一扇大门——那一年，中国决定走市场经济道路。

武大一直不乏先知先觉、头脑敏锐者。那时有一些学长脱离体制、下海创业，他们后来被称为"九二派"。我们也很荣幸成为武大的"九二一代"——我们学的是企业管理（经济管理系，后改为工商管理系），而且进校后就从市场经济那一套学起。我们班的简称便是"企管九二"。

那时很多年轻老师也不大懂市场经济，于是老师现学现教，颇为辛苦。尤其是会计制度变革，《企业会计准则》和《企业财务通则》刚刚发布，我国会计核算方式开始和国际接轨。财会老师要彻底抛弃过去所学，吸收新知识后再传授给我们，其难度之大可想而知。印象最深的是一次关于市场经济的讲座，由北京大学厉以宁教授主讲。不过，那时厉教授并没有来武大讲，而是在教三楼播放他讲座的录像。虽然只是播放录像，但是教三楼最大的教室连过道都挤满了人，很多老师也和学生挤在一起看。当时也没人知道，厉教授以后会变得很出名。厉教授讲座的具体内容已经记不清了，总之把市场经济讲得深入浅出。在此之前我们对于计划、市场基本没有概念，但是这堂课成为我们市场经济的启蒙课。

我们的专业课是企业管理，但宏观、微观的我们都要学。著名统计学家张尧庭教授和国内市场营销学科创始人之一的甘碧群教授先后担任管理学院院长。当时我们经管系主任是符国群教授（现为北京大学光华管理学院教授）。那时候还没有博导给本科生上课的规定，但是甘院长还是给我们本科生上过课。毕业那一年，我们系又分出一个本科专业"市场营销"。于是，我们找工作时的专业方向既可以写"企业管理"，也可以写"市场营销"。我们同学不是进了高校当老师，就是进了企业。当时很多学生向往深圳，甘碧群院长就说，她有不少学生去了深圳之后就只知道谈钱谈股票了，我希望你们不是这样。

另外一个给我们本科生上课的博导是王维克教授。大二上学期王老师给我们上线性代数。线性代数枯燥乏味，但王老师讲得浅显易懂，我们学的也很认真，居然没有什么同学缺课翘课，最后考试时都能打七八十分。后来我们才知道王维克教授是数学学院的博导。毕业后偶然在报章上看到王维克老师的消息，那是他离开武大去上海交大任数学学院的院长。

我们的专业课是管理，印象中谭力文、龚敏两位老师授课最多，从管理学原理、生产管理、组织行为学到国际企业管理，等等。谭老师当时刚刚从美国访学归来，讲课生动有趣，经常讲一些国内外企业的案例，并组织大家开放性讨论，课堂氛围很活泼，同学们希望这种讨论课越多越好。但谭老师说，学校有规定，每门课的讨论课时不能超过多少，所以还是要以授课为主。谭老师是主管教学的副院长，自然要落实好学校的教学规定。此外，谭老师教课时还尽量把企业管理中的新技术新应用引进到课堂中。我们第一次接触到管理软件，就是谭老师教的生产管理，他让我们使用软件在电脑上进行生产设施布局，着实让我们大开眼界。

那时候，计算机在社会上才刚刚兴起，我们院机房主流配置是 Intel 的 286 和 386，只有两台当时很先进的 486。当时我们已经认识到计算机在未来生活、工作中的地位和作用，因此有上机的课大家都不会错过，而且两台 486 必定是大家争抢的对象。计算机课程我们学了 Basic 语言、数据库及信息系统管理。这些基础课程在工作中的作用不言而喻。当时有同学不满足于课堂所学，另外选修了 C 语言、Fortran，还有几位同学选修了计科系的汇编语言——机器运行的最底层语言。

我们的外语课，除了学《大学英语精读》，要过 CET 四级之外，还要学专业英语。当时，我们院就有一位来自比利时的年轻外教巴特，教我们专业课英语。他年龄和我们差不多大，上课也不拘一格，形式多种多样。他身材高挑，上课时充分发挥他的大长腿优势，就势往讲台上一坐。印象最深的是他采用哈佛商学院的案例教学法，让我们分组讨论企业经营案例，然后上台宣讲。我们使用的是全英文案例，包括 Reebok 与 Nike 和 Adidas 之间的三角混战、可口可乐和百事可乐之间的竞争互动等。几十页的英文材料读下来，分析讨论，最后上台用英文演讲。一套流程走过，我们仿佛变身商业大亨，牛气冲天，恨不得马上发起一场数百亿美金的跨国并购。巴特老师此时则拿起相机，给我们同学一一拍照，留下了我们意气风发、指点江山的豪情壮志。我们在武大拍过不少照片，但是巴特拍的这些照片弥足珍贵，因为这是我们在武大四年留下的唯一课堂影像。巴特给我们上最后一堂课的时候，我们班的书法家雷昊同学，写了一副"桃李芬芳"的书法，赠给巴特，让巴特很感动。

可以说，我们在武大四年的本科生教育，全面而扎实，而且还能跟上时代与社会所需。我们课堂上学的东西，很多都能在工作中用上，比如市场营销策略、财务分析方法、计算机应用，等等。更重要的是，武大以综合性大学的优势、自由开放的精神，让我们可以有更多的选择，更多的自我发展空间。当时我们就有不少同学辅修法学，还有同学拿了法学的双学位。当然，也有其他院系的同学选修我们专业。

搞市场经济，就要发展证券市场。社会上的股票热也传到了学校。当时金融系有一门课程《证券投资》，由刚从日本回来的潘敏老师授课。我们班三十几个同学，有二十多个都去选修这门课，结果把国际金融专业的这门课挤爆了。潘老师问我们为什么要选这门课，是要炒股吗？我们回答说，股票是企业发行的啊，我们学企业管理的，当然要了解啊。潘老师于是去和谭院长商量，最后决定，下学期专门给我们企业管理专业开设证券投资课。于是我们就不必去挤占金融系的专业课了。

除了证券投资课程，一些同学还参加了管院学生社团"康腾"组织的"模拟股票市场"。我们模拟证券交易所，一些人在黑板上写下股价，发布公司信息，比如业绩大增、老板跑路等信息，另一些人则身穿红马甲，接受参与者的买卖指令，撮合成交。康腾除了在武大校内，还到武汉其他高校组织模拟股票市场，产生了比较大的影响。这既是一种社会实践，也是大多数同学的股票操作启蒙吧。

毕业实习是在大三大四的暑期进行，实习的企业是武汉牙刷厂和二棉。当时武大试图进行三学期制度改革，也就是把一年的两学期改成三学期，多出来的一学期专门来实习，时间很短，一个月左右，安排在7~8月份。于是在武汉的酷暑中，我们跑去汉口的牙刷厂实习（另一组在武昌的第二棉纺厂）。在牙刷厂的车间没待几天，然后就回财务室做账。那时候最清凉解暑的，就是牙刷厂在中午提供的冰镇绿豆汤。三学期制效果不理想，试行了一次便停了。体验过三学期制，这也是我们"九二一代"难得的经历。

我们也是最后一届在校外军训的新生，1993级进校后是在学校里军训。那年坐着绿皮火车，北上湖北应山县（后改为广水市）某部队基地，开始军训生活。军训虽然只有二十多天，但是条件艰苦，训练强度大，一趟下来个个都成了精兵悍将。

那时，管院男生基本住在桂园8舍（少部分住在湖滨）。桂园因遍植桂花树而闻名，与樱园、梅园、枫园、湖滨并称。桂8在桂园是最靠近狮子山的一栋宿舍，在秀美的山上观景、学习、打乒乓球，当然也可谈情说爱，可谓近水楼台。我们一群来自五湖四海的小伙伴们住进了八人间的宿舍，开启了丰富多彩，欢歌笑语的大学生活。犹记得，多少次深夜卧谈，多少次挑灯夜读，多少次光着膀子在楼道里"四国大战"（军棋游戏）。在火炉武汉，只有冷水的冲凉房里，流行歌曲粤语的《海阔天空》和国语的《吻别》等有时被演绎得接近原版，更多时候被吼成了鬼哭狼嚎。大三时，我们搬到了桂园4舍，隔墙就是武汉水利电力学院（水院）。几个馋虫，翻过小矮墙，到水院过早。豆皮、蛋酒与桂园一楼食堂的酱肉包以及夜市小摊的臭干子，彻底征服了从外省来的吃货们。就是这样的生活，同窗"同居"四年，39位同学毕业后仍情同手足，成为人生中最重要的挚友。

桂园里的教三楼以及周边的教二楼、化北楼是我们汲取知识营养的主要场所。在当时电气化程度较高的教三楼里，我们印象深刻地pass了难度较高的英语全国六级考试（CET-6）和概率论，如获至宝地吸收了西方经济学、市场营销、会计学等企业管理知识，也眼界大开地聆听了很多知名教授、校友、大咖的讲座，甘碧群、谭力文、赵锡斌、黄宪等优秀老师，不仅教会了我们扎实的专业技能，更是把做人做事的方法和武大精神传授给我们，成为我们一生中最重要的财富。

我们的导师李燕萍虽然没教我们专业课，但确实是我们生活、学习的"导师"，大家遇到各种问题，都免不了要去打扰她。在李燕萍老师以及学工组老师的关照下，企管九二是一个特别团结、有集体荣誉感的班集体，大学四年不但被评为全校优秀班集体，501寝室被评为省级文明寝室。企管九二在管院是人数最少的一个班（刚开始只有30人），但是在院学生会领导班子中却占有重要3席——费毅被选举为学生会主席、古占春任团支部书记、薛家富同学被任命为体育部长。雷昊同学则在社团活动中表现突出，是校书画协会主席。

正是这样的一个集体，大家在毕业的时候都显得难舍难分。四年的青春，都化成一个个美好的回忆。而武大，也已经融入我们的生命，成为我们挥之不去的特征，那就是每个人身上都带有的"武大情结"。1996年毕业时，我们满腔抱负，挥斥方遒；现在母校130周年之际，我们希冀重回校园，连接梦想的原点。

出走半生，归来仍是珞珈一少年！

◎ **作者简介**

常东，男，1974年8月生，1996年毕业于武汉大学管理学院，获得经济学学士学位。曾任深圳康佳集团联席副总裁、深圳康佳电子科技有限公司总裁。

我们亲历的武汉大学（经济科学）高级研究中心的早期发展

龚　关　罗雨雷

引　言

20 世纪 90 年代初，渴求真知，追寻真理，充盈整个大学校园。在那个时代的氛围里，真理的光芒如此令人向往。邹恒甫老师，就如同一束璀璨的光芒，为万千学子点燃了追求真理之火。他铺平了无数追逐梦想学子前行的道路，成就了无数个梦想的追寻者。

邹恒甫老师又被誉为中国当代的"武训"。为了办学，他慷慨拿出自己的资金，甚至不惜"乞讨""敲诈"朋友，借助世界银行提供的"好处"。1994 年 8 月，他创建了经济科学高级研究中心，即高级研究中心（Institute for Advanced Studies，简称 IAS）的前身。中心全面对接世界顶尖高校的现代经济学教育，率先在中国大规模、全方位、系统地传播现代经济学。此后，他将现代经济学更延伸至跨学科领域，涵盖了数学、哲学、历史、社会学、政治学等广泛领域，塑造了为大家熟知的高级研究中心的多元格局。中心不仅设有数理经济试验班和数理金融试验班，还开设了中西比较哲学试验班、世界史试验班和国学试验班。

高级研究中心是中国现代经济教育的发源地，也是现代经济学传播的摇篮。中心为所有全国各地愿意学习的学子敞开大门，免费听课。邹恒甫老师的办学理念和模式迅速扩展到全国众多高校。30 年来，中心培养或受其影响的学子数不胜数，遍布世界各地。

高级研究中心的创立，以及邹恒甫老师作为创始人的影响，超越了学术界限，成为一个探索真理和追寻学术自由的象征。高级研究中心学子追求"思想自由，精神独立，为了学术而学术"的理想，成为中国独特的现象和宝贵的精神财富。

在那个特殊的时代背景下，我们身处的高级研究中心是播撒现代经济学种子的沃土，是知识和思想的交汇之所，是理想与信念的孕育之地，是追求真理和思想自由的摇篮。

第 一 部 分

遇见邹老师：感受他的人格魅力

1993 年，我和龚强师从张敦穆老师，攻读经济数学方向的应用数学硕士。当时，以数理为基础的现代经济学是一个新生事物，研究生层次的课程几乎没有。我们四处去听课。最多的，我们去华中科技大学数量经济学系去修课，修过李楚霖老师的两门课。1993 年五六月份，一个偶然的机会在枫园食堂看到一份邹恒甫老师的学术讲座，它成为我未来的转折点。

讲座在经济学院的一个小型会议室。我们进去的时候已经坐满了人，之前，学生都已做了自我介绍。邹老师见我们进来，问我们从哪里来？见我们说从数学系过来，他显得非常高兴，又问我们具体学什么。我说动力系统。他说他对动力系统中的混沌、多重均衡、不确定性等很有兴趣。我欣喜地发现他讲授的经济学知识正是我渴望学的。

这之后，跟邹老师的接触越来越多。那年夏季，他连续开了《高级宏观经济学》和《高级微观经济学》，分别用的 Blanchard and Fischer 的 *Lectures on Macroeconomics* 和 Varian 的 *Microeconomics Analysis*。每次上课，邹老师将教材往讲台上一放就开讲。教材仿佛是一个摆设，从开讲到下课基本不翻开，因为所有的内容，包括复杂的定理和数学证明都在他的脑子里。邹老师的板书非常俊美，授课严谨，声音充满活力。很多知识都似信手拈来，看似独立的知识点有机地串联在一起，让整个课程像一幅画呈现在我们眼前。

武汉的夏天酷热难耐。那时候，教室里还没有空调，只好搬两把落地大电扇，一左一右对着讲台猛吹。邹老师每次大汗淋漓，T-shirt 的后背都被汗水浸透。几次下来，一身的痱子，嘴唇起泡，嗓音嘶哑。他一边吃西瓜霜润喉片去火，一边执着地讲。

下课之后，邹老师更多的是带着我们去吃饭，都是他请客。珞珈山庄到枫园中间原来有家东水餐厅，我们是那里的常客。邹老师酒量了得，喝啤酒龚六堂和他可能有一拼，喝白酒在整个武汉大学基本没敌手。大碗喝酒，大块吃肉，恣意地谈天说地，大有梁山好汉的味道。

邹老师这样的热点人物一般都会很多应酬，除非不得已，他都会把社交推掉。他说，和学生在一起是他最快乐的事。有一天晚上，邹老师、龚强、龚六堂和我在校园里散完步，买了一个大西瓜，坐在逸夫楼前的草坪上，吃西瓜，天南海北地聊，开心惬意。

邹老师性格豁达豪爽，真性情，他的演讲非常有激情，讲话常常有着原子弹似的爆炸力和冲击力。我们这些习惯于"循规蹈矩"的学生，哪里见过这种阵势？都被他深深吸引，他的周围迅速聚集了一大批青年学者。

自主学习与共同成长：高级研究中心的非凡体验

在我的印象中，经济科学高级研究中心是在悄然之中成立的①。1994 年秋，武汉大学书店后面，一间地势低洼，昏暗狭窄的平房外面挂了一个中心金字牌匾，贴了一张招收经济学和数学的双学位班的红色海报，就算广而告之，开始运转了。最初几年，中心没有专职教师和员工。原武汉大学校党委副书记黄训腾老师负责处理一切行政事务，经济学院退休的孔繁仪老师则担任了办公室主任的角色。中心的旧址位于梅园，邹老师戏称为"雅陋斋"，如今早已经被拆除。

邹老师开始从美国购买大量的英文书籍和期刊，源源不断地邮寄到中心，很快中心的图书馆就粗具规模。2000 年我前往得克萨斯奥斯汀大学留学时，曾感叹中心的经济学图书规模超过了奥斯汀。

在高研中心学习是一种非常特殊的体验。早期，邹老师邀请了大批华人经济学家、武大校友和他的朋友来授课，当然这些授课都不支付报酬的，这其中有谢丹阳老师、朱晓东老师、周忠全老师、阮志华老师、陈志武老师、方炳松老师、张建波老师等。

然而，更多的学习取决于我们自己的自我激励和自主学习的能力。这种自

---

① 在最初很长的一段的时间里，邹老师并没有打算创建经济科学高级研究中心。据邹老师所述，是在张尧庭老师的建议下，才决定创建这个中心。邹老师和数学系的吴黎明老师分别担任主任和副主任。起初，中心仅招收双学位学生，后来有了数理经济和数理金融两个本科班。然而，在相当长的一段时间内，中心的硕士和博士招生仍然需要依附于其他机构。

这个小屋子中走出了大批经济学家

邹老师在介绍中心

我学习的能力的培养非常可贵。我们必须依靠自己来深入学习，自我驱动，这种能力为后来的研究学习打下坚实的基础。我们这些学生，既是学习者，也是老师，既是导师，也是朋友，每人根据自己的研究领域授课。龚六堂讲动态优化、经济增长、公共财政；龚强讲金融、对策论；张定胜讲计量、微观；刘千秋讲时间序列等。邹老师让我讲国际贸易和国际经济学，我曾非常忐忑，因为使用都是西方的原版教材。邹老师鼓励我，他说讲不清楚没关系，自己搞懂就行，将听众当成"木桩"。

涵养心灵：高级研究中心的人文教育

在高级研究中心，邹老师的教育理念非常重视人文素质的重要性，理解历史，探究哲学，欣赏文学，这些都是涵养心灵所必不可少的。

记得，邹老师邀请了留学英国的向荣老师给我们讲授世界史，我还清楚记得他讲的汉尼拔的故事，以及他的队伍回到故乡在家乡的平原安稳地度过一个晚上后，再也打不了胜仗，让人唏嘘不已。哲学系赵林老师口才非常好啊，他讲的哲学不仅不枯燥，而且引人入胜。

真理之翼：颠覆与超越的不懈追求

邹老师理解科学精神的要义在于：对传统和广泛接受的理念发起质疑和挑战。这种颠覆与超越的精神，永远伴随着邹老师和他的学术追随者。

近年来，邹老师将他的思维引向了现代经济学的公理体系，展开了一场深刻的重新思考。他准备挑战那些看似不可动摇的理论框架，甚至将量子力学、宇宙学和天文学等跨学科的知识与经济学相结合，以量化个人的福祉和消费者的自由度等。

自由思想，独立精神：高级研究中心人的理想

邹老师一生都践行"独立之精神，自由之思想"的理念。这种独立精神、思想自由、为了学术而学术的信念也深深根植于高研人中，成为了高研人的追求。

陈寅恪的那句诗："一生负气成今日，四海无人对夕阳"，是邹老师钟爱的诗句。我清晰地记得，陆键东著的《陈寅恪的最后二十年》刚出版，邹老师非常喜欢。邹老师给每个人发一本，高级中心还买了20本供借阅。

第 二 部 分

龚关师兄在第一部分详细地介绍了武汉大学高级研究中心（IAS）的早期发展历史和他个人的经历。我在这一部分主要介绍我个人在中心的经历以及和邹恒甫老师交往的几件往事。

1994 年 5 月，武汉大学经济科学高级研究中心（也即是后来"高级研究中心（IAS）"的前身）在风景如画的珞珈山上一所毫不起眼的小平房里成立了。她的创始人就是当时任世界银行高级经济学家的邹恒甫教授。1995 年初，我偶尔在武大梅园食堂看到高研中心开始开设经济学和数学双学位班的消息（即武大的理工科学生可以上中心开设的经济学课程，文科学生可以上中心开设的数学课程，修满一定的学分后可以拿相应的学位）。我当时是武大电子信息学院的大二学生，但因为对经济学很感兴趣就报了中心开设的经济学课程。我当时的这个偶然尝试不仅让我开始了和邹恒甫老师近 30 年亦师亦友的交往，也完全改变了我的人生轨道，使我从此走进了经济学研究的浩瀚海洋。

我在中心的第一学期选了三门课：中级宏观经济学、中级微观经济学和中级计量经济学。这三门课分别由邹恒甫老师（邹老师先教前几周后由龚六堂师兄继续教；邹老师当年还有世行的全职工作，所以在武大的时间有限）、张敦穆老师和张定胜师兄执教。1995 年春季学期是中心首次对全校本科生开放选修，一时应者云集。因为学生太多，原来安排给邹老师教中级宏观经济学的教

室根本容纳不下，只好临时换到梅园教二楼顶层最大的教室。1995 年的春季学期邹老师不但教我们中级宏观经济学（我记得教材是 William Branson 的 *Macroeconomics：Theory and Policy* 和 Barro and Sala-i-Martin 的 *Economic Growth* 的前几章），他也时常出现在中级微观和中级计量的课堂上给我们加油鼓劲和讲一些有趣的经济学典故。事实上邹老师给我们上第一次课时我并不知道这个热情洋溢的年轻人就是邹恒甫，因为我当时无法将那些头衔和这个年轻人联系在一起。但是他的宏观课很快让我们着迷，一个崭新的世界出现在我面前。我想我开始做研究时选择宏观经济学作为我的研究方向和他在这方面出色的启蒙教育密不可分。他在第一次宏观课开始时给我们讲的一段话让我迄今难忘："只要你们跟着我认真学三节宏观经济学课，你们在这领域就可以俯视中国（其他经济学者）了！"①我们目瞪口呆之余又十分钦佩他的极度自信和坦率。他使我们开始脱胎换骨并让我们找到了自己一生的兴趣和目标所在。

1997 年春季学期，我上完了中心的经济学双学位课程并考取了中心的硕士研究生后开始着手准备写我的经济学毕业论文。当时邹老师正让龚六堂师兄给我们（我和中心 96 级的研究生）讲 Stephen J. Turnovsky 刚出版的 *Methods of Macroeconomic Dynamics* 这本书，我学了一段时间后对用 dynamic optimization methods 解 macroeconomic models 很感兴趣，就决定选这个方向做我的毕业论文。后来我又受到 Turnovsky 的 *The composition of government expenditure and its consequences for macroeconomic performance*（JEDC1995）和 Judd 的 *An alternative to steady state analysis in perfect fresight models*（EL1982）的启发，就开始用 Judd 论文里的 the Laplace Transform method 去解 Turnovsky 提出的一个有政府支出的无限期理性预期模型并重新检验永久和暂时政府支出对宏观经济和社会福利的影响。大概过了一两个月，我成功地解出了这个模型，作了一系列的经济学分析并写出了一个英文初稿。当时还远在华盛顿的邹老师让办公室的孔老师通知我们说如果我们有论文的话可以让中心直接寄给他（当时武大大部分院系和学生还没有个人电脑和电子邮件）。我当时也是初生牛犊不怕虎，就跑到校门口的一个打印店让人帮忙编辑打印了我的论文并让孔老师帮忙邮寄给邹老师。好像一两周后的一个晚上，我正在中心图书室看论文时（邹老师当时让孔老师给我们配了中心图书室的钥匙以方便我们在非办公时间可以在图书室看论文和自修。图书室

---

① 不熟悉邹老师的人可能觉得邹老师有些狂妄，其实这是邹老师一贯的自信风趣的表达方式。

当时订阅了很多前沿的经济学和金融学的期刊），突然接到了邹老师打过来的越洋电话，邹老师在电话里把我夸了一顿，说我寄给他的论文写得很好。他还说在他发表在 *Journal of International Money and Finance*（1994）的一篇论文中也用了 The Laplace Transform method 去做重商主义的动态分析。邹老师还鼓励我好好修改这篇论文并帮我重写了论文的摘要。二十几年过去了，虽然我搬过好几个城市，但邹老师写的这个摘要我一直保留着，它既代表了我学术生涯的起点，也是邹老师对我学术指导的见证。又过了几周，龚六堂师兄告诉我邹老师让他、杨云红师兄和我一起代表中心去参加山东大学和国家自然科学基金委组织的山大金融数学基地成立学术会议并做学术报告。这个学术会议邀请了当时普林斯顿大学的邹至庄教授做主旨演讲，国内的张尧庭教授、史树中教授也参加了会议。这是我人生中参加的第一个学术会议和做的第一个学术报告，我已经完全忘了具体过程了，只记得当时的心情是又紧张又兴奋。我们讲完后张尧庭老师分别给了我们一些如何更好做报告的建议。在 1997 年的这个暑假，是邹老师的鼓励和帮助让我下决心走上学术之路。

从左至右分别是：罗雨雷，涂俊，张定胜，曹永志，李向阳，黄训腾老师，刘劲，刘炜，刘千秋，李慧，桂宏伟，李伟。

1997 年我作为硕士研究生正式加入中心后，邹老师对我的指导和交往也日益增多。他让我和刘劲师兄一起住进武大分给他在珞珈山上的博导房，这样他可以更方便指导我们（这套房子有长途电话和传真，方便我们互相联系）。邹老师可能在一些人眼里狂妄、不羁、不通世故，但在我和其他同学的眼里他是一个非常执着、率真、乐观、心胸宽广的经济学传道者和我们的良师益友。作为一个世界银行经济学家和高研中心主任，他本身就面对繁重的工作和研究任务，但他仍把大量精力花在指导我们写学术论文上，这使得我们获益良多。我印象最深的是当时他经常从美国给我们寄来经典书籍和最新的相关学术论文让我们学习讨论，并且还经常从美国打长途电话和发传真来指导我们如何确定研究课题和进行经济学论文的写作。他的这些指导和帮助使我加深了对宏观经济学的了解并为以后的学习、研究打下了一个良好的基础。他一直以来对我们论文写作的鼓励和热诚让我终生难忘。邹老师是湖南岳阳人，是楚人的后裔，我总觉得他身上有楚国先人那种筚路蓝缕、以启山林的气魄和精神。饮水思源，我和其他同学都很感激邹恒甫老师——一个执着的现代经济学传道者和我们的引路人。

结　语

高级研究中心是一个现代经济学人才培养的摇篮。邹恒甫老师的激情、坚韧和对真理的追求都留下了深刻的印记。在这里，我们感谢邹恒甫老师和所有曾经参与并支持高级研究中心建设的人，他们共同见证了高研中心的发展和我们的成长。愿更多优秀学子在这里追求知识、追求自由、追求真理和梦想。

◎ 作者简介

龚关，男，1970年10月生，1998年毕业于武汉大学经济与管理学院，获得经济学博士学位。上海财经大学教授。

罗雨雷，男，1975年5月生，1997—1999年在武汉大学经济与管理学院攻读经济学硕士研究生。香港大学教授。

边学边做，学以致用

——我在武大经管学院的七年时光

王学海

我是 1996 年从地大应届考到武大管理学院企业管理专业市场营销方向研究生的。当年甘碧群教授第一年不招硕士研究生，改由符国群教授、景奉杰教授和黄恒学教授招硕士。我们那年市场营销方向招了三位同学：杜涛、余谆和我。一位教授带一个，景奉杰教授选了我。景老师刚从武大数学博士后出站不久，被甘老师延请到管理学院，很快就直接评为教授，当时研究方向是市场调查和研究。

我是景老师的第一个研究生，他为人善良宽厚，对我很重视，非常关心我，经常让我到他家吃饭，和我无话不谈。我本科当过省学联主席，比较积极活泼，不是太安心读书，也是跨专业考武大管理研究生的原因。读企业管理研究生就想去企业看看，了解一下企业到底是怎么回事。景老师很支持我这个想法，他当时正在和谢获宝教授、黄沛教授一起在帮一个武大校友创办的企业当代科技（人福医药的前身）做咨询项目，就向公司推荐了我，我很快就在研究生一年级加入了公司，说是兼职，但实际一开始就是全职了。

当代科技创办于 1988 年，虽然当时公司已经有 8 年历史了，但像那时创业的企业一样，办办停停，分分合合，屡战屡败，屡败屡战，当时还没找到主营业务。

公司办公室在珞喻路饭店的一层楼，有 20 多个人，刚刚兼并了一个比较困难的国有药厂扬子江生化制药厂。公司提出"不向市长要钱，向市场要钱"。因为我是学市场营销的，也是公司唯一一个学企业管理专业的，就让我牵头成立了市场部，我是第一任市场部部长。第一个任务就是调研上市一个药品"布洛芬混悬液"。作为一个研究生一年级的学生，没有一天企业工作经验，挑战很大，但我初生牛犊不怕虎，没有一点畏难情绪。那学期正在上景老师"市场调研"的课，我就从课堂上学的东西现学现用，向景老师请教，自己编写市场调查问卷，请了几个同学到药店找店员填问卷，那时公司还没有电脑，自己用管理学院机房的电脑，用景老师教的统计软件 SPSS 做问卷统计分析。根据调研结果做了上市计划，推出了迪尔诺布洛芬混悬液，现在还是人福医药的一个重要产品。

1998 年我又去筹办杰士邦公司（乐福思健康的前身），1999 年担任杰士邦公司的董事长兼总经理，这时我已经开始读甘碧群教授的博士，更是学以致用。经常白天上课时听老师讲的市场营销和企业管理的知识点，晚上就和公司小伙伴开会商量怎么用到公司实践上。符国群教授上"市场营销"课，他是研究商标和品牌的，很重视营销中品牌的作用，所以从杰士邦成立时，就提出要做品牌，树立高价高质的品牌形象。我在管理学院的资料室，找了很多品牌研究的书和文章，仔细学习，向甘老师景老师符老师请教，和同学探讨，对如何建立品牌、如何提升品牌的知名度美誉度有了系统的研究，对杰士邦品牌早期的发展起了重要的作用。

那时没有钱，安全套又不准做广告，怎么快速建立知名度，是当时最大的问题。2000 年我在 *Journal of Marketing* 杂志里看到一篇文章里讲 case marketing，讲如何创造和利用事件做宣传，给了我很大启发。我当天就和小伙伴们商量如何做事件营销，我们就商量策划了一个在武汉长江大桥旁的一个大厦上挂一个巨幅的杰士邦的"确保安全，自有一套"广告，请媒体进行报道。我们当时就预料到工商局会要求撤下，然后再组织专家座谈会，讨论"安全套该不该做广告"，我当时请了和景老师一起做项目的武大社会学系的周长城教授参加座谈会。那时虽然网络媒体不发达，但报纸杂志都纷纷报道，当时最火的《南方周末》还进行了整版的深度报道。后来被媒体评为 2000 年的十大广告之一，说是"5 万元投入达到了 500 万的广告效果"。

我也是在博士一年级上甘碧群教授的"宏观市场营销"课接触到"社会营销"的概念，深入学习发现社会营销用营销的方法做行为改变的理论和工具可以用于安全套的推广。2000 年我就设计了一个 100% 安全套社会营销项目，以在高危人群和重点人群中推广安全套的使用来预防艾滋病传播，这个项目得到了世界卫生组织、联合国艾滋病规划署、国家疾控中心、中国艾滋病防治协会等机构的高度重视和大力支持。这些政府部门和机构的领导和专家对我也很有好感，认为我不像个商人，而像一个学者。主要是我和他们介绍和探讨社会营销理论和实践时比较深入。后来我也在甘老师的指导下，把社会营销作为博士论文的选题，边写论文边实践，用搜集和学习到的理论和案例指导实践，又把实践中的收获和感悟写进论文。2003 年我博士论文答辩时，不管是专家匿名评审还是现场评审都获得了全优。

经过这些理论对实践的指导，边学边用，2002 年杰士邦就成为中国安全套市场的领导品牌，一直到今天，已经成长为全球第二。在杰士邦基础上发展起来的乐福思健康产业股份公司，已经是中国两性健康产业的龙头企业。

2000 年后，我又担任了人福医药集团的副总裁、总裁、董事长。谭力文教授的战略管理，谢获宝教授的财务管理、李燕萍教授的组织行为学等课程我都受益良多，也都是边学边用。记得博士一年级上谭老师的战略管理课时，讲 Ichak Adizes 的企业生命周期，我用这一理论仔细分析了人福和杰士邦当时所处的生命周期阶段和碰到的问题，在课堂上做了分享。为了买这本书，我专门到北京钟鼓楼大街的中国社会科学出版社仓库，把他们库存的十几本书都买了，回来送给人福的高管人手一本。我现在还在推荐这本书。

我 1998 年准备考应届博士时，甘碧群教授还是管理学院院长，甘老师以对学生要求严格著称，我当时很怕她，去见她时说要考她博士，都不敢说我在外面工作的事。因为我是应届考的，只能考计划内的全职博士。甘老师也给我提要求说考上了就要全身心地好好学习，当时景老师等知道我情况的老师都帮我瞒着她，怕她不录取我。录取后，我给甘老师汇报了我在外面工作的事，并且保证不缺课，一定完成学习任务。随着和甘老师接触多了，她对我更了解了，也非常理解和支持我。同时她安排的学习任务我一点也没落下，因为学习这些理论和知识对我工作也很有帮助。

在写博士论文阶段，甘老师帮我改了五六稿，她知道我工作忙，也不怎么催我，但等我交稿时，她总是第一时间就帮我修改，提出意见，这样反而让我压力很大，感觉不尽快写好就对不起她。不辜负甘老师的期待是我当时写好论文的最大动力，也是我后来做好事业的重要动力。

2002 年我博士快毕业时，甘老师和景老师都希望我留校，尽管我当时工作小有成绩了，他们认为我更适合当老师，说武大的管理学科也需要有企业实践经验的老师。他们两位积极推动此事，让我很是感动。虽然后来我没有留校，但为了不让他们两位导师失望，我从 2004 年开始，坚持每周末为武大 MBA 上市场营销课，上了 10 年。也作为导师，指导了 40 多位 MBA 学生，其中好多位成为我的同事。现在在人福医药和乐福思健康承担重要岗位的，好多都是武大经管学院的师弟师妹，这里面有我读书时直接认识的师弟师妹，有些是经管学院老师推荐的（我记得景老师、汪涛教授、黄敏学教授、黄静教授、张广玲教授、夏清华教授等都推荐过优秀的学生），有些是我上过课或指导过的 MBA 学生。

甘老师所开创的武大市场营销学科，一直在全国名列前茅，人才辈出。有甘老师这位精神领袖在，武大市场营销系特别团结，特别有凝聚力和战斗力。我一直在武汉，再加上在学校当兼职老师很长时间，和系里各位老师接触得比较多，他们都很关心和爱护我，把我当成他们中的一分子，我感觉特别温暖。

回望自己学习和做企业的历程，我人生最难忘的日子就是在经管学院（管理学院、商学院）读书的 7 年，这既是我学习知识全面成长的 7 年，也是我学以致用、事业开始的 7 年。我入学时是个小白，7 年后毕业时我创立的杰士邦公司和品牌已经在市场上站稳脚跟，我自己也已经是人福医药集团的 CEO。我感谢经管学院包容的氛围，感谢甘老师、景老师等各位老师的指导和帮助。

我何其有幸，在这么好的学院读书，又遇到这么好的老师，度过这么有意义的 7 年！

◎ 作者简介

王学海，男，1974 年 8 月生，2003 年毕业于武汉大学经济与管理学院，获得管理学博士学位。乐福思健康产业股份公司董事长。

在珞珈山的经管时光

吴光胜

1997 年的金秋，我怀揣梦想和不安来到武大管理学院报到。寒意初生，但无法阻挡我内心的热情。走进校门，我远远望见了绵延的珞珈山脉，一股暖流涌上心头。这里就是我梦寐以求的求知殿堂，一所饱含历史与传承的百年名校，这里孕育无数杰出英才。我即将在这里开始全新的求学之路。

记得开学第一天，我们坐在宽敞明亮的新生报告厅里，发言的老师对我们说："欢迎你们来到管理学院，希望在这里你们既能学习专业知识，更能受到人文熏陶，成长为有责任感的青年。"他的话深深激励了我，也更坚定了我求学的决心……

回忆起武汉大学管理学院的点点滴滴，仿佛一幅画卷展开在我眼前。这个寒窗苦读、汗水浸润的地方，承载着无数校友的青春梦想和奋斗历程。我作为其中的一员，愿意分享我的故事，并以文字勾勒出那些难以磨灭的记忆。

那一年，我国驻南联盟大使馆惨遭轰炸，激起了全国人民的义愤。作为管理学院的大二学生，我自告奋勇担起了发起游行示威的重任。我向领导阐述，如果由学生自发去汉口请愿，可能会造成道路拥堵甚至大桥共振。良好的组织是关键。我的建议得到领导认可，他批准由我负责组织这次游行。

记忆中的那一天，阳光灿烂，我们年轻的心激荡着热血，高举旗帜，整齐行进，呼喊口号。我作为发起人之一，组织了这场规模空前的游行。为保证秩序，我特意安排大四学长走在最前方开路，大一新生殿后，中间按年级排列整齐。

游行队伍从东湖边一路行进到市政府，途径其他高校时，更多的学子自发加入，声势迅速膨胀到数万人。幸运的是，我们管理学院一贯注重培养学生的组织协调能力。在维持秩序方面驾轻就熟。这次游行过程中，学生们一丝不苟地遵守队形，步调整齐，从头至尾保持了完美的秩序。

正是管理学院的人文熏陶与组织训练，赋予了我组织和引领这样规模庞大游行的知识与勇气。在学院的熏陶下，我成长为一个有担当的青年。这难忘的一次游行经历，将永远铭刻在我的记忆中。

在管理学院的四年里，我不仅担任过多个学生组织的负责人，更难忘的是创立"大学生自律委员会"的经历。

为改善宿舍管理存在的漏洞，我发起成立了这个学生自治组织。每天夜晚11点后，我们的值班同学会站在宿舍门口，确保深夜归来的同学不打扰他人休息。如果有学生在午夜12点后才归宿舍，需要主动登记。我们并不过分干涉同学们的合理外出，但期望大家共同遵守不扰乱他人的自律公约。

我时不时亲自巡查，出于人文关怀提醒学弟学妹们：晚上8~10点宿舍内保持安静自习，之后坚持熄灯睡觉，不要喧哗。经管学院的人文精神启发我，秩序与自由可以很好调和，关键是要兼顾多数人的感受。

带着这样的理念，我们的自律委员会取得了非凡的成效。宿舍秩序井然，夜间学习氛围明显改善。这成为我大学生活中难忘的经历之一，也让我意识到团结协作的力量。感谢管理学院给予我人文关怀与管理理念的熏陶！

那一年，我在报纸上偶然读到这样一句话："下个世纪，传媒产业前景广阔。"这句话仿佛点燃我心中的火苗，我茅塞顿开，深感这将是一个值得投身的行业。

于是，我立即发起成立了"大学生拓新社"，并创办了一份面向全市高校学生的报纸——《大学生导报》。我们选择在18所高校发行这份报纸，起初为每周一次，后来随着读者的增多改为每两天出版一次。

这份报纸采用直邮模式，内容贴近大学生活，几年下来获得了广泛欢迎。更令我欣喜的是，它实现了可观的经济效益，让我在大三之前就赚到了人生的第一桶金。

通过《大学生导报》的创办和成功运营，我意识到大学生活不仅是获取知识，更重要的是将知识运用创造价值；不仅是思想的启蒙，更是能力的培养。这成为我人生道路上的重要一课。

感谢管理学院对我的熏陶与培养，使我成长为一个敢于创新、勇于实践的青年！这份难忘的创业经历，必将激励我在未来继续追寻梦想，发挥专业所长，回报母校和社会。在武汉大学管理学院的四年里，我不仅仅获得了管理学专业知识的系统学习，更经历了人生中难得的成长与陶冶。这个学院就像一片沃土，滋养着我们绽放青春的花朵。

在课堂上，老师们教会了我们系统的分析思维，锻炼了我们果断解决问题的能力。他们通过丰富的案例和实践经验，激发了我们的思考，并引导我们运用理论知识解决实际问题。这种培养方法使我们在面对复杂的情境时能够迅速做出决策，并以果断的行动解决困难。

而在课余时间，与老师的促膝长谈中，他们不仅是我们的教师，更是我们的指导者和朋友。他们倾听我们的疑惑和困惑，耐心地为我们解答，并给予宝贵的人生建议。这些交流让我们明确了自己的人生目标，并为未来的职业规划做好准备。

学院里丰富多彩的校园活动也对我们起到了积极的影响。通过参与这些活动，我们得到了锻炼和提升，发展了组织协调能力和社交技巧。每一次活动都是一个团队的合作过程，我们学会了与他人合作，共同完成目标。这样的经历使我们更加懂得团结协作的重要性，并培养了我们在团队中发挥自己优势、互补缺点的能力。

母校管理学院不仅仅是一个传授知识的场所，更是一个塑造个性、培养综合素质的平台。通过课堂学习、与老师交流和参与校园活动，我们获得了宝贵的经验和能力，为未来的职业道路奠定了坚实基础。

从一个懵懂的新生，到能够独立思考、主动作为的大学生，再到一个敢于担当的青年，我清晰地感受到自己的蜕变。这些宝贵的成长，有赖于武汉大学经济与管理学院学院多年来浇灌的人文精神。

正值经管学院庆祝 130 周年诞辰之际，我怀着无比骄傲和感恩的心情，向这所培育我成长的母校致以最真挚的祝福。这 130 年，就像是展示生命力的时间，也如同穿越沧海桑田的旅程。回首过去，我看到一代又一代经管人用青春和热血书写了这个学院的历史，也看到这所百年学府以其丰厚的人文底蕴，源源不断地向社会输送出杰出人才。

母校啊，您是我人生中最宝贵的财富、熠熠生辉的明珠。经济与管理学院啊，您是我追逐梦想的源头活水、坚实的后盾。度过在您怀抱中的四年，我犹如一株嫩苗，在您浇灌的沃土中生根发芽，最终破土而出，拥抱阳光；那片凝聚我们青春热血的土地，那朝夕相处的师长恩师，都化作我心中最亮丽的色彩。

疾风知劲草，风雨见彩虹。未来的路上，我将永远怀揣对母校的热爱，努力奋斗，为经济与管理学院这个希望的灯塔添彩。

◎ 作者简介

吴光胜，男，1979 年 1 月生，2018 年毕业于武汉大学管理学院，获得管理学博士学位。华讯方舟/重投华讯创始人、深圳太赫兹创新研究院院长，武汉大学深圳校友会会长。

珞 珈 往 事

李三希

2023年6月，我接到武汉大学经济与管理学院魏立佳老师的电话，邀请我写一篇校友回忆录。蓦然发现，自2000年进入珞珈山求学，不知不觉已经过去23年了。立佳的这个电话，让我重新把思绪拉回到我的青葱岁月，记忆的闸门打开，往事一幕幕涌现在脑海中。

一

我出生在湘西南的一个偏远山村——湖南省洞口县杨林乡草塘村。小时候的生活环境非常单调，父母都是朴实的农民。我的小学、初中、高中都在本村就读，高中就读的洞口七中，不在县城，在我们县的偏远小镇黄桥镇。读大学前，我只去过一次县城。基于单一的生活经历，大学前的我可以说是一个十足的土包子。这种土气，贯穿了我整个大学生涯。

2000年，我以全县第三名的成绩，考入武汉大学数理金融试验班，成为全村人的骄傲。带着兴奋、希望和好奇，我第一次离开遥远偏僻的山村，前往繁华的大都市，开始了求学生涯。但随着兴奋和幸福感褪去后，我开始了艰难而漫长的转型和融入。第一个困难是经济约束。在老家的时候，我每天的生活费是两块钱，一个月60元，由于成绩优秀，高中免去了我的学费。进入大学，这方面的支出骤增：学费每年6590元，住宿费每年1200元。伙食上，包子四毛钱一个，牛奶一块钱一袋，米饭一毛五一两，菜基本要两块钱一份，即使省吃俭用，每天也要六七块钱，每个月生活费差不多要200元左右。我的父母在家务农，唯一的经济来源是多喂一点猪，把猪卖了凑点学费。因此，学费和生活费给我带来巨大的经济压力，让我不敢有其他任何花销。第二个困难是与同学的交流。成长的环境使我和周围同学格格不入，他们谈论的歌星、明星和其他话题，自己闻所未闻，也无法参与其中。巨大的落差感带给我物质和精神上的双重冲击，我从一个阳光灿烂的少年变得敏感内向，开始有了忧郁和心事。

我非常感激母校的勤工俭学制度，对在校贫困生提供了各种帮助，很大程度上缓解了我的生活压力。入校以后，我申请了勤工俭学岗位，成为学校宿舍楼的助理管理员，协助处理楼道卫生，每个月有 160 元的工资。此外，学校还会组织例如校园义卖等勤工俭学活动，工作一天能够赚 30 元左右。我现在还清楚地记得第一次拿到工资时的兴奋感，我第一时间通过书信，将自己的喜悦分享给了父母。除了经济上的帮助，勤工办也成为我精神上的港湾。主管勤工办的女老师是一位非常有亲和力的老师。第一次给所有申请勤工俭学岗位的学生开会时，她说，"以后勤工办就是你们的家"，老师朴实无华的话语让我备感温馨。通过勤工办，我也结识了很多和我同样背景的伙伴，大家乐观、坚强的精神鼓舞着我以更加积极的态度面对生活上的困难。武汉大学对贫困学子的人文关怀，深深影响了我。多年以后，我在高校任教，会特别关注来自偏远农村的大一新生，由于自己的成长环境，我深知从小山村到大城市求学的艰难，也明白此时来自老师的关怀是多么重要。

二

在我入学时，数理试验班属于商学院，就是之后的经济与管理学院。数理试验班的培养模式独特且超前。首先，试验班授予毕业的学生双学位，因此，学分是普通培养模式的 1.5 倍，学习任务非常繁重。其次，试验班是国内最早在经济学领域和国际接轨的学科，所有课程都借鉴英美名校，直接使用英文原版教材。创始人邹恒甫老师特别推崇数学，因此给试验班开设和数学系同等难度的数学课程。在经济学教育上也很超前，在本科生阶段直接开设欧美博士生学习的课程，如高级微观经济学、高级宏观经济学和高级计量经济学等。

试验班这种高精尖的培养模式，给我带来巨大的挑战。第一个挑战是语言。高中时英语教学资源匮乏，以高中的英文水平，需要应对全部英文原版教材，难度可想而知。第二个挑战是数学。试验班的数学课程难度和数学系同等级别，而且大学数学和高中数学的体系衔接是脱节的。高中数学重在应用，是具体的一个一个问题，而大学数学是高度凝练的，从具体到抽象思维的转变，这种风格上的转变需要巨大的学习成本。举例而言，大一学习的抽象代数，群、环、域这些特别抽象的概念在现实中没有很好的对应，这给习惯了具象思维的我带来理解上的巨大障碍。第三个挑战，也是我觉得最大的挑战，是学习目的不明确，不知道学习这些知识有什么意义。很长一段时间，包括我在内的许多同学都非常迷茫，缺乏学习动力。

庆幸的是，我在数理试验班遇到了一些非常有魅力的老师，他们知识渊博，品格高尚，对我未来选择学术研究道路产生了深远的影响。对我影响最大的是数学老师张敦穆。张老师几乎包办了数理试验班的所有数学课程，包括数学分析、抽象代数、拓扑学、复变函数、动力系统等。张老师穿着朴素，总是穿着一件夹克、一双运动鞋，不论天晴下雨，都会随身带着一把伞。张老师是一位非常纯粹的学者，他的名言"数学是最美的"，每学期会反复说好多遍，每当出现一个简洁又很有数学意义的公式时，他总像欣赏一件艺术品一样陶醉其中。张老师还有个特点是爱笑，经常哈哈大笑。他上课时喜欢讲数学家的故事，在讲到某个数学家的趣事时，总会开怀大笑，笑声非常具有感染力。从他身上，我逐渐学会了数学的审美，并且第一次真切地感受到，对学术的纯粹追求可以给人带来多大的快乐。

邹薇老师是我学生时代的另一个榜样。和张敦穆老师一心钻研理论知识不同，邹老师更关注现实和社会经济发展。让我十分敬佩的是，邹薇老师非常谦虚好学。当时数理试验班从国外邀请了一批名校的学者讲授西方前沿的经济学知识，邹薇老师总是和我们学生一起，坐在讲台下，非常认真地听讲，做笔记，提问题。邹薇老师也特别乐于帮助同学，总是热情回应同学提出的各种问题。

数理试验班的创始人邹恒甫老师是我们数理学子的偶像，在他的推动下，我们当中的部分同学得以走出国门求学深造。在大学期间，我有幸多次聆听邹恒甫老师的教诲。第一次听邹恒甫老师的演讲让我大受震撼，他的思想自由开明，演讲风格奔放不羁。他也一直教导我们，要有独立之精神，自由之思想，要敢于挑战权威，敢于有自己的思想，尤其是要有纯粹的学术理想，不要被世俗的名利所诱惑。邹恒甫老师对学生的关心是无微不至的，记得当时还没有微信之类的互联网通信工具，邹老师会经常越洋从美国打电话到我们学生宿舍，让同学们把电话打开免提，一聊就是一两个小时，给大家分享学术的真谛。邹恒甫老师对学术的热爱和追求，影响了包括我在内的一代又一代数理学子，成为了我走向学术道路的重要推动力。

三

在珞珈山，我有缘结识了一批优秀的好友，一起度过美好的青葱岁月。他们是我人生路上最亲密的伙伴，我们一起上课，一起讨论学术，一起熬夜备考，也一起分享生活中的点点滴滴，他们对我而言，就如兄弟姐妹般亲密无间。

我很庆幸，在那个时代，内卷这个词还不是现在的含义，老师们对我们管教并不严苛，而是在一旁关注，任我们自由发展。同学们在一起，没有过多关注考研、保研的事情，更多的是追随自己的兴趣，在武大自由开放的氛围下，成长为了不同的模样。我隔壁宿舍的好友熊建洲，对本专业的经济学并不感兴趣，反而对计算机感到痴迷，本科阶段旁听了武大计算机学院的所有课程，毕业后进入了 IT 行业。班里年龄最小的王鹏义，痴迷于刷电视剧。毕业时，他突发奇想，既然自己这么喜欢电视剧，为何不追求自己的兴趣呢，因此考取了北影的研究生，现在成为一名职业编剧。女生同学中的才女侯青，一直喜欢写小说，毕业后并没有从事本专业的工作，进入传统的经济金融领域，而是成为一名自由写手。当然，受数理学术导向培养模式的影响，班里的 40 名数理学子中，最终走向学术岗位的，依然占了四分之一。如今，这些在国内外高校任教的数理学子，承载着数理人对学术纯粹的爱好和追求，把数理人独立自由、求是拓新的学术理想，传授给更多的年轻学子。

◎ 作者简介

李三希，男，1982 年 12 月生，2006 年毕业于武汉大学经济与管理学院，获得经济学硕士学位。中国人民大学经济学院教授。

缱绻校园情，青春珞珈录

徐健人

青春珞珈，回忆那年

时光荏苒，转眼间毕业已接近 20 载。回忆起武汉大学的校园岁月，仿佛还能闻到樱花的芬芳，感受到东湖的微风。那是我人生中最美好、最难忘的时光之一。当年，我住在东湖之滨的湖滨 7 舍，533 寝室，至今依然清晰地记得它的模样。每当黄昏时分，夕阳将湖面映红，我时常与同学们一同走到湖边，沐浴在余晖里，享受这如画般的美景。由于在校园的远端居住，每当上课前往教学楼，我总是早早地离开宿舍，漫步穿过那令人神往的樱园。眼前是一幢幢古色古香的建筑，散发着历史的气息。参天的樱树如白云般绽放着粉嫩的花朵，每值三、四月，春风轻拂时，樱花飘落如雨，伴随着淡淡的花香，让整个校园都沉浸在浪漫的氛围之中。

虽然每次上课要花费至少半小时的步行时间，我从未觉得这是一种负担。相反，这段悠闲的走路让我能够放松心情，欣赏校园的美景，与自然融为一体。在这段校园漫步的旅程中，我也经常与同学们相遇，一同走向教学楼。我们谈论着课程，分享着生活中的趣事，彼此的陪伴让整个过程更加愉悦。

在校园里，自习是我们学习生活中不可或缺的一部分。我一般会选择理学院或者樱顶的老图书馆，因为它们离宿舍最近。虽然要走上一大段上坡，但这段路程充满了回忆和意义。特别是在大三大四准备出国、备考托福和 GRE 的时候，我在自习室里度过了无数个披星戴月的日子。我和其他准备出国、考研的同学们一起刻苦学习，相互鼓励，相互督促，共同度过了许多晚自习和周末。那些时刻虽然辛苦，但我却愿意将自己埋头苦读，为了心中的梦想，为了那份对未来的美好期许。每当我走过那段熟悉的路，我会感叹时光的飞逝，却也因回忆而微笑。

当年在武汉大学，湖滨食堂是我们常去的就餐地点。作为新开张不久的食堂，当时算是整个武大最好的食堂了，现在想起来感觉挺幸运的。湖滨食堂一楼物美价廉，二楼还有小炒点菜，我们时不时会和室友一起美餐一顿，留下了不少难忘的回忆。

师恩难忘， 情深谊长

在武汉大学的求学岁月，我有幸遇见了许多杰出的老师，其中经济学和数学系的教授们为我的学术生涯奠定了坚实的基础。然而，是两位保险专业的导师田玲老师和胡炳志老师给予我最深远的影响和启迪。

田玲老师渊博的保险知识和严谨的治学态度让我深感钦佩。每次上她的课，她总是以生动有趣的教学方法为我们讲解复杂的保险理论和实务，让枯燥的知识变得生动易懂。在课堂上，她总是鼓励学生积极发表自己的见解和思考，这种开放包容的教学氛围让我们愿意参与讨论和学习。她对学生的关心和鼓励让我感到温暖和安心，更让我懂得了师生之间的情谊是多么宝贵。田玲老师的教导不仅让我在学科上取得了进步，更让我懂得了做人的道理。田玲老师是我学习路上的明灯，她的谆谆教诲将伴随我一生，成为我人生道路上的宝贵财富。

胡炳志老师则在精算领域给予了我深刻的指导。胡炳志老师不仅教授精算理论，更在实际问题中进行案例分析和计算，让我们理论联系实际，加深了对精算学的理解。他鼓励我们在独立思考的基础上，大胆探索，敢于挑战。胡炳志老师严谨的治学态度和精益求精的教学风格让我受益匪浅。他对学生的关怀和帮助让我感受到师恩的深沉和温暖。

毕业后，我决定继续深造，前往美国攻读博士学位。如今，我在美国一所研究型知名大学担任副教授（终身教授）和博士生导师，致力于金融和风险管理与保险领域的教学和研究。我始终怀着对知识的热爱和对学生的关怀，将自己的知识和经验传授给新一代学子，成为他们学习和求知的引路人。我希望能够用自己的专业知识和学术成就，培养更多优秀的人才，不断推动学科的发展和进步。

除了专业老师，我还在学校社团活动中遇到了其他优秀的导师，其中最让我难忘的是车英老师。在我加入武汉大学书画协会后，车老师给予了我很多帮助和指导。他不仅在书法技艺方面有着深厚造诣，更是一个温和严谨、耐心细致的人。每次在书画协会的活动中，他都会耐心地给我们讲解书法的艺术和技巧，帮助我们不断提升自己的书法水平。车英老师的指导让我在书法创作中有了更深层次的理解，也让我对书法艺术有了更大的热爱。

我从小学习书法，师承陈义经大师（以"金刚陈体"著称）。加入武汉大学书画协会后，我有幸成为该协会的主席，这是我人生中的一大荣耀。在我的带领下，书画协会举办了数年樱花笔会，这是一项吸引了湖北省众多高校参加的书法绘画大赛。每年樱花盛开之时，我们在校园里集聚，共同挥毫泼墨，创作出许多优秀的作品。樱花的美丽与书法的艺术相映成趣，使这项活动成为校园中备受瞩目的盛事。

在书画协会的日子里，我代表武大参加了"黄彰任"全国书画大赛，并荣获一等奖第一名的殊荣，这也是我书法艺术道路上的一大荣耀。我的书法作品还有幸代表武大两次被送往日本进行展览。这些荣誉的取得让我感到自豪，也是对我多年书法学习和创作的认可。

同窗情谊，海天不隔

时光如白驹过隙，我们已经离开校园多年。然而，海天之隔无法阻挡我们对曾经的同窗的思念。在武汉大学的岁月里，我结识了许多志同道合的朋友，他们与我一同走过了青涩的大学时光。我们一起度过了无数的日夜，分享欢笑与悲伤。

我父亲是武汉音乐学院的教授。在这样的音乐氛围中，我儿时学习钢琴，耳濡目染地接触到音乐的美妙之处。在武大，我有幸加入原创音乐协会，遇到一批非常有才华的伙伴，包括黄友敬、朱旻、蒋志轩、王盈和方瑜等，大家一起享受着音乐的魅力。我们用心作词谱曲，创作属于自己的原创歌曲，将心中的梦想与情感融入音符之中。每当音乐在指尖流淌，我们彼此感受到灵魂的共鸣，彼此的声音交织成最美妙的和声。

为了筹备武大首张校园原创音乐专辑《绿色音符》，我们付出了不懈的努力。自费租用录音棚，辗转编曲，录制各种乐器和人声。那段日子虽然忙碌，但每一刻都充满着对音乐的热爱和对梦想的执着。经过年轻人的几个月努力，我们终于见证了专辑的完成，其中收录了我创作并演唱的《儿时时光》。这首歌曲于我意义非凡：承载着对逝去时光的眷恋，对美好回忆的怀念，成为我们共同的音乐记忆。另外，我还有幸被邀请到楚天音乐台分享创作经历和宣传歌曲，这对一个年轻人而言是一次难得的锻炼机会。

随着时间的推移，一系列巡回演出让我们的音乐传遍整个校园。我们紧张而兴奋，倾情演奏自己的原创音乐，将内心最真挚的情感传递给观众。其中，武大梅园小操场的万人演唱会是最令人难忘的一刻。当灯光照亮舞台，万众瞩目之时，我们心中充满了骄傲和激动。在观众的热情欢呼中，我们奏响了最动人的音符，让歌声飞扬，汇聚了青春的热情与梦想。那一刻，我们的音乐梦想达到了巅峰，让我们深刻体会到音乐的魅力和力量。然而，由于学业和准备出国，我后来暂停了在音乐协会的活动。尽管如此，我心中一直都保留着音乐的种子，也一直保持着对音乐的热爱和激情。

我们 2000 级保险与精算系的同学们也是一支团结友爱的集体。在武汉大学的校园岁月里，我们相互扶持，共同进步，形成了融洽的氛围。如今，我们或许分隔在不同的城市，踏上了不同的人生道路，追逐着各自的梦想和目标，但大家依然保持联系。那段在武汉大学的美好时光，如同一颗永不凋谢的明珠，镶嵌在我们的青春岁月里，闪耀着最璀璨的光芒。

在远离祖国的异国他乡，我常常怀念起武汉大学的美好时光。每当想起那片美丽的校园，老师的教导，同窗的鼓励，我都备感幸运。无论是在保险与精算专业的学习上，书画协会的书法艺术探索，还是原创音乐协会的音乐旅程，这些宝贵的经历都为我奠定了坚实的人生基石。我将永远怀念那段难忘的时光，怀念武汉大学这个伟大的学府。我将继续怀着感恩之心，努力教学、研究，回报母校的培养和教诲。无论身在何处，武汉大学的校友身份永远是我自豪的标志，我会将母校的精神永远传承下去。

◎ **作者简介**

徐健人，男，1982 年 5 月生。2004 年毕业于武汉大学商学院保险与精算系，获得经济学学士学位；后留学美国，获得硕士和博士学位。美国北得克萨斯大学瑞恩商学院金融系副教授（终身教授）。

回首珞珈，风景独好

——记忆中珞珈山的九年岁月

唐　甜

接到约稿的时候，我一阵恍惚，算了算，离踏入大学校门已经过了整整 20 年的时间。2003 年，我高中毕业开启大学生涯，经历了本科、硕士、博士，整整 9 年最美好的日子都在珞珈山上度过，可以说那里有我人生最好时候的最美回忆。20 年后再回首，我以为经历了工作后的结婚生子、经历着繁忙的日常琐事，除了学习的知识已化为工作的养分外，其他记忆早已淡去，但今天重新翻看了珞珈山的地图，三环宿舍、工学部食堂、樱花大道、老图书馆……9 年的足迹、9 年的时光、9 年的生活，那些尘封的记忆，渐渐清晰地浮上水面。那些美好的日子，那些和老师和同学们一起度过的时光，原来一直牢牢藏在心底，不曾，也不能遗忘。

犹记得初入大学时，知道武汉大学是一所综合性的大学，也知道武汉大学被誉为全国最美的学校。但懵懂少年，无从也没法见识别的学校，对于综合性、对于最美，完全没有概念。20 年后再回首，去过了全国不少学校才发觉，不是所有的学校都有公园般四季不同的美丽景色、不是所有学校都有这么丰富壮阔的建筑群，也不是所有学校都有那么综合多样的教学资源，这让我更加怀念在学校，特别是在经济与管理学院度过的美好时光。

校园的美，四季皆不同

还记得春季的樱花大道，熙熙攘攘的人群，除了人流如织的游客，也有我们这些初次经历"武大的春"的新生。第一次见到盛开的樱花掩映下的樱花城堡，是这么美丽，樱花大道上粉白的樱花挂满枝头，随风轻摇，从来没有想过，这种景色能在校园里出现。现在耳边还能回想起当时学生心目中的"校歌"："珞樱缤纷，我的灵魂，和着节奏，穿梭行走，幻觉爱上这花瓣，盛开后，落无忧……"

还记得夏季的未名湖畔。虽然武汉的夏天一如既往地潮湿闷热，但在学校里，竟然不觉得烦躁。在未名湖旁边的樟树林里，地面上种着很多翠绿的植物，浓厚的樟树叶重重叠叠，不给热辣的阳光一丝余地。树荫之下有很多石凳，或站或坐，或讨论或打盹，或学习或恋爱，连蝉鸣也变得尤为可爱起来。

还记得秋季的各色落叶。惊叹于自强大道旁高高的梧桐树，彰显着岁月的悠久和学校的底蕴。微风吹过，树叶飘洒，长发少女微微抬头，枯黄的梧桐树叶擦着发梢悠然落下，这是当年流行的校园写真的必备画面。还有樱花城堡对面的银杏树，一到秋天，金黄色的银杏叶铺满山坡，当时那个地方还有个俗名——"情人坡"。

还记得大雪中的教五楼前广场。那年冬天我们正在上课，窗外突然飘起了鹅毛大雪。武汉下大雪的冬季并不特别，但对于班里没有见过雪的南方孩子来说，这就是奇迹。大家忍耐激动的心情，一到下课全都冲了出去，在广场上撒欢，打雪仗堆雪人。特别是班级里的广西同学，直到天黑都不舍得回寝室。

多样的建筑，美不胜收

忘不了古朴典雅的各种建筑。比如行政楼会出现在各种宣传照片里，一般是在秋天，行政楼在各色的树木掩盖下无比壮阔。行政楼下的操场，400米塑胶跑道中间是足球场，当时女生就已经开始流行 keep fit 保持身材了，晚饭后绕着操场一圈又一圈散步或者跑步的人特别多。还有最有名的老斋舍，每个门洞的命名取自千字文："天地玄黄、宇宙洪荒、日月盈久、辰宿列张"，一阵历史的厚重感扑面而来。想要登高远眺，就需要穿过罗马拱门，经百步梯上楼，走到楼顶，一切豁然开朗，校园的全景尽收眼底。

忘不了挥洒汗水的各类场馆。宋卿体育馆虽然现在想想面积并不大，但功能着实不小，无数次的联谊舞会、无数次的各色活动、无数次的篮球赛的决赛都是在这里进行。还记得篮球赛决赛时，我们围成一圈为自己心仪的团队加油助威，那时无忧无虑的笑容、真心的祝福和喜悦、赢得比赛的欢腾雀跃，直到现在还能回想起。说起运动，除了宋卿体育馆，还有梅园操场和桂园操场，那里可是举办校际篮球赛的初赛的主阵地。直到毕业后说起，提到校级篮球赛要打一两个月，别人直呼为什么要这么久？我才恍惚意识到，原来综合性大学的优势也体现在这里，人才济济，院系多、学生多，所以篮球赛才能持续这么久。但是当时我只觉得下午课后，路过篮球场，看一场篮球赛，为认识或不认识的人加油，是一件非常开心的事情。

忘不了美味多样的各色食堂。在校园里待了9年，可以毫不夸张地讲，所有食堂我都吃过无数遍了。大到各个学生食堂，小到各种教工食堂，美味的、一般的、实惠的、性价比高的，林林总总，不一而足。记忆最深刻的是桂园、梅园和工学部的食堂。桂园食堂离上课的教学楼特别近，负一楼有各类小吃。梅园食堂太高了，每次过去都要爬高高的台阶。工学部的食堂是个统称，不是一个而是无数个，果然有句话叫吃在武水。伙食真的很好，当时最开心的事情，就是到饭点后又没课的时候，优哉悠哉地从本部溜达到工学部的食堂，饱餐一顿再优哉悠哉地溜达回来继续学习。当时只道是寻常，但现在回想起来，这种日子真的无忧无虑。

综合丰富的资源，精彩纷呈

最难忘的是综合性大学的丰富资源。当时的图书馆数量还没有现在这么多，2003年网络资源还没有那么发达，人手一台笔记本的情况还要过些年才能实现，那时图书馆是非常权威的获取资料的第一路径。第一次进入第五教学楼旁边的图书馆时，整个惊呆了，这么多书的吗？怎么检索心仪书籍，怎么使用塑料白色书牌借阅，都是新的课题。现在回想起来，校图书馆的藏书量，比起上海的浦东图书馆也不遑多让，怪不得这里的图书馆管理学这门专业非常有名。

最难忘的还有各类讲座。综合性大学的优势又一次凸显，只要看到宣传海报，管它专业是否相关，直接去听就完了。当时犹如老鼠掉进米缸，徜徉在当时看起来也许并无用的知识海洋中。犹记得有一次要去物理学院听讲座，当时可没有电子导航，在校园里晃悠了好久问了路人，才发现物理学院就在教五的斜前方。站在物理学院门口我才惊觉，哦，我说每次路过这里都有一个黑漆漆的爱因斯坦的雕像杵着，原来这就是物理学院。包括生科院也是，讲座的内容已经不记得了，但是多样的讲座资源，真的丰富了见识、陶冶了情操，为我直到现在都非常旺盛的好奇心和执行力打下了坚实的基础。

经济与管理学院，最是怀念

刚进校的时候，经济与管理学院还叫商学院，大二刚开学更名了。老的商学院大楼在哲学院的对面，门脸不大，但很有老建筑特点，檐廊回转、曲折弯绕。作为合唱团的一员，学院大楼是训练的主要场地。

新的学院大楼建好之后，非常宏观大气，窗明几净，硬件丰富，更有非常好的图书馆资源，可以在里面自由地上网写论文。武汉炎炎夏日，在教学楼空调不足的情况下，学院的图书馆，为我们提供了一个难得的栖息之地。新大楼坐落在枫园，离东湖非常近。还记得当时住的地方离学院直线距离虽不远，但是隔了一座珞珈山。当然，最方便的方法是从珞珈山上飞过去，最不累的方法是绕到学校门口坐校车，最近的方法只有一个，爬山！犹记得读博士时，背着笔记本电脑，每天爬上百节台阶上山，沿着环山路走一圈，下山到枫园再到学院，一天数次。感谢校园的锻炼，武大学子可以骄傲地说，什么一天一万步，小意思！

林林总总，通篇下来，满是怀念。与其说我怀念的，是校园的四季美景，是美不胜收的各色建筑，是丰富的活动资源，是经济与管理学院九年的学习生活，不如说，我怀念的是发生在珞珈山上的，没有压力、没有烦恼、人生最美好的一段旅程。回首珞珈话当年，犹记得青春年少，犹记得肆意飞扬。珞珈学子们，请好好学习，开心生活，请务必珍惜这段美好时光！

◎ 作者简介

唐甜，女，1985年2月生，2012年毕业于武汉大学经济与管理学院，获得经济学博士学位。现就职于中国银行保险监督管理委员会上海监管局。

内心的惦念　动力的源泉

姜飞鹏

今年是武汉大学建校 130 周年，也是武汉大学经济与管理学院商科教育 130 周年，学校和学院将开展一系列庆祝活动。2010 年 6 月毕业离校后，虽然时不时会登录学校、学院官网，关注学校公众号推送文章，在北京偶尔和老师、同学一聚，参加校友会的一些活动，但为生活奔波忙碌，一直把对母校、老师、同学的思念压在心底，未曾回母校谒师访友。5 月底，收到我博士研究生导师杨艳琳教授的征稿邀请，让我忆起母校和我之间的往事。

心 向 往 之

武汉大学是中国最美的大学，这是我去武汉大学之前对学校的印象。2004 年 4 月，我第一次来到江城武汉，来到武汉大学。当时的想法是到武汉游玩，参观最美的校园武汉大学。不过，当我看到国立武汉大学的牌楼时，内心的崇敬之情油然而生。随后我穿过全国最大的绿地广场之一——珞珈广场，沿着鉴湖走向樱花大道，爬上老斋舍顶瞻仰老图书馆，俯瞰武汉大学校园，遥望珞珈山、行政楼、逸夫楼，葱郁的林木、清幽的环境，震撼我心灵的同时，也让我有了来武汉大学求学的想法。

虽然接下来我仍在游玩，从理学院遥望行政楼，又从行政楼遥望理学院，感受天圆地方的传统美学；爬上珞珈山，走出凌波门，领略山水美景，但我的心思却从游玩转向如何才能来武汉大学求学。那时的想法很简单，能在中国最美的大学求学，将是神仙一般的生活体验。就这样，一次游玩让我对武汉大学充满了向往，向往能在珞珈山下求学。之后我就开始准备研究生入学考试，虽然其中很艰难，但对武汉大学的向往让我动力满满，不断克服各种困难。就这样，我通过了研究生入学考试，有机会到心向往之的武汉大学求学。

乐 在 其 中

2005 年 9 月，我来到武汉大学开始了研究生阶段的学习。也就是在这一年，武汉大学商学院更名为经济与管理学院，因此我们那一届学生报考的是商学院，入学后在经济与管理学院就读。我硕士研究生阶段所学的专业是人口、资源与环境经济学，研究方向是人口与经济发展。经济研究所当时硕士研究生只有人口、资源与环境经济学和产业经济学两个专业，我们的很多专业课程是两个专业的学生一起上课，大家在一起自然有了更多的交流，在此过程中也让我对产业经济学有所了解。

我硕士研究生导师是钟水映教授。钟老师不仅教我们做研究、做人做事的道理，而且经常带领我们参加项目调研，在实践中不断学习。硕士研究生学习期间，在钟老师的带领下去江西赣州、湖北十堰、山西太原等多地参加项目调研，实际了解工程拆迁中的移民情况。也正是如此，在实地调研对失地人口群体生活和经济状况有感性了解的基础上，我将硕士毕业论文选题定为失地人口补偿研究，在完成毕业论文过程中也较为顺利。就这样，我完成了硕士研究生的学习。

在硕士毕业时，我选择了继续攻读博士研究生。说到这里，也有一个小故事。在我 2006 年报考博士研究生时，武汉大学产业经济学专业博士生招生还没列入博士生招生简章的目录中，考虑到经济研究所有良好的研究氛围，所里的各位导师都非常认真负责，就选择报了所里的人口、资源与环境经济学专业博士研究生。在考试后产业经济学专业博士生招生已经列入武汉大学 2007 年博士生招生简章的目录中，因此我在录取时被调剂到产业经济学专业，有幸成为武汉大学第一批产业经济学专业博士生的一员，并从 2007 年 9 月开始了博士研究生阶段的学习。

我的博士研究生导师是杨艳琳教授。杨老师温文尔雅，言语幽默，平日和我们交流时总是面带微笑，但这并不影响杨老师在学生中的威信，我们都对杨老师十分尊敬。在学术研究上杨老师非常认真，修改我们的论文时，从选题、逻辑到文字表述字斟句酌，甚至是格式和标点符号问题也会逐一修改。杨老师又非常开明，我清楚记得当我博士毕业论文选题时，杨老师超脱他做的项目和相关研究，鼓励我根据自己的兴趣选题，在和我多次讨论认为我围绕选题可以完成博士毕业论文后，支持我的选题并对我的毕业论文研究给予了全方位指导。

武汉大学办学理念开放，在校学生可以听各种课程。我在研究生期间，不仅跟着经济与管理学院西方经济学专业的研究生一起听计量经济学、高级宏微观经济学的课，也跟着金融学专业的同学听金融学专业课程。图书馆时不时会举办一些数据库使用等方面的免费培训课程，我去学习后对找文献、使用办公软件等都有很大帮助。除此以外，我多次去教五楼等蹭本科生的课，诸如天文学、心理学，还有文学等课程，虽然听得不系统，也不能完全听懂，但自我感觉仍有不少收获。

让我感觉尤为幸运的是经济研究所良好的风气。各位老师在学术研究领域都是知名学者，但依然勤勤恳恳做研究，每年都完成大量高质量的研究成果。老师在做好研究的同时，每次给我们讲课都是精心准备，教学方式方法灵活多样，用讨论式、专题教学等引领我们尽快接触了解学术前沿动态。正是老师对学术孜孜不倦的追求影响了我们，所里的学生在学习研究上都非常勤奋，在老师的指导下开展研究并形成较多的学术成果，最典型的是每年评奖学金所里的学生都有多人获奖。

在这种情况下，同学之间相处得也非常融洽。在我读硕士研究生期间，人口、资源与环境经济学和产业经济学两个专业的同学结下了深厚的友谊。在我读博士研究生期间，作为2007级的博士研究生，从2006级博士研究生以及更早的2005级博士研究生那里都得到很多有益的指导帮助，和各位师兄师姐也结下深厚的友谊。这种良好的氛围，不仅让我们结识了更多的朋友，而且让我们可以更好地取长补短，不断充实完善自己。最终，略显单调乏味的研究生生活，我们却能够乐在其中。

魂 牵 梦 绕

2010年6月初，按照工作单位的要求我先来北京实习，此时刚完成博士毕业论文答辩和修改提交，毕业离校手续尚未完全办好，也没有领取学位证和毕业证。就这样，我于当年高考的前一天晚上来到北京，找宾馆时发现都爆满，后来知道是因为第二天高考，考生把大小宾馆都预定满了。在街头徘徊到晚上9点多，终于在阜成门内鲁迅博物馆旁边找到一个不带窗户的小房间暂住下来。以至于我时常感觉来北京不是工作而是赶考的，每当工作压力大需要长期加班时我就这样宽慰自己。

不过，最根本的原因是老师的榜样力量，同学的互帮互助，让我有更多的勇气和信心克服困难。虽然我已经从武汉大学毕业，但仍然可以时时感受到老师对我的关心指导，在我学习工作上需要帮助时，老师总是给我无私的帮助，给予我继续前行的力量。特别是在学校期间，在老师指导下形成的不断写作的习惯，让我从中受益匪浅。在这方面，曾经有多人看到我的文章后认为我经济学理论功底扎实，便问我从哪个学校毕业的，当我告诉他们是武汉大学时，他们就理解其中的原因了。

从武汉大学毕业至今，中间和来北京出差的老师、同学相聚，和在北京的校友特别是经济研究所的校友相聚时，谈论最多的就是母校。回忆起在武汉大学度过的青春岁月，在武汉大学求学的点点滴滴，我都始终认为当初自己的选择是对的，当时的辛勤付出是值得的，那段时光也是最美好的。我在母校有幸结识了良师益友，增长了个人才干，让我在工作生活中能够顺利应对挑战，成为我前进动力的不竭源泉。若问人生之幸事，我想大抵莫过于此。

2020年初，突如其来的新冠疫情让武汉成为社会各界关注的中心，作为曾经在武汉大学求学的我，更是时刻关注疫情，和在武汉的老师、同学联系了解疫情情况，期待疫情早日结束。当我从老师、同学那里了解到他们面临各种困难却依旧努力抗疫时，深感英雄的武汉人民为疫情防控做出的贡献有多么巨大。武汉大学作为坐落在英雄城市武汉市的著名大学，有我敬爱的老师，有我亲爱的同学，也一直是我魂牵梦绕的地方。由衷地祝愿母校武汉大学、老师和各位同学越来越好！

◎ 作者简介

娄飞鹏，男，1983年生，2010年毕业于武汉大学经济与管理学院产业经济学专业，获得经济学博士学位。中国邮政储蓄银行总行研究员。

我与武汉大学经管学院的点点滴滴

——人生成长的基础从这里开启

陈　武

　　我 1998 年高考以本县优异成绩考入原武汉水利电力大学经济管理学院。当时由于生活成长在贫困落后的农村，对外面的世界一无所知，家族、亲友也没有"大学生"或高级知识分子可以提供参考信息，当时只是隐隐约约觉得电力很重要，因此就自己根据分数情况选择报考了原武汉水利电力大学经济管理学院的会计学专业，并最终被顺利录取。这一选择使我与武汉大学结下了长达 11 年的"缘分"。2000 年暑假，教育部进行高校整合，原武汉水利电力大学并入武汉大学，当时因为假期留校做勤工俭学，作为学生代表参加了教育部在武汉大学大礼堂组织的合并成立大会，原武汉水利电力大学经管学院并入武汉大学商学院，从此我也成为武汉大学经济与管理学院（当时叫商学院）的一分子。在武汉大学经管学院求学的这段岁月，既是我一生最难忘的时光，也是奠定我成长基础的最关键阶段。这里为我铺就了未来成长的广阔道路，回忆起来，有以下几个感受：

　　一是恩师的全面培养、多方位支持是我成长成才的重要基础。本科期间，我先后生活在"水院"二舍、四舍和七舍，当时的宿舍楼非常老旧（如今早已翻新），由于本科实行辅导员制度，其实并没有相对固定的老师，因此那个阶段对导师的记忆比较模糊。2002 年考上经管学院企业管理专业研究生后，师从王学军教授，一直到博士毕业都未曾改变。我的导师王老师可以说是"亦师亦友亦父"，为人为学做事都言传身教于我。王老师对我的培养可以说是全面系统的，不仅管学习、教知识，也从生活、人生、家庭、社会等各个方面进行全面培养，引导我们树立正确的世界观、人生观、价值观。王老师那时候总会每隔一段时间，自费安排全体学生一起聚餐，给大家改善伙食的同时，上一堂生动的人生哲学课。对于我这种来自贫困地区贫困家庭的学生，也力所能及地给予必要的经济支持，比如王老师会积极争取企业课题，安排我们参与咨询和研究工作，并给大家支付一定的报酬。另外，至今记忆尤深的是，研究生毕业考博的时候，第一次考试尽管我顺利考上，但是受到经管学院的公费生名额限制，我交不起学费。王老师为此想方设法，为减轻我的经济压力，最后经过权衡后，王老师让我来年再考，以争取下一年的公费名额。第二年我再次顺利考上，但是受到"往届生"身份影响，获取公费生名额又遇到困难，王老师为此向学院多次反映沟通，最终在李燕萍常务副院长的支持下，我顺利实现公费录取。这些点点滴滴我铭记在心，王老师的呕心沥血、精心全方位培养支持，是我一生的宝贵财富。

二是学用结合的教育模式全面提升了我适应企业的综合能力。我在经管学院期间的学习，尤其是上研究生后师从王学军老师以来的学习阶段，不仅仅是学习书本知识，更学到了大量企业知识、社会知识。王老师那时候的培养模式与很多老师不同，他不仅教理论知识、书本知识，培养我们写论文，同时非常注重做企业横向课题的培养方式。当时有一些老师对于承接企业横向课题很有看法，认为学校老师应该专注于理论研究。对此，我不敢苟同，因为企业横向课题获得的不仅仅是那有限的经济收益，更主要的是开辟了一个全新的学生培养模式，使我们了解了企业需求，明白了学到的知识怎么应用到解决企业具体问题的实践中。当时在王老师的指导下，我先后参加了多个企业横向课题的研究，其中深圳供电局的营销课题和华电襄阳电厂二期建设的项目管理课题至今都让我记忆深刻。这些课题使我逐步了解了电力企业的生产经营管理实践，也为我后来被电力企业选中奠定了基础。如今，国家正在依托企业重大工程项目，开展工程硕博士联合培养新模式探索，回想起来，我们当年在经管学院、在王老师那里受到的正是这种学用结合的培养模式。

三是思维方法胜于具体知识。武汉大学杰出校友雷军今年在学校毕业典礼上讲到，36年前，国外回来的老教授说"大学里，最重要的还不是学知识，而是掌握学习方法。只要会学习，无论做什么，你都能胜任"。他认为这句话醍醐灌顶，打通了任督二脉。我非常认同这一观点。其实在大学里学到的具体知识，某种程度上一定会慢慢过时，或者在实践中不能直接应用，反而是在大学期间培养锻炼的思维方式，才能使你真正具备超群的解决问题能力。在经管学院学习期间，在王学军老师、徐绪松老师、谭力文老师、关培兰老师、李燕萍老师等一大批优秀老师那里，学到的除了具体的知识点，更多的是一种战略思维、逻辑思维、结构化思维能力。现在回想起来，工作实践中正是这些思维才使我具备了较强的解决问题能力。因此，对于广大在校的师弟师妹们来说，你们不仅要学好应学的理论知识，更要培养锻炼自己的思维能力。

四是培养潜心认真和善于学习的优秀品质，你的成长之路不会太差。成大事者必起于垒土，更贵在持之以恒。具备潜心钻研、较真碰硬和善于学习的品质，无论做什么，离成功都不会太远。我正是在武汉大学经管学院学习期间日积月累培养和铸就了这种品质。我自认为我的天资并不好，因此总是靠"勤"来补"拙"。上研究生期间，王学军老师要求我们每个学生要围绕一个主题做一个深度研究，并每月组织全体学生做一次内部主题交流。我至今记得，第一次我做专题研究时，查阅了大量文献资料，用了很长时间，费了很大精力。但是在同门内部分享时（印象中在老武大大门进去，走到分岔路口那个地方的新教学楼，好像叫电教楼），我展示得还可以，但博士师兄几个问题就把我给问倒了。这使我明白了，我做得还远远不够，从那以后我更加潜心认真钻研王老师布置的研究主题。经过硕士期间的有效训练和培养，到博士期间，已经具备较强的学术研究能力，在王老师的指导下在《中国工业经济》《数量经济技术经济研究》《中国人口·资源与环境》等当时学院认定的权威期刊上发表了多篇学术论文，学术成果非常丰富。博士研究生毕业时，当时在王老师的设想下，准备留院任教，但是留校的要求很高、难度很大，很多博士都没法达到，而我在王老师的指导下，拿着我的研究成果去找时任陈继勇院长汇报，陈院长当场就答复我说"可以留校"，此前陈院长并不认识我，这非常难得。当然后来又有了到企业工作的机会，再三权衡后，选择了离开学校到企业工作。

五是珍惜大学时光，用足大学资源。武汉大学软硬件设施都是国际一流的，大学时光难得，一旦工作再没有机会去集中享用这么丰富的资源。我在上学期间，除了在校外做兼职赚生活费之外，其余时间都尽量用到学习研究上。学校除了必修的专业课之外，选修课也非常丰富，而且这些课程都是开放的，如果不是为了挣学分，你可以不用完整选学，根据自己的兴趣爱好奔赴感兴趣的课堂。记得当时经管学院邹薇老师的经济学课程就非常受欢迎，我也屡屡去旁听。尽管没有系统学，但是也给后来的博士生入学考试的复习奠定了基础，也为后来的企业课题研究普及了经济学基础知识。那时候常去武汉大学图书馆（当时是新图书馆），如今已经全面扩建、焕然一新。即使当时的状态，也可以说资源足够丰富，我上学时不仅去看书，也经常去晚自习。在数据库资源方面，可以说学校的研究数据库最丰富，以至于今天在企业开展研究工作也仍然非常怀念那么丰富的资源。在硬件设施方面，经管学院的办公环境也不断改善，最开始在学校行政楼下方那个山坡上，虽然环境相对较差，但是非常有特色，是一种古朴典雅的风格。后来，学校为经管学院、法学院、外语学院在枫园建设了全新的教学办公楼，可以说硬件设施是一流的，不仅有学院的报告厅、图书室、每个系所的办公室，老师们也都有了自己的办公室。博士毕业时，学院在这里做院里的毕业典礼，我们在这里照毕业合影，至今历历在目。这么好的资源、这么好的环境，我们没有理由不好好利用、好好学习提升、好好成长。

时至今日，我已经走出武汉大学、走出经管学院 14 年，14 年来的风风雨雨、14 年来的成长进步，都离不开武汉大学经管学院那 11 年的积淀。感谢母校、感谢经管学院、感谢王学军老师、感谢教我育我的每一位老师。游子在远方，但心系母校，祝愿母校越来越好，祝愿经管学院更加繁荣昌盛。

◎ 作者简介

陈武，男，1979 年 7 月生，2009 年毕业于武汉大学经济与管理学院，获得管理学博士学位。中国大唐集团技术经济研究院正高级工程师。

印 象 武 大

刘 浪

1993 年，我有幸考入武大物理系，从此与武大结下不解之缘。

四年时间，风华正茂、意气风发。其间我还有幸担任了系学生会主席和篮球队队长，在那个挥斥方遒的年代，我与同学们一起，任意挥洒着书生意气，书写着道德文章。

2007 年，我再次踏入武大的校门，成为经管院的一名博士生。带着一份成熟和自信，也带着一份牵挂和思念。

转眼之间，离开母校怀抱又是 10 多年，虽混迹于江湖之中，但从未相忘于珞珈之外，珞珈的一砖一瓦，镌刻着来时低语；武大的一字一句，写下了时代风华。

今欣闻母校建校 130 周年，这才发现，我原来离开母校已经很久很久，很想写点什么，但总觉得无论我用什么语言都无法完美表达，它的历史沧桑，它的人文底蕴，它的醉美樱花……

以至于，近段时间以来，我夜难成寐，总是能梦到武大，回到了母校，站在了樱顶，见到了久未谋面的老师同学们……我这才知道，原来，我把武大置在了内心如此之深的位置，把它深深藏在了心底。

30 年前，我在最美的年纪来到最美的大学。印象中，初见武大，如巍峨老者庄严肃穆，久处之后，才知乃是谦谦君子，把我们迎来送往，温润有礼。依稀记得，当年，我初来乍到，第一件事便是与"国立武汉大学"的校门合影，以此定格我的青春年华。

至今，武大的百年历史，犹如电影胶卷，一帧帧在我眼前回放，是筚路蓝缕的艰苦奋斗，是立德树人的不懈追求，山一程，见证了武大的悠悠历史；水一程，守望着武大的追求担当。

那时，我才知道，武大乃湖广总督张之洞于1893年倡建，意欲在中国腹心之地建立一座文化中枢般的高等学府。正因为安家武汉，武大那种大江大河的气场挥之不去，所以才有了"学大汉武立国"的牌坊之梗，成为武大人重要的精神象征。

当然，最让我难忘的、令我印象最深的还是武大的美——

武大之美，美在建筑。珞珈山下，错落楼阁腾山而上，气势非凡。据称，最初计划的校址本在珞珈山南、地势平坦的卓刀泉一带，负责校舍规划的美国设计师开尔斯却独选中山北富有变化的丘陵，山势起伏，建筑如音符般跃动。现在想来，可谓眼光独到。

武大的建筑别具一格，之所以让人流连，是因为她在钢筋混凝土的现代结构下，追求古典中式建筑的造型与韵味，与观赏者产生一种美学上的共鸣。建筑群整体为北方宫殿式风格，局部则有宋卿体育馆的巴洛克式轮舵形山墙、理学楼的拜占庭风格穹隆顶、老图书馆富于创造的八角歇山顶等点睛之笔，中西合璧，令人耳目一新。

武大之美，美在风景。武大的四季都很美，尤以春季为最。单说那武大樱花，早已闻名遐迩、艳压群芳。武大人傲娇，虽说"每一朵樱花都想来武大看一场人海"，其实看得比谁都勤。住在樱花树下，时间也随花期流转，只见得"半个月亮珞珈那面爬上来"，却不知"明年花开你还来不来？"

武大有个美誉，称为"全国最美的大学"，可谓实至名归。它的名气大噪，很大程度上归功于樱花。各种樱花在其浓厚的历史氛围与古老的建筑背景映衬下相得益彰。学校樱花有2000多株，仅日本樱花就有1000多株。每当樱花盛开的季节，雪白的一抹烟云浮动在校园内，溢彩流光。

远眺东湖流光，珞樱绽放，游人如织，流连忘返。这也是一年中最喧闹的时刻。樱花西路，樱花大道，樱花城堡，樱花邮局，在这里都被叫得响当当，烂漫的樱花印记在武大铺散开来。

在我的印象中，我也与众多武大学子的感觉一样，美是我对母校的长久记忆。

记忆中的梅园三舍，门前一片翠绿，树木悠悠，芳草依依，我曾在那里晨读，轻盈的读书声，是我对珞珈山的绿色回忆。

记忆中的珞珈山，流动着琉璃瓦，绿瓦之下，图书馆是我的苦读圣地，老斋舍给了我穴居的经历。

记忆中的樱花大道，簇拥着漫漫的赏花客，汇成了武大最亮的一抹春景。

记忆中的理学院，曾经是我学物理的天地，周围树林密集蝉鸣鸟语，挑灯夜战的晶莹汗水，满身蚊虫飘过的痕迹，是我对武大夏天的痛苦笔记。

记忆中的南一楼……

还记得，绿荫装点之下、青灰衬出之中，那都是满眼的秀丽景观，坐在一键触控的智慧教室，感受着惊喜和精彩所带来的美好的学习动力。

还记得，卷帙浩繁的古籍书册，浩如烟海的文献目录，初次见面便已"一见倾心"，多次交流便是"以身相许"，从此不离不弃。学海无涯，只管心无旁骛；书山有路，武大保驾护航。

武大很大，初来乍到，没有地图，只怕找不到教学楼，听到一个美丽的段子："走过最长的路，就是从宿舍到武大教学楼的路！"所以，武大人只好用双脚丈量校园，走着走着，终于明白人生便是翻越每一座山丘，只有爬过了绝望坡，才踏得上樱花大道。

武大很大，校园中竟然有湖。浩渺东湖，武大校园近一半被它围起，尘世的浮躁与喧嚣就这样被隔离在外，用"天低湖水阔，浩淼入空冥"来形容，还真不为过。

武大的教室很大，能包容下奇思妙想和观点碰撞；但武大的教室也很小，让同学们彼此守护、紧紧相连。

武大的校园很美春有樱花，秋满桂香，不必加美颜滤镜，不必选择角度、调整光圈，任何一个角度，任意一个方位，都能成就一幅醉美图片。每一处都有不同的颜色，每一天都有不同的味道。最美校园，实至名归，比比皆山水，处处是风景。徜徉其间，乐不思蜀。

没有课的闲暇时光，到风雨球场打一场酣畅淋漓的比赛；在最古老的体育馆里，一起为球队呐喊加油。

休闲踱步，还可能邂逅草坪音乐会，有热情奔放的自由随舞，随性弹奏的二胡提琴……

饿了累了不要急，湖滨工学部信息部，樱梅桂枫杏田园，糖醋里脊、板栗烧鸡、豆豉茄子、鸡蛋拉面……荤素搭配，样样俱全。

"山水一程，三生有幸。"很难说清我为何会对母校产生如此强烈的认同，或许是因为她的开放、自由，或许是因为她的浪漫、美丽，或许是因为她的……

离开母校多年，或许武大早已物是人非，可能会感觉时间在我与她之间恍恍生成些许陌生与疏离。但无论如何，珞珈山不会变，凌波门栈桥不会变，樱顶不会变……

也许，在某个波澜不惊的日子，我会回到这里，再次登上樱顶老图书馆顶楼，沿着楼梯盘旋而上，在"樱顶之顶"俯瞰校园全景，仿佛完成一场仪式，进行一次洗礼。极目远眺，珞珈葱翠，将母校美景看在眼里，放在心上，让我明白，作为武大人，今后无论走到哪里，哪里都有珞珈山。

东湖之滨，珞珈山上，那里有中国最美的大学。几回回梦里回武大，几次次踏进珞珈山。出走半生之后，归来仍是少年。

皇皇武大，每一幢建筑都充满历史的芬芳，每一个角落都洒满文化的光芒，在母校130周年之际，我想再次用自己的脚印印满武大每一寸土地，让自己的身影出现在武大每一间教室，然后自豪地宣布——我是一名"武大郎"！

◎ 作者简介

刘浪，男，1972年10月生，2010年毕业于武汉大学经济与管理学院，获得管理学博士学位。湖南省湘平路桥建设有限公司董事长。

忆在珞珈山下的似水流年

罗添元

　　时光是一台转动的机器，承载的是岁月，刻画的是人生，不变的是回忆。虽然现在已经毕业 12 年了，但有时仍会梦见自己又回到经济与管理学院学习，模糊而又熟悉的大楼，讲台上忙碌的老师，以至于我久久不愿醒来。日有所思，夜有所梦，常常听见老人们告诫说，当你在回忆时，就说明你老了。虽然我不愿承认自己老了，但又怎能不怀念珞珈山上的晨风、教导我的恩师、一起奋斗的同窗、在学校学习的日日夜夜呢？

　　武汉大学坐落在珞珈山脚下，环境优美，空气清新，都说武汉大学是中国最美的大学，有山有水有大咖。我现在的工作地点在陕西，回武汉的次数屈指可数。但在感觉累的时候，我会不由自主回想起考入经济与管理学院的那股兴奋，回想导师的谆谆教诲，回想起同窗无私的帮助，还有那一年深夜的樱花雨。

　　我硕士就读于武汉大学数学与统计学院，对武汉大学的校园环境很熟悉。我常常从三环学生公寓沿着珞珈山的小道步行，沿途绿树成荫，花香四溢，风景美不胜收。走在路上，能看到在路旁石凳上晨读的同学，这种积极向上的氛围激励着我努力学习、追求卓越。经济与管理学院坐落于珞珈山和东湖之间，旁边有一大片水杉林，到凌波门只有几分钟的路程。虽然多次路过，但那时的经管学院对我来说只是一幢庄严而大气的大楼。偶然的一次机会，跟经管读博士的学长学姐们聊天，虽然不懂国计民生的学问，但心中暗暗生出一份景仰和艳羡，梦想着能在这里开启我博士学位的旅程。

　　也许冥冥之中自有天意，经历了短暂的工作后，2008 年我如愿进入经济与管理学院攻读博士学位。记得开学报到那天，从珞珈山上沿着公路下坡往学院走，每一步都显得那么庆幸与骄傲。报到后，在学院楼的大厅里环顾一周，有一种久违的归属感，心里逐渐激动起来。虽然当时对博士生活还一无所知，但心里却充满了期待。收拾好宿舍后，已经到晚餐时间，特意去枫园餐厅大吃一顿来庆祝。武汉的9月天气炎热，但走在校园里，看着夕阳映照下的珞珈山漫天霞光，呼吸着炎热的空气，却莫名感到一丝清爽，能在珞珈山下继续求学的我是何其幸哉。在入学教育和主题生活会后，我正式加入了2008级博士1班，认识了新同学。直到今日还有同学开玩笑说，我们入学时，世界经济正遭受着金融危机的摩擦。但对我来说，未来可期，一切都那么不可思议。

随着学习进入正轨，激动和兴奋逐渐趋于平缓，回归到正常的博士学习生活。很快我发现博士生活与我所想象的完全不一样。如果硕士以惬意来形容，那么博士就以孜孜不倦为关键词了，新鲜感也很快被学习的困惑所替代。由于转专业的缘故，我的经济学基础很弱，在上邹薇老师的高级微观经济学时，我对无差异曲线的生成机制一知半解；在高级计量经济学的学习中，不理解回归系数的经济含义，课后我经常请教同门，也去图书馆借了大量的书自学。上课数周后，我去找导师田玲教授寻求帮助，让我感动的是，老师并没有半分责备，反而针对我的情况为我列了书单和学习计划，引导我以问题为导向来查漏补缺，并详细地帮助我进行时间规划，提出了博士期间应达到的阶段性目标。现在回想起来，老师列出的这份书单之经典，知识体系之全面，让我这个保险学小白找到了夯实专业基础知识的最优路径，时至今日也不过时。田老师针对不同基础的学生，总是能做到因材施教，帮助我们实现自身优势最大化。我开始参加例会，阅读和分享文献，接受导师的指导，随后迅速进入巨灾债券和保险公司经济资本方面的论文写作，这些都得益于老师的细心指导。田老师不仅在学术上指引我们前行的方向，她工作时认真的态度也深深触动了我。由于我刚开始写论文，语言能力很差，老师总是逐字逐句帮我批改。老师曾教导我们说，做人做事以诚信为本，就像保险中的最大诚信原则一样，认真负责始终是我们立命之本。她的悉心教导和严格要求让我受益匪浅，不断成长和进步。每次与导师的交流都是我学术生涯中的宝贵财富，她的经验和智慧帮助我解决了许多困惑难题。现在回想，读博期间，我深深感受到了导师的无私关怀。田老师不仅在学术上给予了指导和支持，还在生活上给予了我无微不至的照顾。我来自农村，家庭条件较差，田老师常常给予我一定的生活补助，这是我久久不能忘怀的事情。

在珞珈山下的图书馆里，我度过了许多宝贵的学习时光。图书馆藏书丰富，提供了各种学术资源和参考资料。我可以在安静的环境中专注地阅读和研究，为我的博士论文积累知识和素材。图书馆还提供了现代化的学习设施，如电脑和打印机，方便我进行学术研究和论文撰写。在教学楼里，我学习课程、参加学术讲座，与教授和同学们进行学术交流。在自习室里，我进行实证研究和数据分析，将所学理论付诸实践。

宝剑锋从磨砺出，梅花香自苦寒来。博士三年，我有过迷茫，有过惆怅，有过坚毅，也有过踌躇满志。从磕磕碰碰中收获经验，从跌跌撞撞中一路前行。在攻读博士学位时，我结识了许多志同道合的同窗好友，这是我一辈子的财富。记得第一次聚餐时，班长吴瑞祥忙前忙后，尽心尽力。记得王正文师弟在我写毕业论文瓶颈时给予帮助，记得与高俊、骆佳一起做项目时的同心协力，记得左斐师姐对我小论文的帮助。我们一起度过了无数个日夜，遇到困难时的互相鼓励和支持、他们的智慧和才华激发了我不断进取的动力。尽管海天遥隔，但我们的友谊却愈发坚定，经常通过网络和电话保持联系，分享彼此的学术心得和生活经历。他们是我攻读博士学位道路上的伙伴和知己，共同成长，共同追求。除此之外，也正是樱花大道的那次偶遇，我收获了爱情，与我的伴侣互帮互助，携手看尽长安花。

武汉大学的众多风景中，最出名的是樱花，而博士三年级我看到的那次樱花雨，是我终生难忘的美景。尤记得那是 3 月中旬的一个深夜，我博士毕业论文正好写完，一看时间已经 11 点多，从樱顶回宿舍的路上，昏黄的路灯照射着樱花大道。此时，安静的樱花大道铺了一层薄薄的花瓣，伴有缓缓落下的小花瓣光影变换，不断飘零，在这静谧的午夜美得让人心醉。每当谈论起武大的樱花，我觉得只有我看到了武大樱花最美的样子。

快乐的时光总是短暂的，失去的永远是美好的，而记忆是永恒的。珞珈山下的学习时光不仅是学术上的收获，还是人生中的宝贵经历。在这里，我结识了许多优秀的同学和老师，他们的智慧和才华激发了我不断进取的动力。我们一起讨论学术问题，分享生活经验，彼此鼓励和支持。这种友谊和团结让我感到温暖和幸福。回忆起珞珈山下的学习时光，我感慨万分。这段宝贵的经历不仅让我获得了博士学位，更培养了我坚韧不拔的毅力和独立思考的能力。我将永远怀念这里的美好时光，并将珞珈山下的学习经历铭记于心，为我未来的学术和职业发展奠定坚实的基础。

愿你出走半生，归来仍是少年。祝经管学院 130 岁生日快乐，愿明天越来越美好！

◎ 作者简介

　　罗添元，男，1980年7月生，2011年毕业于武汉大学经济与管理学院保险专业，获得经济学博士学位。西北农林科技大学经济管理学院副教授，保险教研室主任。

浪漫与自由：武大本科记忆

万　祥

告别珞珈山已近 10 年，"落英缤纷，我的灵魂，和着节奏，穿梭行走"的旋律还不时回响在脑海中。这首《合照》，火于自己大四上学期，那时，正是母校 120 岁生日。转眼间，就是母校 130 岁的生日了。在这个特殊的时刻，有幸收到高宝俊老师的邀请，希望我能写一些在学校的回忆，为校庆献礼。想一想，趁记忆还未远去，为什么不用文字勾勒出在武大所感受到的那段最浪漫和自由的时光呢？于是便欣然应允。

武大是浪漫的，这浪漫或许根植于她的美。是啊，武大太美了！中西合璧的宫殿式建筑群镶嵌在珞珈山水之中，如诗如画，令人陶醉。回想起来，当初该有多么幸运，能在这样的校园中度过四年。

毕业之后，最大的梦想就是能再回母校看一场樱花。"在武大看一场人海，是每朵樱花的梦想。"樱花时节，游人如织，最知名的打卡地莫过于樱花大道。在樱花的簇拥下，依山而建的老斋舍好似一座粉色城堡。到了傍晚，人潮散去，这浪漫便专属于恋人们。樱花的绽放好像就是在一瞬间。某天早上，爬过长长的绝望坡，会惊讶地发现，含苞待放的花蕾竟在一夜之间齐刷刷地绽放，这种视觉和心灵的震撼是绝难用语言来表达。一阵风拂过，便会下起"樱花雨"，如梦似幻。春雨过后，花瓣便开始凋零，点缀在地上，有一种别样的美感，但却也勾勒出一抹淡淡的忧伤。"樱花劫"期间，来访的同学亲友会尤其多，每天可能需要在偌大的校园里不停地穿梭。即便如此，还是会时常迷路，但每次都能惊喜地看到新风景。今年暑假回到学校，一如既往地迷了路，但也是一如既往地发现了新风景。

夏天，最喜欢的莫过于"凌波微步"。本科的时候，我住在湖滨，紧邻着凌波门。凌波门外的东湖栈桥，是看日出日落的绝佳地方。时常可以看到恋人们在这里享受美好时光，或者三五知己坐在这里畅谈，不时传来欢笑声。遇到暴雨，东湖水面便常常能与栈桥齐平。这个时候，因为几乎看不到栈桥，行走在栈桥上，如同漫步于水面，加上烟波浩渺，神似"凌波微步"。遇到特大暴雨，"学大汉武立国"的牌楼前便会成为海，积水深可及腰，给师生的工作学习带来了很大的不便。即便如此，武大人的浪漫精神总是能够从逆境中生长，高呼着大家来看海。好在后来修了地下隧道，实现了文理学部和信息学部的无缝连接，这样的奇观便不复存在，但那份乐观与浪漫却留存在记忆中。

忍受完武汉的酷暑，便可以享受秋的惬意。秋天来临时，从樱顶俯瞰，仿佛进入了一个"层林尽染"的世界。金色的银杏、黄色的梧桐、火红的枫叶，层层叠叠地铺在珞珈山上，宛如油画一般。和武大的正式邂逅，是在 2010 年的秋天。那时的自己，正如所有的新生一样，带着忐忑与新奇，怀揣着梦想，在武大这片圣地开启了人生的新篇章。无数个早上，我都会特意登上樱顶，看一眼风景，然后开始一天的学习或前往图书馆。在这里，无论什么烦恼，都会烟消云散。深秋时分，散落的梧桐和银杏铺满情人坡，除了相会的恋人们，坐在石凳上读书的学生也不时吸引着路人的目光，散发着青春和知识的魔力。

冬天的雪，丝毫不输春天的樱花。偶尔大雪降临，整个校园都被洁白覆盖，如同一个浪漫的童话世界。遇到下雪的时候，我常常早早地起床，在藏书馆找一个靠窗的位置，时不时抬头，凝视窗外那飘洒的雪花。那个时候，总是会默默祈祷，希望雪能一直飘下去。虽然已经过了玩雪的年龄，但仍然保留着童心。走在回宿舍的路上，难以抗拒树枝上的积雪的诱惑，偷偷地摇动它们，将雪洒向同行的小伙伴儿，或者突然爆发出一场雪仗，仿佛回到了年少时光。这些纯真浪漫的瞬间，一直深深地烙在心底。在佛罗里达读博士的五年，很少能见到雪，就愈发地怀念这些快乐的时光。好在现在工作的旧金山湾区，和雪不那么远，偶尔还能在远处的山上看到它。希望有机会和小伙伴儿们再约一场雪仗吧！

武大是浪漫的，也是自由的。在这里，宽容的风气融入了校园的一切。在这样的环境中，我们能够进行自由思考和探索。那些年，我追过了很多看似无用却滋润心灵的课。我曾跟随着潘迎春老师穿越世界史的长河，同李工真老师畅游德国史的海洋，与李荣建老师一同沉浸在阿拉伯史的神秘世界，随赵林老师一起探索西方文化和哲学，与刘伟老师一起探讨各国的政治现代化，和尚重生老师一同审视当代中国社会的诸多问题。最难忘的经历发生在樱顶，是在哲学院黄超老师的中西宗教文化的课上。自己做完课程论文展示不久，教室就因突然停电而陷入黑暗。突然，传来黄老师的声音，问我能不能展开一下我刚才的宗教伦理与企业家精神的报告。于是，我在黑暗中讲述了 20 多分钟，直到教室重新亮起灯光，而每个人的规定的展示时间其实只有 5 分钟。那一刻，尽管面对黑暗，却感到了知识的光芒。

得益于自由的校园氛围，武大成为了各种思想交汇碰撞的理想场所，即便是针砭时弊、言辞激烈的演讲，也都能在这里畅行无阻。因为自由宽容，我们的社团活动尤其丰富，印象中学校有 200 多个不同类型的社团。直到现在，每年的新生辩论赛时节，武大都会因为辩论队的奇葩队名而圈粉无数。这份自由也在学生能够亲身体验的转专业政策上得以反映。本科的时候，因为经济管理类专业太热，转完专业后，经管学院的规模往往能够扩大一倍，这无不得益于学校宽松的专业选择政策。在读的时候，对于自由的专业选择没有太深的感触。本科毕业后，随着接触到越来越多来自不同学校的同学和老师，才意识到这种自由的难能可贵。

武大的自由氛围也为我们提供了广泛的知识探索机会。我本科就读于经管学院的管理科学与工程系，前两年的课程以经济管理类的通识课程为主，如金融工程、财务管理、会计学、经济法、组织行为学、人力资源管理。大三开始，我们侧重修一些专业课，主要是由系里的老师讲授。虽然是在经管学院，我们专业的同学也需要修很多工科类的课程，如工程力学、工程结构、工程图学、工程经济学。这些多元化的课程扩宽了自己的视野，打开了自己对各个学科认知的大门，极大地培养了自己跨学科学习的能力。很多专业课对自己产生了很长远的影响，像高宝俊老师的管理信息系统、范如国老师的计量经济学、龙子泉老师的运筹学。本科论文阶段，得益于陈文波老师的悉心指导，让我对信息系统领域有了一定的了解，这为我后来的学术道路打下了基础。

在武大，我完成了人生中的一个重要转变。本科毕业后，我先后在中国人民大学和美国 University of Florida 获得了硕士和博士学位。2022 年博士毕业后，我有幸加入 Santa Clara University，担任商学院助理教授，体会"硅谷之火"，感受科技与创新的魅力。这一切都要感谢在本科阶段在母校度过的四年，那段浪漫与自由的时光。我会永远怀抱着母校浪漫和自由的精神，让它们指引我前行。

◎ 作者简介

　　万祥，男，1992 年 11 月生，2014 年毕业于武汉大学经济与管理学院管理科学与工程系，获得管理学学士学位，后于 University of Florida 获得博士学位。Santa Clara University 商学院信息系统与分析系的助理教授。

我 与 珞 珈

张诗琪

　　时光荏苒，转眼间我已经离开母校 8 年，校园生活恍如昨日，历历在目。在武汉大学的 4 年学习生活是我人生中最难忘的回忆，也是最宝贵的经历。

　　我对武汉大学最早的记忆来自小时候上的美术兴趣班。当时，我跟着兴趣班的老师去武大画素描写生，坐在操场的台阶上，一笔一笔勾勒校园的轮廓。小时候的我只知道感叹武大的校园真大啊，真美啊，楼房像是盖在森林里一样。直到后来，我成为珞珈学子之一，翻出当年幼稚的习作，才知道原来我那么早就坐在九一二操场边，画过行政楼和背后的珞珈山，仔细描绘过人文馆和老图书馆。再往后，高二那年的春天，爸妈带我去武大赏樱花，沿着樱花大道一路走，游人如织，风景如画。校园里有很多学生志愿者在维持秩序，还热情地给我们提供暖心的向导帮助。当时走在樱花树下，我决定以后就考武大吧，像这些哥哥姐姐一样。后来高考结束，很顺利地被武大录取。再去樱花大道，我也成为武大的一名学生志愿者。在樱花节时期带着游人们一边赏樱，一边介绍武大的历史。带着游人穿过老斋舍，看看理学楼和老图书馆，再步行至人文馆和行政楼，就像是在给游人介绍自己的另一个家。听着游客们夸赞武大，我的心中也不由自主地充满自豪。

　　在武大的校园，我度过了人生中最美好的时光，交到了最好的朋友。大一开学报到那天，走进寝室，我和我的室友们就一见如故，大学四年的朝夕相处让我们成为无话不谈的好朋友。在学校的日子，我们一起从寝室出门爬绝望坡（从工学部到新闻学院的超长陡坡），赶校车，冲去教四教五，互相帮忙占前排座位上课，记下一大摞笔记，课后一起讨论课堂内容。一下课，我们就冲去桂园食堂和最爱的桂园菜市场吃饭（可惜现在已经不卖小吃了）。没课的时候，有时，我们一起窝在寝室，看电视剧，看电影，看综艺，看小说，我们总是热火朝天地聊天，毫无顾忌地分享彼此的喜怒哀乐；有时，我们一起去图书馆，讨论老师布置的数学作业，背英文单词，背复习资料，一起考前通宵学习，互相监督互相鼓励，给彼此加油打气。曾记得大一的时候，看到即将毕业的学长学姐们穿着毕业衫在学校里四处合影，我曾想大学四年的生活对我来说足够漫长，没想到一眨眼工夫，四年时间已然匆匆过去，如白驹过隙。大四下学期忙完毕业论文，忙完升学准备，我和我的室友们以及同班同学们都格外珍惜这段在校园里最后的悠闲时光。在学校里，我们像之前的学长学姐们那样四处合影留念，这时候才体会到毕业季不论拍多少照片都觉得拍不够的心情。我们经常沿着桂园和工学部铺满梧桐树叶的大道散步，去工学部主教最高的楼层看东湖风景（竟然在我们毕业后当年就炸掉拆除了！），坐在凌波书吧聊聊八卦吃点小食，绕着珞珈山走一圈，谈未来，谈人生，谈理想。即将各奔东西的我们趁着半夜无人，穿着毕业衫，在落英缤纷的樱花大道，一起欢乐地大笑，留下无数合影，连同我们刚刚开学军训那会儿留下的大学第一张合影一起深藏在最珍贵的记忆里。毕业那天，我和室友们相约以后每隔几年都要重聚学校合影留念。所幸的是，这段友谊经过十几年，依然历久弥新，我和我的室友们都继续在武汉工作生活，能常常见面分享工作和生活的点点滴滴，每次聚会就好像回到在武大寝室里的卧谈会，怎么都聊不够，话题永远聊不完。今年樱花开放，正值母校130周年生日，我们又相约一起，手挽手，从教五经过万林，漫步樱花盛开的樱花大道，登上樱顶看看老图书馆和远眺珞珈山。重回学校，走绝望坡也不再绝望，反而是满满的亲切感，像是在走回家的路，和年轻的学弟学妹们擦肩而过，好像不同时期的武大人，也是不同时期的自己，在时光里交替穿梭。今年，我们站在当年的宿舍楼门口（工学部17舍）再次留下合影，和从大学开学起就陪伴在身边，已经互相陪伴了人生三分之一时光的好友，也是未来一生的好友相约下次再来一起赏樱。

　　在武大经济学基地班四年的学习生活，让我同样受益匪浅。教导我们的老师们都非常优秀，都是经管院和数学院的大牛。老师们总是对我们悉心指导，上课深入浅出，从高等数学、线性代数、概率论到宏观经济学、微观经济学、计量经济学，博弈论等课程，非常系统地给我们打下了扎实的经济学理论基础。老师们总是热忱地用自己的耐心和智慧，为我们答疑解惑，启迪思路。当时还是大学生的我可能还不懂这是一笔怎样的财富，甚至还时常因为题目不会解，公式推导不出来，概念记不住和论文陷入瓶颈时抱怨课业压力，难过自己怎么什么都不会。而现在毕业接近十载的我，十分感慨发现这些让当年的我学得焦头烂额的数学逻辑题、经济学概念、公式、计量和统计学研究分析方法等知识都为我本科毕业后的研究生的学业和毕业后的工作贡献良多。在现在的日常工作中，我常常会运用到当年在武大学到的数学、经济学以及英语知识，和老师们反复教导的经济学研究方法，理清分析思路，搜集相关文献并总结，和团队成员讨论调研问卷，清理数据，用 stata 软件跑数据，最后得出分析结论，完成工作任务。如果没有当年在武大时老师们系统严格的教学，我可能只能对着现在的工作一筹莫展，手足无措。当年在经济学基地班四年的学习生活，不仅让我学到了经济学理论知识，更是让我在毕业后的工作和生活中能更坚定和自信。学习经济学不只是学习一种学科专业知识，我们学到的更是一种全面严谨地分析问题解决问题的思维方式和能力，这也是我们在毕业后在工作和学习中不断进步的重要基础。

此外，值得一提的是武大丰富的社会实践活动。其中，最让我记忆犹新的是经济系的老师们组织我们去农村调研，我们拿着调查问卷和村里的老人们聊天，询问他们的家庭经济情况以及问卷上的各种问题，很多家庭困难的老人和当地经济现状问题都让我们有些伤心难过。这也让我开始了解到，做经济研究不能纸上谈兵，更要深入社会现实去看去接触。后来，我参加的大学生科研项目和暑期实践活动，项目内容都巧合地继续探讨研究社会老龄化问题。从农村到城市社区，我们做了调研访谈，也收集了公开的数据进行分析，虽然不能说做出了多么深入的研究，但这些实践活动经历让我们对社会经济现状有了更深的认识，也启发了我们做经济学相关研究分析要更加地脚踏实地，联系实际，关注社会问题。与此同时，这些实践也让我对老龄化和养老问题产生了兴趣。现在，我的工作内容也常常涉及全球人口老龄化和养老问题的研究，算是兴趣与工作相结合。当年武大经管院这些丰富的社会实践活动，都在潜移默化地让我们将所学的经济学理论知识和实践相结合，也让我们在不断的实践活动中找到自己的兴趣所在和未来学习和工作发展的道路。

如今，在武大 130 周年之际，我怀着思念和感慨，回顾当年的校园生活，仍旧十分激动。虽然我已经离开了那个熟悉的校园，踏上了新的人生道路。然而，校园里的记忆深深地烙印在我的心中。那里的一草一木、一砖一瓦，都承载着青春的记忆。那里的每一个角落，都见证了成长与蜕变。那段美好的校园生活，以及陪伴过我的老师、同学和朋友永远都是我心中最珍贵的财富。

◎ 作者简介

张诗琪，女，1992 年 12 月生，2015 年毕业于武汉大学经济与管理学院，获得经济学学士学位。现就职于韬睿惠悦咨询（上海）有限公司湖北分公司。

在大学的集体里成长

叶祖滔

在大学的集体中成长是每个大学生都值得经历的一段宝贵时光，这里汇聚着来自不同地区、不同背景的同学们，大家互相学习、互相理解、互相成长。很幸运，在武汉大学里我遇上了不止一个这样的集体，每一个都为我留下了美好的回忆。

For two, you are not alone

大学的第一个班级是武汉大学经济与管理学院 2011 级经济学类 2 班。"For two, you are not alone" 这句话就源于我为经济学类二班设计的班服，上面设计了两只可爱的小鲸鱼（寓意经二），衣服背后还有那句我自认为很有深意的"For two, you are not alone"，其中一层意思是因为有了二班，所以不会孤单，另外一层意思是因为有了两个人，所以也不会孤单，这也算一语双关吧。班级确实也带来了这个作用，既给我们带来了朋友，也给了我们集体的温暖。经济学类 2 班的男生一起住在枫园二舍，此后成为大学四年的舍友，朝夕相处的日子成为最值得怀念、最有趣的大学记忆。那里有夜里在枫园篮球场、奥场上飞奔的身影，有一起互相开黑的激战，也有一起在枫园喝酒撸串的狂欢，还有每个宿舍里"逗比"们带来的笑声。舍友们还会相约一起出去游玩，有过风雨中爬武当山，有去过谢神（我们一个舍友）老家河南坐漂流、看实景演出，有"烟花三月下扬州"，还有一起毕业时去云南旅行。

现在梳理当年大学留下的东西，发现至今还保留着一份经济学类 2 班同学们写的大学四年目标。当时也是大一的时候，我们的辅导员赵一君老师带领我们开展主题班日活动，让我们写下大学四年的目标，其中有写大学四年要谈一场恋爱的，也有希望能够成功出国的，也有极为自律的，包括学习、运动、社团等各方面的目标。年级的辅导员在帮助大家方面也非常用心，会和班上的每一个同学谈心，组织大家一起开展晨跑、晨读，提前帮助大家做职业规划，给大家设计统一的简历模板以及学长学姐的传帮带等。也许正是当初定下的这些小目标以及年级为大家做的各种准备，大家最后都有着不错的去处。我们宿舍 4 人，有 3 个都选择了保送读研究生，另外一个选择直接就业去了广州的银行工作。

大经大管大财政

在大三的时候，我们进行了专业选择，进入了财政班。2011 级的财政班可以说是开创了一个历史，自我们那级以后，每年分班进入财政专业的就越来越多，其中，有受我们财税系优秀老师影响的，而我们这一级的优秀表现也不断吸引着更多的同学选择我们财政学专业。正如时任系主任卢洪友教授所言，"2011 级财政本科班为武大财政学科的发展是出了力的。"

我们班共 37 名学生，包括 3 位港澳台生、1 位留学生。除了 11 位考研录取的同学之外，还有 8 人被保送至北京大学、中国社会科学院等名校及研究机构，另有 3 人得到英国伦敦政治经济学院等世界名校的 offer，全班深造率达 67%。记得最后校新闻网还专门刊发了一篇报道《考研录取率 100% 的秘诀》，介绍经济与管理学院 2011 级财政班 11 人参加研究生考试，全获录取，录取率 100%。除了考研上线率高，我们还获得了很多荣誉：2013 年获武汉大学先进班集体，2014 年获武汉大学先进班集体标兵；累计获省级以上优秀表彰 15 人次，各类校级先进个人表彰 40 人次；发表论文 11 篇，获国家级科研项目 3 个，参加校级科研项目 21 人次。我们班人数不多，开展的是小班教学，所以和财税系的老师们接触也比较多，课上课下有着良好的互动。有些课程很有特点，比如《税收筹划》的课程，老师会让我们自己上台就某个领域的税收筹划进行讲解，因为自由度比较高，而且还有大家现场打分，所以就出现了很多形式新颖的讲解内容以及讲解方式。这样的教学形式，不仅让大家在提前准备中深入学习了知识，而且在听大家多样的讲解中对知识点的理解更为深入。

我们班级不仅学习氛围浓厚，同学情谊也很深厚。在当班长的时候，我就很注意班级建设，通过各种活动来提升班级的凝聚力，遇上逢年过节的时候，我也会给大家送一些小礼物。当时女生节的时候，我就组织了一个送祝福活动，记得当时一个同学匿名写了一句"月傍楚河柳青青，花穿亭榭映玉人。觅得人间千秋色，不及珞珈四载春"，送给班上的何柳青同学，非常有心意地将她的名字嵌入了诗中。后来，柳青同学还通过摸排全班男同学的笔迹，找出了"真凶"。印象很深刻的是有一年端午节，我在超市给大家买了粽子，结果发现是生粽子，超市也没地方加热，最后就和生活委员上街，挨着店铺询问能否帮忙煮熟，最后终于让大家都吃到了心仪口味的粽子。大家纷纷晒到朋友圈，引得其他班级同学的羡慕嫉妒恨。除了在元宵节、端午节举办活动增加感情和凝聚力，班级聚会方式也别出心裁，比如举办厨艺大赛和家乡土特产交流大会。班级厨艺大赛我们租下了一个家庭厨房进行，大家自己买菜做菜一展身手，有心灵手巧的包了饺子，厨艺精湛的做了可乐鸡翅，韩国留学生还带来了炒年糕。当时，还举办了一次家乡土特产交流大会，全班同学都带来了家乡的特产，有北京的冰糖葫芦、福建的银耳茶、大连的海参糖等天南地北的美食。大家相互分享，既享受了美食，又增加了阅历，不出教室就领略了各地风情。在两年的财政班集体中，大家一起上课，一起聚会，一起玩耍，一起奋斗拼搏，很幸运最后大家都有一个很好的出路。

我的武汉大学

除了班级，大学还有很多温暖的集体。在校级组织武汉大学青年传媒待了三年，三年里犹记得工学部行政楼里的青传工作间，工作间墙上的照片留下大家的笑脸。这是每周必去的地方，在那里开过无数次的会议，还有迎新时大家一起刷夜准备迎新大礼包。在青传里伴着人力资源部一步步走来，构建起了学生组织的考核评价体系、培训体系等，还开展了优秀部门、优秀作品评选。毕业时大家也一起拍摄了毕业照，这些照片至今还保存在我的相册中。毕业多年后，我们依然还在群里聊天分享，偶尔还能看到谁和谁又相聚在某个城市。今年，也就是武大130周年校庆，我们还一起相约回到武大。我想这份情谊也会一直保持下去。

大家的最后一年还当上了新生班级的导师助理，作为班导助理陪着他们度过了大学的第一年，他们从新生变为珞珈山的主人。这一年里主要给他们提前普及一些大学的规划安排，这样他们就知道自己可以选择的道路是宽广的，也是可以提前准备的。

很高兴能够在大学当了四年的班长。也是从高中开始就比较热衷于学生活动，当时在高中也加入了学生会。进入大学后，希望能够继续为大家服务，也就去竞选了大学的班长。这个岗位上有付出，有很多琐碎的事务和一些重复的工作。有收获，能够为大家提供一些帮助，为集体凝聚更多的力量。我们很难去满足每一个同学的需求，只能尽力去做，而且有时候不得不做出一些权衡取舍。尽管难做，我还是坚持了四年，也许就是大家的认可、赞许以及期待，让我还是充满激情去做这些事情。

关 于 成 长

成长意味着我们越来越能独当一面，能够给自己的生活定下节奏、定下目标。而在大学中进行的一次次尝试，让我们不断成长，也不断切换自己的角色，努力去适应并胜任。从学生到助导，从部委到部长，从新生到班长。我们在尝试中发现自己的优点、提升自己的能力。

对我而言，慢慢意识到我的生活离不开一个集体，而在集体中的我才是更活泼、更积极向上的。我构成了集体中的一分子，而这个集体也成就了我。一个集体共同为了一个目标而勇往直前，这大概是人生中最有魅力的事情了。即使如今毕业多年，我依然还是坚持着这个观点，并怀念着那段美好的岁月。

◎ **作者简介**

叶祖滔，男，1993 年 1 月生，2015 年毕业于武汉大学经济与管理学院财政学专业，获经济学学士学位。现就职于福建省南平市委办公室。

我的武大经管记忆

皇甫震

前段时间趁有空回了趟武大，这也是我从武大毕业 7 年后第一次回母校。来到经管学院，整个学院相对于 7 年前焕然一新。此时正值武汉的夏天，闷热的天气夹杂着青春的气息，伴随着桂园操场毕业晚会的歌声，在武大经管求学那段记忆从脑海中涌现。我是 2012 年从湖南来到武汉大学经济学基地班专业就读。因为是小班教学，同学们做了四年同桌，大家之间的交流也非常频繁。我们专业几乎在全国各省都有招生，大家可以算得上是来自五湖四海，汇聚在珞珈山下。在武大经管求学的日子，有两件事值得高兴：一是能在武大经管遇到非常优秀的老师为我们授道解惑；二是能遇到一群志同道合的朋友，共同成长。

学在武大经管

武大经管有着非常悠久的历史，从最早 1893 年湖广总督张之洞创办自强学堂时设立的商务门到现在成长为世界一流的商学院。武大经管始终秉持着"明诚弘毅、经世济民"的价值观，这一价值观深深影响着我们。武大经管是一个值得静下心来认真求学的地方。记忆中，我们来武大的第一年被安排住在枫十四，这栋宿舍楼在学校深处，并且紧邻着武大经管。从宿舍出发，穿过枫林道，三两步就到学院。我们一有时间就会去学院图书馆自习。那时候看书如吃自助餐，各门各类，照单全收。经常能在图书馆看到同学们的身影。在经管学院的图书馆既能看到一些经济学、管理学经典教材，也能看到很多当下的学术期刊，让我大快朵颐。除了非常好的软硬件设施之外，在武大经管求学的这段时间，也有非常多的学术讲座，印象中我听过诺贝尔奖获得者让·梯若儿（Jean Tirole，2014 诺贝尔经济学奖获得者）的讲座、经济学家吴敬琏先生的讲座和计量经济学家陈小红教授的讲座。这些经济学大师们的讲座给我们年轻的学生很多启迪。除了这些讲座邀请来的老师，我非常非常庆幸能遇到经管学院优秀的授课老师们。带领我们叩开经济学大门的文建东老师让我印象深刻。文老师诠释了教书与育人是一体的。从经济学原理课堂中讲授的经济学十大原理，到上课不应迟到、发邮件应该注重礼貌，再到做人要诚实守信……文老师的谆谆教诲虽然过去了这么多年仍记忆深刻。另外，叶初升老师的计量经济学和赵伟老师的政治经济学也是我们的必修课程，两位老师也颇具特色。叶老师之前是学哲学的，所以在计量的课堂上我们能学到很多哲学的辩证思想。例如：某一次课堂上叶老师讲到因果关系推断的内生性问题时，讲到风吹叶动，你观测到的可能是一片叶子推动另外一片叶子在动，因此你判断是 A 导致 B，但是不是也有可能是因为有你无法观测到的风的因素，导致 A 和 B 都在动？因此不是 A 导致 B，有可能是 C 的原因导致 A 和 B 在动。当时的我听完这段论述之后，有一种醍醐灌顶、如沐春风的感觉。赵伟老师在讲述政治经济学时整体的风格是幽默风趣的，他会举一些当下的例子以诙谐幽默的语言讲述出来，赢得满堂喝彩。当时我们的班导是胡晖老师，他是一位刚回国的海归，年轻有活力且充满干劲。他和我们同学之间的关系属于亦师亦友那种，能和同学们打成一片，大家遇到什么困难，有什么难题也都跟他说，寻求他的帮助。此外，还有激情澎湃的吴传清老师、和蔼可亲的孙智君老师、治学严谨的代谦老师、风趣幽默的王今朝和尽职尽责的吴寅老师都令人印象深刻。梅贻琦曾言：所谓大学者，非谓有大楼之谓也，有大师之谓也。现在，我想借用一下梅校长的名言夸奖一下武大经管：武大经管，有大楼也，亦有大师焉！很荣幸，能在武大经管有这样好的学习环境，同时也能遇到这样一群优秀的老师为我们传道授业解惑。这段时光，我既学到了丰富的学科知识，也同诸位老师同学学到了为人处世的道理，何其幸哉！

同 窗 情

毕业时，班导胡晖老师对大家说，你们聚是一团火，散是满天星。与同学们学习的四年时光充满了美好的回忆。同学们都来自五湖四海，也都个性鲜明。许多同学早早就规划好了自己未来想走的路。我们所就读的专业是经济学基地班专业，这个专业的定位就是为了培养熟悉中国且从事理论研究的经济学家。大家在学习期间都非常勤奋刻苦，这其中数我们班的大学霸李响同学最为突出，在军训期间大学霸李响都经常抱着经济学原理的课本在学习，平时周末休息时间泡图书馆最多的也是学霸李响，在他的带领下大家也都十分刻苦地在学习。本科毕业后我们班陆续有李响、何师元、庄嘉霖、尹礼汇和我都选择继续攻读博士学位，从事学术研究相关的工作。即使没有选择读博士的同学也都选择继续在国内外深造，现在他们在经济金融领域也都取得了不错的成就。回忆起和同学们求学的时光，大家展现出的精神面貌是积极向上、力争上游的，班级活动和内容都是丰富多彩的。我们班设计了自己的班服、制定了"经基向前冲"的班级口号，在中秋节大家还会一起办文艺晚会，做手工月饼等。在本科期间，我们在老师们的带领下去湖北周边调研，走访了很多农户、企业家，了解中国的国情，真正做到了将论文写在祖国大地上。除了学习成绩突出的大学霸之外，在文化和体育社团方面也有很多令人印象深刻的同学，例如：体育达人何师元、社团达人雷霆、活动达人胡盾炜以及博学达人杨圣桑、艺术达人邹沅铮……同学们朝夕相处，也都互相学习、互相影响，共同成长。回想起来，一起走过的樱花大道，一起逛过的万林艺术博物馆，一起自习过的经管图书馆，一起打过球的桂园操场，一起上过课的四教、五教，还有一起看过电影的梅操，这些地方都留下了我和同学们美好的青春记忆。

写下这篇文章时正值毕业季，青春的歌声萦绕在校园。又是那首熟悉的《樱花树下的家》，樱花一年一年开，愿你归来时，仍是少年郎！

◎ 作者简介

皇甫震，男，1993 年 7 月生，2016 年毕业于武汉大学经济与管理学院，获得经济学学士学位。

永是珞珈一少年：
2014 级数理校友的武大缘

郑晓瑜 孙翔舸等

一

转眼，我们离开珞珈山的时间已经长于我们在"珈"的时间了。毕业典礼那天的大雨仿佛一直没有停，教四楼前合照时的喧闹还在耳边萦绕，青春最鲜活、美好的记忆是属于武汉大学的日日夜夜。

记得在校时，无论是院内还是院外，对数理学生的评价总有些"别具一格"的地方。比如面试社团被问得最多的问题就是课程和活动冲突了怎么办？日常生活给人留下最多的印象就是在图书馆学习或者去图书馆的路上。我们自己也会有些不一样的感受，比如谈论学分费时的"小骄傲"，考试周被填满的"紧张和刺激"。我们同无数来来往往的珞珈学子一样，享受着武汉大学赋予我们的自由和浪漫，我们也因缘分和共同的向往聚集在了这 80 多个人的班级里，共同度过了四年的求学时光。

如果问武汉大学带给了我什么，我会回答他让我感受到了世界的多元和丰富，鼓励我去探索独属于自己的道路；如果问数理带给了我什么，我会回答他教给了我怎样走出自己的道路。也许是当时还没盛行"卷"这个概念，印象中最夸张的场景就是去教室占座，应该有不少其他专业的同学在上课的时候都会"被迫"看到我们的教材或者作业本吧。每每想到这，都会觉得自己无比幸运，虽然正如大多数人谈论到的，数理是一个竞争非常激烈的地方，但我更喜欢把它比作一个秩序井然的"市场"，这双无形的手为我们每个人指明了方向，让我们有勇气在属于自己的"小天地"里闪闪发光。

回望在珞珈山的日子，处处都是难以割舍的印记，或许是东湖栈桥上洒落的夕阳，或许是樱顶看不腻的四季，又或许是每晚图书馆闭馆前那声轻柔的好梦。无论离开多久，走出多远，我们都会记得"永是珞珈一少年"。

相信每一个数理 2014 级的同学在谈到本科老师时，都会心照不宣地"炫耀"一个人，那就是我们的班导孙祥老师。作为转专业加入数理的"后进生"，我们对这位神仙老师还有一份特别的感恩记挂在心上。我清楚地记得，转专业后数理膨胀成了一个庞大的班级，其他专业都会把学生再细分成不同的小班，而孙祥老师却没有区别对待，还一直在强调不要互相贴"原专业"或"转专业"的标签。我们这一群"外来人口"很快地融入了"原住民"，其实一直到毕业，我都没有很清楚地对应到每个人是不是转专业进来的。所谓"可遇不可求"，在孙祥老师身上应该是最生动的例证吧。

巨量的课程安排让我们接触到了很多老师，这些老师大多都会有一两个亲切又可爱的称呼。时至今日，一想到张爷爷，脑子里就开始循环播放他的那句"Jordan 标准型"；想到侯爷爷，还是会害怕被他点名到黑板上"出丑"。在武大学习的四年，每一门课甚至是每一堂课都有清晰的记忆点，也是从这些老师们身上，我感受到了多样化的魅力。

二

大学可谓是人生中最为潇洒的一段时光，四年匆匆而过，却留下了无数珍贵的回忆。如今踏入社会，对这段时光的怀念更加深刻。那个湖滨 413 的夏天，黑白色班服，四位少年手持 2014IAS 的牌子，在前途未卜的青涩时光里尽情张扬，当时的我还有着一头茂密的学生头发，大能还未变成多伦多肌肉壮汉，味鲜还没有留飒气长发，只有皮肤白嫩的泡泡变化不大。这些趣事不胜枚举，其中之一就是我们四个兄弟初次相遇的故事。回想起来，2014 年夏天，就在我经历过校巴拥挤的洗礼之后，我来到了珞珈森林公园湖滨分部，在湖六的楼下看到一排室外水管和洗菜阿姨，感到一丝质朴。我是第二个来到寝室的，和当时深度怀疑是台湾同胞的泡泡（一口港台普通话，其实是福建人）稍做闲聊，我们猜测大能是个身材魁梧的九尺巨汉。不久，一个敦实的小哥走了进来，气息如虹，左顾右盼了好一会儿，但是我和泡泡却无法判断他是谁。在短暂的对峙和尴尬后，小哥突然转过头来，对着坐在桌子旁的我说道："你，对就你，给我站起来一下"。一阵莫名其妙后，很不幸，站起来的我高了他半头，只见他恍然大悟，指着我道，你一定是李味鲜！好吧，这就是我们和大能的第一次见面。至于李味鲜，我们普遍认为他是当时最强的网购达人，其实力之强大足以成为班长。然而，后来我却成为班长，味鲜则担任了大一的团支书。毕业之后，我们四个都前往北美，但是各自在不同的城市，无法聚首。如今，大家已为了各自的几两碎银奔波各处，我在北京当 FICC 金融民工，泡泡成为上海 IBD 的大佬，味鲜则在深圳从事数据科学工作，而大能则成为了肌肉发达西装革履的多伦多之狼。虽然毕业多年，我们依旧定期视频，努力维系着互相之间的联系和了解。时光荏苒，钢铁森林中，人生多艰。学生时代的友情是最单纯的，只有曾经的或美好，或感动，或搞笑的一个个回忆，还能让我在加班偶尔想起时，会心一笑。

附带一句，曾经我羡慕泡泡有璐总，味鲜有鲸鱼，而我却孤身一人。如今，我却成为了第一个结婚的人，希望婚礼上，四位 buddy 能再度聚齐吧。

三

转眼间，毕业 5 年了，樱花季，借着周末空闲，独自回珈，匆匆半日，填补了太多这几年里对母校的思念。

高考志愿选择武大，不仅是因为离湘近，也因为初中住家的墙壁上留下了师姐对武大的憧憬和向往，简单素白的墙壁上，珞珈山环绕的樱顶，幽美又肃静。于是从那时起，心里就留下了最美武大的记忆，每每下晚自习，脑海里也会想象着，在未来踏入的本科校园能否拥有它的一隅美丽，而缘分也切实让我有幸成为了珞珈之子。

有人说，朋友是长大后自己选择的亲人，我在珞珈，认识了我最亲的亲人，她勤奋，善良，是同行的伙伴，是一起泡图书馆的书友，也是线代早课抢着坐在第一排的同桌。夏日我们在图书馆里自习，冬夜我们一起在信图门口分享糖炒栗子，从图书馆回自习室的路，载满了我们每日的思考和收获。至今，每当耳旁偶尔响起图书馆的闭馆音乐，脑海里一帧帧奋笔苦读的努力模样，还是让人动容，那份纯粹，那份刻苦，值得回忆，更值得骄傲。

本科繁重的课业，虽然辛苦，但我们收获的不仅是欧拉定理，记住的不只是帕累托最优，更多的是面对难题的从容淡定，是拆解问题的耐心冷静，是在考场发挥失误、却依旧对课题不忘初心的那一份纯粹。

武大很美，我运气超好，遇见了共情力超强的班导，无论是我们的生活还是学习都会尽心尽力；遇见了一头白发却依旧思路清晰的年迈张教授，总能对繁杂的定理深入浅出地讲解，他让我深深体会到数学是有美感的；遇见了一群团结而勇敢的手足，他们聪明有趣，更像是成长路上的战友。

回望武大四年，致敬美好的校园，感谢曾经为武大添砖加瓦的每一位师生校友；致敬专业的课堂，感谢每一位同学在学识道路上的精进刻苦；致敬过去的自己，愿未来无论道阻远长，都不忘曾经在武大研读的初心，不忘师长的倾囊教导，知足感恩，砥砺前行……

四

回忆起在武大四年的时光，唯有快乐与幸福的情绪充满我的脑海。四年之间，无时无刻不想让时光停留在这里，而四年以后，又每时每刻想要时光倒流。

眯着眼在食堂抓个肉包，往兜里一揣就不会冷到发硬，出门右转那骑不到尽头的绝望坡，最终还是被小电驴和大循环（校园巴士）征服。樱花飞舞的大道，后来明白最美的时候，是在昏黄的夜灯下走过，而俯瞰郁郁葱葱的樱顶，最美的时候是无人的夜晚仰望星空。大堂明亮宛如圣殿一般的图书馆，慢慢地成了教学楼-食堂后的终点站，不知道D区的打蜡抛光的书桌上，是不是还放着一本本没有打开的书。赶在回家的音乐响起之前离开，奔向湖滨CBD找老板要一份双份鸡蛋双份肉丝的炒饭，希望后面加一的同学能感受到变态加料的温暖。深夜归宿的湖六，叫上好兄弟调大呼喊的音量，在吵闹中得到对面楼的怒骂。狭窄的宿舍里，白炽灯熄灭以后，拉上窗帘，看不见的黑暗里伴着某位均匀的呼吸声，聊着天南海北宇宙洪荒，以及，散发恋爱酸臭的心思。

而所有的这些地方，也抵不过在这里遇到的人，没有他们，没有她，这些地方也就只是这些地方。没有昊昊，就没有奇奇怪怪的搞事情，没有欺骗"某船"去买药实则偷偷点蜡烛的房间，没有快攻上篮，也就没有那个你永远可以相信，可以去找他的好兄弟。没有大熊，就没有在他通话时好兄弟们的面面相觑，没有睡眼惺忪的"食堂热干面"，没有那个变成壹的篮球队，想必现在通话的频率也会减少，也就不知道还有这种嘴上钢铁其实内心载着情义的憨货。没有飞船，那就没有在日上三竿还在寝室的轻手轻脚，没有413政务中心，没有需要上三趟厕所的夜聊，也就不知道年龄最小的他马上要成为我们之中第一个新郎。而没有她，没有鲸鱼，就没有那节不知道从哪里，从什么时候积攒起缘分的选修课，没有那个恰好空出来的座位，和那个鼓起勇气的对白。也不会有安静的花园，鼎沸的工操，和每一条在武大走过的路，去过的食堂，待过的教室，和暂时分开明天又会再见的楼梯，也就不会有到现在，一直与我在一起的每分每秒。

所以无论何时有人问我，是否想回到武大的一开始，我都会说是，然后再一次，快乐地经历每时每刻。

◎ 作者简介

郑晓瑜，女，1996 年 4 月生，2018 年毕业于武汉大学经济与管理学院，获得经济学、数学学士学位。现就职于华夏基金管理有限公司。

孙翔舸，男，1997 年 1 月生，2018 年毕业于武汉大学经济与管理学院，获得经济学、数学学士学位。中信证券固定收益部高级经理。

常雅男，女，1996 年 4 月生，2018 年毕业于武汉大学经济与管理学院，获得经济学、数学学士学位。腾讯科技集团内控风控经理。

李瑞轩，男，1996 年 7 月生，2018 年毕业于武汉大学经济与管理学院，获得经济学、数学学士学位。雷鸟科技有限公司数据分析师。

师生情、同窗义

——2018 级数理校友忆珞珈

李雨蓓　吴倩雯等

离开珞珈山已经一年有余了，数理毕业的同学们已经开始各自的人生。我们带着武大滋养出的浪漫、数理培养出的向上，在许多不同的领域开始自己的征程。此刻，让校友们对珞珈山和武大数理留下回忆的文字，我觉得意义非凡。谁知道此刻回忆中的点点滴滴以后会放射成如何的天地？借此撰写回忆录的机会，我问向校友们，大家不约而同地道出对珞珈山的怀念和对未来的无限期盼，并留下了以下文字。

"亲密与熟悉"是吴倩雯校友回忆起数理2018级时提到的。倩雯本科时是大家的黏合剂和活动的组织者。在数理的四年，她思考出适合自己的职业规划，毕业后选择在香港中文大学（深圳）读市场学硕士。回忆起数理和武大，倩雯写道：

"在珞珈山的记忆犹多，最令我印象深刻的是大三时宿舍四人四处游走寻找武大美食之最。没有初入学校时的激情、忐忑与青涩，也没有毕业学年奔赴前程的繁忙焦虑，我们就骑着小电驴，在珞珈山的小路上穿梭。东湖新村的饺子铁板烧咖喱饭家常菜，水苑食堂的火锅，工学部的川菜，梅园的煎饺煎包小馄饨。食物治愈着我们学业上的压力与不顺，连接了四个不同性格的人。

数理的老师们是我迄今为止遇到最负责任的老师，老师与学生们的关系更像高中时期而非大学时期的形态，不论是学业上还是生活上，我们都接收着来自老师们对我们的指导与关爱。永远关爱学生替学生着想的魏老师，温柔而强大的邹老师，看似严厉实则活泼有趣的孙老师，幽默风趣的刘老师，和蔼可亲的程老师，与大家打成一片的晓蹊老师，循循善诱的廖老师，一丝不苟的 Lee 老师，还有方老师、小芬老师、熙莹老师、杨老师、小庄老师、肖老师、胡老师…… 太多的数理老师们都给予我们莫大帮助，让我们在人生旅途的起点打牢地基。

大概是几乎所有课在一起上的原因，同学们之间的关系也比其他大学班级更加亲密熟悉。还记得那年刚开学时，我们在奥场上组织中秋晚会的场景，大家说说笑笑，欢歌笑语，转眼间就过去了 5 年。而如今大家各自奔赴自己的人生，偶尔有机会在某个陌生的城市，二三老同学相约见面。本科同学之间的情谊总是最深，因为我们彼此见证了互相的成熟与成长，虽久未见，仍相谈甚欢。如今大家聚是一团火，散是满天星，期待顶峰相见，老友再相聚！"

正如情雯所写，武大数理的每一位老师是校友们回忆起珞珈山时必会提起和感谢的人。当回忆起系主任魏立佳老师时，即将在新加坡国立大学攻读会计学博士的邵佳琪校友写下以下文字：

"在人生的旅途中，我们会遇到许多人，他们或许像流星一样划过我们的天空，也或许如同璀璨的星星，静静地照亮我们的道路。魏老师，就是那颗在我人生中照耀的星星。他的精诚教诲、无私付出，为我指明了方向，让我在学术之路上得以稳步前行。

我始终记得，魏老师在课堂上的每一次精彩演讲，以及他对我们学生的悉心指导。他的计量经济学课不仅丰富了我对经济学的理解，也让我对这个学科产生了深深的热爱。魏老师以伍德里奇的经济学课本为教材，引领我们走入计量经济学的奥秘世界。然而，魏老师并未满足于我们只是理解教材内容，他鼓励我们去阅读更深入、更具挑战性的书籍，比如伍德里奇的《计量经济学导论》。在魏老师的引导下，我开始逐渐理解并掌握计量经济学的复杂概念，比如什么是异方差？什么是拟合优度？R^2 和 Adj R^2 是什么？多元线性回归方法是什么？膨胀因子是什么及其检验方法。他教会我们如何将这些知识应用到实际问题中，这样的学习方法不仅使我收获了知识，更提高了我分析问题的能力。

魏老师的付出并不仅仅停留在课堂上。在我撰写毕业论文的过程中，他始终一路指导：每一次讨论，他都耐心地听我讲述研究中的困惑，提出建设性的意见，帮助我逐步完善论文。他的严谨，让我深感敬佩，也让我对自己的研究充满了信心。我选择了'企业社会责任'作为论文的主题，这是一个涉及企业可持续发展、社会责任和经济效益等多个领域的复杂议题。面对这一领域，我原本并无太多的经验和了解，但魏老师的深入指导让我找到了研究的方向。首先，魏老师鼓励我积极探索有价值的经济议题。他深知社会责任在当前经济发展中的重要性，他让我明白，企业社会责任并非是单纯的商业决策，而是涉及环境、社区、员工等多方面的影响。他的洞见和启发让我在研究中不断地有新的发现和理解。同时，魏老师用他扎实的理论知识，为我提供了对于数据选择和实验设计的重要建议。他指导我如何筛选和分析相关数据，如何合理地设计实验，以确保研究的有效性和可信度。这些具体而实质的建议，使我能够有效地避免许多初次进行研究时可能会遇到的困难和问题。我深深感谢魏老师在我毕业论文写作过程中的精心指导。他不仅引领我深入了解和探索企业社会责任的重要议题，更让我学会了如何用科学的方法来研究和解决问题。他的教诲和热忱的指导，让我更加明白自己的使命，也激发了我为企业可持续发展和社会责任做出更多贡献的决心和热情。

‘一朝沐杏雨，一生念师恩。’我心里深深地感激魏老师对我学术成长的栽培。他的谆谆教诲，让我明白了知识的力量，也让我懂得了毅力和坚持的价值。他的教诲一直照亮我前行的道路，我会带着他的教诲，继续前行，直至远方。”

在武大的四年，学习之余生活亦是极其多彩，而毕业之际弘毅学堂的毕业晚会更是让人难以忘怀。我清晰地记得晚会上尹焕羽一袭白裙，代表数理与武大告别的模样。现在，尹焕羽校友正在北京大学汇丰商学院攻读经济学博士。追忆起珞珈山，她写道：

“离开珞珈山后，我才真正怀念起在数理生活的四年时光。每次往返经管院大楼的时候，我都要从枫园茂密的树林中经过；林木静谧，光影婆娑，此间岁月仿佛被放慢，一切左冲右撞的心事都能在这段路途中得到安抚。我常常在从经管院回寝室的路上和妈妈通话，和她倾诉我学业上的顾虑和生活中的喜忧，那个时候的我积极而躁动，对未来充满一往无前的热情。大一时我瞠目于武大之大，连梅园到枫园的路都好像远到没有尽头；大四时在这条路上骑车前往毕业答辩，我却不由感慨武大之小，小到不敢再用时间的长度去细细丈量。

数理的老师在这四年间给了我无尽的支持和鼓励。我的导师 LEE JONG JAE 尽管严格，但却是我见过最对学生负责、最对学生上心的老师。在我艰难的申请季，他无数次给予我信心和肯定，告诉我申请的结果不能衡量我自身的价值。他会手把手教我们怎样完成合格的论文写作，会为我们额外开授需要补充的宏观课程，还会根据我们申请的不同项目来仔细调整推荐信的内容。我会永远对 LEE JONG JAE 老师抱有无限的怀念和感激。

短短一年间，数理的大家已经远相别离，天各一方。大一大二时，我们集体在樱顶老图书馆前合照，那个时候我们都以为未来的日子还很足够，直到毕业前夕才惊觉我们走得太远，再难回到当初春光烂漫的时刻。当初一起嬉闹促膝把酒的朋友，现在早已各奔前程，变成时光中的旧知己，久久难以聚头，这或许就是青春的遗憾吧。"

"当我们在回忆一个地方的时候，其实是在回忆与之相关的人、事和体验。"这是在马里兰大学攻读经济学博士的邢靖翊校友对珞珈山的描述。本科期间喜欢四处探索美食的她絮絮道来了在味蕾的满足下更加令其印象深刻的珞珈山回忆：

"穿梭在武汉6月的梅雨早晨里，去粮道街找赵师傅下一碗红油热干面，沿着路那么走，歇脚在本周咖啡，店主Ben做的碱水包是我的必备干粮。那满街的梧桐树和武大很统一，渐绿眼。哦，还要去新开的Another Moment Coffee，里面有我最喜欢的埃塞阿多斯咖啡。也绝对不能错过万松园的美味，那市井气息是最好的楚菜伴侣。傍晚夜将尽未尽之时，赶到江滩，在潮热的江风里和朋友们挤在一张长椅上，做没有目的聊天，仿佛时间没有尽头。还不够尽兴？走上W. Clove的台阶，慕名而来吃全武汉最正宗的卤味，然而眼前的雪克杯和ISO杯永远对不上焦。

问题是，如果晚上10点半想吃海底捞又担心门禁要怎么办？给她发微信10分钟后，我就已经坐在她的小电驴后座了。回校时，我提议爬上信部的小门，可是她不敢，于是作罢。在宿舍门口和楼管好说歹说，还是受了一通教训，下不为例。下午的课一结束，要以百米冲刺的速度跑去雷克斯点比萨，不然根本抢不过小学生初中生和高中生。放心，他们家的比萨绝不会有菠萝。如果排不到队，只能舍近求远，去胜利街的山丘烤肉了……

类似的回忆很多，但也不多。正是由于在那片土地上的同窗好友和美好的经历，我的大学四年才有了意义，每当回想起都觉得愈发珍贵。"

与校友们交流完，我似又看到了武大的樱花，回到了数理的课堂。只可惜，未来得及记录下更多校友的文字。感恩武大的四年，感念数理的培养。在此，代表武汉大学数理经济与金融专业2018级校友向母校送上最真挚的祝福，也望来年樱花依旧之时，数理校友重聚珞珈山脚下。

◎ 作者简介

李雨蓓，女，2000年10月生，2022年毕业于武汉大学经济与管理学院数理经济与数理金融专业，现宾夕法尼亚州立大学经济学博士在读。

吴倩雯，女，2000年8月生，2022年毕业于武汉大学经济与管理学院数理经济与数理金融专业，现香港中文大学（深圳）硕士在读。

邵佳琪，女，2000年11月生，2022年毕业于武汉大学经济与管理学院数理经济与数理金融专业，现新加坡国立大学会计学博士在读。

尹焕羽，女，2000年11月生，2022年毕业于武汉大学经济与管理学院数理经济与数理金融专业，现北京大学汇丰商学院经济学博士在读。

邢靖翊，女，2000年7月生，2022年毕业于武汉大学经济与管理学院数理经济与数理金融专业，现马里兰大学经济学博士在读。

编　后　记

百卅之约，珈人同庆。正值武汉大学建校 130 周年、商科教育 130 周年之际，我们决定续编《商务门下》武汉大学经济与管理学院校友回忆录，回顾商科教育的风雨征程、感恩先生们的授业解惑、记录珞珈学子的青葱岁月，以展现武汉大学商科教育的育人使命和发展成果，追寻珞珈百年经管学术文化传承，向 130 周年校庆和院庆献礼。

饮流怀源谱新篇。回望武汉大学商科教育的发端与学科发展历程，一辈又一辈的经管人筚路蓝缕、砥砺奋进，完善学科体系、丰富专业内容、提升培养质量，一步一步地建起武汉大学商科教育的高塔。过往之峥嵘与艰难令人感怀，让我们看到了勇敢和坚韧、拼搏和奋斗、梦想和希望，也将激励后学继往开来、勇毅前行！

桃李春风忆师恩。感恩为武汉大学商科教育发展做出贡献、桃李满天下的老师们，他们将自己的青春和真情奉献给了莘莘学子，春风化雨、静水流深，正是因为这些德高学博的老师们，商科教育才可以积微成著，培养出一代又一代的国家栋梁。

回首珞珈话当年。校友们在珞珈山的点点滴滴，对知识的求索、对友谊的珍视、对生活的真诚、对校园的眷恋，字字句句都诉说着他们对珞珈山深沉的热爱。梦想、未来是从前的追求，山间煮酒凌云志，书生敢为天下先；珞珈、经管是如今的故乡，最明不过月湖月，此外无寻樱山樱。

从鉴湖的荷花旁出发，走上羞成粉红的樱花大道，穿过樱花城堡，掠过月湖凝碧，驻足经管大楼，凝望墙壁上的文字，只一眼便永远铭记：

大经大管，为道为器，领秀中国，闻达世界。

创造思想，培育菁英，贡献社会，影响未来。

明诚弘毅，经世济民。

历史的厚重、梦想的激荡、青春的轻盈在那一眼中绽放、交织、欢呼，把一个个年轻的生命同学院的愿景、使命、价值观紧紧绑在一起，扎根于珞珈山的土地。

衷心感谢广大校友们的积极投稿，是你们将珍贵的回忆和经历奉献给了这本回忆录，让我们身临其境地感受到了那份深深的归属感和荣誉感。诚挚感谢编辑团队的辛勤付出，让这本回忆录在百卅院庆之际如期面世。由于时间匆忙，本书尚有许多疏漏，恳请读者批评指正，便于我们进一步修改完善。

编　者

2023 年 10 月